AF569637

Weil wahre Liebe, die uns durch das Leben trägt,
jene ist, die uns immer heimwärts ziehen lässt.

Albert Precht

Impressum

Bibliografische Information der Deutschen Nationalbibliothek
Die Deutsche Nationalbibliothek verzeichnet diese Publikation in der Deutschen Nationalbibliografie; detaillierte bibliografische Daten sind im Internet über http://dnb.d-nb.de abrufbar.

5020 Salzburg, Bergstraße 12

Lektorat: Martina Schneider
Layout und Produktion: Nadine Löbel
Coverfoto: Herbert Raffalt
Druck: Těšínská Tiskárna, Ceský Těšín
ISBN 978-3-7025-0816-6

Fotos: Hans Neumayer S. 6–7, 120–121; Herbert Raffalt S. 4–5, 20, 24–25, 33, 38, 54–55, 142–143, 155; Susanne Zerbs S. 158–159; alle anderen Fotos stammen aus dem Archiv von Albert Precht

www.pustet.at

Albert Precht

HOCHKÖNIG

VERLAG ANTON PUSTET

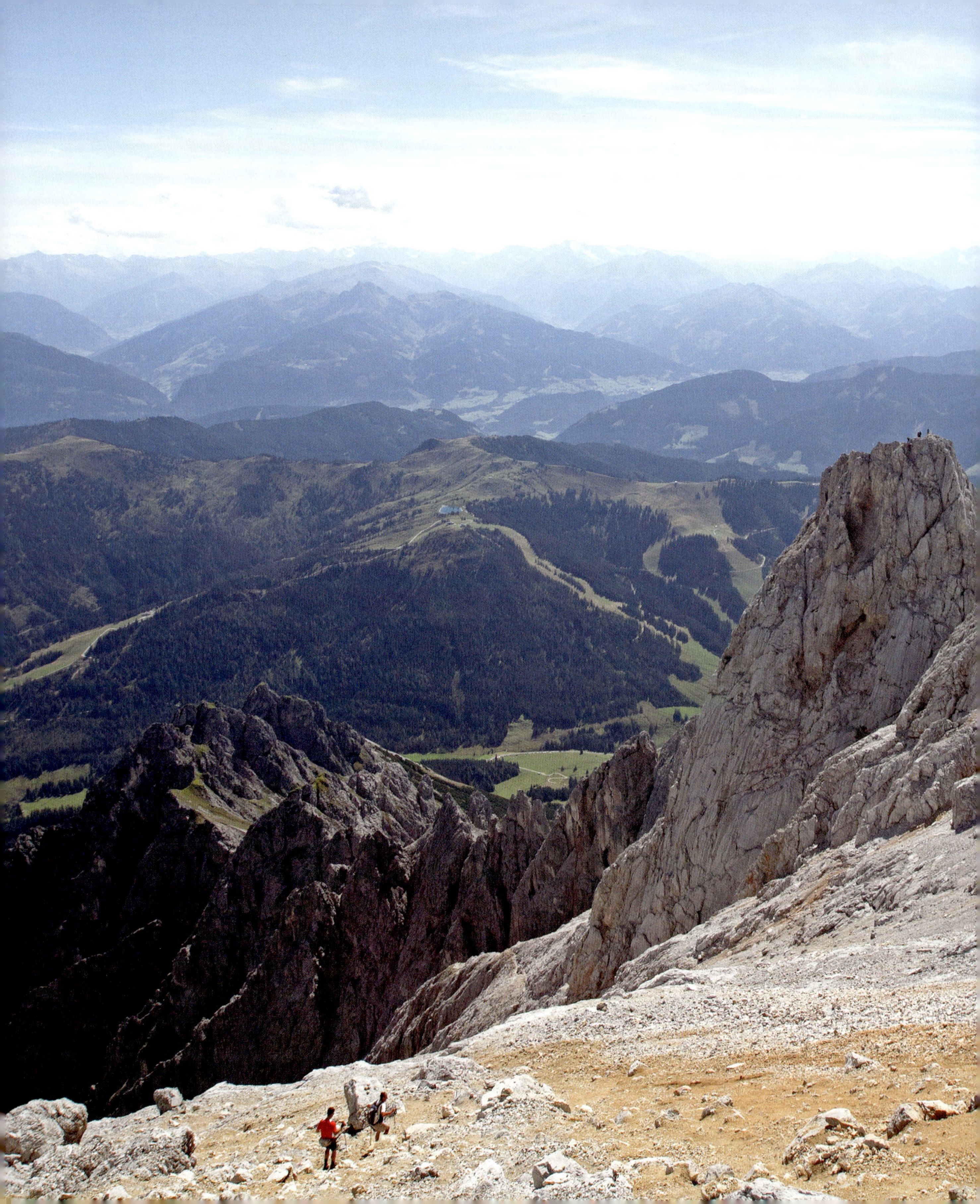

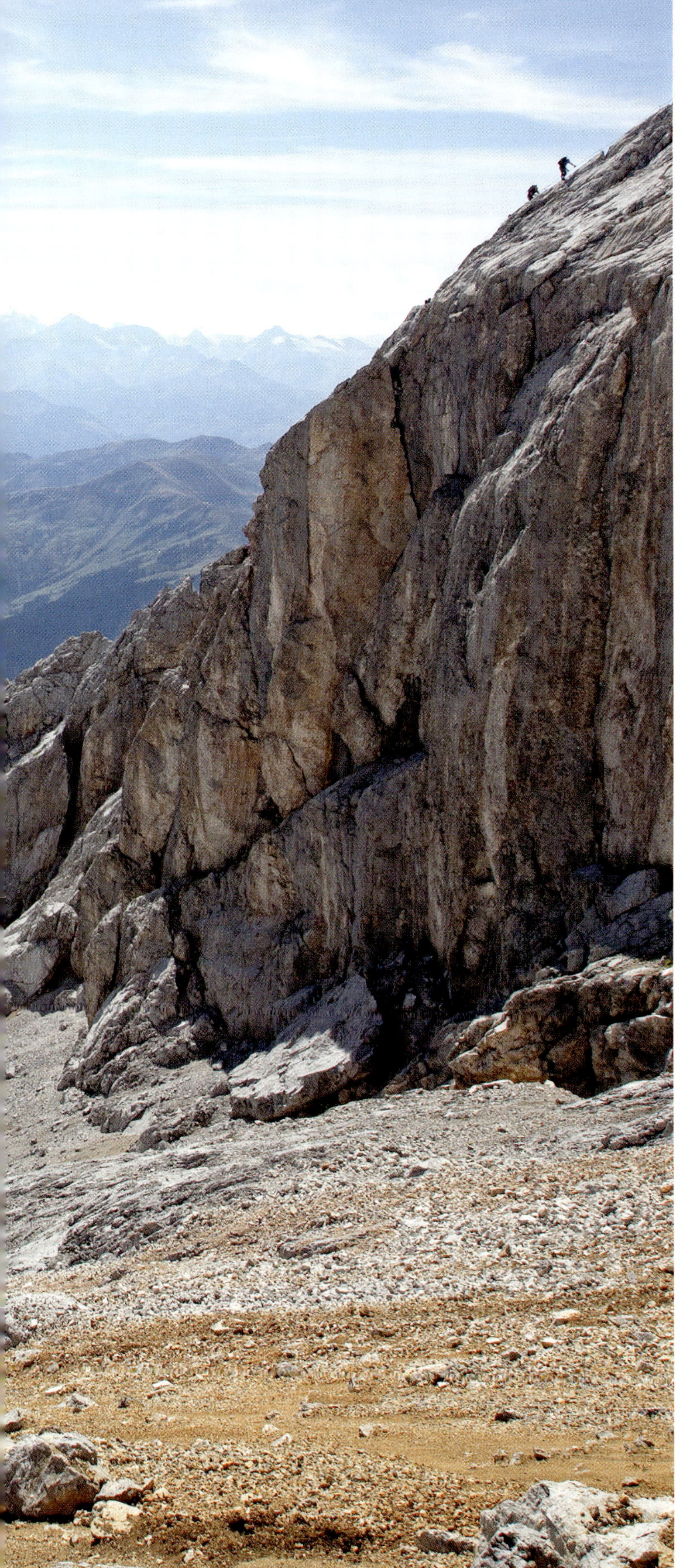

INHALT

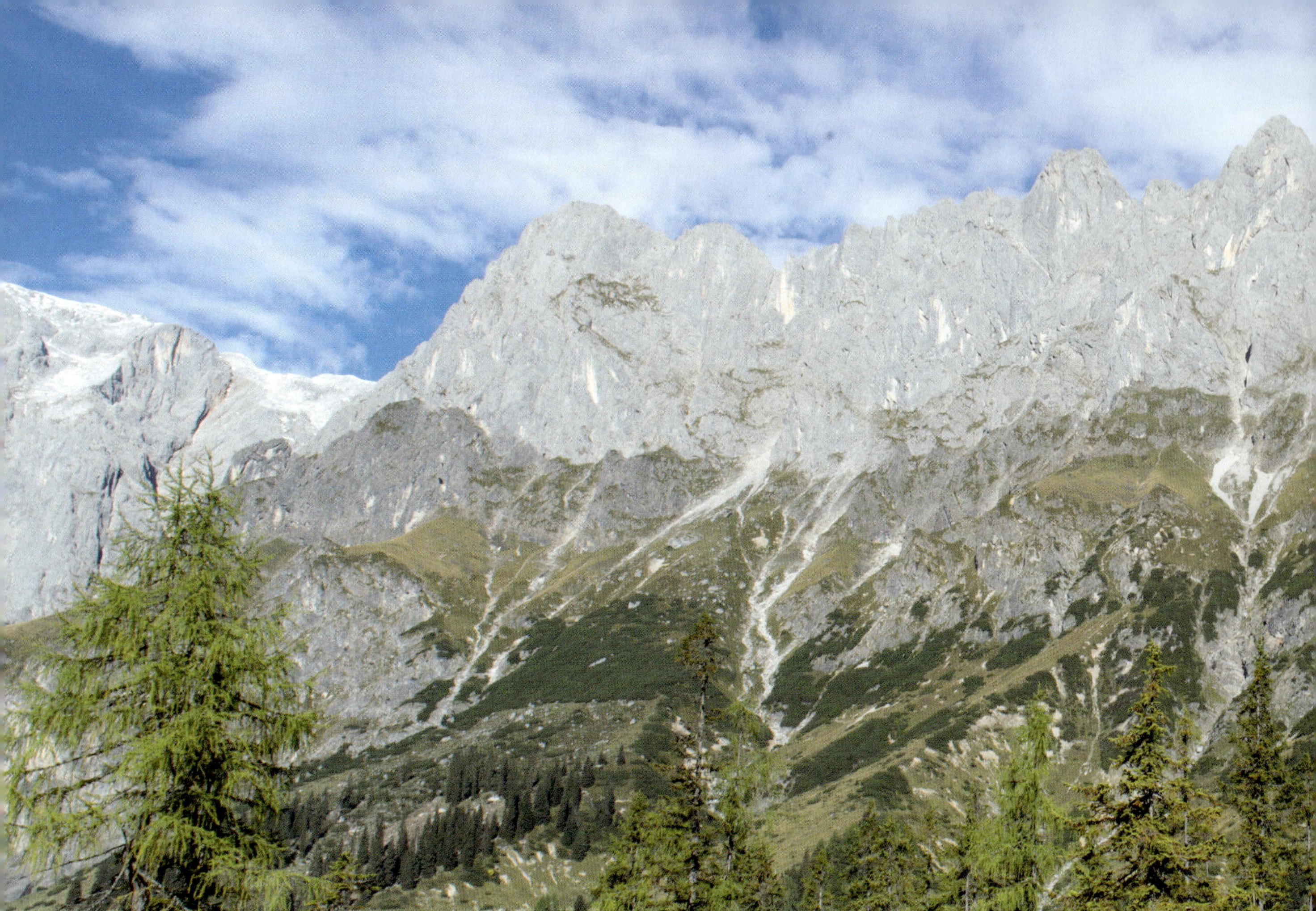

VORWORT

Als ich erstmals auf dem Hochkönig stand, umgeben vom gleißenden Firn der „Übergossenen Alm", dem Gletscherplateau, das zur damaligen Zeit noch mit massiven Eis- und Schneefeldern die umgebenen Felsenreiche einschloss, erfüllten sich meine Kindheitsbilder, Bilder einer Ahnung, die so lange in mir geschlummert hatten, aber doch unnahbar geblieben waren, sie waren eins mit mir geworden, und mein Leben erhielt durch das Bergsteigen eine unglaubliche Freiheit. Wenn ich diese nun so lange vergangene Bergsteigerzeit im Geiste im Zeitraffer vorüberziehen lasse, glaube ich, es waren vor allem die ersten Jahre, die für meine spätere Entwicklung prägend waren. Das einsame Herumschlendern, das Spüren der eigenen Verantwortung, die Erfahrung, die ich dabei gewinnen durfte und die Philosophie, die sich daraus Schritt für Schritt entwickelte, prägen mein Bergsteigen bis in heutige Zeiten. Als Erster den Fuß auf einen Tritt zu stellen, als Erster einen Griff zu greifen, ich fühle es als eine fast heilige Handlung und es hatte für mich immer, wie heute noch, einen besonderen Stellenwert. Bestehende Routen interessierten mich nie wirklich, mein Blick suchte immer in den Freiräumen dazwischen, in den noch unberührten Wandfluchten,

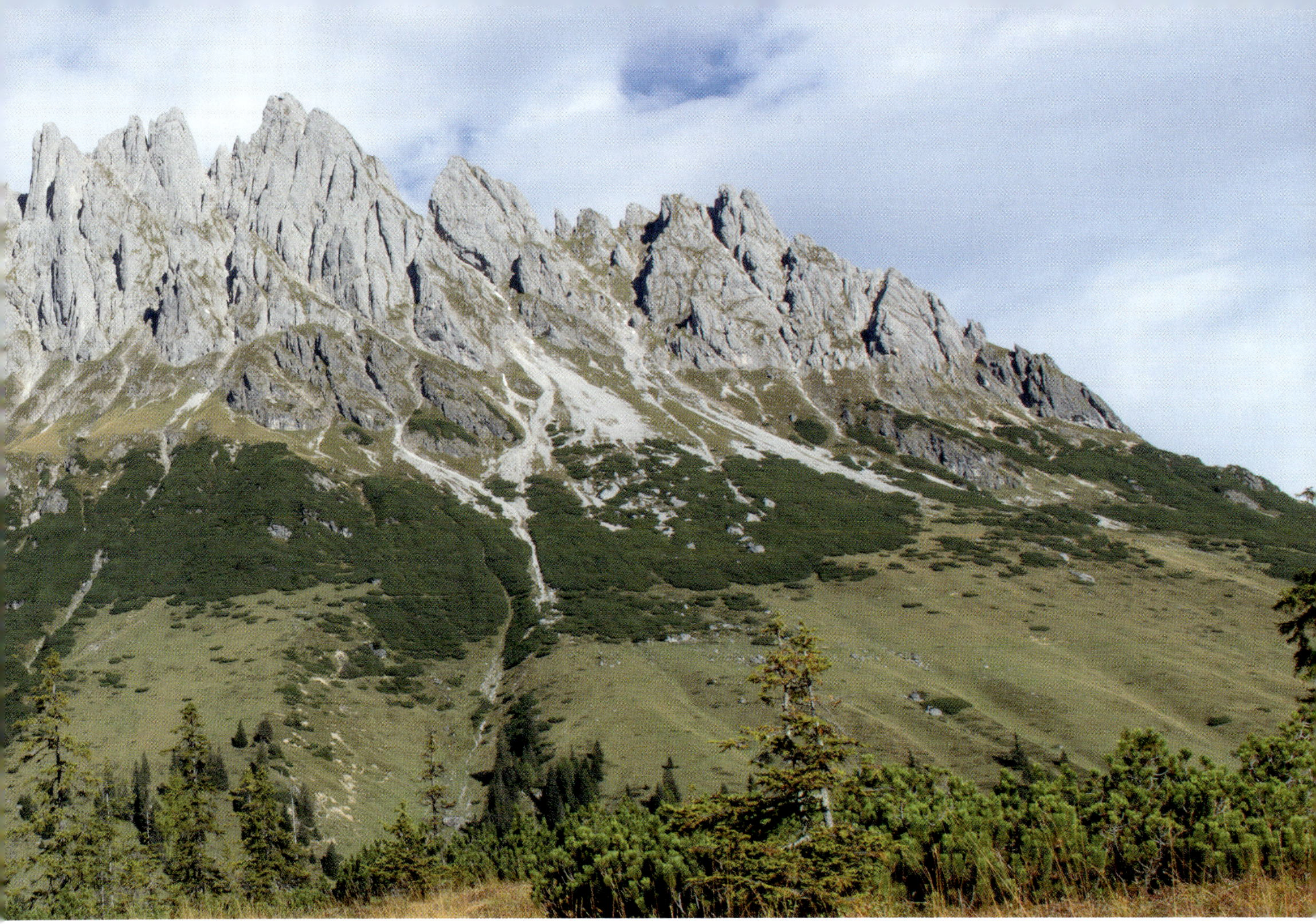

um Schwachstellen in der Unmöglichkeit zu finden und so eine zusammenhängende Kletterlinie zu konstruieren.

Die weißen Flecken sind zur kostbaren Rarität geschrumpft. Deshalb ist es eine wertvolle Erfahrung, als Erster an einem Ort zu sein, wo noch nie vorher ein Mensch war. Es wurde mir zum Prinzip, zur Gewissenssache, mich gleichzeitig einer Ausrüstungsminimierung zu stellen, und gerade das ist heute, nach vielen Jahrzehnten, immer wieder die eigentlich größte Herausforderung jeder Erstbegehung.

Gleich wie früher lebe ich meine Kletterethik. Meine Erstbegehungs-Philosophie ist seit 1970 dieselbe: Bei Erstbegehungen wird nicht gebohrt – und das nicht nur aus sportlichen Gründen. Unsere Gebirgswelt ist eine begrenzte, und eine unbegrenzte Erschließung mit allen Mitteln ist sicher nicht der richtige Weg. Aber einerseits den Menschen urbar gemachte Räume anzubieten, wo man sozusagen Sicherheit findet, und jedoch andererseits den Urzustand der Wildnis gewissenhaft zu schützen scheint mir ein möglicher Kompromiss. Und als solches sollte man auch die Sanierungen von Routen verstehen.

HOCHKÖNIG 2941m

Die Marmolata der Nördlichen Kalkalpen

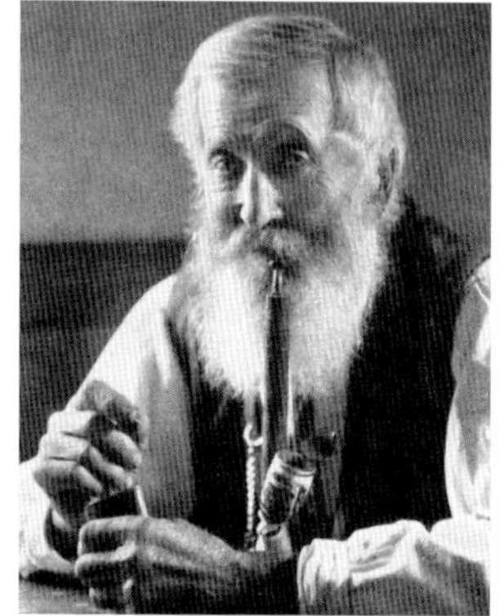
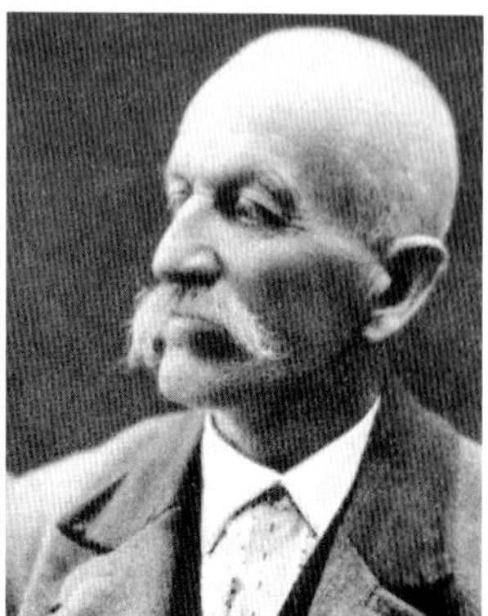

Die hochalpine Lage, in der man sich hier befindet, sollte bei allen Tourenplänen berücksichtigt sein. Der Hochkönig ist der südlichste und höchste von zehn Gebirgsstöcken der Salzburger und Berchtesgadener Kalkalpen, die durch tiefe Taleinschnitte getrennt sind.
Professor Thurwieser aus Salzburg erstieg am 5. September 1826 mit zwei Offizieren und zehn Trägern – vom Mitterberg über die Mitterfeldalm – erstmals aus touristischer Sicht den Hochkönig.
Die erste Ersteigung des Hochkönigs im Winter unternahmen die Bergführer Johann Grill-Kederbacher und sein Sohn mit Dr. Bruno Wagner von Frehnsheim am 1. Jänner 1881. Mit Ski bestieg den Gipfel erstmals der bekannte Skipionier Georg Bilgeri mit einem Gefährten im Winter 1905.
„Hochkönig" ist eine passende Bezeichnung für den höchsten Berg der Berchtesgadener Alpen. Ein mächtiger Gebirgsstock, einschüchternd die Südwände und anmutig sein Firnschmuck, der sich einer Halskrause gleich um die Gipfelkuppe legt, erhaben in seiner Vielfalt und seiner Ausdehnung. Kurz gesagt, eine Majestät unter den Bergen. Eingerahmt wird seine Hochfläche von vielen einzelnen Gipfeln, Zacken und Zinnen, in den südöstlichen Randbereichen der Säulenwall der Mandlwand. Nach Süden hin – von der Westgipfelwand über den zentralen Wandbereich, bis hin zur Ostkesselwand – zeigt der Berg seine eindrucksvollste Seite.

Die Sage von der Übergossenen Alm

Es heißt, dass in längst vergangenen Tagen, dort wo heute Schnee und Eis dem Wanderer entgegenstarren und der weiße Tod in Sturm und Nebel lauert, einst freundliche Almen und blumige Wiesen mit rieselnden Quellen zu wohliger Rast einluden. Zahlreiche Sennhütten lagen in der warmen Sonne und fröhliche Sennerinnen betreuten das Vieh. Manch blinkendes Goldstück hatten die Dirnen für Butter und Käse im Tal erhalten. In Wohlstand und Zufriedenheit wohnten sie in den kleinen braunen Hütten.
Doch dies währte nicht lange. Die Sennerinnen wurden übermütig und anstatt sich der schönen Tage zu erfreuen und Gott für den reichen Segen zu danken, vergaßen sie den gütigen Spender und fingen an, allerhand törichten Unfug zu treiben. Bald liefen die Stiere mit vergoldeten Hörnern umher und den Kühen baumelten silberne Glocken um den Hals.
Die Dirnen ließen sich mächtige Fässer des besten Weines aus der Stadt in ihre Hütten kommen und tranken in lustiger Gesellschaft die halbe Nacht hindurch. Immer übermütiger wurden sie, es war, als ob der Teufel in sie gefahren wäre. Bald war es ihnen zu wenig, nur den goldenen Reichtum zu ihren frivolen Scherzen zu missbrauchen, sie hatten ja auch Milch, Butter und Käse so viel sie nur wollten. Und die gottvergessenen Mädchen trugen die fetten Käselaibe herbei und stampften sie gleich Pflastersteinen in die Erde. In die Zwischenräume strichen sie frische gelbe Butter. Von einer Hütte

zur anderen legten sie solche Wege, damit der Teufel mit seinem Brüderlein, wenn er nachts auf Besuch kam, auch etwas zu fressen hätte, spotteten sie. Täglich badeten sie in Milch und gossen ganze Schüsseln voll zur Tür hinaus. Im ausgelassenen Spiel bespritzten sie sich mit dickem süßem Rahm und Butterkugeln waren ihre Bälle.

Als sie es wieder einmal recht toll trieben, kam ein alter, müder Wanderer des Weges. Kaum trugen ihn noch seine Füße und nur mit Mühe erreichte er eine der Sennhütten. Erschöpft lehnte er sich an den Türpfosten und klopfte mit zitternden Fingern an.

Die Tür wurde aufgerissen und rau herrschte ihn die Sennerin an: „Was willst du hier?“

„Nur ein wenig Milch, um meinen Durst zu stillen, und ein Bündel Heu, um meine müden Glieder darauf zu strecken“, bat der Mann bescheiden.

„Sonst nichts?“, fragte die Sennerin höhnisch. „Das soll dir der Teufel geben! Wir haben keinen Platz für Gäste deiner Art.“ Und damit schlug die herzlose Dirn die Tür vor dem zitternden Greis zu. Drinnen lachten die anderen Sennerinnen. Sie lachten aber zum letzten Mal.

Oben in den Wolken, die plötzlich von den Teufelshörnern im Hagengebirge wie dunkle Ungeheuer

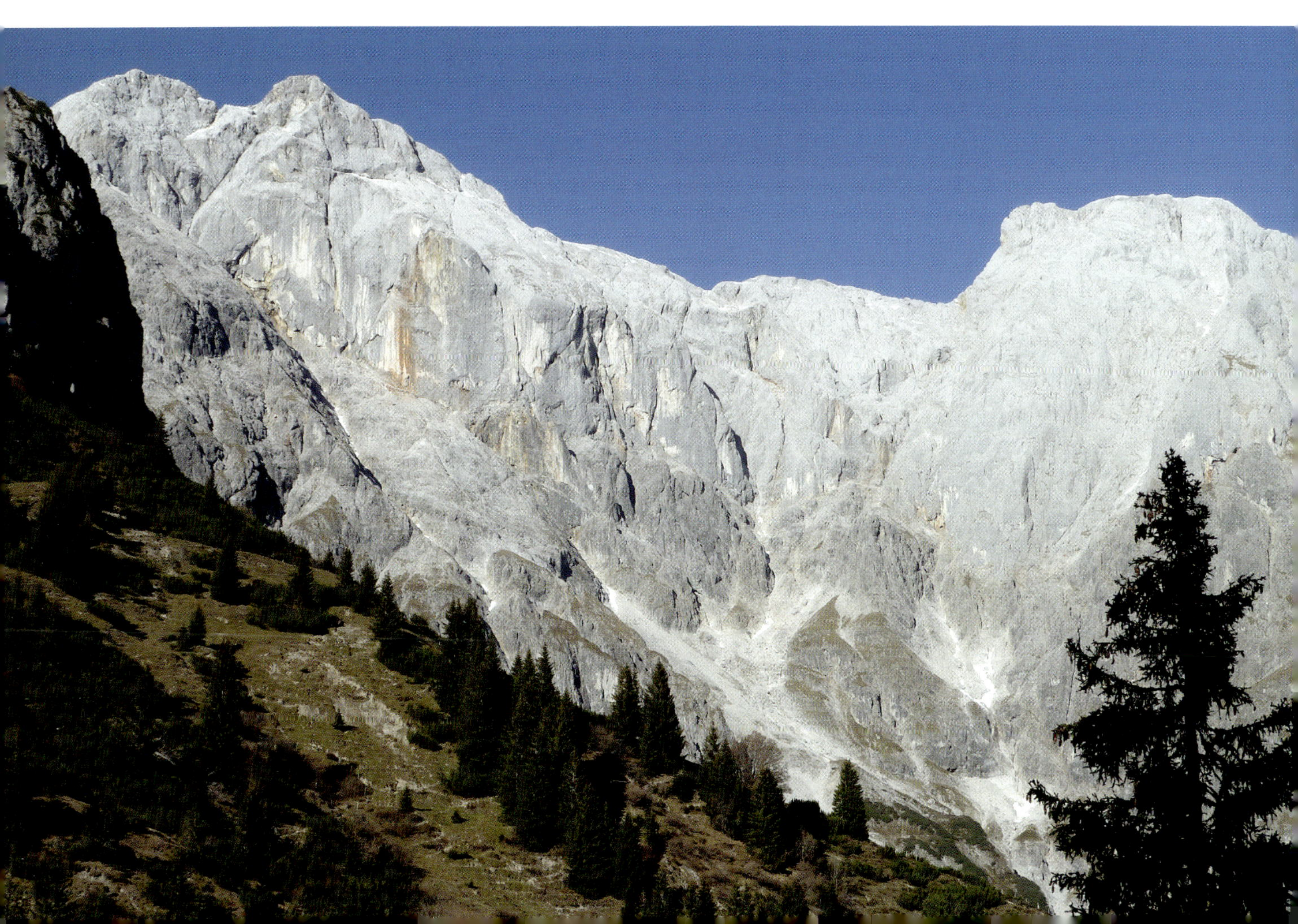

heraufzogen, lauerte das Verderben. Doch die scherzenden Dirnen beachteten das aufziehende Gewitter nicht. Erst das Leuchten des ersten Blitzes ließ ihr wüstes Lärmen verstummen. Draußen ballten sich schwarzgraue Nebel, während das Vieh noch schutzlos auf der Weide stand. Nun war es zu spät, die Tiere zu holen, denn schon brach das Unwetter mit furchtbarer Macht los. Ein Schneesturm begann zu wüten, der die Hütten erzittern ließ. Bebend vor Angst sanken die Sennerinnen in die Knie und versuchten zu beten, aber sie hatten ihren Gott längst vergessen. Kein Wort kam über die bleichen Lippen, sie waren in Todesangst verstummt. Der Sturm aber heulte weiter und die Schneedecke wuchs immer höher. Hütten und Sennerinnen, Kühe und Wiesen, ja selbst die sprudelnden Quellen versanken darunter. Nicht ein einziger Grashalm lugte mehr hervor. Gleich einem großen weißen Leichentuch dehnte sich die Schneefläche zwischen den Felsen aus. Die Sonne spiegelte sich in Eisnadeln, wo früher fette Kräuter aus der Erde gesprossen waren.
Die Alm blieb bis auf den heutigen Tag mit Eis und Schnee übergossen und kündet uns so von den übermütigen Sennerinnen und ihrem Geschick.
Wer der fremde alte Mann gewesen ist und wohin er gegangen war, weiß niemand. Vielleicht ist es Gott selbst gewesen, der die übermütigen Dirnen noch ein letztes Mal hatte prüfen wollen, ehe sein Strafgericht sie traf.

Das Matrashaus

Auf dem höchsten Punkt des Hochkönigs steht das Matrashaus. Es zählt zu den modernsten und umweltfreundlichsten Schutzhütten in den Alpen. Im Sommer 1865 erbaute das Personal der Kupferbergbau-Gewerkschaft Mitterberg an einem Tag die erste Hütte auf dem Gipfel, die für sechs Personen gerade groß genug war.

1896 begann der Österreichische Touristenklub mit den Bau eines Schutzhauses an derselben Stelle. Mehrere Versuche, das Baumaterial, vorwiegend Holz, mit Tragtieren zum Gipfel zu bringen, scheiterten. Teile des Anstiegs waren für Pferde und Mulis unpassierbar, außerdem weigerten sich diese, über den Gletscher zu gehen.
So mussten alle Lasten von Trägern mithilfe von Kopfkraxen auf den Berg gebracht werden. Der Firstbaum mit einem Gewicht von 120 kg wurde von einem einzelnen Mann vom Mitterberg zum Gipfel des Hochkönigs getragen. Im Jahr 1898 wurde die Hütte fertiggestellt und am 15. August desselben Jahres zum 50-jährigen Regierungsjubiläum „Seiner k.u.k. Apostolischen Majestät, unseres allergnädigsten Kaisers“ als „Kaiser-Jubiläums-Schutzhaus“ eingeweiht und eröffnet.
Franz Ferdinand – dem Thronfolger – war das Schutzhaus aber ein Dorn im Auge, da zu viele Touristen von allen Seiten zur Unterkunftshütte auf dem Hochköniggipfel wanderten und Unruhe in sein Jagdrevier brachten. Der Auftrag zum Abriss beziehungsweise zum Abbrennen des Hauses wurde gegeben.
Franz Eduard Matras, der damalige Präsident des österreichischen Touristenklubs, wollte die Zerstörung des Schutzhauses unbedingt verhindern und fand über Katharina Schratt, die Vertraute des alten Kaisers, Zugang zu diesem. Kaiser Franz Josef, dessen Abneigung gegenüber den Jagdgepflogenheiten seines Neffen bekannt war, ordnete schließlich an, dass das Haus auf „allderohöchsten“ Befehl weiter zu bestehen habe. So erzählt es Peter Radacher, der ehemalige Wirt des Arthurhauses.
Im Jahr 1931 wurde das Gipfelhaus erheblich vergrößert und ein Jahr später nach dem „Retter“ der Hütte „Franz-Eduard-Matras-Haus“ genannt.
Als im Mai 1982 plötzlich Flammen ausbrachen, wurden sofort Löschungsversuche unternommen,

die jedoch keinen Erfolg hatten. Das Haus brannte bis auf die Grundmauern nieder. Nach einem raschen Bau wurde das neue Haus im September 1985 wieder eröffnet.

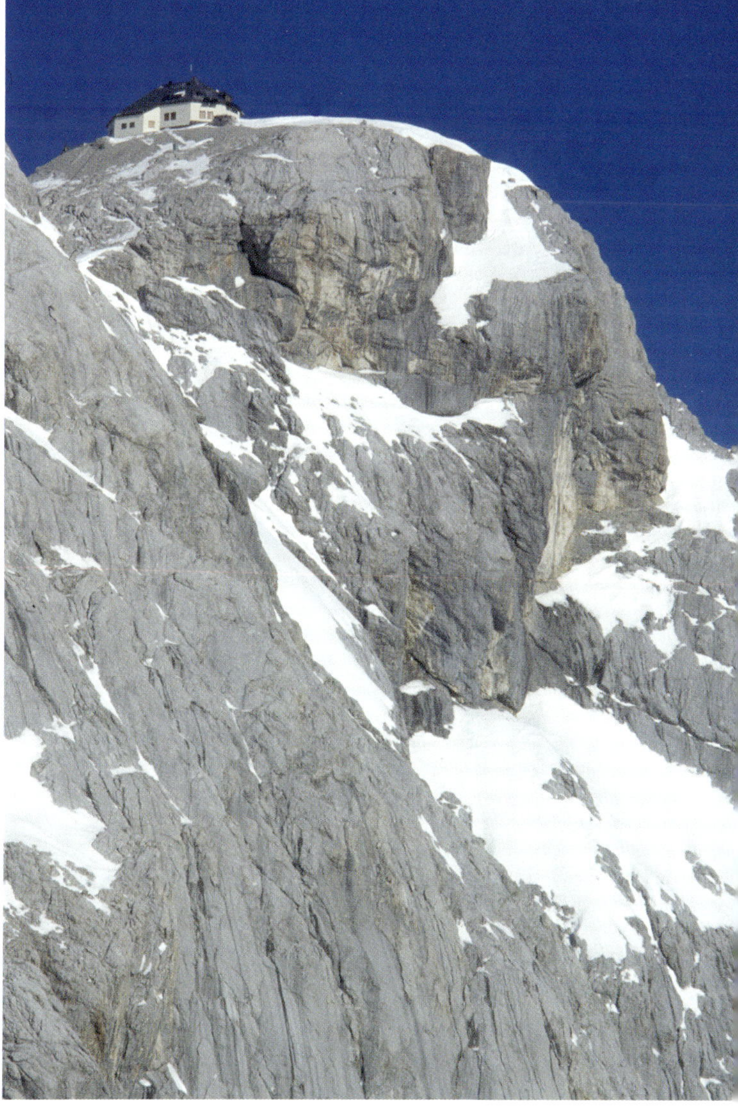

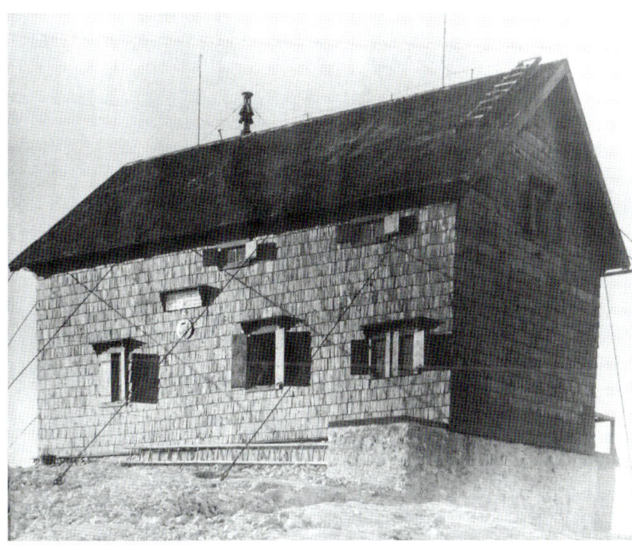

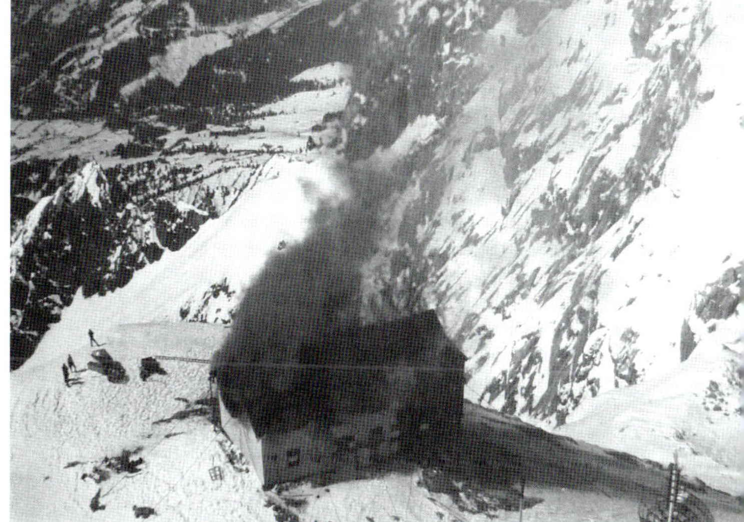

HOCHKÖNIG-SÜDWAND

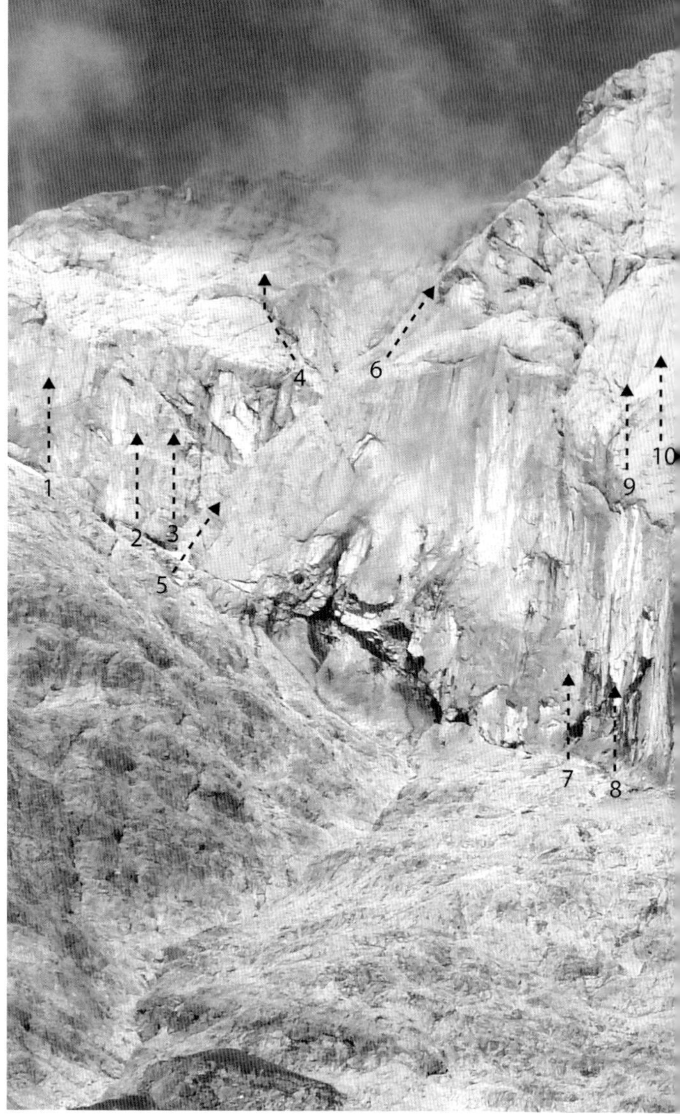

Imponierend, mit ausgedehnten hellen Kalkwänden, einige Kilometer breit, war sie für mich in der wilden Zeit meines Bergsteigens ein Füllhorn der Abenteuer – und das praktisch vor der eigenen Haustür. Die gute Felsbeschaffenheit schenkte mir zahlreiche, genussvolle Kletterrouten und es verwundert nicht, dass der Berg des Öfteren mit der Marmolata in den Dolomiten verglichen wird. Bis 1971 gab es nur zwei Routen in den Randbereichen der Südwandmauer, die Südwestwand von Karl Dumböck, Franz Primas und Erwin Schlager, alle aus Salzburg, geklettert im Jahr 1939 und eine zweite Route im Ostkessel von Arnold Awerzger, Richard Gerin und Franz Schaffer aus dem Jahr 1932. Erst zwei Generationen später lösten 1971 Richard Franzl, Sepp Seidl und Willi Prax das Rätsel um die Direttissima. Eine Zeit lang war diese die schwierigste Route am Hochkönig.

Wenige Tage nach der Erstbegehung gelang mir an einem sehr frechen Tag die Solobegehung und wenige Monate später – zwischen Weihnachten und Neujahr – die Winterbegehung der Route.

Im selben Jahr kletterte ich gemeinsam mit Schorsch Wenger erstmals die Südverschneidung, Richard Franzl und Sepp Portenkirchner kletterten ein Jahr darauf den „Dientner Weg". Dann ging die Erschließung, im Zeitraum von knapp zwei Jahrzehnten, Schlag auf Schlag. Während meiner Zeit konnte ich der Wand viele Wege abgewinnen, genau genommen entwickelte die Wand jedoch mich, sie reifte mich zum vollwertigen Alpinisten.

Zustieg: Vom Stegmoosalmparkplatz dem Weg folgen, später ein Steiglein entlang, welches durch einen Latschengürtel nach rechts zum Trockenbach führt. Seinen rechten Ast in Richtung Ostkessel und nach links weg und über kuppierte Platten zum Einstieg.

Hochkönig – Direttissima Solo

Am Tag meiner Rückkehr von einem Kletterurlaub in Norwegen gelang Richard Franzl, Sepp Seidl und Willi Prax die Erstbegehung der Hochkönig-Südwand-Direttissima. Die Möglichkeit war auch auf

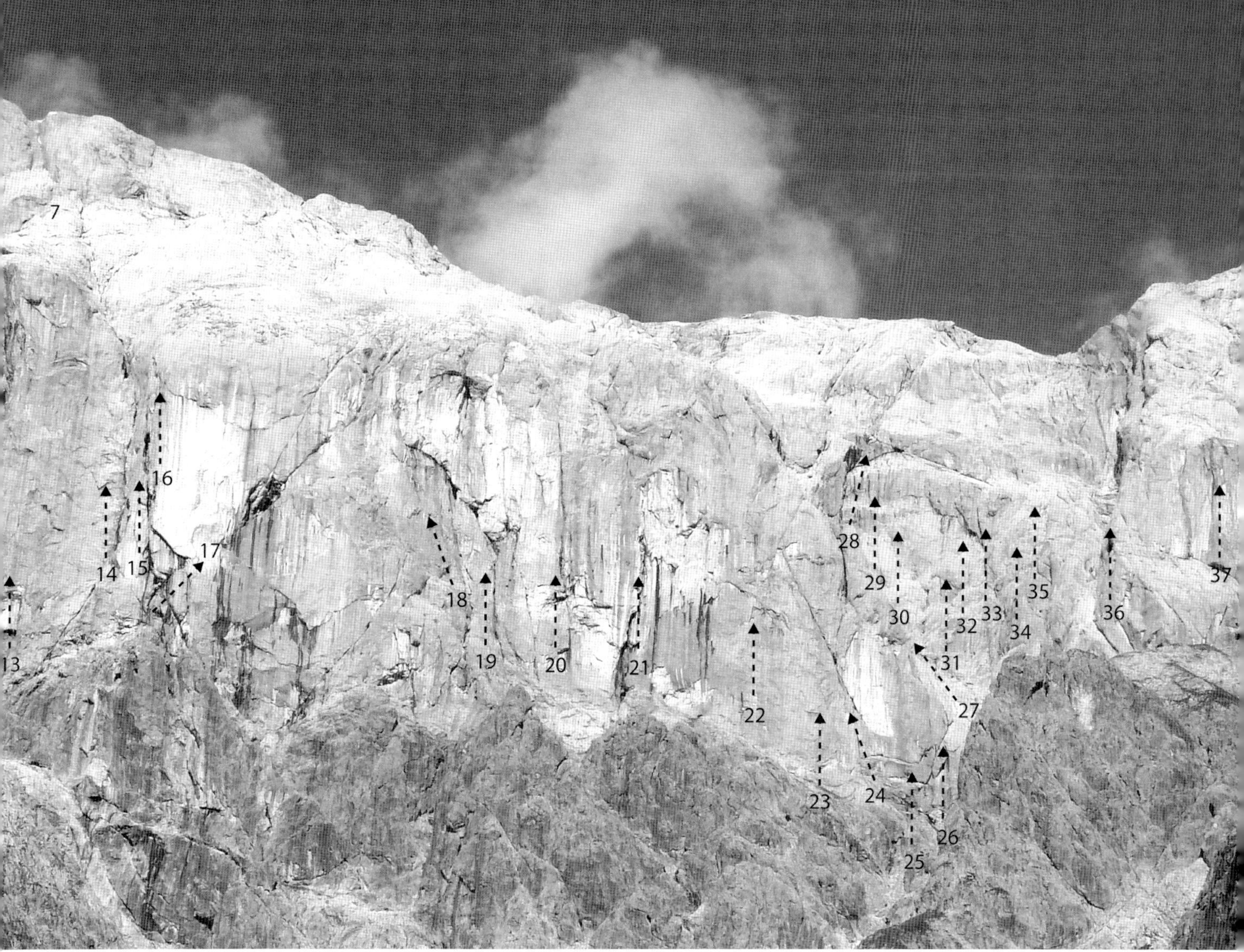

meiner Erstbegehungswunschliste gestanden. Jetzt konnte ich die drei nur noch beglückwünschen! Schade, die Direttissima war weg, tatsächlich aber hatte ich mich über ihre Leistung ehrlich mitgefreut, denn es gab zu der Zeit niemanden, der den Erfolg mehr verdient hätte.

Es muss erwähnt werden, dass zur damaligen Zeit Erstbegehungen, Winterbegehungen, auch Solobegehungen ein wesentlich höherer Stellenwert beigemessen wurde – ein Wert, der auf der Schwelle ins neue Jahrtausend durch den vermehrten Technologieeinsatz verloren ging. So war nach der

1 Feuerland
2 Löwentrail und Alte Süd
3 Epilog
4 Kolumbus
5 Dumböck-Schlager
6 Via Riga
7 Direttissima
8 Dientener Weg-Direkt
9 Gloria Patri
10 Royal Slabs
11 Don Juan
12 Manimauer
13 Steile Meile
14 Südverschneidung
15 Hochkönigtrichter
16 Schwert der Ahnen
17 Diagonale
18 Zahmer Rabe
19 Behofnerloch
20 Schlaraffenland
21 Jännerloch
22 Eiertanz
23 Haschen nach Wind
24 Kesselpfeiler
25 Little Beauty
26 Charisma
27 Awerzger-Gerin
28 Aquaverschneidung
29 Big Beauty
30 Maria
31 Precht-Neumayer
32 Planetenkuss
33 Sehnsucht nach Sonne
34 Parasympathikus
35 Ossis & Wessis
36 Kesselkante
37 Aufwärmpfeiler

Erstbegehung die Solobegehung und die Winterbegehung einer Route eine normale Entwicklung.

Der Alleingang

Beeindruckende Ausgesetztheit, unter und über mir gelbliche Überhänge, weit und breit kein Haken. An einem vorstehenden Felszacken sichere ich mich nach links über eine senkrechte Platte und stemme mich eine überhängende Verschneidung empor. – Eine Kletterei an der Grenze meines Könnens. Etwa 30 Meter weiter rechts sehe ich den Riss, den die Erstbegeher genommen hatten, eine Hakenleiter, für mich ist diese Linie allerdings unerreichbar.

Meine Route war meiner Meinung nach die logische, ich suchte immer schon nach dem freien Weg! So war mir der Hakenriss entgangen. „Der freie Weg ist der bessere Weg", so gab ich meiner Waghalsigkeit die Legitimität, einfach weiterzuklettern. In banger Spannung führten mich Felsschichtungen über eine Platte nach links und um eine Kante und da es der einzig mögliche Weg war, nach einigem Zögern noch weiter nach links. Die Ausweglosigkeit drohte immer stärker bei jedem neuen Kletterzug. Fast schon unerwartet tat sich zu meiner eigenen Verwunderung ein System aus Verschneidungen und Rissen auf, das die gelbe Überhangzone durchzog. Eine Ermunterung zur rechten Zeit.

Bestärkt von dieser geschenkten Möglichkeit klettere ich mit neuer Hoffnung, ja Berauschtheit, dem bisher unbetretenen Terrain entgegen.

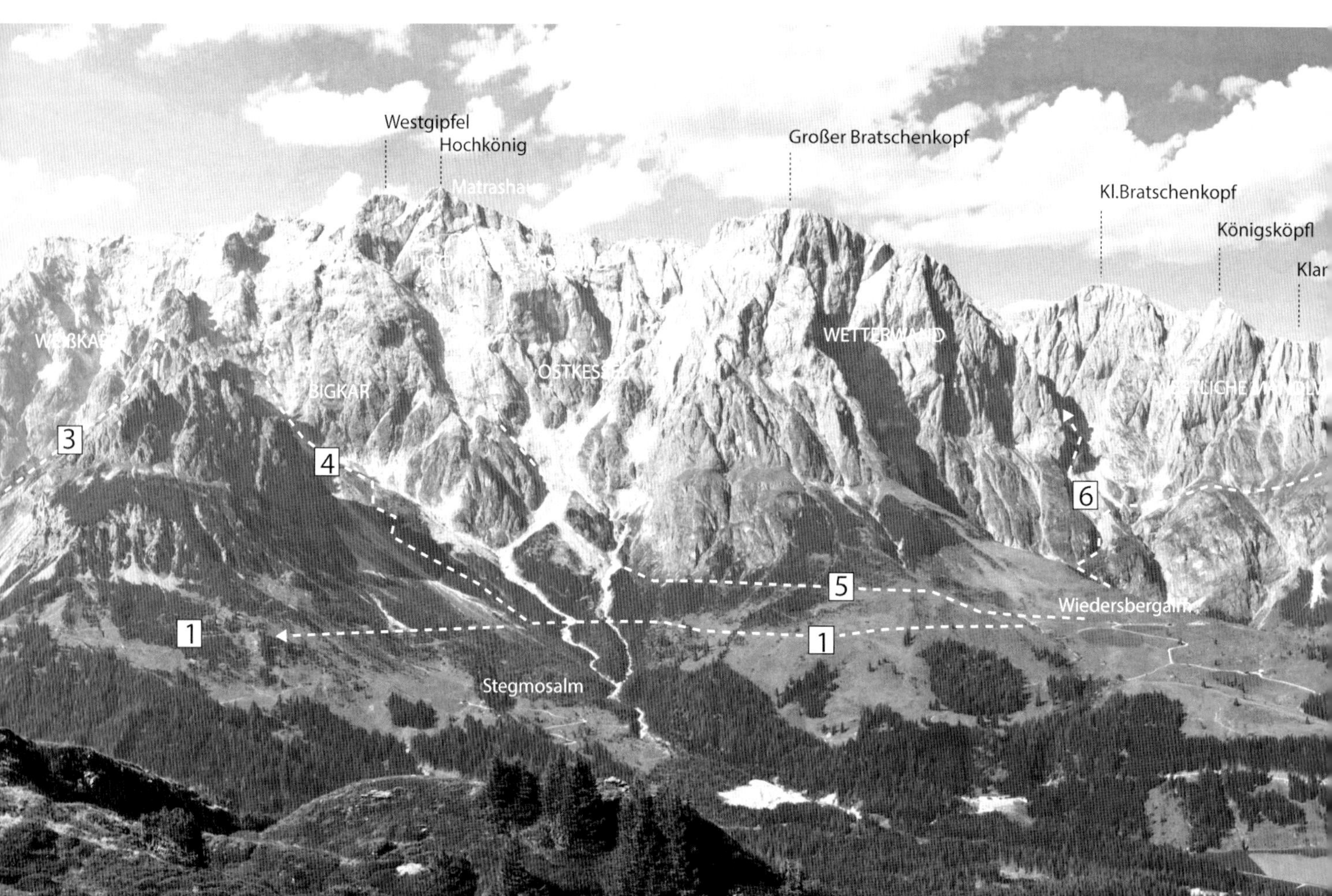

Mehrere Meter piaze ich einen Riss empor, bis er an einem kleinen Dach endet. Ein Überhang aus verkeilten gelben Blöcken, nicht grifflos, aber der brüchige Fels jagte mir Angst ein.

Der Gedanke, mit einigen Kubikmetern Fels aus der Wand zu stürzen, treibt meinen Puls in die Höhe und mit höchster Aufmerksamkeit schiebe ich mich über die bedenkliche Stelle empor.

Heute, nach über 40 Jahren klebt der Überhang immer noch ungebrochen an seiner Stelle, so gesehen war meine Besorgnis vielleicht doch etwas übertrieben.

Die folgende Platte steil, doch vom tropfenden Wasser in Millionen von Jahren aufgeraut, gönnte mir noch eine Seillänge an Genuss. Dann ein Segen: Dort wo die Wand mit einem breiten Wulst aus der Senkrechten fällt, erlaubt eine feine Felsfuge die Querung zur Originalroute. Noch nicht einmal die halbe Wandhöhe habe ich erreicht und bin schon ausgelaugt. Adi, mein Freund, der mich zum Wandfuß begleitet hat, ist auf leichterem Weg inzwischen zum Matrashaus weitergegangen und wird oben auf mich warten. Er könnte mir ohnehin nicht weiterhelfen, aber trotzdem fühle ich mich jetzt verlassen und eine fast mystische Stille raubt mir die Zuversicht. Die Felslandschaft ist erdrückend und ich als Mensch fühle mich fürchterlich klein.

Es bleibt nicht die Zeit, sich in Verzagtheit zu üben, der Weg weiter wartet mit einer grauslig gelben, brüchigen Wandstufe. Jetzt kann ich auch Richard verstehen, als er mich vor einer Solo-Begehung warnte. „Nicht eine Seillänge möcht' ich da alleine klettern!“, waren seine Worte gewesen, als wir vor wenigen Tagen ihre Erstbegehung gefeiert hatten. Die Wand ist hier weit überhängend, eine mit Dreck überzogene Passage ist noch zu bewältigen, die Haken sehen erschreckend schlecht aus. Schuld haben nicht die Erstbegeher, allein der Fels ist geschlossen und einige Risse, welche die Möglichkeit, Haken zu schlagen, suggerieren, sind nach wenigen Zentimetern versintert.

Richard hatte Recht: So etwas sollte man nicht allein gehen. Gottlob haben die Erstbegeher am Ende dieser Passage ein zwei Meter langes Seilstück fixiert. „Tausendmal Dank dafür!“

Nun geht der Weiterweg praktisch im Berginneren und mogelt sich über die Überhangzone auf etwa drei Seillängen. Vierter, fünfter Grad – die

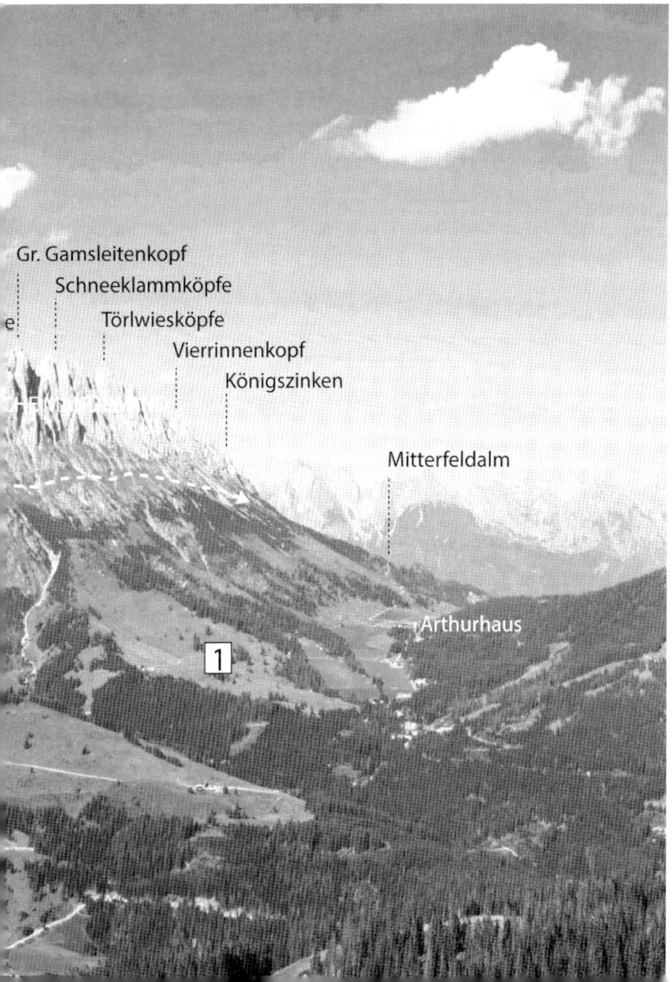

1 Wanderweg vom Arthurhaus zur Erichhütte
2 Weg zur Widdersbergalm
3 Weißkarsteig
4 Birgkarsteig
5 Steig zum Ostkessel
6 Schrammbachscharte
7 Schafsteig

leichteste Wegstrecke dieser Tour. Darüber ein letzter Überhang, dann kippt die Wand in weniger steile Platten.

Der genaue Routenverlauf ist mir leider nicht bekannt, denn Topos gibt es keine, aber der Weg weiter ist eigentlich von der Natur vorgezeichnet. Erst im oberen Wandbereich versäume ich eine Rechtsquerung, dadurch gelingt mir ungewollt noch ein toller neuer Ausstieg westlich des Originalweges, über den etwa 150 Meter hohen Plattenschuss direkt zum Hochköniggipfel.

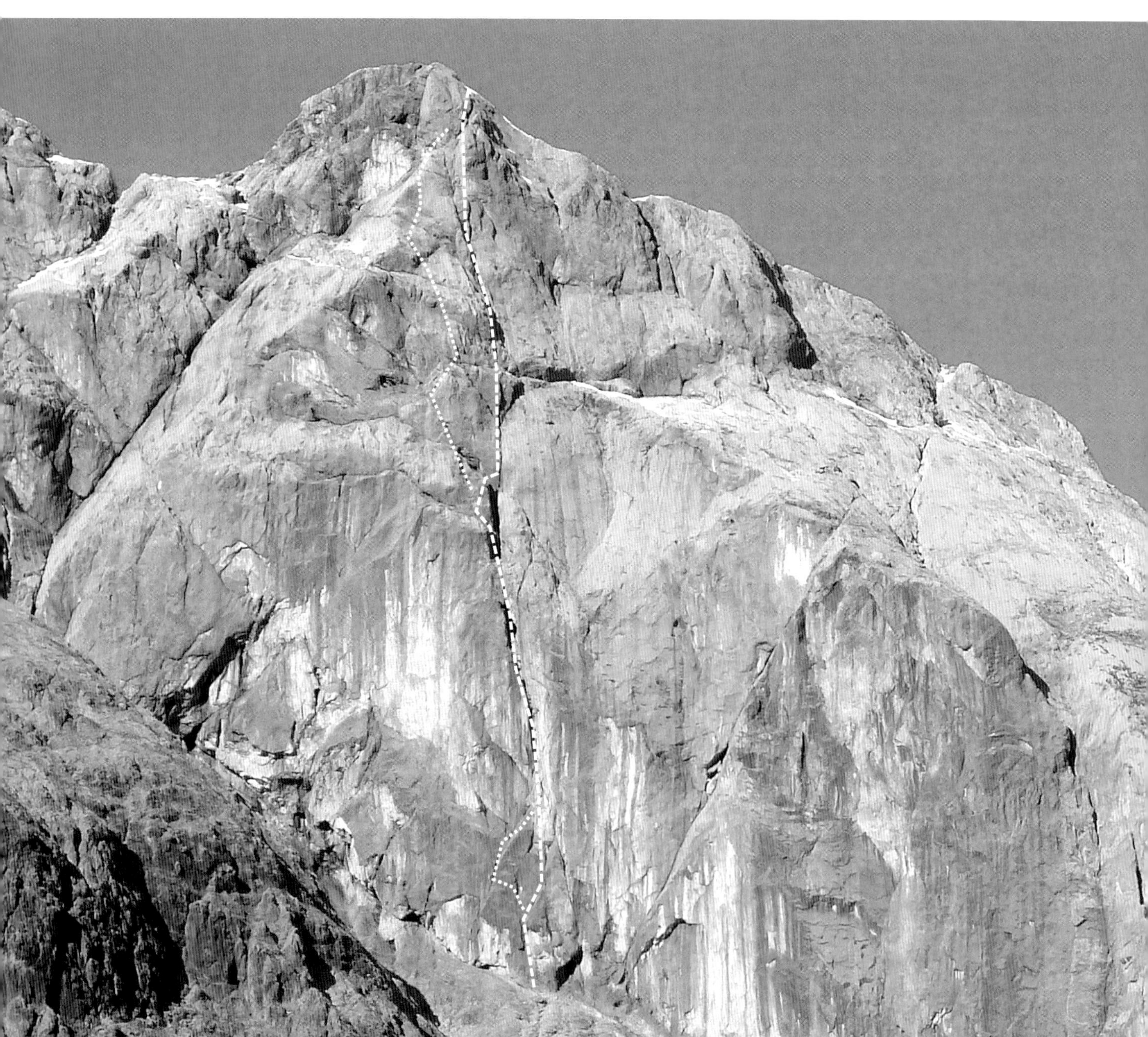

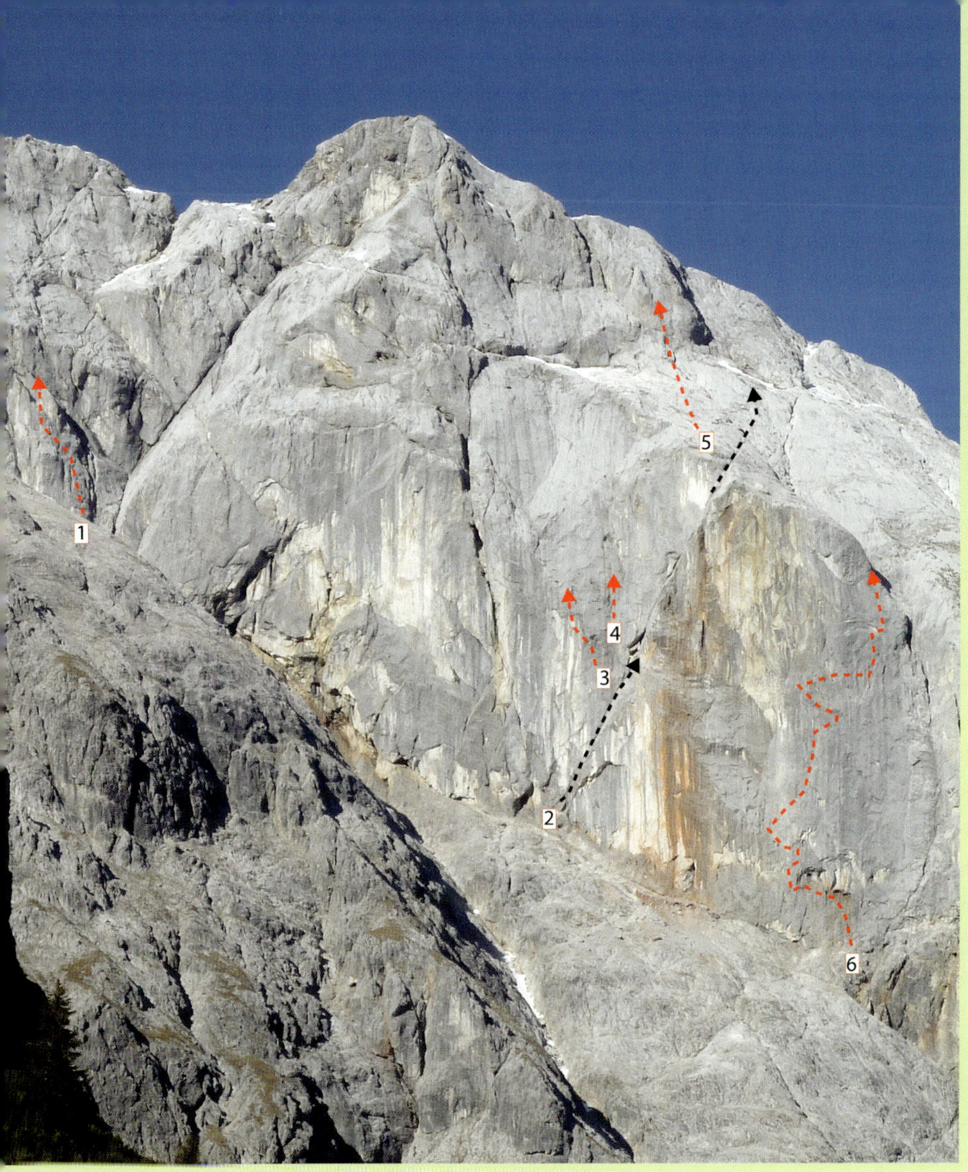

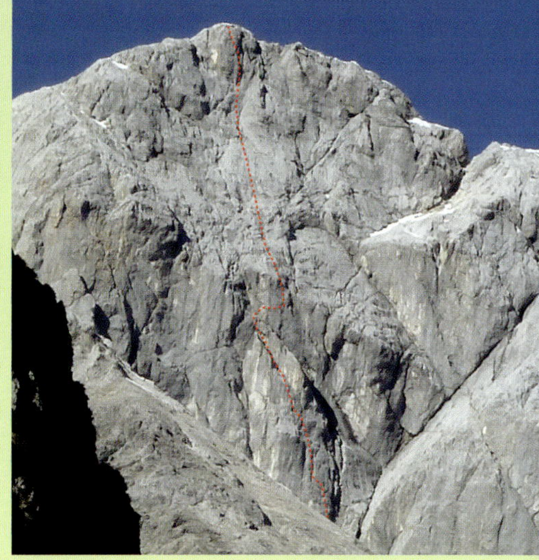

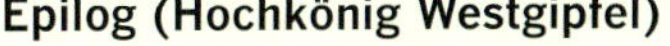

Epilog (Hochkönig Westgipfel)

Eine Passage VIII (lässt sich umgehen, Topo), sonst durchwegs zwischen V und VI, 300 Meter.

Sehr interessante Kletterei, guter Fels, aber unendlich langer Einstiegsweg. Der Wandfuß ist besser erreichbar – mit Stützpunkt Matrashaus – mit Abseilen über die Route. An den Standplätzen befinden sich OeAV-Klebehaken.

Erstbegehung mit Franz Wohlfahrt 2002.

1 Epilog
2 Dientener Weg
3 Gloria Patri
4 Don Juan
5 direkter Ausstieg Dientener Weg
6 Manimauer

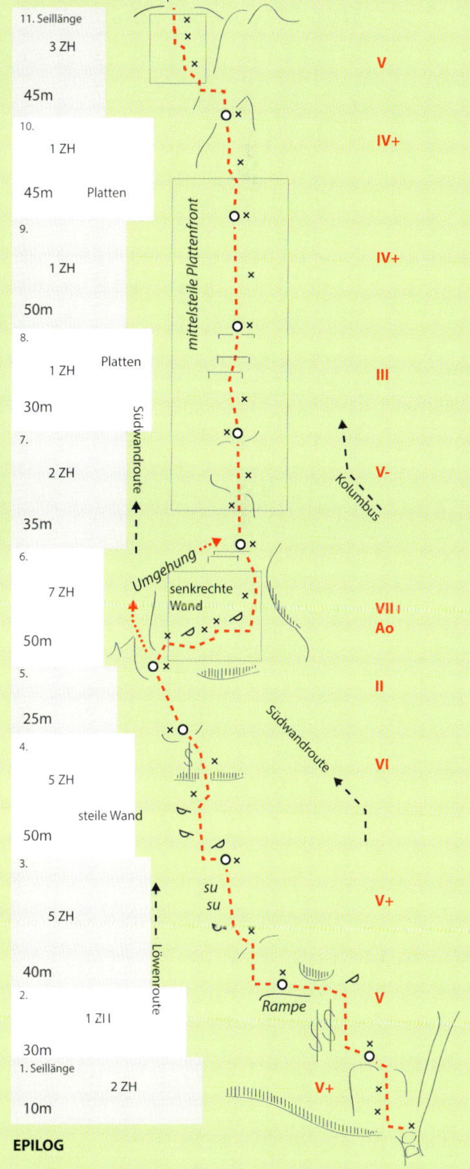

Noch prägender als die Erstbegehung selbst war für mich die Solobegehung der Route.
Lutz Maurer, einer der Macher der Sendung „Land der Berge“, war auf mich aufmerksam geworden. Ein Porträt war in Arbeit. Was hätte mein Bergsteigen besser beschrieben als eine Free-Solo-Begehung in einer alpinen Wand, wie die Gloria Patri es ist (zu der Zeit waren in der Tour kaum Haken). Zwei Dolomiten-Solo-Wochen lagen hinter mir und ich war in meiner Kletter-Hochzeit.

Free Solo in 66 Minuten

Erich Lackner, einer der berufensten Kameramänner in Alpinsachen, filmte mein Tempoklettern vom Helikopter aus und nach 66 Minuten stand ich oben beim neu erbauten Matrashaus.
Zumindest bei Alleingängen darf ich mich als einen Epigonen von Paul Preuß bezeichnen. Die Preuß'sche Philosophie hatte mich schon sehr geprägt, aber der Verzicht auf künstliche Hilfsmittel erklärt sich nicht aus Geboten oder Verboten oder einer Vorbildwirkung. Das „by fair means“ entwickelte sich eigentlich einfach daraus, dass Alleingänge ohne den ganzen Wust an Ausrüstung wesentlich unkomplizierter und leichtfüßiger waren. Für mich ist es die großartigste Disziplin im Alpinismus, es war und ist mit Abstrichen heute noch meine Methode, Freiheit in ihrer ganzen Größe zu fühlen und zu erleben. Der Wettbewerb war nur in seltenen Ausnahmefällen gegen die Uhr gerichtet, sondern entstand aus der puren Freude an der Bewegung, weil Tempo berauschende Gefühle erzeugen und den Menschen in Besitz nehmen kann.

Andreas Kubin: Die Gloria Patri

„Gloria Patri“ – für mich einer der schönsten Routennamen, die ich je gehört habe. Und die vielleicht schönste alpine Kletterroute, die ich je geklettert bin. 500 Meter in bestem Fels, eine Seillänge interessanter und abwechslungsreicher als die andere, spannend die Routensuche und spannend auch die Absicherung. Was „Moderne Zeiten“ für die Dolomiten ist, das muss „Gloria Patri“ für die Nördlichen Kalkalpen sein: das Ideal einer modernen Freikletterei, ohne Bohrhaken in gerader Linie durch eine gewaltige Plattenwand, kein Meter langweilig, kein Meter brüchig. Erstbegeher? Natürlich Albert Precht! Und der Stil dieser Route entspricht dem Precht'schen Ideal: Plattenkletterei, nie anstrengend, immer elegant, und dies mit zahlreichen Stellen im VI. Grad, das Ganze bei ziemlich spärlicher Absicherung. Wer in anderen Gebieten gerade mal einen „Sechser“ hinaufkommt, sollte lieber die Finger von „Gloria Patri“ lassen und die benachbarte „Don Juan“ klettern – auch eine Kreation von Albert Precht, jedoch spürbar leichter.
Und wer es ganz extrem und abenteuerlich möchte, dem sei die „Manimauer“ – wie fast alles und jedes von Albert – empfohlen, bisher vermutlich immer noch ohne Wiederholung, wohl eine wilde Freikletterei an kompakten Platten mit Seilquergang und ganz schwieriger Absicherung.

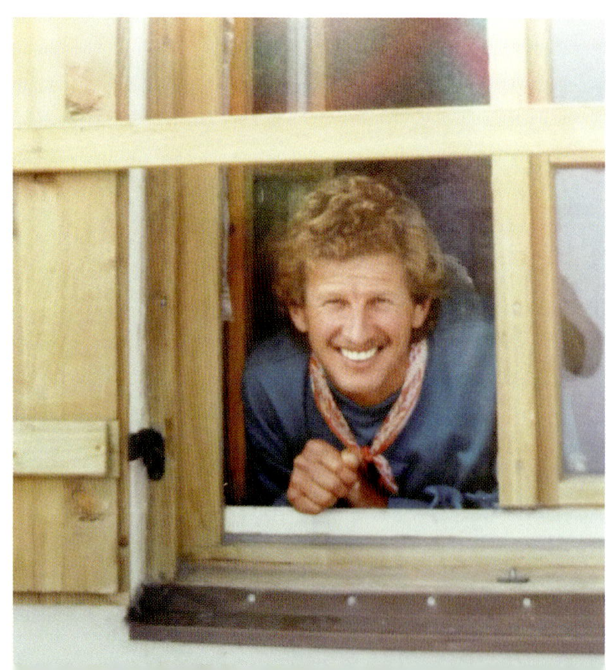

Gloria Patri

VI+, vorwiegend V und VI, 550 Meter.

Ernster Alpinklassiker, großartige Kletterei und einzigartige Direttissima zum höchsten Punkt des mächtigen Hochkönigstocks. Sicherlich eine der absoluten Top-Routen in den Nördlichen Kalkalpen. Anspruchsvolle Freikletterei in ausnahmslos festem und kletterfreundlichem Fels. An allen Standplätzen befinden sich Klebehaken, dazwischen ist die Route unauffällig alpin saniert. Allein die Einstiegsverschneidung, ein Teil vom „Dientner Weg" (Richard Franzl und Sepp Portenkirchner, 1972) kann bis in den Spätsommer unangenehm nass sein!

Das ist sozusagen die Eintrittskarte in die Route. Mobile Sicherungen, Stopper oder Friends 2 und 3 können zusätzlich verwendet werden. Erstbegangen mit Alois Grugger, Fred Schweiger und Werner Sucher 1985.

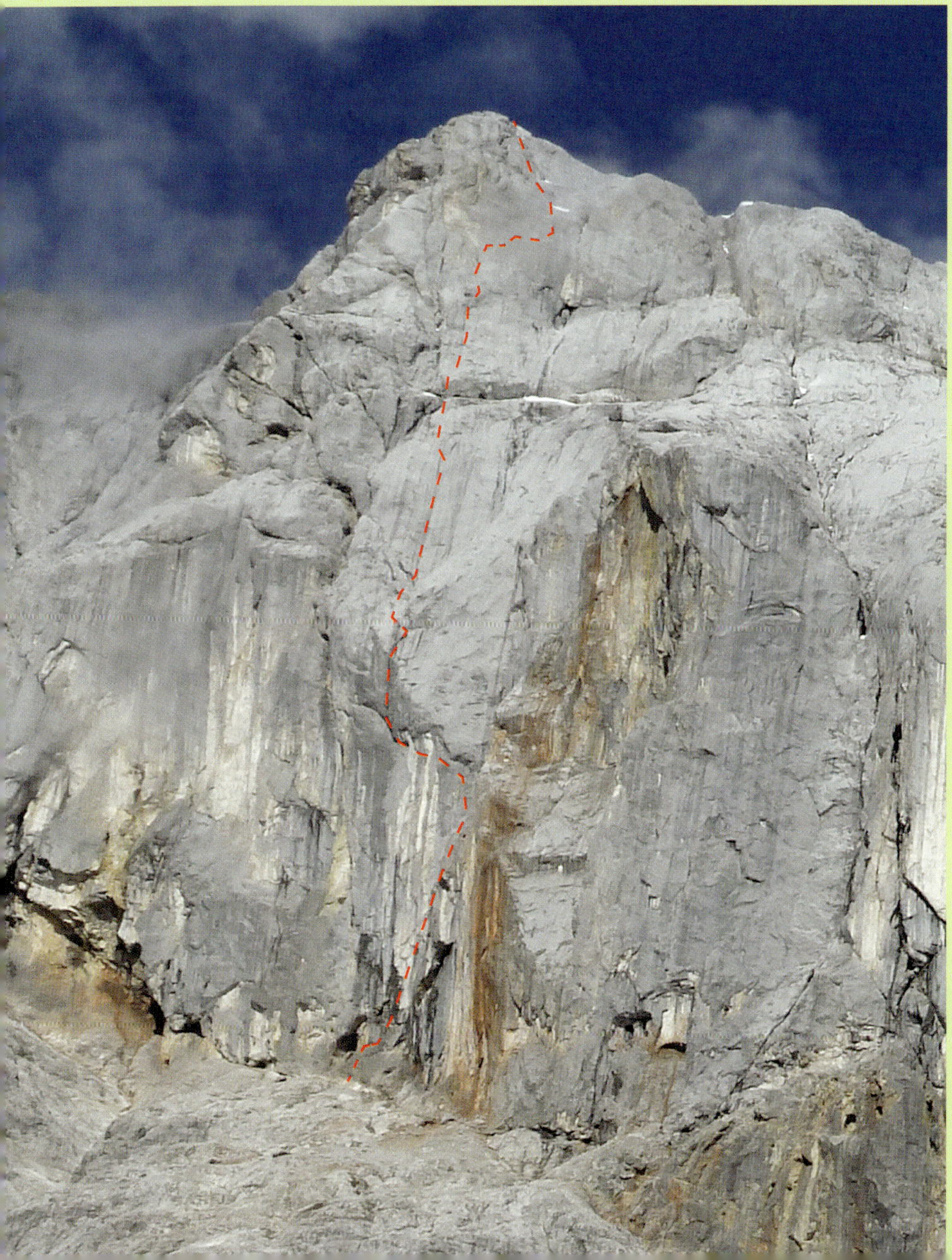

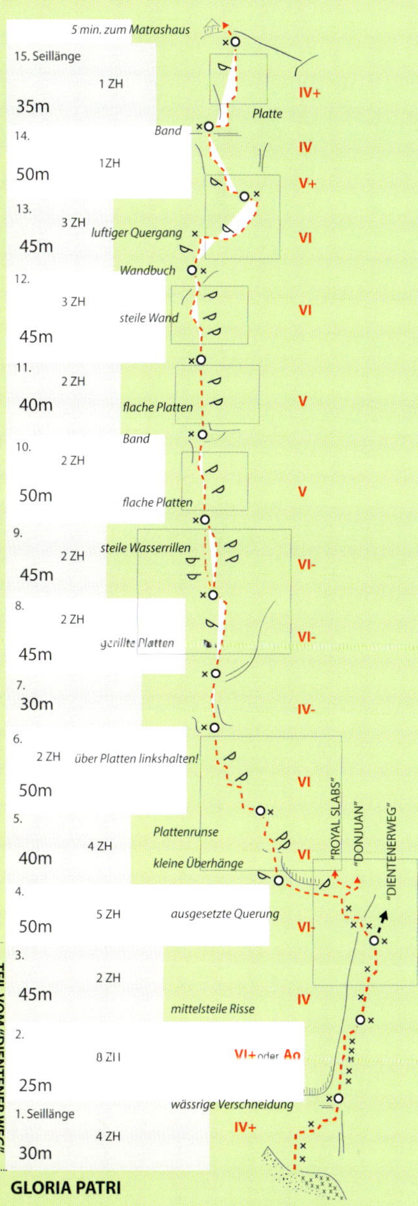

Ein Resümee: Am Hochkönig gibt es einige der schönsten Freiklettereien der Nördlichen Kalkalpen – nach heutigen Sportkletterbegriffen sind diese nicht einmal besonders schwierig. Aber es gab Tage, da bin ich lieber in eine bohrhakengesicherte IXer-Route anderswo eingestiegen als in einen Precht-Sechser. Das Erlebnis „Gloria Patri“ allerdings sitzt tiefer als alle „Neuner“. Gott sei Dank gibt es solche Routen!

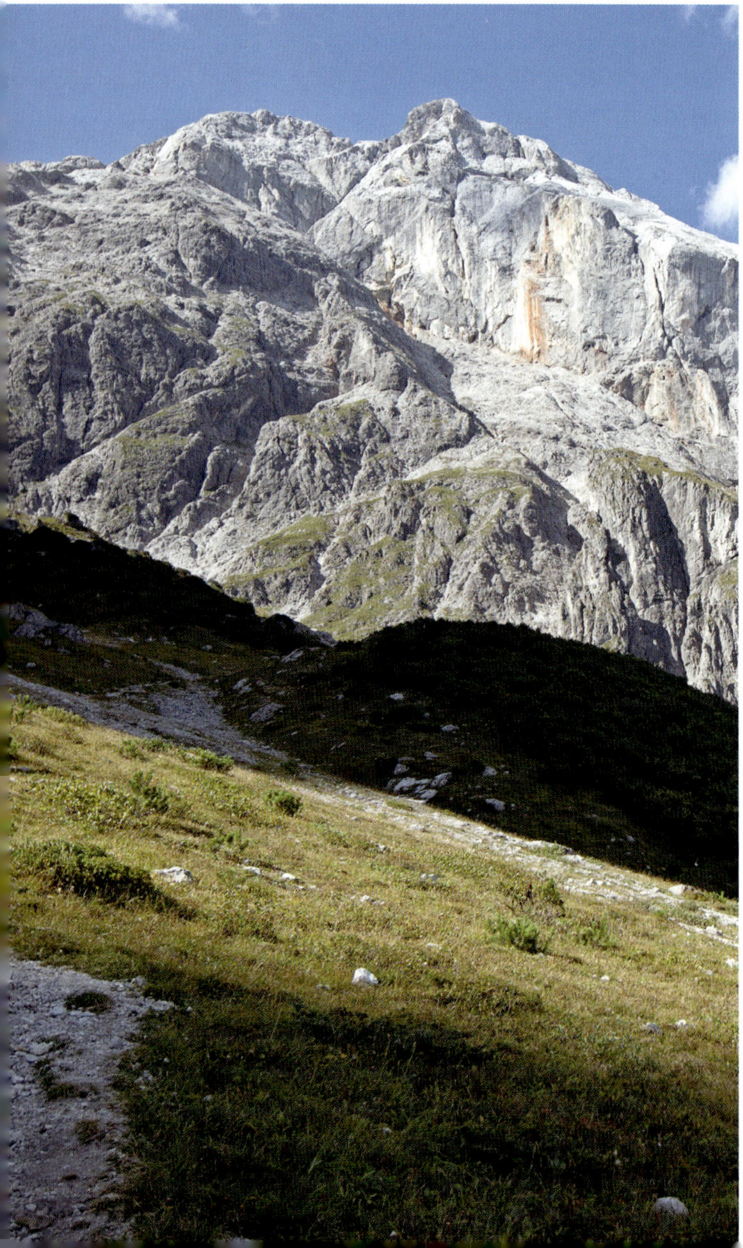

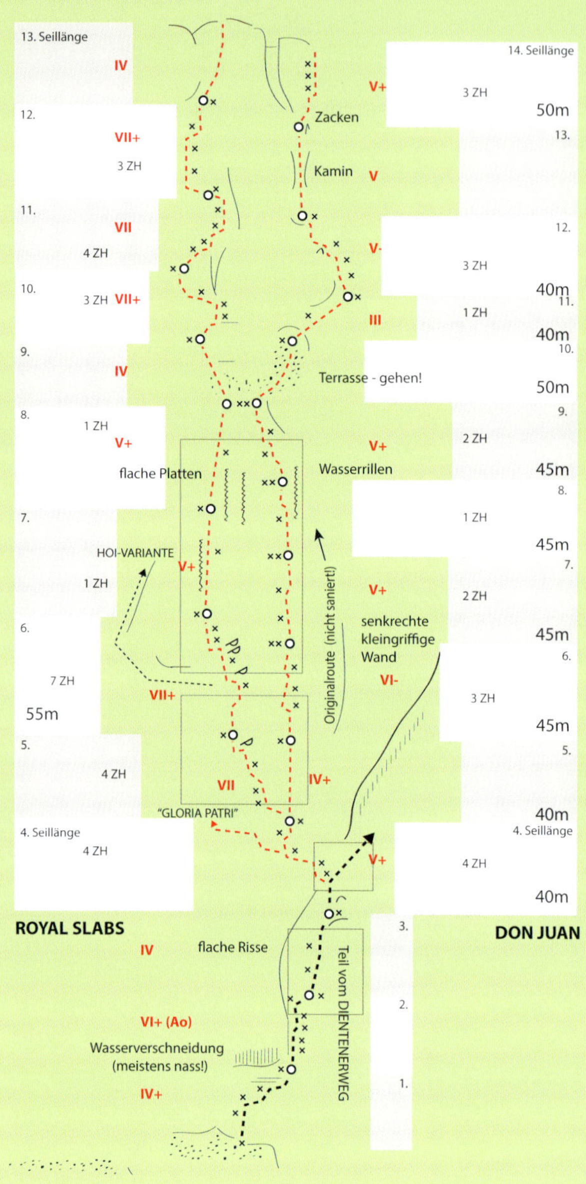

Royal Slabs
VII+, 500 Meter.
Gigantische Plattenkletterei in bestem Kalk. Die Route ist seit 2002 mit genormten Bohrhaken saniert (gesponsert vom Matrashaus-Hüttenwirt). Erstbegehung mit Sigi Brachmayer 1997. Variante im Mittelteil: Klaus Hoi und Hugo Stelzig.

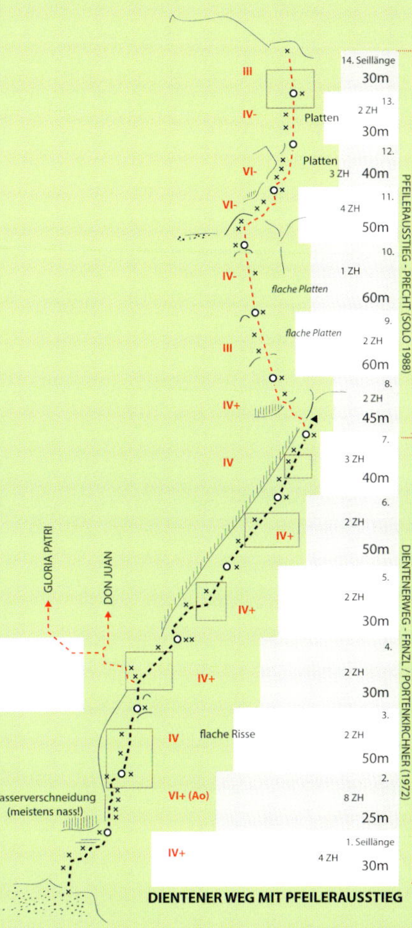

Dientener Weg – Pfeiler-Ausstieg
VI vorwiegend IV+ 500 Meter.
Nicht allzu schwerer, aber großartiger Gipfelweg.
Richard Franzl und Sepp Portenkirchner kletterten 1972 durch den markanten Wandwinkel, wobei der fast immer vom Wasser überronnene Einstieg der Schlüssel zur Wand war. Der Rest kann als Hochgenuss bezeichnet werden! 1988 fand ich bei der ersten Free-Solo-Begehung der Route einen direkten Ausstieg.

Don Juan
VI+, 500 Meter.
Sehr direkte Gipfelroute, abwechslungsreich und genussvoll. Die Route ist seit 2001 mit Klebehaken üppig saniert! Beste Zeit: Spätsommer und Herbst.
Erstbegehung mit Walter Aschauer 1983

1 Dientener Weg
2 Gloria Patri
3 Royal Slabs
4 direkter Ausstieg
5 Originalausstieg

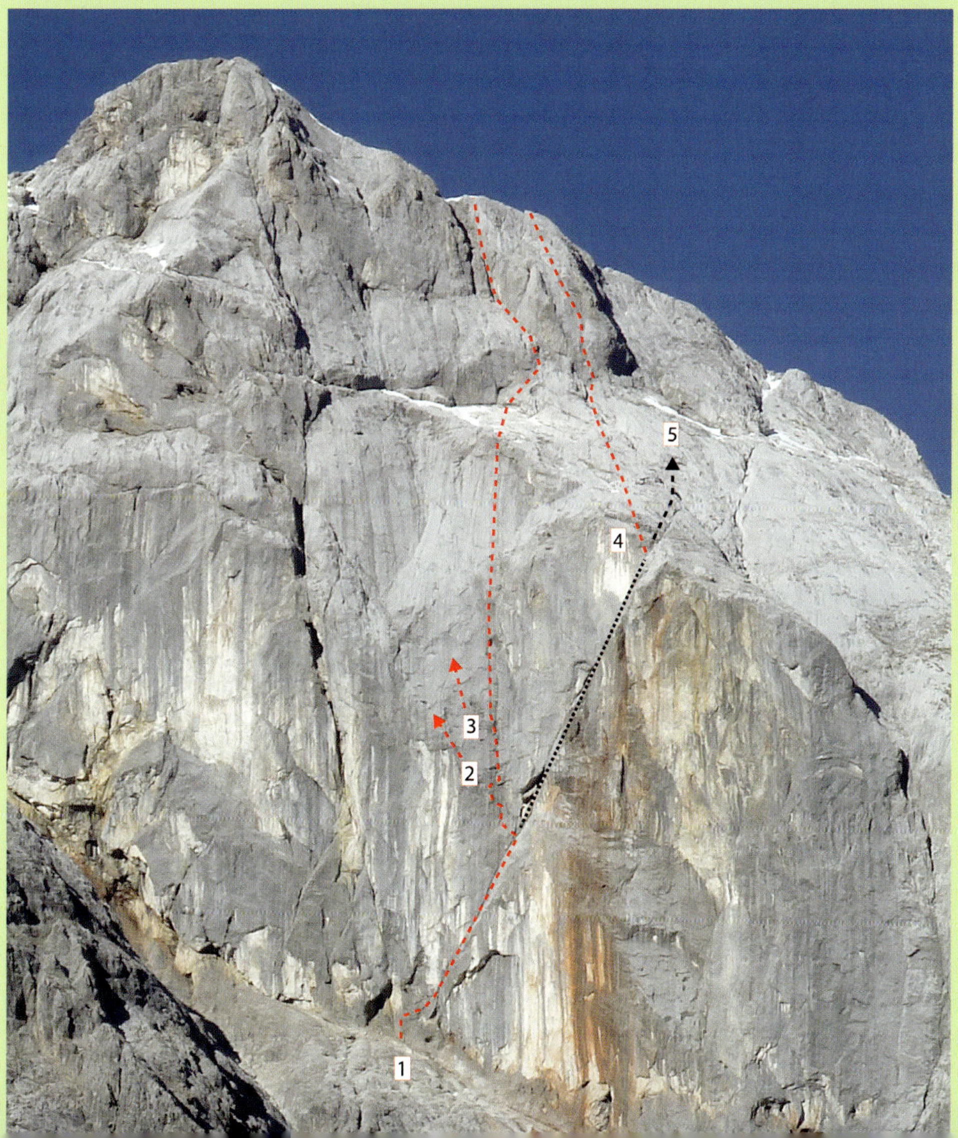

SOLO 1984 (Don Juan)

Gemeinsam mit Schorsch, Walter und Alois stieg ich am Morgen in Richtung Hochkönig-Südwand auf. Die Durchsteigung des „Behofnerlochs“ war ein genussvolles Erlebnis. Für mich war es der Anfang – ein Aufwärmen – an diesem Tag. Während meine Freunde über den südlichen Rand des Gletschers zum provisorischen Unterstand des niedergebrannten und damals im Bau befindlichen Matrashauses aufstiegen, um dort auf mich zu warten, kletterte ich den „Dientener Weg“ ab. Seit Langem schon verzichtete ich auf Kletterausrüstung, wenn ich allein unterwegs war. Mit Ausnahme der Slicks hatten meine Freunde die Ausrüstung zum Gipfel mitgenommen. Was für ein Genuss, ohne Ballast über die fast senkrechte Verschneidung abzuklettern! Mein eigentliches Ziel war die „Don Juan“. Nahezu in Gipfelfalllinie führt diese Freikletter-Direttissima durch die senkrechte plane Wand. In der Zeit, wenn „Löwen“ Geburtstag feiern – mitten im Sommer 1984 – war mir zusammen mit Walter Aschauer die Erstbegehung als Geburtstagsgeschenk gelungen. Damals rann Wasser über die Wand, heute leuchtet sie staubtrocken in der milden Spätherbstsonne. Dort wo die „Don Juan“ vom „Dientener Weg“ abzweigt, steige ich in meine Tour ein. Bald stehe ich in den wasserzerfressenen Platten. Jauchzende Freude, genussvolle Erregung und unendlicher Eindruck der Tiefe und der großen Freiheit sammeln sich. Noch immer liegt kalter Dunst über den schattigen Tälern, während sich Meter für Meter der Gipfelwand in Tritte und Griffe auflöst.

Behofnerloch

Die Ortschaft Bischofshofen hatte lange das Image eines Eisenbahnernestes und ist Namensgeber einer Klettertour: das „Behofnerloch“ in der Hochkönig-Südwand. Das war lange Zeit, bevor die Ortschaft zur Stadt erhoben wurde. Heute ist Bischofshofen ein attraktives Kleinstädtchen inmitten von Bergen und Heimat von rund 10 000 Menschen.

Ein Riesenloch inmitten der östlichen Hochkönig-Südwand, nein, eigentlich nur die Ahnung, das Loch sei ein durchgehender Schacht zur Hochfläche, hatte meine Neugierde geweckt. Es war die unerfahrene Neugierde eines Grünlings. Neugierde und Ahnung schürten die Abenteuerlust. Diese gipfelte in heiliger Unerfahrenheit, die jede anfängliche Dummheit verzeiht und jede dieser Stunden herrlich ehrlich belebt, unterstützt von der uneingeschränkten Überzeugung, etwas zu tun, wofür selbst das Sterben seinen Sinn hätte.

Wenn ich mich zurückerinnere, habe ich folgendes Bild vor Augen: Ohne Kletterausrüstung – die schweren, steigeisenfesten Bergschuhe sind Waffe genug, nähere ich mich Schritt für Schritt dem Schachtportal.

Eine senkrechte gelbe Wandpassage mit sehr brüchigem Fels ist noch zu überwinden. Meine Neugierde lockt mich. Die Entschlüsselung. Ungefähre Vorstellungen und bloße Zufälle, die sich zusammenfügen.

Die Kletterei windet sich zum Fragezeichen. Weiter unten hätte ich umkehren können. Nun ist die Sorge um mich selbst längst vergessen. Bald habe ich mein Ziel, das Portal, den Schachteingang erreicht. Noch eine Höhlenwindung und 30 Meter im nassen Fels empor, bald bin ich klitschnass. Plötzlich erspähe ich ein kleines Felsenfenster. Meine Vermutung scheint sich zu bestätigen. Oben dringt durch einen winzigen Spalt Sonnenlicht in den finsteren Schlund. „Juchui! Absolut das Höchste: 120 Meter senkrecht im Berginneren. Nach fünfzig Metern weitet sich der Schacht. Am rechten Rand finden sich Verschneidungen mit festem ausgewaschenem Fels – zwar von Wasser überronnen, doch einigermaßen gestuft – die mich in den fast völlig finsteren, wieder enger werdenden Schlund klettern lassen. Aber hoffentlich geht's auch hindurch!?" Wenn nicht, müsste ich alles seilfrei zurück abklettern: den nassen Schlund, die brüchige Wand und unterhalb die nicht weniger brüchige Verschneidung und die glatten Risse nahe am Wandfuß.

Im Kalender sind es die letzten Frühjahrstage. In wenigen Tagen brennen die Sonnwendfeuer, die Tage, vom Winter erst aufgetaut, sollten schon wieder beginnen zu schwinden. Die Schneefelder umgeben noch den größten Teil der Bergkare. Dennoch ist es die Zeit, wo die Schneefelder langsam in die Rinnen und Schluchten weichen. Die Kühe und Schafe beleben die ergrünten Almen, und wie im Zauber erblüht in hundertfachen Farbtönen das Leben der Bergvegetation.

Von einem zum anderen Schritt empfangen mich Gerüche von reifen Blüten, die mich in die Vergangenheit hinwegtauchen lassen. Die Kinderzeit auf dem Bauernhof, der Viehauftrieb gemeinsam mit dem Vater kommt mir in den Sinn. Es war mein erster Kontakt mit der Vielfalt alpiner Bergwelten. Ein gutes Jahrzehnt alt ist diese Vergangenheit erst, aber dennoch eine Zeitreise in eine völlig veränderte Welt. Schon damals hatte ich mich, wenn es etwas Schmaleres gab, für das Schmale, wenn es etwas Steileres gab, für das Steile, und wenn es etwas Gefährlicheres gab, oft für das Gefährliche entschieden. Meistens stellte ich das Verrückte über die Normalität, und das Unvorhersehbare erweckte mein Interesse ungleich mehr als das auf dem Tablett Servierte. Diese Erfahrungen waren mir ein nimmer vertrocknender Quell, aus dem ich mein Leben lang schöpfte.

Wie selbstverständlich stehe ich nun hier in einem Loch inmitten der Riesenwand. Überwältigt von meiner Leidenschaft Neues zu entdecken.

Das Scharren der schweren Schuhe, die im nassen Fels nach Halt suchen, hallt mystisch in der Grabesstille des finsteren Schlundes wieder, einzig das dauernde Tropfen von Wasser erinnert hier an Leben. Durch einen Felsschlitz der Schachtdecke dringt etwas Sonnenlicht und taucht die seitliche Wand in silbrigen, seidigen Glanz. Mein Herz klopft mit den Geräuschen des Wassers um die Wette. Nur die Illusion und nicht das Wissen macht das Leben spannend. Die Kletterei exponiert, etwa im Fünf-plus-Bereich. Fratzenhaft sind die Schatten, undeutlich erkennbar Griffe und Tritte. Erwartungsvoll kommt der helle Punkt, welcher den Schachtausgang markiert, näher und näher. Zehn Meter, fünf, dann beginnt es dunkel zu glänzen. Eis, überall nur Eis! Vor mir und seitlich und über mir, da verdeckt ein Eispilz wie ein Sargdeckel den Ausgang des Loches. Allein am hintersten Rand läge der Ausstieg frei, vergeblich sind die Versuche, unter dem Eis hindurch zu queren. Aussichtslos. Die glatte überhängende Wand lässt das Klettern nicht zu. Alles, was hier zu finden ist, bedeutet zu hundert Prozent Abenteuer.

Der Eispilz – wenn er die Haftung verlöre – nicht auszudenken! Der Mut wächst mit der Gefahr. Das insgeheim Vermutete wird fürwahr zur einzig möglichen Wirklichkeit. Das heißt: Zurück abklettern, sonst gibt es keinen Ausweg!

Gott sei Dank hatte ich mir während des Kletterns den Weg, insbesondere die Schlüsselstellen, gut eingeprägt. So finde ich den Weg zurück zum Wandfuß.

Die Bilder der Erlebnisse jener Zeit sind die treuesten Weggefährten, die, wenn auch tief im Inneren vergraben, wie frisch erlebt im bewussten Denken oder im schrecklichen Traum dem längst Vergangenen entzogen sind. Aber es gilt auch: „Nichts macht so alt wie das Erinnern an die Jugend", wie es in einem Film mit Richard Farnsworth heißt.

Einige Wochen später habe ich dann diese Route gemeinsam mit Lois Dellago erstbegangen. Der Eispilz war abgetaut und die Kletterei herrlich.

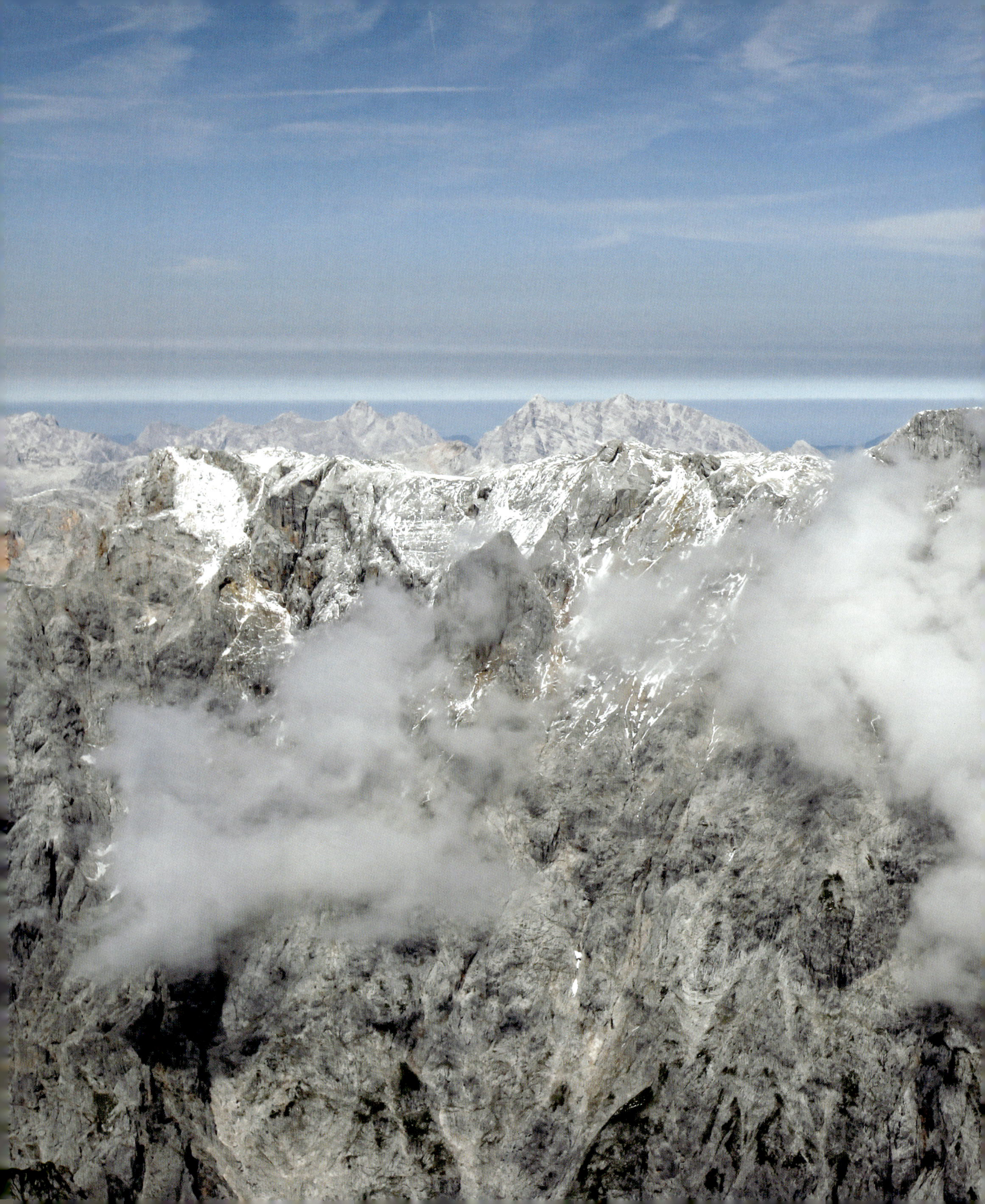

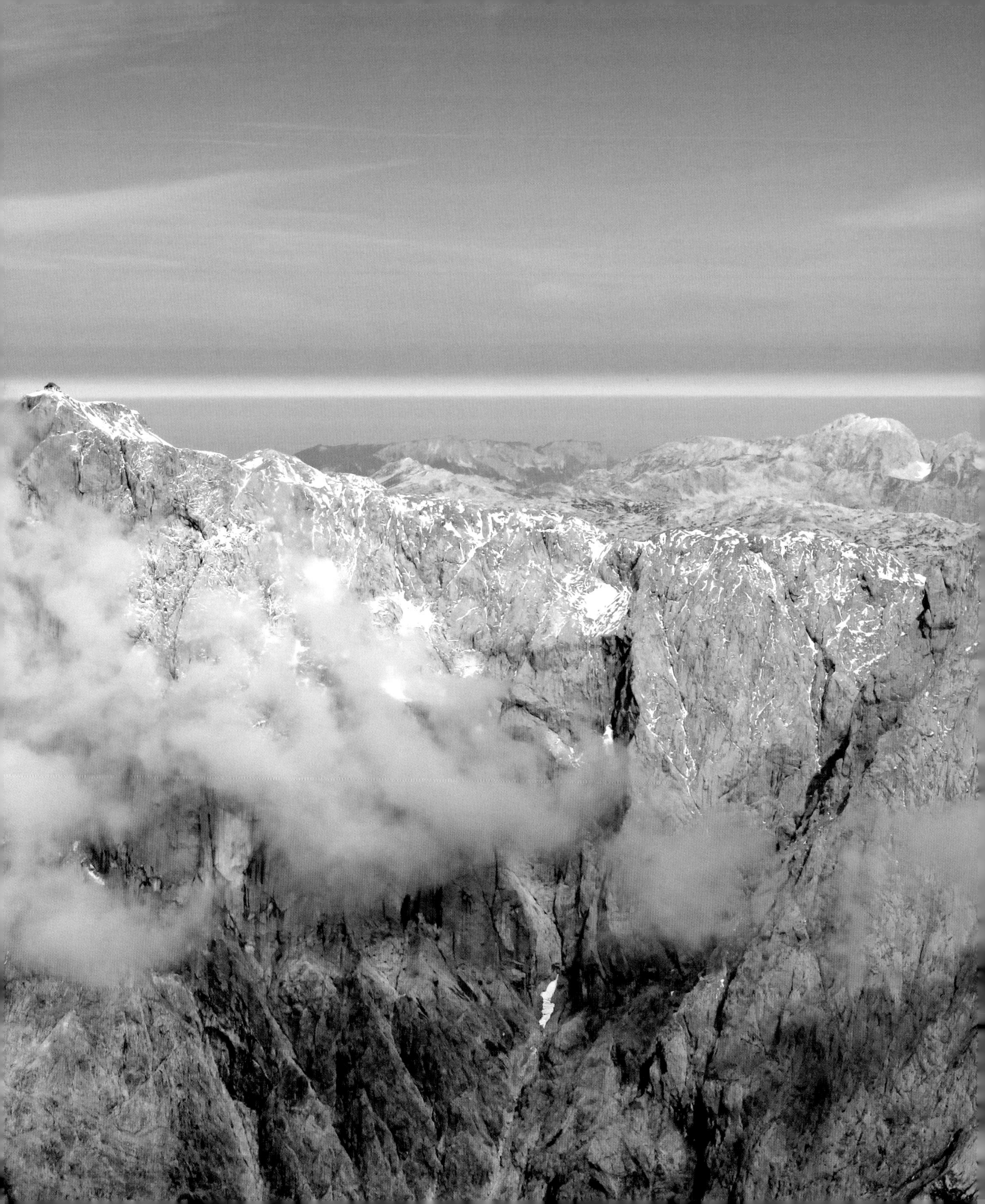

Manimauer
VII, 380 Meter bis zur Abdachung; 250 m zum Matrashaus.
Ernste, ursprünglich belassene Route, mit naturvorgegebener Linienführung.
Bei sehr sparsamer Absicherungsmöglichkeit sind alle Schlüsselstellen zwingend zu klettern.
Erstbegehung mit Hans Wallinger 1985.

Behofnerloch
V, 500 Meter; 200 m bis zum Gletscherrand.
Eine der eigentümlichsten Routen, die ich kenne. Eine besonders bei der Erschließung hochinteressante Wegführung, die erst durch einen 120-Meter-Schacht im Berginneren ermöglicht wurde.
Nun über die mittelsteile Gipfelabdachung II bis III zum Matrashaus oder rechtshaltend zum Ostkesselköpfl – hier Beginn der Abseilloipe.
Erstbegehung mit Lois Dellago 1973.

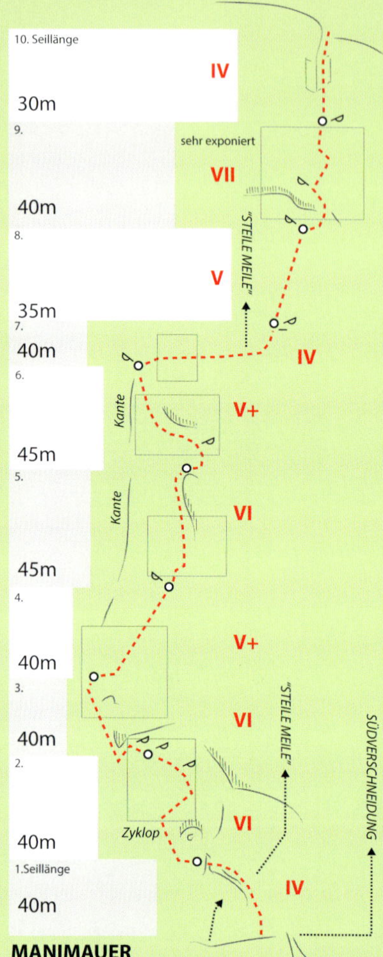

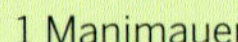
1 Manimauer

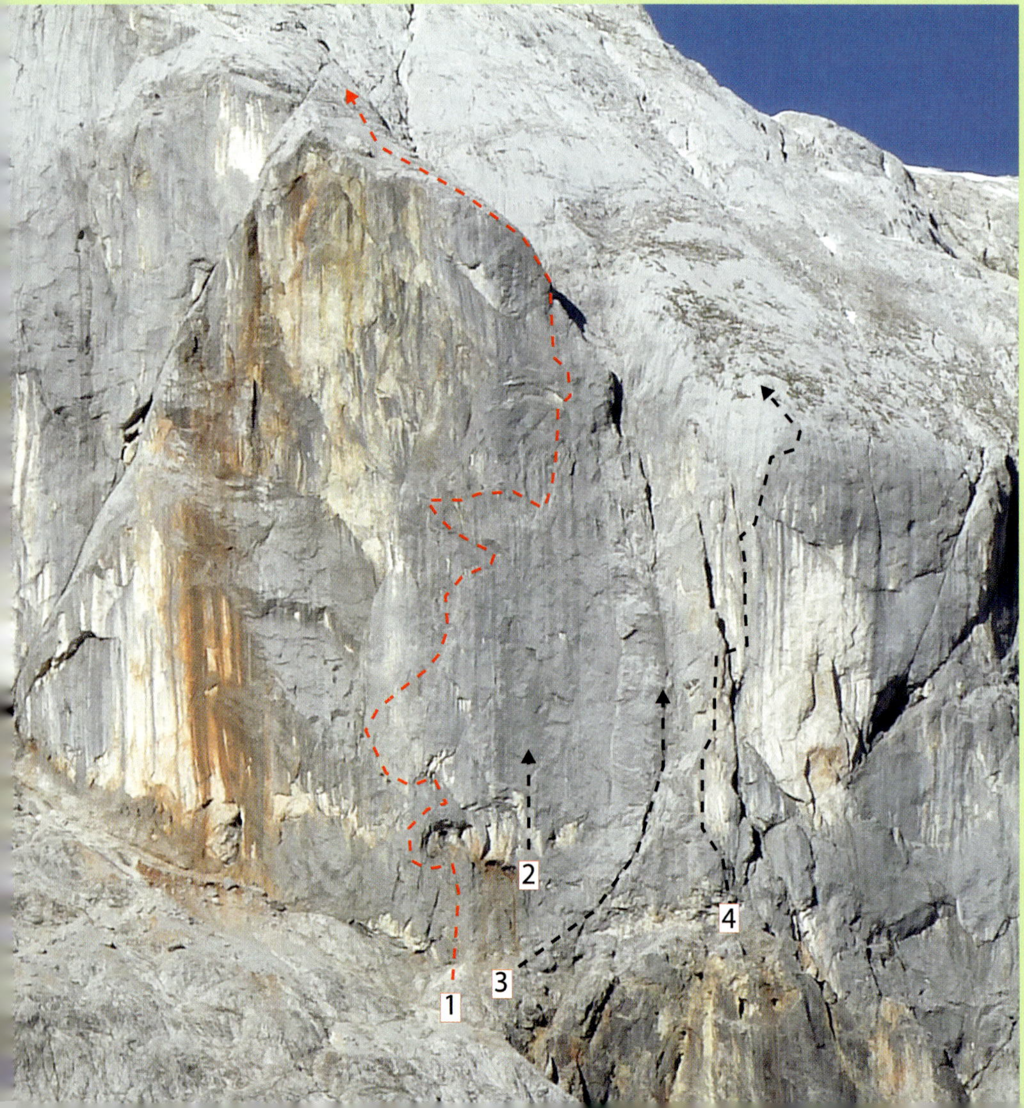

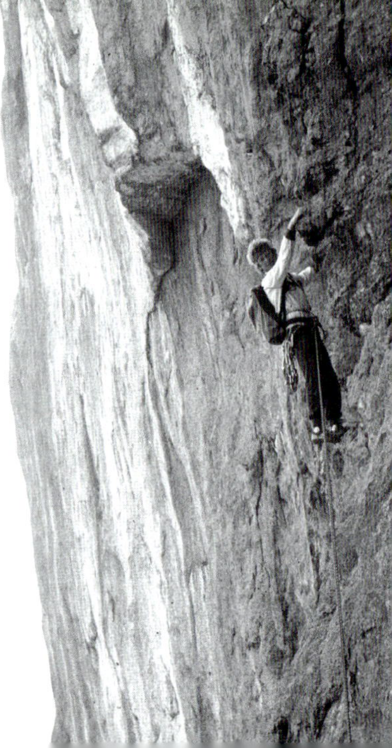

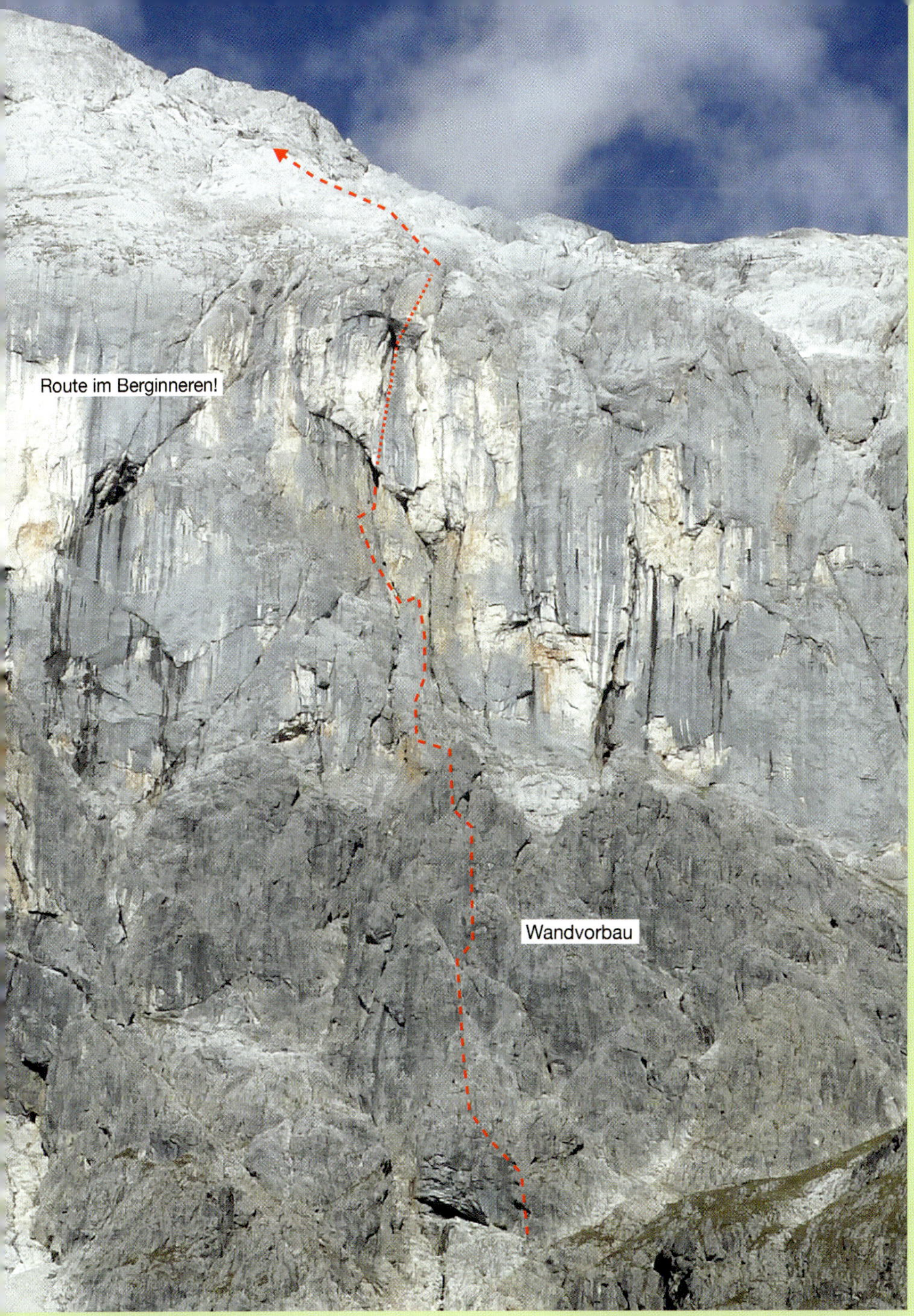

Route im Berginneren!

Wandvorbau

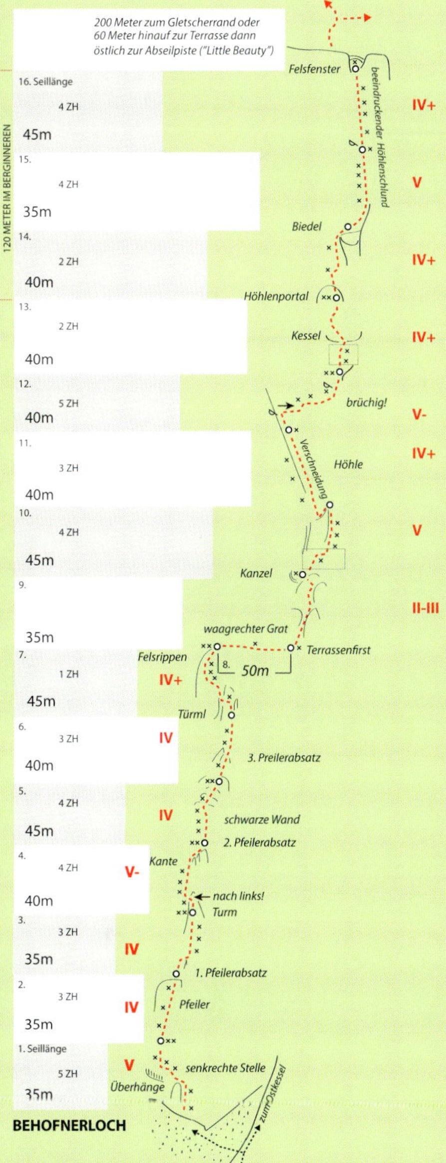

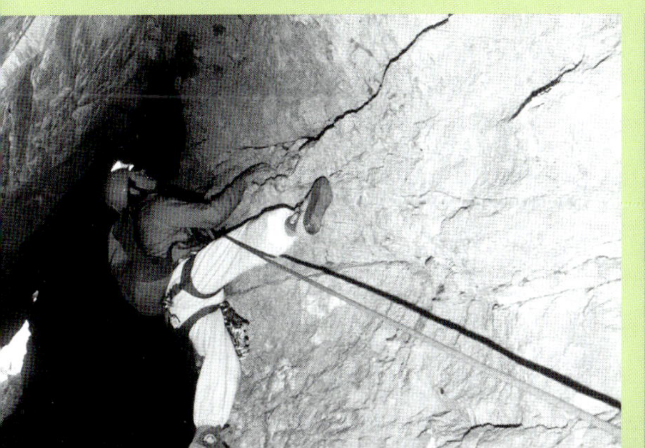

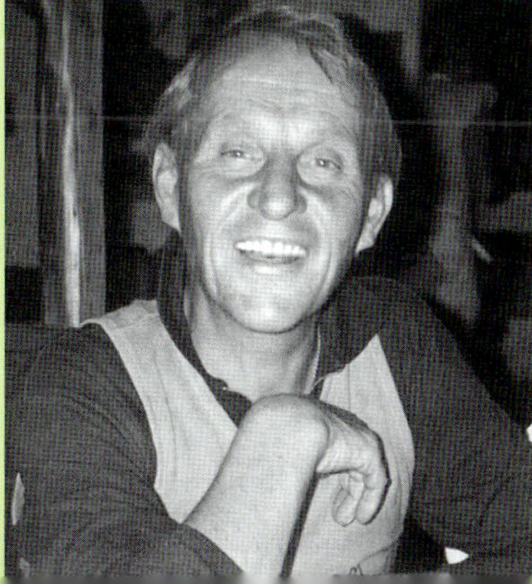

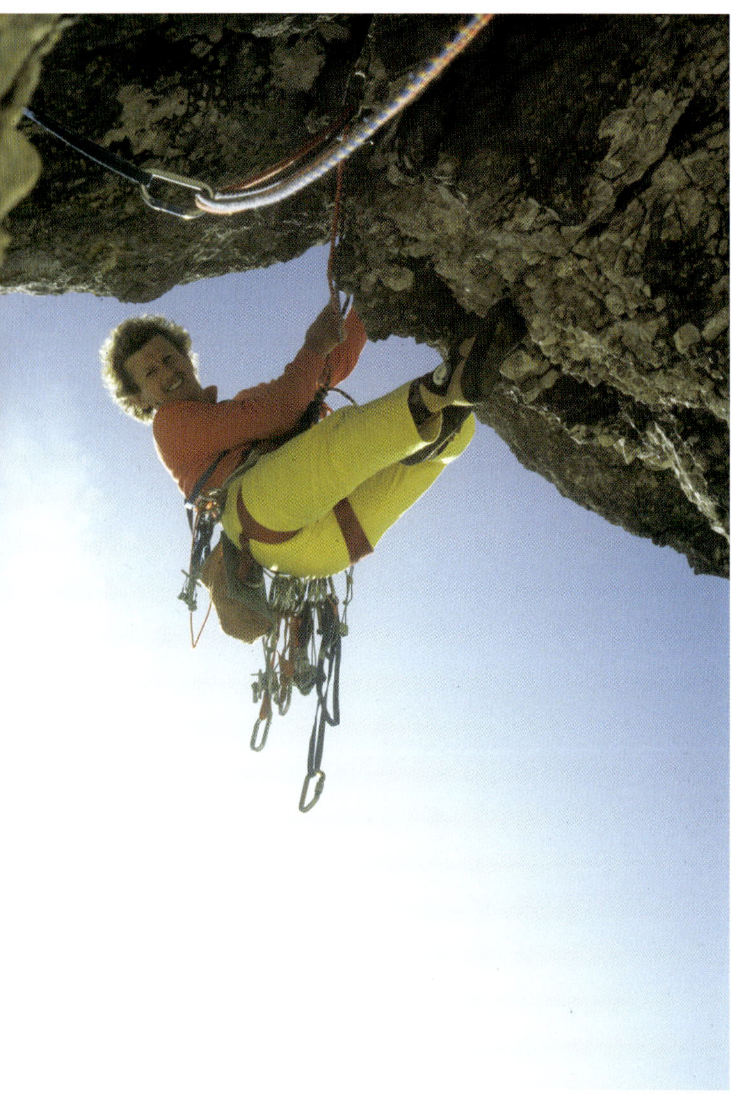

Schlaraffenland
VII, 1 Stelle A0, 300 Meter bis zum Ostkesselköpfl.
Großzügige, ernsthafte Freiklettertour, noch keine Wiederholung bekannt! Die Route führt vorerst über eine teils überhängende, gelbe Wandzone, ein kleines Dach und eine Verschneidung empor zu den wassergerillten Ausstiegsplatten. Erstbegehung mit Robert Jölli und Schorsch Wenger 1984.

Aus dem Tourenbuch

Im Schein der Stirnlampen suchten wir uns den günstigsten Weg durch Latschen, Geröllfelder und ein ausgetrocknetes Bachbett.

Zu dritt waren wir. Robert Jölli und Schorsch Wenger hatten mich beide schon mehrmals bei Neutouren begleitet. Öfters hatte ich mir diesen Wandteil in der östlichen Südwand des Hochkönigs mit dem Fernglas angesehen und diese Möglichkeit als realisierbar erachtet. Als wir nun unterhalb der Wand standen, war die Siegesgewissheit wie fortgewischt. Unnahbar schienen uns die kompakten Felsmauern. Der untere Wandabschnitt, senkrecht mit einem kleinen Überhang, darüber eine gut aussehende Verschneidung, sich anschließend die vermutliche Schlüsselstelle.

Nur das Allerwichtigste hatten wir in die Wand mitgenommen, das Übrige an Reservebekleidung und die Zustiegsschuhe deponierten wir am Einstieg, in der Annahme, die Route zurück abzuseilen.

Es ist Mitte November, die Tage sind kurz, allerdings herrscht eine prächtige Wetterlage über dem ganzen Alpenraum.

Föhnfische stehen am Himmel, der Neuschnee schmilzt unter den Strahlen der Spätherbstsonne und rinnt glänzend über die gelbgrauen Felsen. Die erste Schlüsselstelle ist eine Runse, die gerade dort, wo kleine Griffe sich anbieten, nass ist. In ihrer halben Höhe gelingt es mir, auf winzigen Unebenheiten stehend, in einer Felslippe ein Löchlein auszuklopfen, damit es weit genug ist, um eine Reepschnur einzufädeln. Die anschließenden Piazstellen lassen mich erstmals meine Tagesverfassung ausloten.

Eigentlich hatten wir dieses wunderbare Kletterjahr schon abgeschlossen, zufrieden waren wir über die vielen gelungenen Touren. Die schönen Tage in Bhutan-Himalaya, die Superrouten in der Marmolata-Südwand und all die anderen Wege

in meinen Heimatbergen. Diese vielen Abenteuer gaben uns natürlich eine Basis – so schnell ist unsere Selbstsicherheit also heute nicht aus dem Gleichgewicht zu bringen.
Über eine gelbe Wandzone erreichen wir den Überhang. Der Fels ist dort derart kletterfreundlich zergliedert, dass ich nur einen Haken zur Fortbewegung schlagen muss. Hätte ich mir die Zeit gegeben, es wäre sicher auch frei möglich gewesen. Noch eine kleingriffige Stelle und wir haben den Beginn einer markanten, die ganze Wand durchziehenden Verschneidung erreicht. In eleganter Kletterei im wasserzerfressenen Fels spreizen wir, die Hände und Füße weit ausladend, empor. Die Verschneidung verformt sich zu einer geschlossenen Platte, der Fels ist senkrecht und geizig mit Griffen, er lässt mich am Beginn einer weiteren Verschneidung ankommen. Die milde Herbstsonne taucht alles in wunderbare Farben.
Meine beiden Freunde teilen sich die Arbeit auf den Standplätzen: Schorsch sichert, Robert fotografiert.
Ja, ein Schlaraffenland für Fotografen und Kletterer. Hätte an der letzten Schlüsselstelle nur ein Trittchen gefehlt, wäre ich wahrscheinlich gescheitert.
Die kompakte dunkelgraue Platte erfordert nicht allzu akrobatische Kletterei, sondern verlangt mehr eine besondere geistige Einstellung. Wieder Sanduhren, geschenkte Möglichkeiten, die uns erlauben, die dort überhängend werdende Verschneidung zu verlassen. Über den rechts gelegenen Plattenschuss klettern wir die immer leichter werdenden Seillängen zur sehr fortgeschrittener Tageszeit in zunehmendem Genuss empor. Zur Teestunde haben wir den Rand des Gletscherplateaus erreicht. Die Täler liegen schon im Schatten. Aus den Felsen der um uns liegenden Gipfel spürt man noch das strahlende, warme Licht der gerade untergehenden Sonne.

Die schnell einfallende Dunkelheit lässt nur mehr den Abstieg über den Normalweg, vorbei an der Mitterfeldalm zurück zum Parkplatz. Ein langer Weg, aber wenigstens mit weniger Gefahren verbunden als das Abseilen und Abklettern in der Finsternis. Allerdings auch ein Unterfangen, welches mit den engen Slicks, (auf der Nordseite liegt schon Schnee) zur Wallfahrt wird. Erst zu Hause, im Kreis meiner Lieben, vor mir der gedeckte Tisch, darunter ein Lavor mit warmem Salzwasser, um die geschwollenen Füße zu baden, wird mir die angenehme, beruhigende Zufriedenheit deutlich.
Wieder einmal genieße ich die Tatsache, dass es nicht allein um ein Stück Natur geht. Was mich in die Berge treibt, ist vor allem die Sucht!

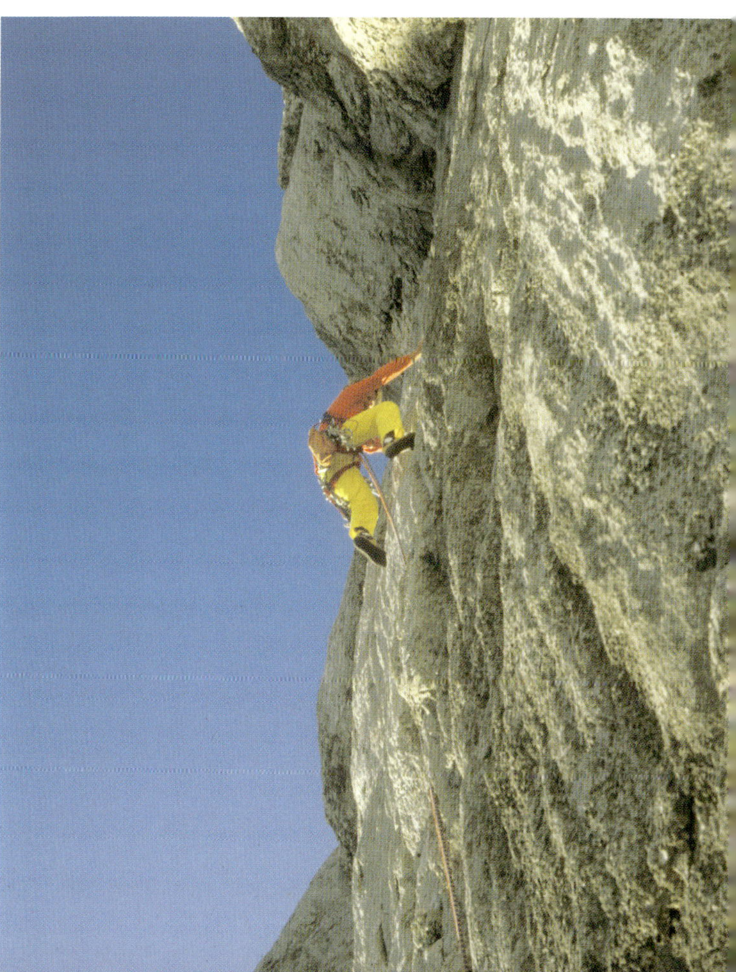

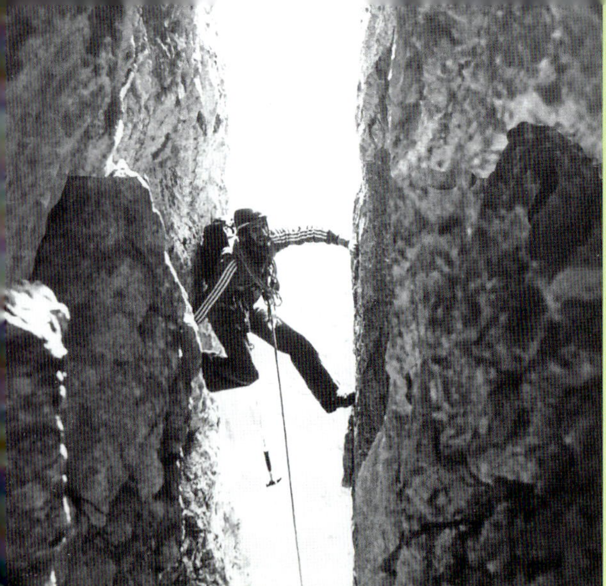

Haschen nach Wind
VIII, 300 Meter.
Anspruchsvolle, sehr exponierte, kompliziert abzusichernde Alpinroute. Einmal habe ich die Route wiederholt, es sind keine weiteren Begehungen bekannt. Nur für alpin Orientierte geeignet, die im Umgang mit reversiblen Sicherungsmitteln vertraut sind.
Erstbegangen mit Schorsch Wenger 1990.

Kesselpfeiler
V, 300 Meter.
Sehr schöne Verschneidung und eine tiefe Kaminreihe, die zu einem kleinen Pfeilersporn leiten und nahe dem Pfeiler zum Ostkesselköpfl führen.
Erstbegangen mit Werner Sucher 1983.

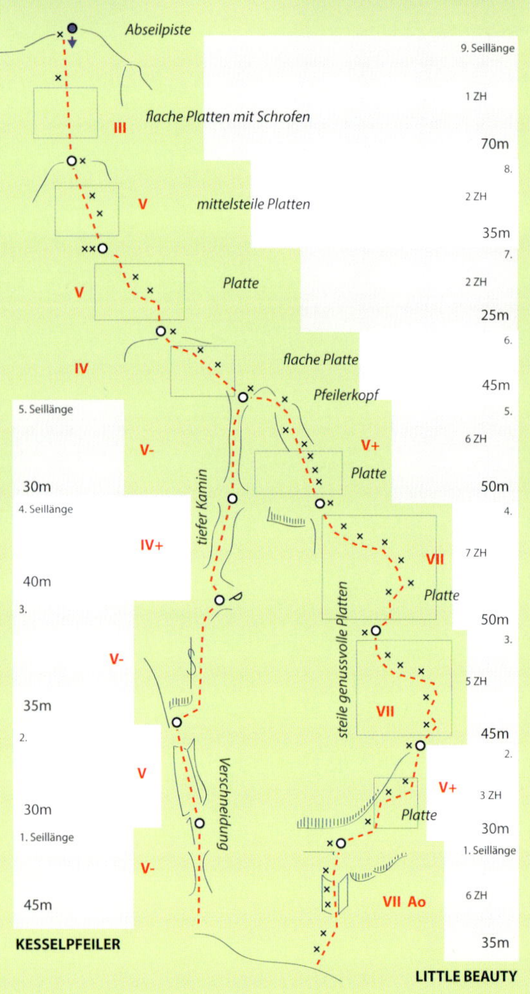

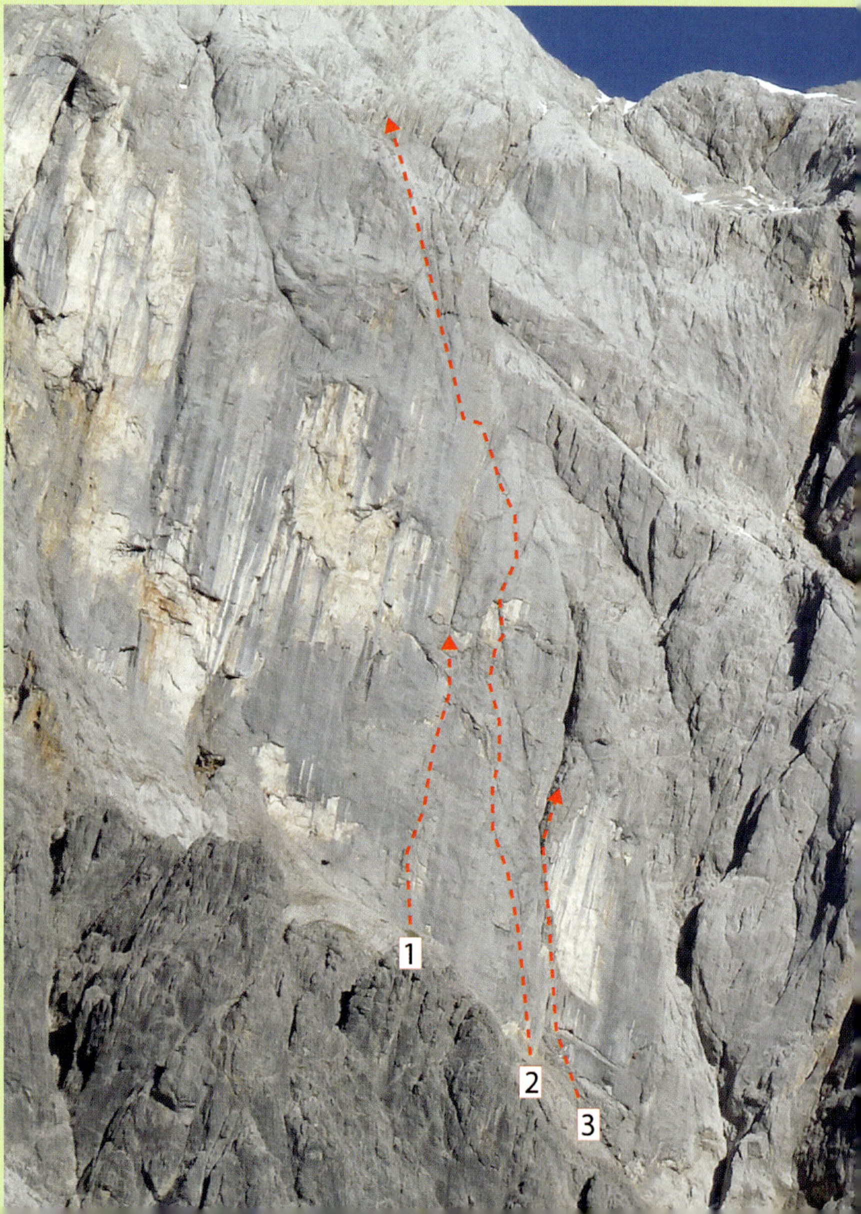

1 Kesselpfeiler
2 Little Beauty

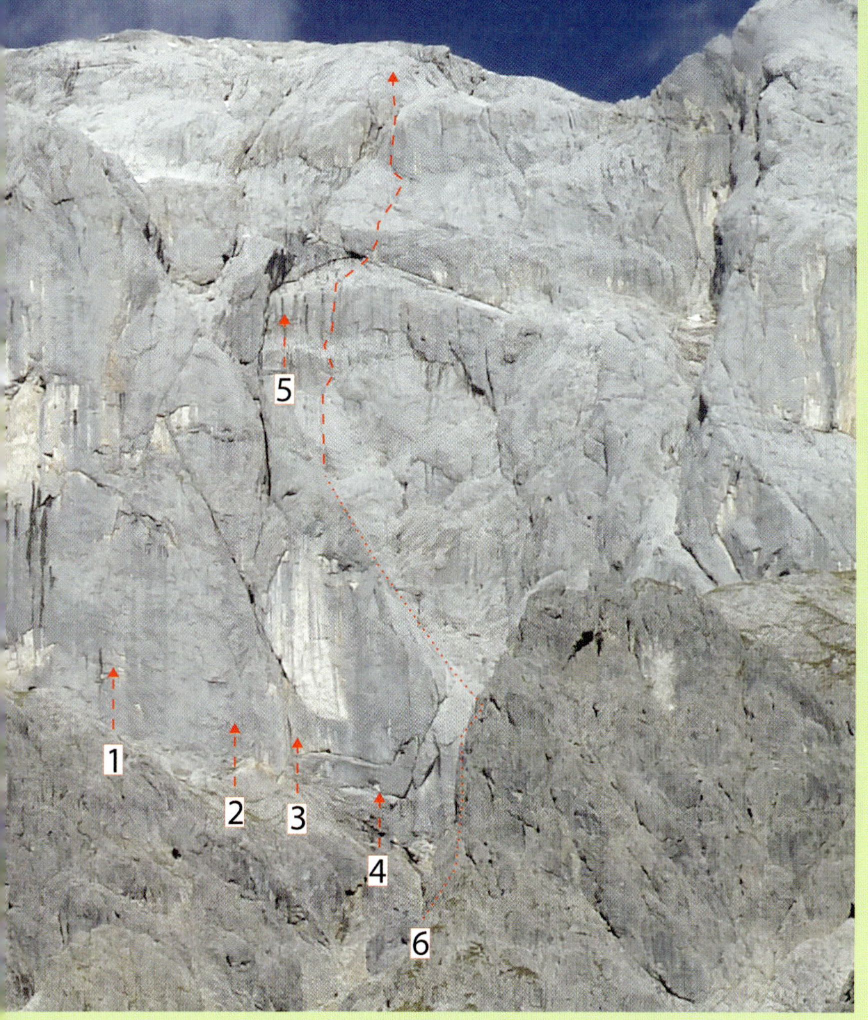

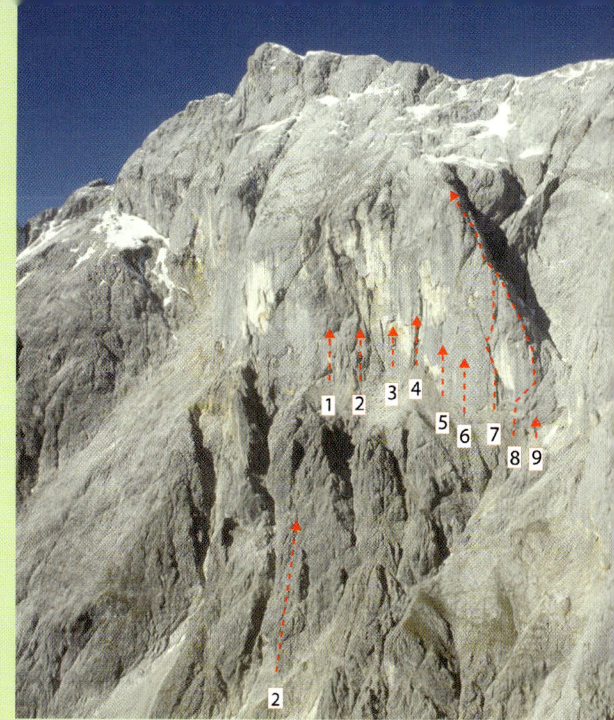

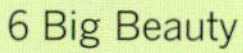
6 Big Beauty

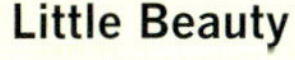
Little Beauty

VII, Passage A0, 300 Meter.
Mit OeAV- und Sigi-Klebehaken sanierte Route.
Die Route benützt die wenigen Schwachstellen, die zur graugelben Plattenzone führen. Ein schmales Gesims leitet nach rechts zu superschönen, steilen Plattenfluchten, die nahe am Hauptpfeiler geklettert werden.
Erstbegangen mit Sigi Brachmayer 2001.

Big Beauty

VIII+ (eine Passage – seit der Sanierung nicht mehr zwingend!), 400 Meter; + 100 Meter.
Über flache Platten zur Hochfläche beziehungsweise links abwärts zum Ostkesselköpfl zur Abseiloipe.
Sanierte Alpinroute in einem Meer von Platten. Abwechslungsreiche Kletterei, vorwiegend über Platten, trotzdem wird die Kletterei nie langweilig.
Erstbegangen mit Sigi Brachmayer 2001.

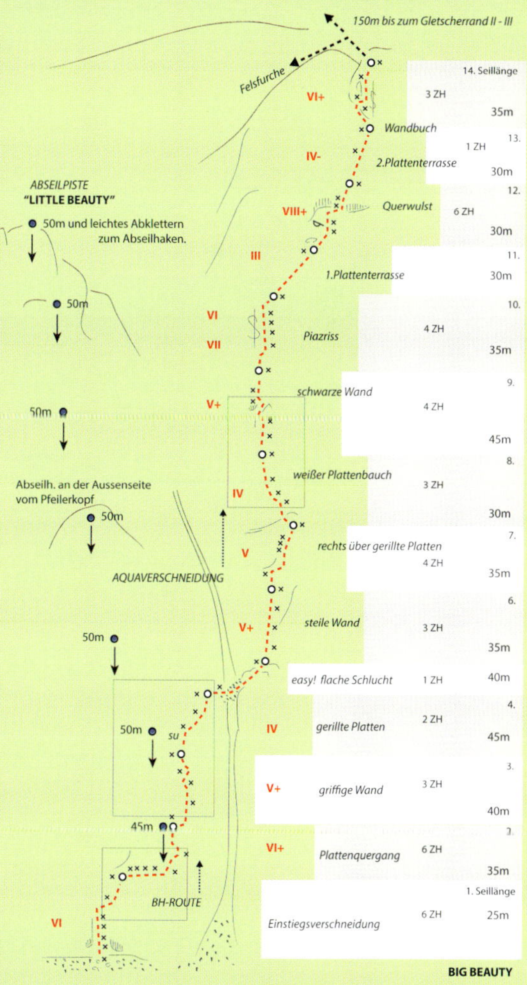

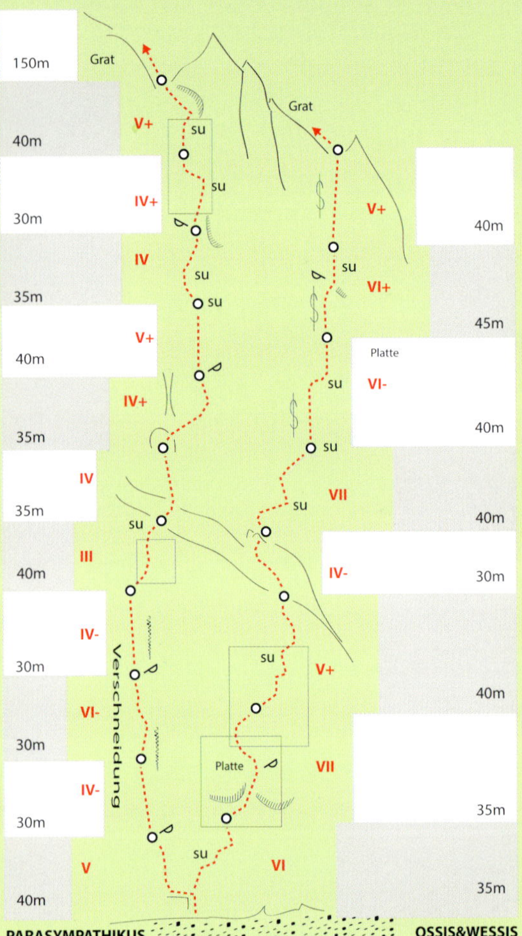

Parasymphatikus
VI-, 250 Meter; + 150 Meter, Gratverlauf.
Mittelschwere, ernste Alpinroute. Sehr schöner Anstieg in einer faszinierenden Felslandschaft. Guter, kletterfreundlicher Fels.
Erstbegangen mit Alois Grugger 1984.

Ossis & Wessis
VI+, 250 Meter; + 150 Meter, Gratverlauf.
Alpinroute mit karger Absicherung. Nahezu Erstbegehungszustand, entsprechende alpine Erfahrung ist notwendig!
Erstbegangen mit Sepp Inhöger 1990.

6 Parasympathikus
7 Ossis & Wessis

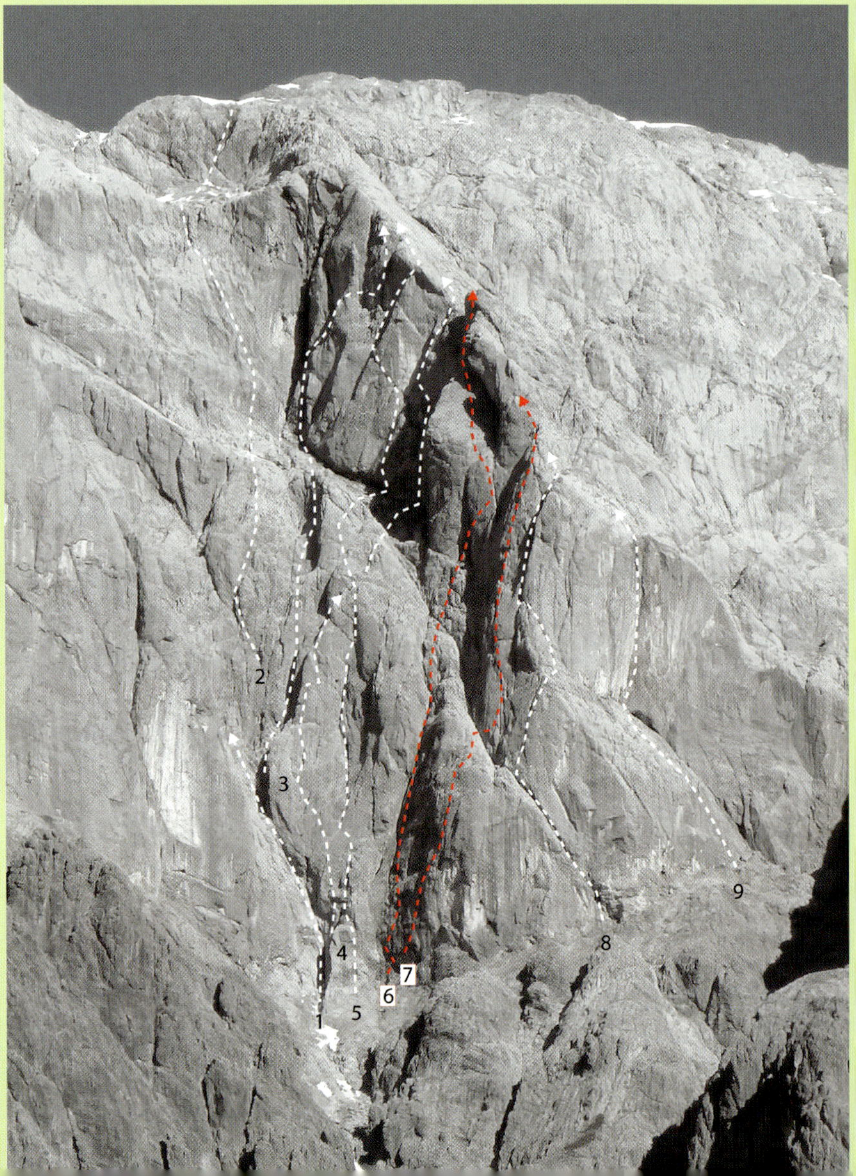

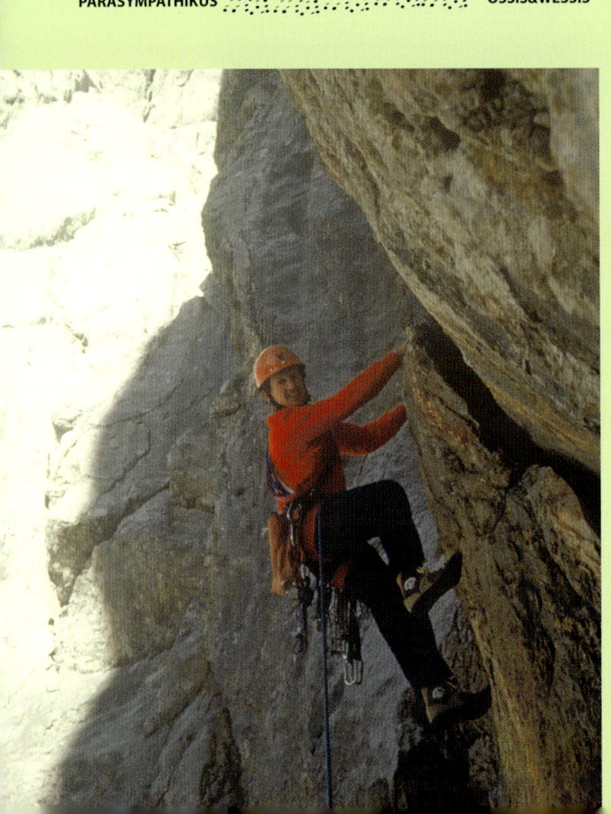

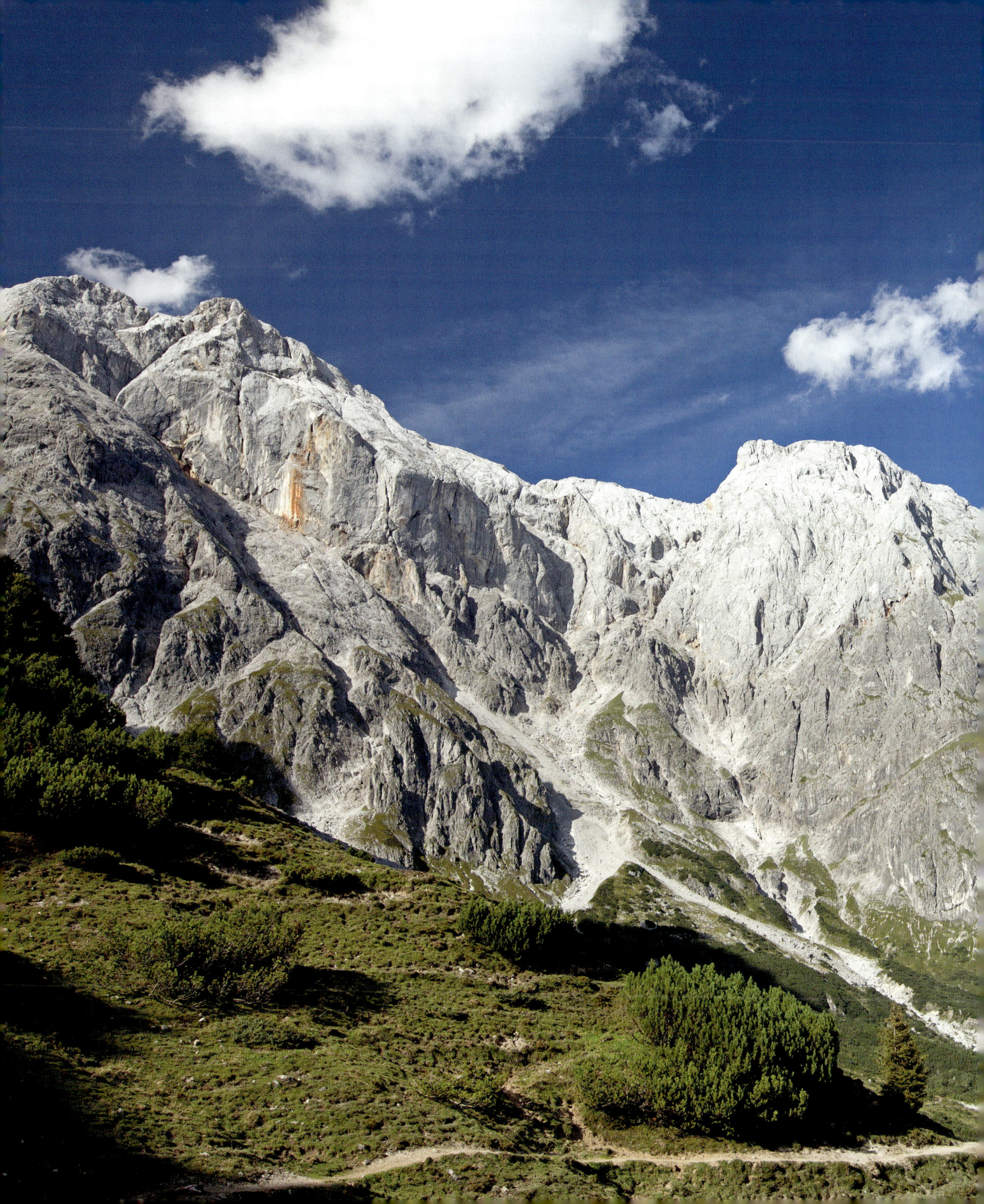

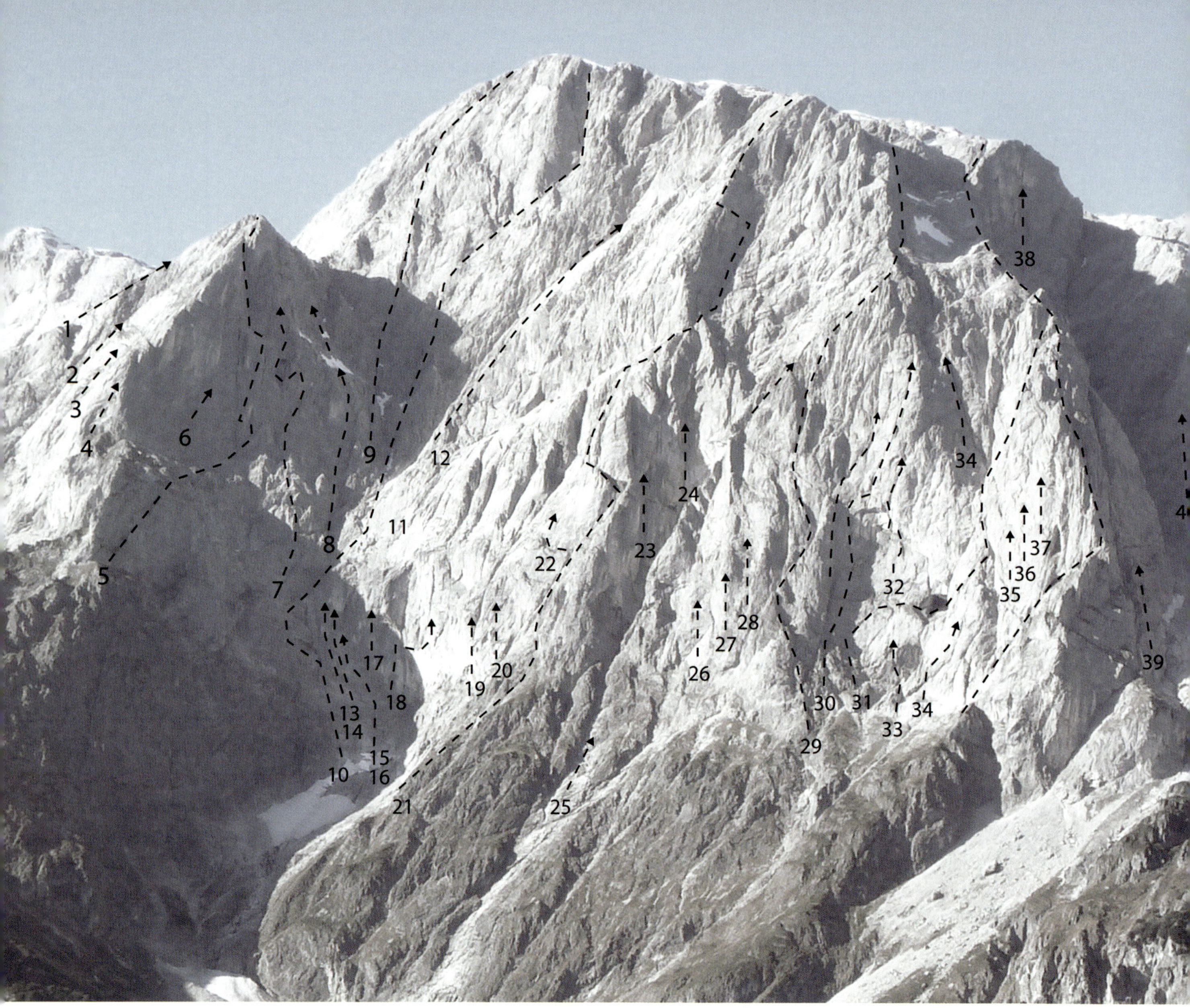

1 Wetterriffelgrat
2 Bergkristall
3 Rauchquarz
4 Rosenquarz
5 Diagonale
6 Grutschnig-Breitfuß-Originalroute
7 Grutschnig-Breitfuß, Dir. Einstieg
8 Portale
9 Schmitt-Rehm
10 Uneplazed
11 Schneider-Vogel
12 Nachspielzeit
13 Weg der Chaoten
14 Peterka-Rampe
15 Freier als Paul Preuß
16 Bisschen Marmolata
17 Szenario
18 Spinnnetz
19 Nabucco
20 Au so rau
21 Peterkapfeiler
22 Südpfeilerwand
23 Fata Morgana
24 Mut kann man nicht kaufen
25 Himmelhoch
26 Südostwandgrat
27 Flötenverschneidung
28 Flöte
29 Schwarze Nut
30 Südostwand-Grutschnig
31 Direkte Südostwand
32 Wetterwandriss
33 Haidacherweg
34 Prellbock
35 Ypsilon
36 Paul-Holzmann-Gedenkweg
37 BH-Route
38 Wand des frühen Morgenlichts
39 Ostgrat
40 Half Dom

GROSSER BRATSCHENKOPF (2856 m)

Die von Norden her breitflächige Erhebung bricht in alle anderen Himmelsrichtungen mit Steilwänden ab. Die mächtigen, bis über tausend Meter hohen Wandfluchten werden im Westen vom Hochkönig-Ostkessel und im Osten vom tiefen Einschnitt der Schrammbachscharte begrenzt. Nach Süden hin – als wuchtiges Anhängsel – ragt der Sporn der Wetterriffel aus dem Massiv heraus und trennt die Südwestwand von der Süd- und der Südostwand ab. Die Wandflucht ist bei den Einheimischen als „Wetterwand" bekannt. In den riesigen Wandfronten gibt es Anstiege aller Art, wenig bis gut abgesicherte Routen in sämtlichen Schwierigkeitsgraden. Wegen ihrer Höhe, der nötigen Ernsthaftigkeit und der guten Felsqualität wird die Wand gerne mit der Marmolata-Südwand verglichen.

Erwin Schneider und Fritz Vogel gelang es am 29. August 1926 als erster Seilschaft, die mächtige Südostwand und Tage später die Südwand zu durchsteigen. Es folgten ein Jahr später Karl Rehm und Fritz Schmitt mit einer Route, die sich im unteren Teil mit dem „Schneiderweg" deckt und dann westlich davon durch die plattige Wand führt. Hermann Peham und Peter Schintlmeister kletterten 1931 über den Ostgrat. 1933 folgte noch die Erstbegehung der Westkante durch Krippner und Schmid und 1926 beziehungsweise 1934 zwei neue Routen in der Südwestwand, die Route von Erwin Schneider und Fritz Vogel und rechts davon der „Reifschneider-Krippner-Weg".

Eine der großartigsten IV+-Routen in den Nördlichen Kalkalpen – wahrlich eine Späterschließung – fanden zwei Jahrzehnte später Hubert Peterka und Willi End, zwei fleißige Erschließer, in den Vierziger- und Fünfzigerjahren.

Neue Dimension in Solo
21. Juli 1988

Die Wetterwand war über Jahrzehnte Fundgrube für Neutouren. Routen wie „Mut kann man nicht kaufen", „Utopie" oder „Nabucco" und andere mehr sind von der Sorte „harte Droge". Die Wege fanden häufig bis heute keine Wiederholung. Genug ist eben nie genug, und die Erstbegehungslust sucht nach immer neuen Linien. Und so hielt mich seit Längerem eine imaginäre Linie an der südwestlichen Wetterwand gefangen.

Die Frage nach der Sinnhaftigkeit und der Zweifel, ob es zu verantwortungslos wäre, verschmolzen mit dem Willen, mein Vorhaben zu realisieren. Aber ich war doch sensibilisiert auf irgendwelche Zeichen, die ein Umkehren gerechtfertigt hätten. Eine tausend Mal erlebte Situation und doch nie zur Selbstverständlichkeit gereift.

Jeder Blick nach oben in die haltlosen Plattenfluchten der Riesenwand schwächt mein Selbstvertrauen. Nur nicht hinaufschauen! Schon öfters war das ein gutes Rezept bei einer unmöglich ausschauenden Neutour gewesen.

Neue Dimension in Solo
VIII-, häufig IV bis VI, 800 Meter. Großartige Genusskletterei in bestem Fels. Einzig die Schlüsselstelle kritisch (bisher nicht wiederholt): eine Wasserrille, welche sich in der Platte verliert, eine zwingende Passage – moralisch sehr anspruchsvoll. Sie lässt keine Absicherung zu und ist die wahre Hürde dieser Route. Später wurde eine Umgehung gefunden.
Tolle Genusskletterei, vorwiegend in steilen, löchrigen Plattenfronten. Die Erstbegehung geschah allein in freier Kletterei und ohne Ausrüstung.

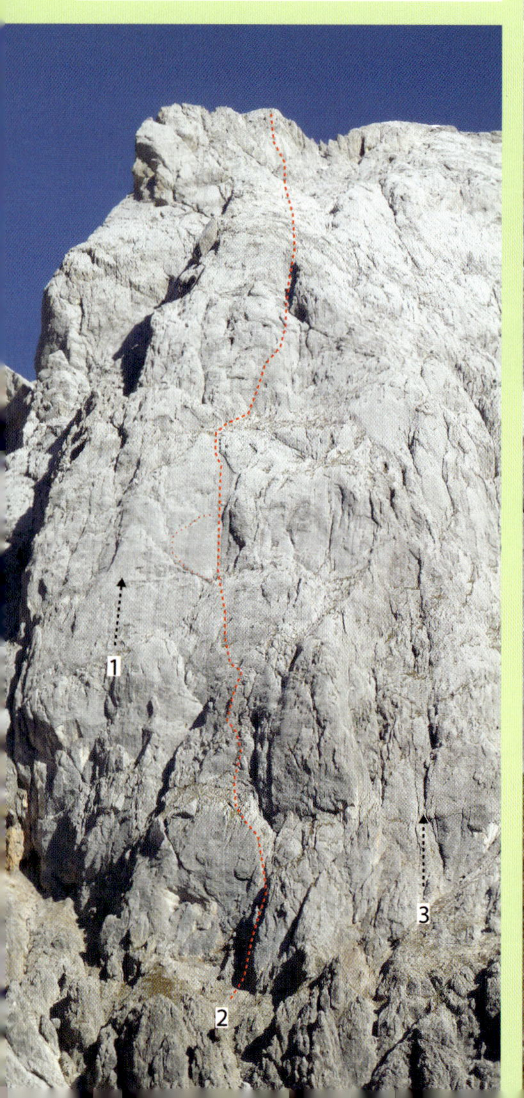

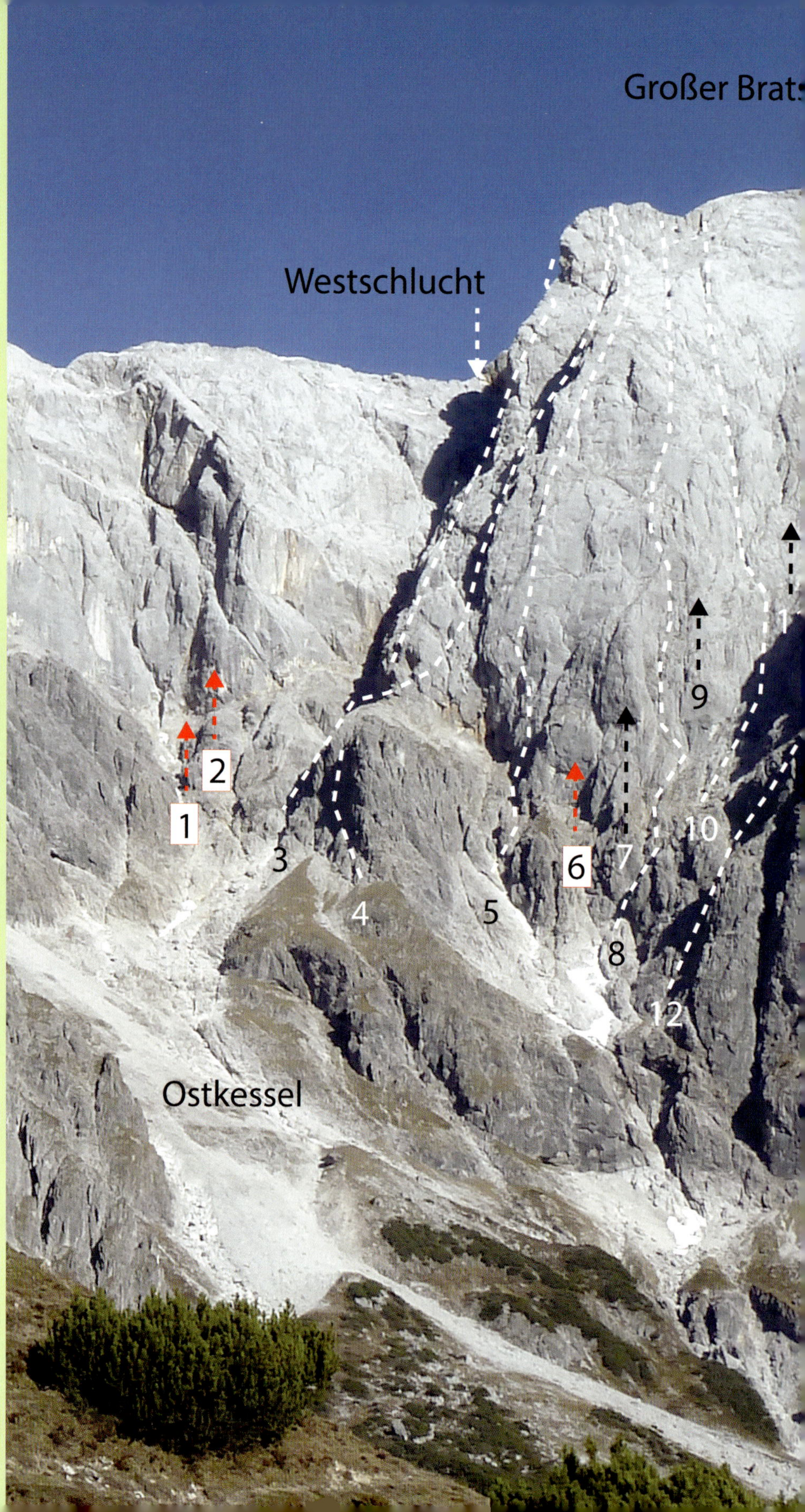

Großer Brat
Westschlucht
Ostkessel
1 2 3 4 5 6 7 8 9 10 12

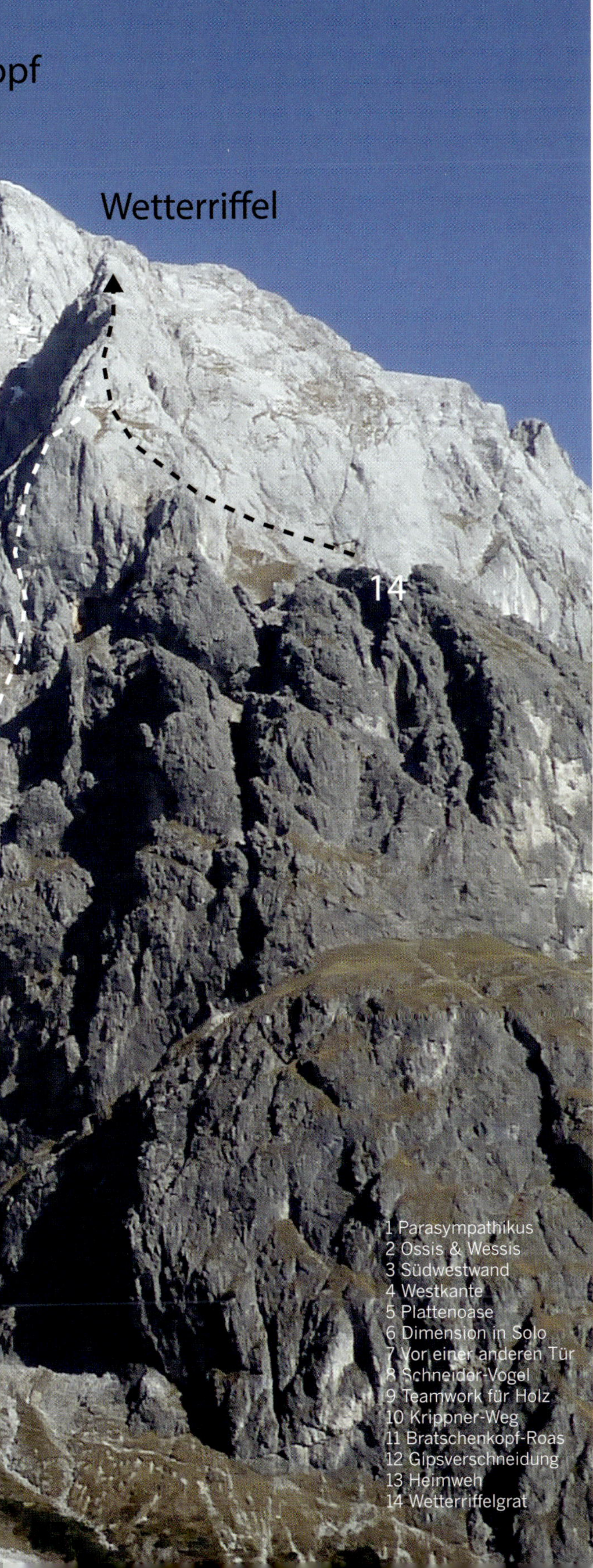

Am Einstieg ist das Gestein sehr brüchig. Volle Konzentration ist erforderlich, und es bleibt keine Zeit mehr, über Sinn und Unsinn nachzudenken. Plötzlich ist alles ganz einfach, sämtliche Probleme beschränken sich auf die nächsten Klettermeter. Tempo bestimmt den Kletterablauf und die Kletterei ist zum Ausflippen schön. Der wirkliche Ernst beginnt am Fuß einer Wasserrille. Ausgerechnet an ihrer steilsten Stelle verliert sie sich in den Platten, um weiter oben, erneut deutlich ausgeprägt, nach 100 Metern auf einem Band auszulaufen.

Nach jeder Hochkönigtour, wenn ich durch das Birgkar abstieg, hing mein Blick dort oben in den Wasserrillen. Und nun stehe ich direkt darunter, und das Herz hämmert bis hinauf in den Hals. Bei vielen Erstbegehungen, die mir in diesem Stil gelungen waren, war ich immer konsequent genug gewesen und umgekehrt, wenn die Möglichkeiten eines kletterbaren Rückzugs nicht mehr aussichtsreich schienen. Die Neugierde und die Genusskletterei am Beginn der Wasserrille waren es wohl gewesen, die mich verführt hatten. Eine kurze dynamische Bewegung zu einem kleinen Griff, der außer meiner Reichweite lag, und es ist zu spät.

Der einzige mögliche Weg führt nun nach oben, hinein in eine für mich neue Dimension. Die Wand senkrecht und glatt, nur an kargen Rauigkeiten halte ich mich fest und muss eine Entscheidung treffen. Sofort! Bevor die Kraft schwindet. Noch nie habe ich das Ende so unmittelbar nah gefühlt. Das Herz pocht, Gedankenfetzen, die vielleicht irgendwann einmal ihre Fortsetzung finden werden, jagen durchs Gehirn. Im Soloklettern gehen praktisch Leben und Tod Hand in Hand. Es sind Abenteuer ohne doppelten Boden, es gibt kein Seil, keine Absicherung, kein Netz, welches in letzter Konsequenz einen Fehler ausgleichen würde. Und bei Erstbegehungen besteht keine Route, sondern

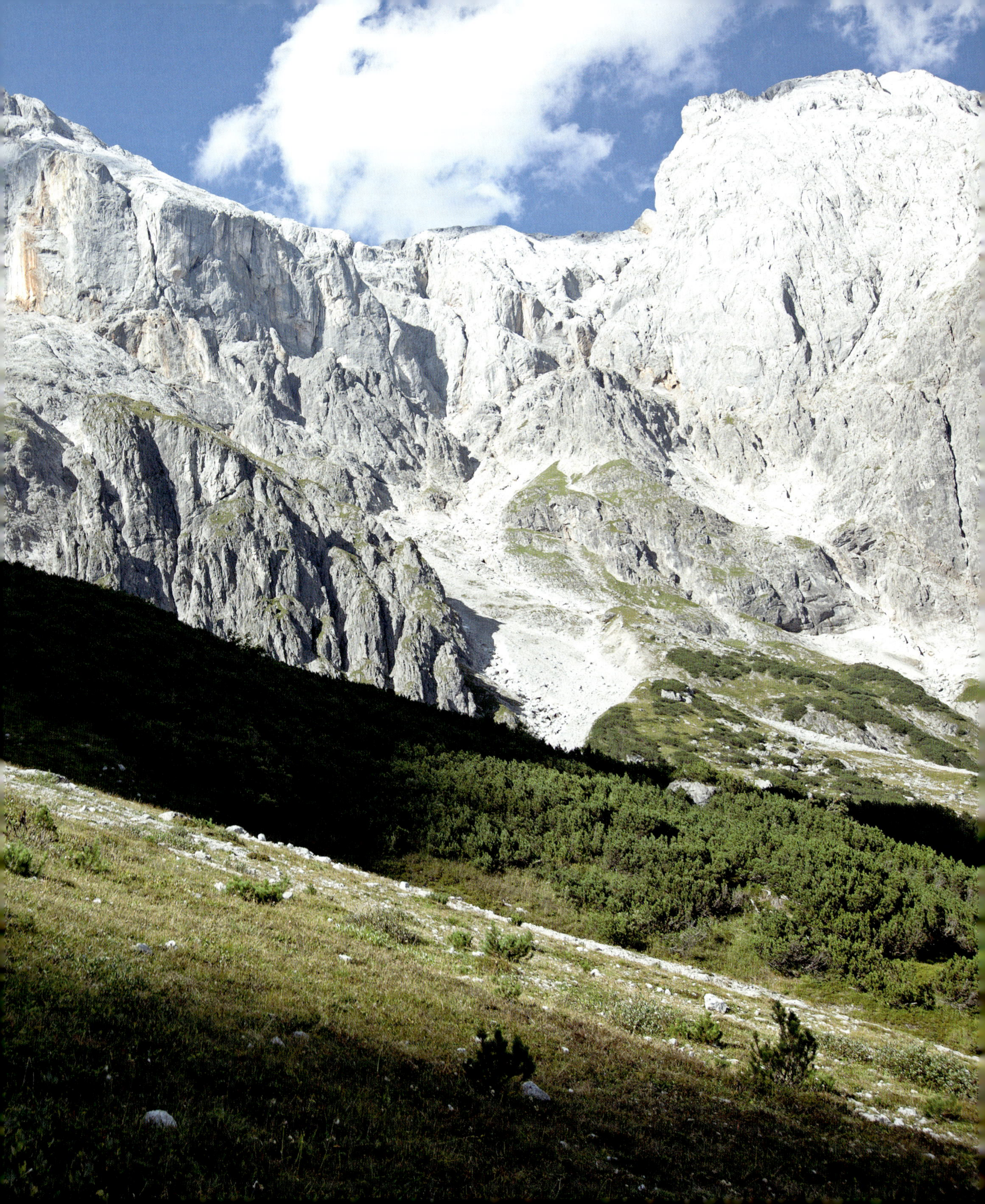

nur die Vorstellung, die es zu verwirklichen gilt. Völlig verrückt, aber die Ungewissheit über Gelingen oder Nicht-Gelingen ist das Fundament eines Abenteuers. Es beginnt da, wo der Spaß aufhört. Der Ernst in diesem Tun ist das wichtigste Element des Alpinismus.
Darüber zu philosophieren habe ich aber in diesem Moment keine Zeit. Meine Sinne sind ausschließlich den Wenigkeiten gewidmet, die mir bleiben, dem Horizont aus einigen extrem schwierigen Klettermetern.

Erst später, auf sicherem Boden stehend, nagt an mir das Gewissen, das Verantwortungsbewusstsein. Was ist des Dürfens Maß?
Die Tage und vor allem die Nächte zwischen der Absicht und der Verwirklichung eines Solounternehmens sind begleitet von Höllenqualen, würgenden Ängsten, aber im gleichen Maß, in dem mich die Ängste quälen, hätte ich es mir auch nicht verziehen, etwas nicht wenigstens versucht zu haben.
Aber sie ist immer da, die Wirklichkeit, die Angst macht, die mich meine Verantwortung fürchten lässt und Vernunft und Rechenschaft einfordert. Ihr entgegen steht meine Abhängigkeit von den Idealen, mein Wahn, ihnen in fast grenzenloser Selbstsucht besessen treu zu sein, genau wie meinen an mich selbst gestellten Erwartungen.
Gelungen ist es, weil ich in solchen Situationen eine eiskalte Einstellung entwickeln kann, wie weggewischt ist dann die Angst, die mich im Vorfeld befallen hat, ich bin in derartigen Momenten in einen Zustand der Hingebung versetzt, die die Angst vor einem Absturz vergessen lässt. Irgendwie schließe ich sogar auf eine fatale Art und Weise mit dem Leben ab und das war schon oft lebensrettend.

Endlich halte ich die wieder beginnende Wasserrille in der Hand und nach wenigen Piazzügen bin ich dem Nichts entronnen, das schon geschaufelte Grab bleibt einmal mehr leer.

Diese Stelle gab der Route den Namen „Neue Dimension in Solo" und mit dieser Stelle war auch die Linie entschlüsselt. An kleingriffigen Plattenfluchten geht der Weg über Superfels in genussvoller Kletterei durch eine Riesenwand. Die Schwierigkeiten verringern sich, fast geschenkt geht es nahezu im Kletterrausch, im Laufschritt empor, und als ich später auf dem Gipfel ankomme, ist die Spannung gewichen und die kritischen Augenblicke sind dann nicht viel mehr als eine Erinnerung.

Prof. Erwin Schneider

1906 St. Joachimstal – 1987 Lech am Arlberg.
Kartograf, erstellte erste Gebietskarten über das Anden- und Himalajagebirge.
Erstbesteigungen: Pik Lenin 1928 (7134 m); vier 7000er in der Kantsch-Region, darunter der schwierige Jongsang Ri (7462 m). Zwischen 1928 und 1939 drei Anden-Expeditionen, 12 Sechstausender wurden erstiegen. 1934 war er Mitglied der tragisch verlaufenden Nanga-Parbat-Expedition.
Herman Buhl nannte ihn den „Siebentausenderkönig".

Erstbegehungen am Hochkönig

Erwin Schneider und Fritz Vogel begingen am 29. August 1926 erstmals die unmittelbare 1000 Meter hohe Südwand des Großen Bratschenkopfes. Schneider zählt die Erkletterung dieser mächtigen Wand zu den großartigsten, schwersten und längsten Routen am Hochkönig. Am 19. September desselben Jahres durchkletterten die beiden erstmals die 800 Meter hohe Südwestwand in vierstündiger Kletterei. Ihnen gelang

am 28. August 1926 auch der 800 Meter hohe Südwestgrat des Lammkopfes. Eine sehr schwere und luftige Erstbegehung vollführte Erwin Schneider am 25. Juli 1926: Allein kletterte er, beginnend bei der Taghaubenscharte, über die Hohen Köpfe und den Kummetstein zum Birgkarkopf. Über jenen Gratverlauf, an dem viel später der beliebte Klettersteig „Königsjodler" entlangführt.
Mit Adalbert Stangl gelang Erwin Schneider am 15. August 1926 eine der letzten bedeutenden Gipfelerstbesteigungen: das formschöne Teufelskirchl, dessen plattige Felssäule lange für unersteigbar gehalten wurde.

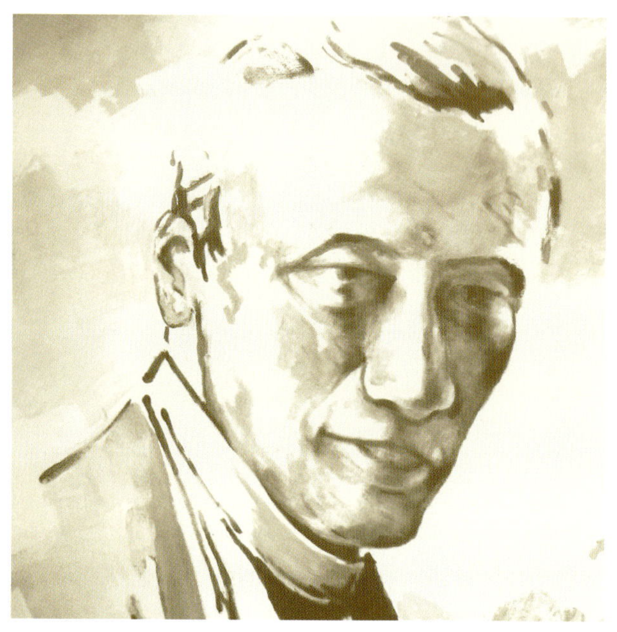

Paul Preuß – Kletterphilosoph

In der Zeit, als ich noch am Anfang stand, gaben mir einige Bergpersönlichkeiten eine gewisse Richtung vor, die meinem anfänglichen Klettern ersten Halt gaben: Paul Preuß, Herrmann Buhl, Lionel Terray und der fast gleich junge Reinhold Messner. Sie alle wirkten auf meine Philosophie ein, die mir schließlich ein halbes Jahrhundert meines alpinistischen Tuns so herrlich wie schrecklich das Leben unglaublich reich machte. Den größten Anteil daran hat wohl Paul Preuß, seine Ideologie ist mir bis heute in meinem Denken, aber auch in meinem Tun das wichtigste Fundament. Paul Preuß ist im Oktober 1913 beim Versuch, die Mannlkogel-Nordkante allein erstzubegehen, abgestürzt. Seine Ideologie ist modern geblieben, weil sich in ihr die Vollkommenheit der Fairness gegenüber der Natur manifestiert. Paul Preuß hat dem Alpinismus eine Philosophie geschenkt, die bis heute den Weizen von der Spreu trennt, und jeden einzelnen in den Spiegel der Wahrhaftigkeit blicken lässt. Wenn man sich auf seine Spuren begibt, ist es auch ein Sich-selbst-Kennenlernen! Und es ist immer wieder das Spannendste, was der Alpinismus zu bieten hat.

Manchmal, wenn ich beim Durchblättern meiner Tourenbücher alten Zeiten nachträume, muss ich jedoch gestehen: Ich war öfter Hans Dülfer als Paul Preuß. Aber ist es denn möglich, ein Bergleben lang mit dieser saubersten, edelsten und spannendsten Form des Kletterns, mit dem Höchstmaß an Risiko zu bestehen? Immerhin habe ich kräftig aus diesem Topf naschen dürfen und dafür danke ich dem großen Paul Preuß.

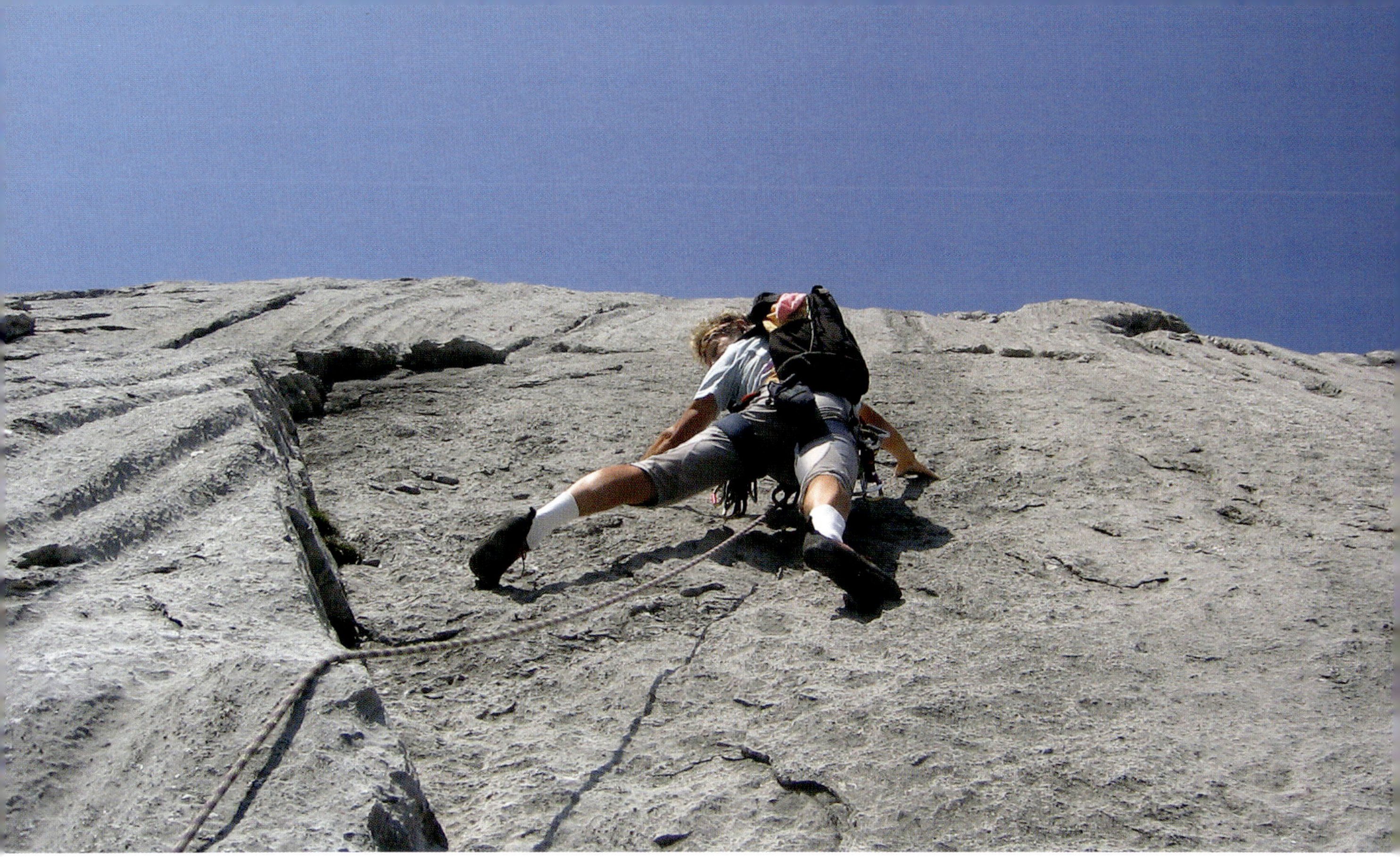

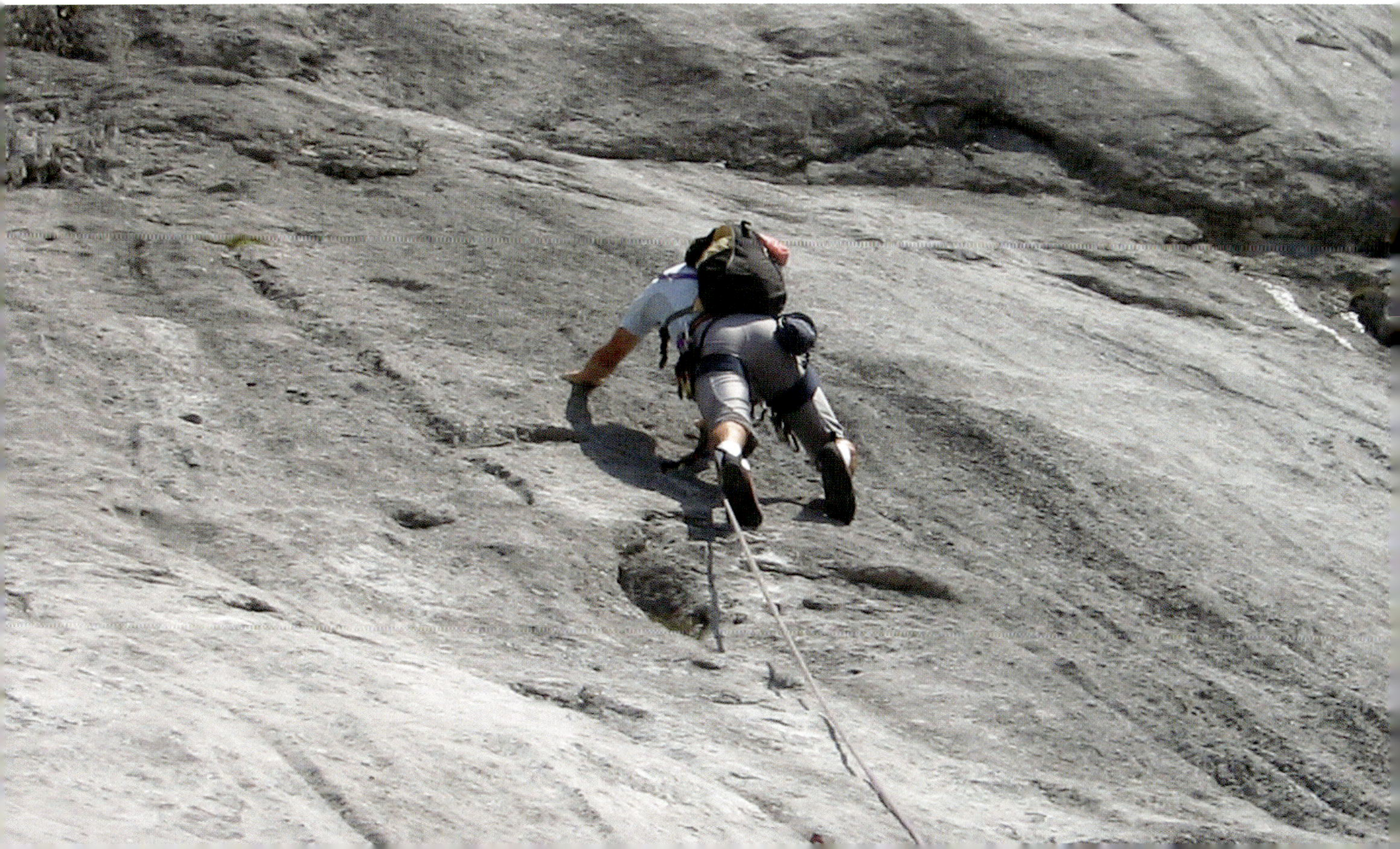

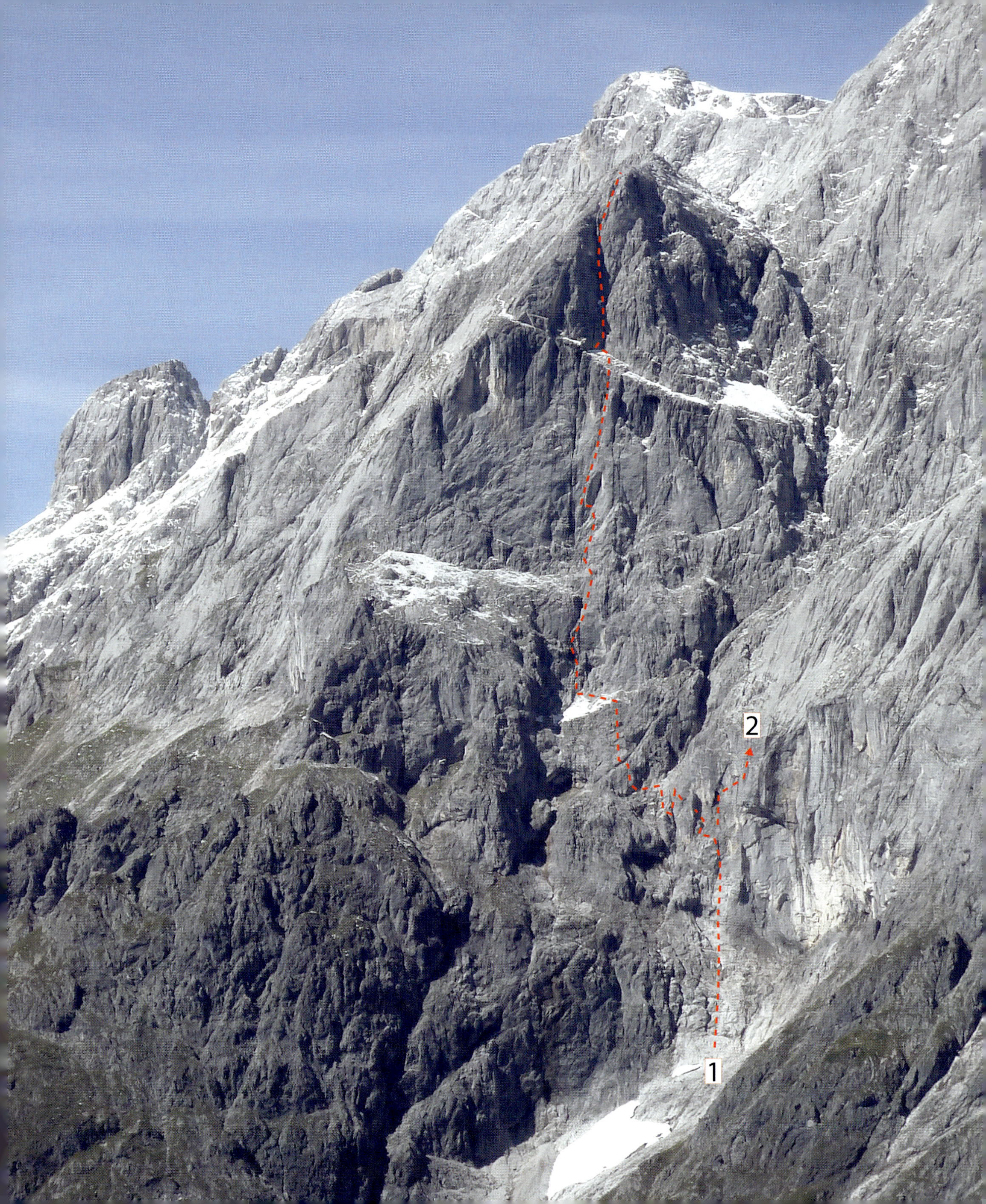
2
1

Wetterriffel 2617 m
Formschöne Pyramide, die den westlichen Abschluss der „Wetterwand" bildet und mit einer mächtigen Ostwand in das Obere Schneekar abfällt. Der Überblick in die Hochkönig-Südwand ist von diesem Punkt aus von imponierender Größe und Schönheit.
Erste Besteigung über den Südwestgrat „Wetterriffelgrat" 1919 durch Richard Gerin und Kaspar Wieder.

Grutschnig-Breitfuß
VII, Seilquergang A0, häufig V und VI, 650 Meter.
Sanierter Alpinklassiker. Abgesichert mit OeAV-Normalhaken und Sigi-Klebehaken.
Ein Wechselspiel zwischen steilen Platten, Verschneidungen und genüsslichen Rissen – eingebettet in eine grandiose Felsszenerie – lässt keine Eintönigkeit aufkommen. Abgesehen von wenigen leichten Terrassen halten die Schwierigkeiten über die ganze Wegstrecke hartnäckig bis zum Gipfel an.
Beste Zeit: Juli bis Spätherbst.
Erstbegehung des oberen Wandteils: Walter Grutschnig und Willi Breitfuß 1952.
Erstbegehung des unteren Wandteils und Varianten oben: Albert Precht, Robert Jölli und Sigi Brachmayer 1994.

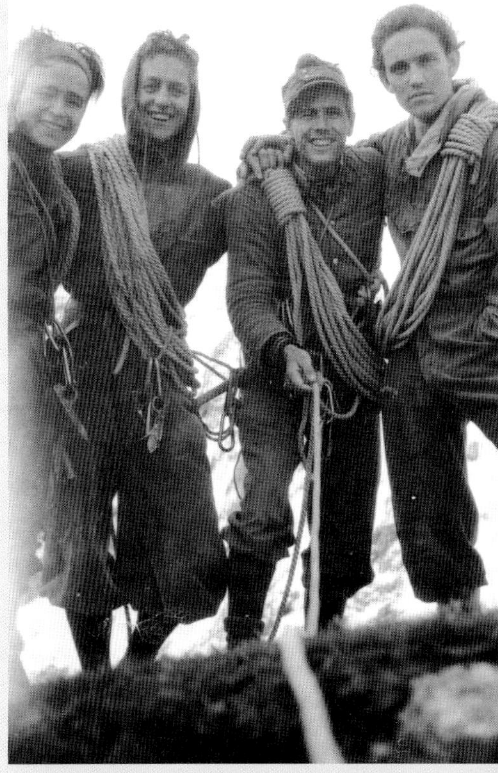

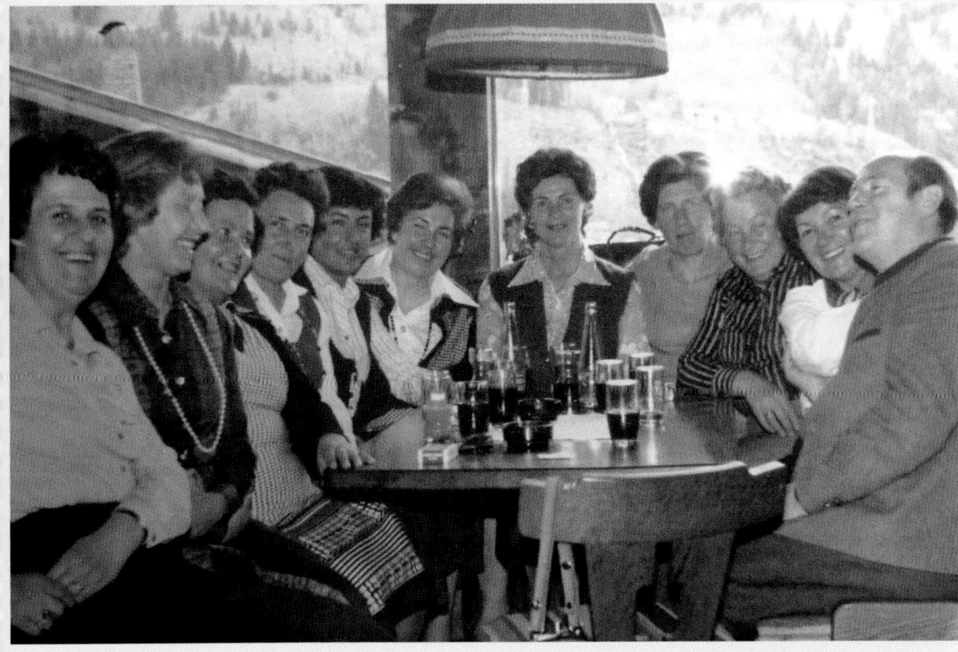

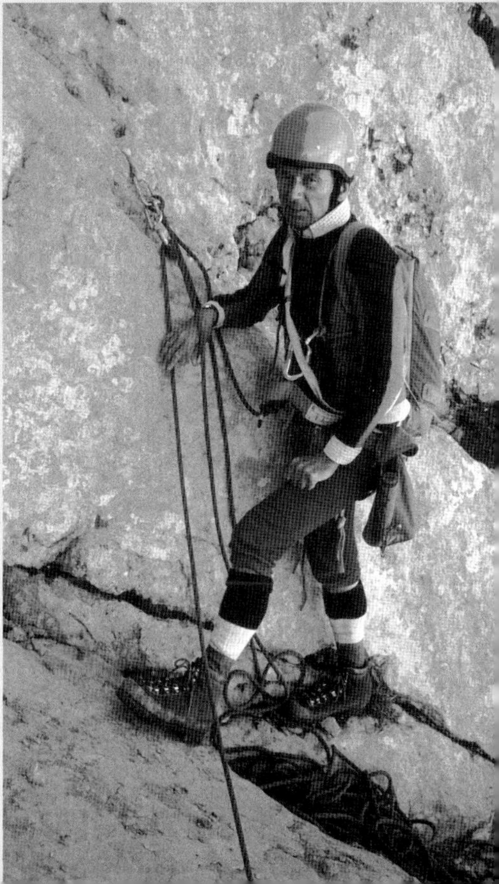

1 Wetterriffel
2 Grutschnig-Breitfuß

rechts oben: Seilschaft Grutschnig-Breitfuß

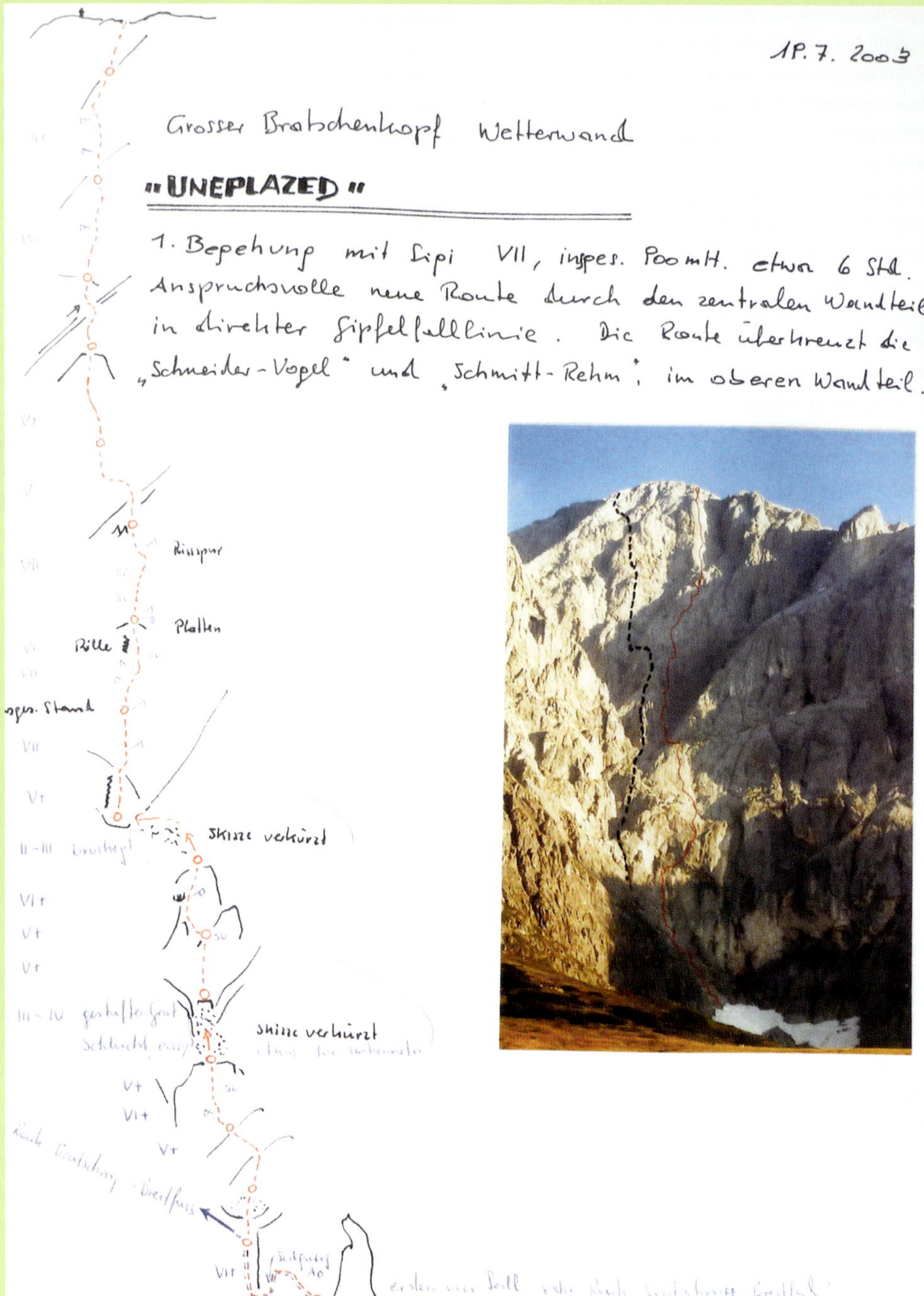

Nachspielzeit
VII+, vorwiegend V und VI, 900 Meter.
Im unteren Teil ist die Route etwas „konstruiert". Die obere Wandhälfte schenkt jedem, der das alpine Abenteuer sucht, hochklassige Kletterei.
Die Sicherungsabstände sind oft zwingend und weit, so sollte neben einer entsprechenden klettertechnischen Eignung auch das Nervenkostüm passen.

Freier als Paul Preuß
VII, häufig zwischen V und VI, 900 Meter.
Abgesichert mit OeAV-Normalhaken und Sigi-Klebehaken von früheren Wiederholungen.
Sanierte Route und einer der Klassiker am Hochkönig.
Die ursprüngliche Erstbegehung gelang mir ohne Ausrüstung und auch ohne Bekleidung (daher der Routenname!). Die Erstbegehung war motiviert vom einhundertsten Geburtstag von Paul Preuß.
2001 gelang es mir, die Route als Direttissima nochmals „Free Solo" zu klettern, indem ich im unteren Teil die Route „Ein bisschen Marmolata" in den Weg mit einband und in der oberen Wandhälfte die steilen, wassergerillten Platten begradigte und dann direkt am Ausstiegspfeiler kletterte, dem ich 1986 in einem Riss links des Pfeilers ausgewichen war.

Uneplazed
VII, insgesamt 900 Meter.
Abenteuerliche, nicht sanierte Route, überwiegend ernste Plattenkletterei!
Unten deckt sich die Route mit der „Nachspielzeit". Nach der ersten Steilstufe gelangt man zur großen Schlucht am Fuß der Südwandabdachung. Hier beginnt die eigentliche Route. Die in der Schlucht eingelagerten plattigen Steilstufen empor zu einem markanten, die Schlucht trennenden Sporn.

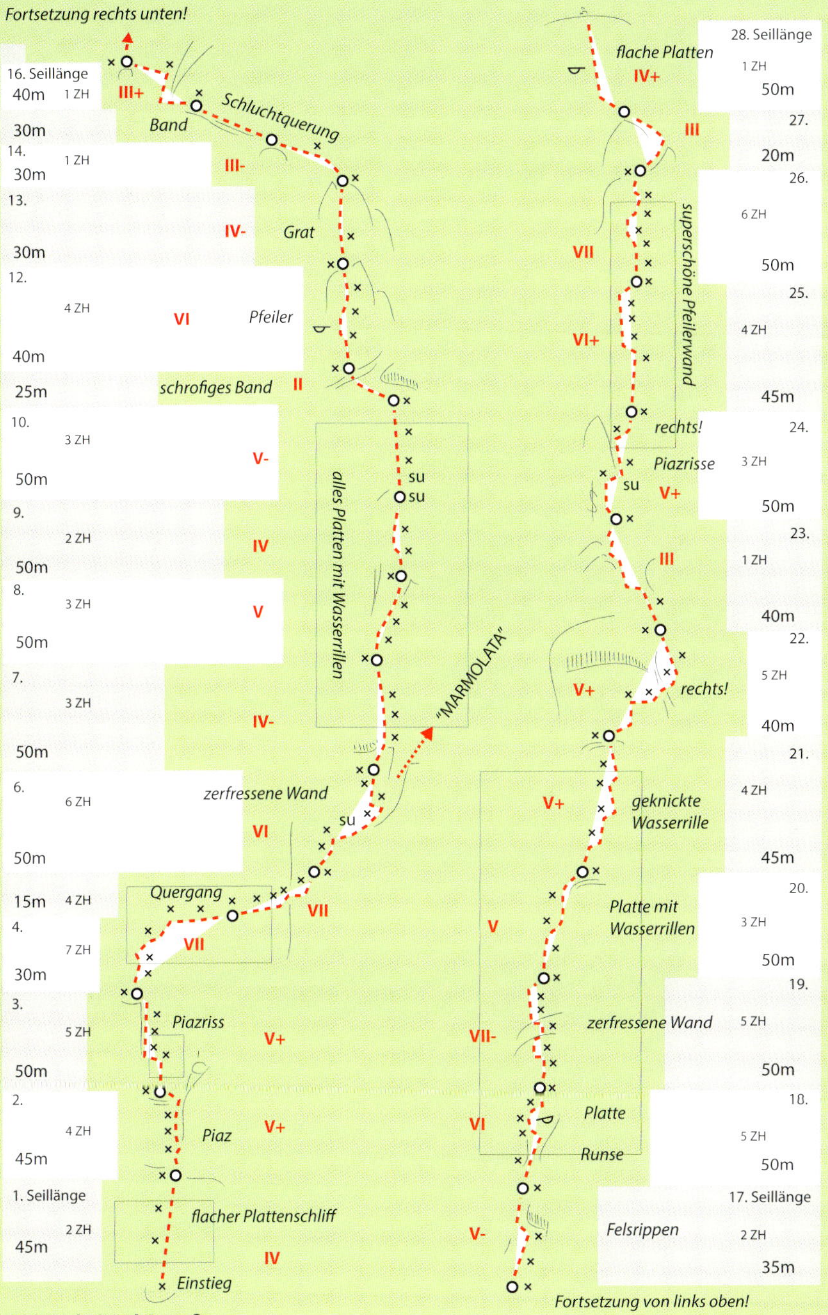

Route: EIN BISSCHEN MARMOLATA

Fortsetzung rechts unten!

Seillänge	Länge	ZH	Grad	Beschreibung
16. Seillänge	40m	1 ZH	III+	Band
	30m			Schluchtquerung
14.	30m	1 ZH	III-	
13.	30m		IV-	Grat
12.	40m	4 ZH	VI	Pfeiler
	25m		II	schrofiges Band
10.	50m	3 ZH	V-	alles Platten mit Wasserrillen, su
9.	50m	2 ZH	IV	
8.	50m	3 ZH	V	
7.	50m	3 ZH	IV-	"MARMOLATA"
6.	50m	6 ZH	VI	zerfressene Wand, su
	15m	4 ZH	VII	Quergang
4.	30m	7 ZH	VII	
3.	50m	5 ZH	V+	Piazriss
2.	45m	4 ZH	V+	Piaz
1. Seillänge	45m	2 ZH	IV	flacher Plattenschliff, Einstieg

Freier als Paul Preuß

Seillänge	Länge	ZH	Grad	Beschreibung
28. Seillänge	50m	1 ZH	IV+	flache Platten
27.	20m		III	
26.	50m	6 ZH	VII	superschöne Pfeilerwand
25.	45m	4 ZH	VI+	
24.	50m	3 ZH	V+	rechts! Piazrisse, su
23.	40m	1 ZH	III	
22.	40m	5 ZH	V+	rechts!
21.	45m	4 ZH	V+	geknickte Wasserrille
20.	50m	3 ZH	V	Platte mit Wasserrillen
19.	50m	5 ZH	VII-	zerfressene Wand
18.	50m	5 ZH	VI	Platte, Runse
17. Seillänge	35m	2 ZH	V-	Felsrippen

Fortsetzung von links oben!

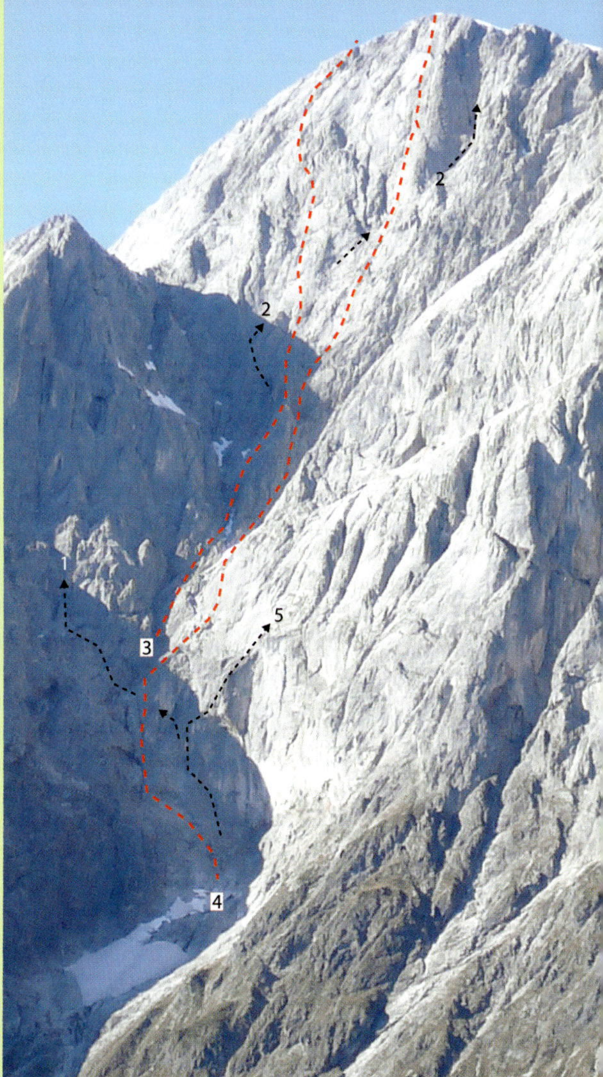

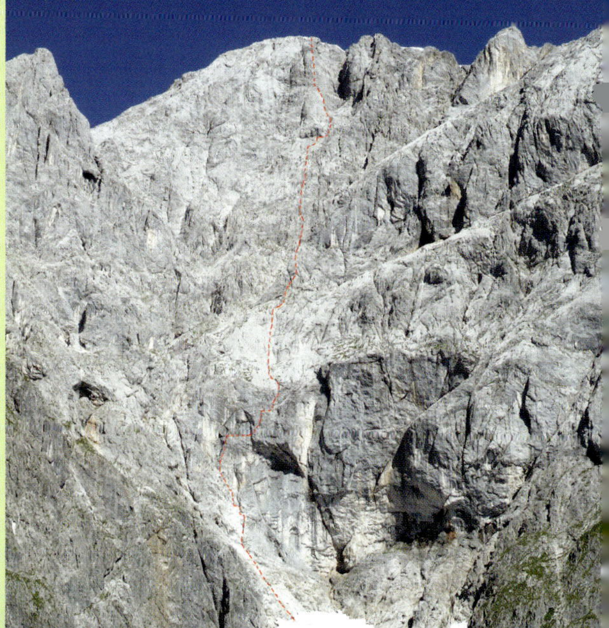

Au so rau

VII, meistens zwischen IV und VI, 800 Meter.

Der Anstieg führt durch die Plattenfronten westlich des Südpfeilers. Der Einstiegsbereich bildet die Schlüsselstelle: Einen Plattenbauch nach links, und eine Verschneidung führt in die Plattenzonen, mit rauem Fels und vielen Wasserrillen. Nicht sanierter, ernster, aber sehr genussvoller Kletterweg.

Erstbegangen mit Wolfgang Haupolter 1986.

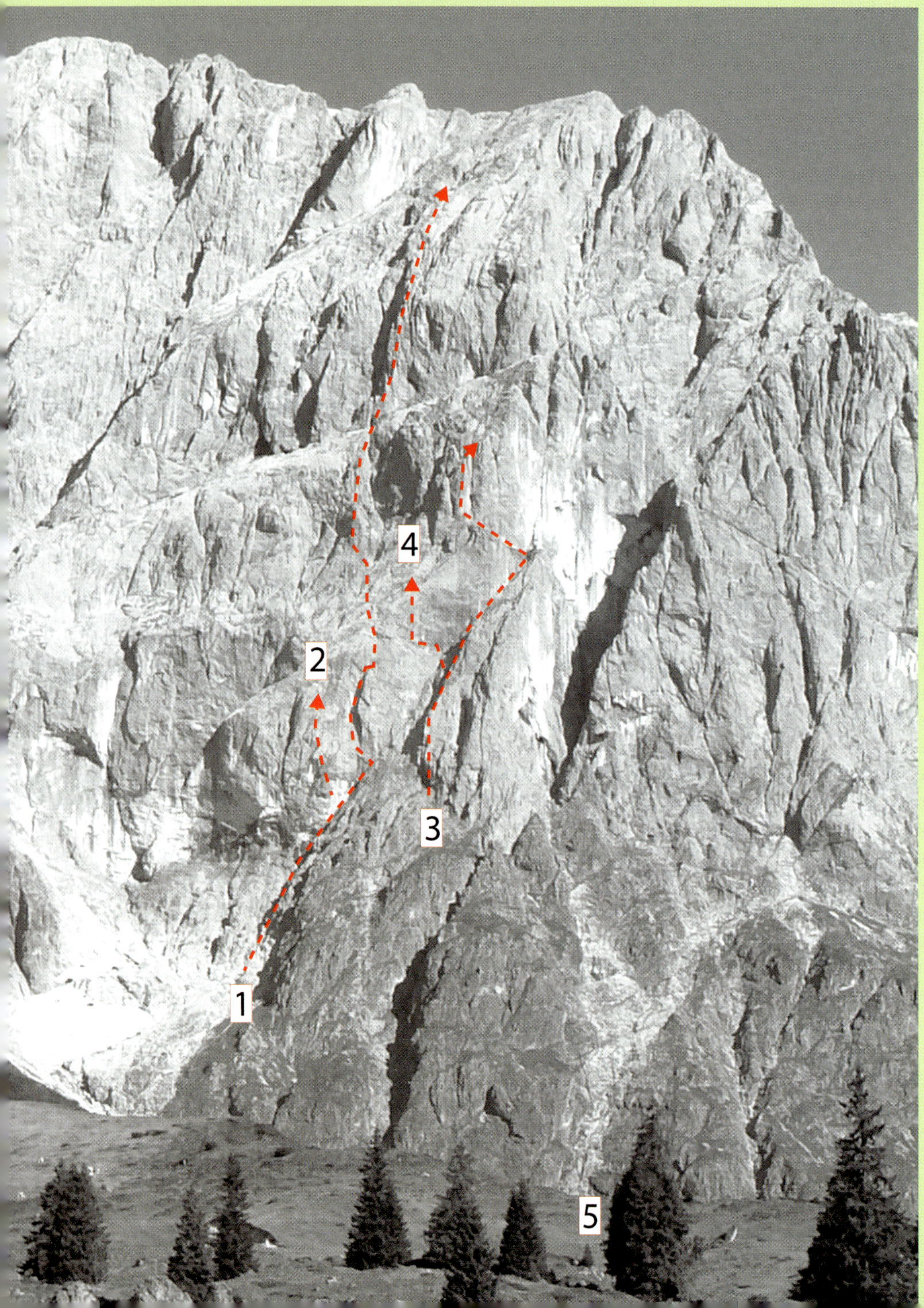

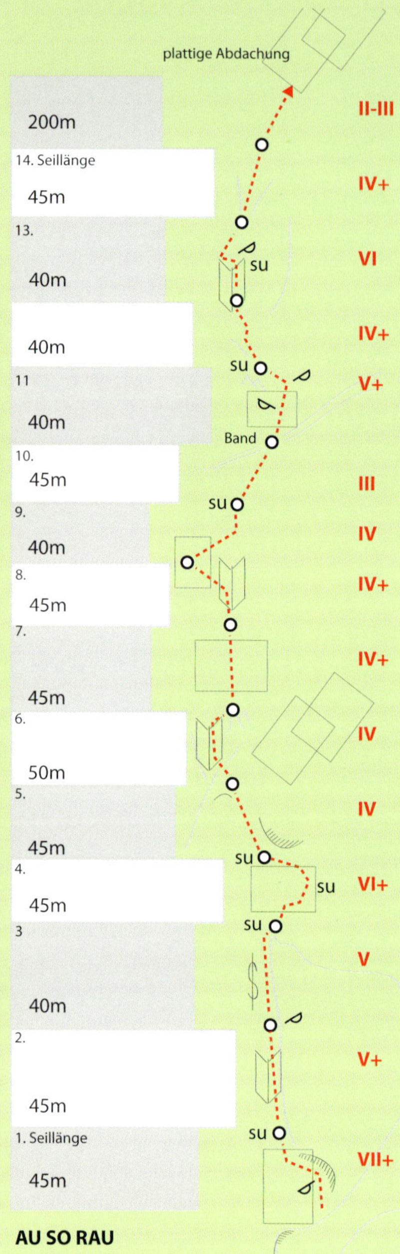

Wolfgang Raupolter über „Au so rau“ 1986

Albert hat mich zum Klettern eingeladen, natürlich wieder zu einer Erstbegehung, was ich als Ehre empfinde. Unser Ziel ist der Große Bratschenkopf. Wetterwand, so heißt die fast 1 000 Meter hohe Südwand, an deren mittlerem, bisher noch unberührtem Wandteil sich Albert eine neue Linie ausgedacht hat. Die Sonne geht gerade auf, als wir die letzten Nebelschwaden hinter uns lassen und von den Widdersbergalmen zum Einstieg hinaufsteigen. Das sonnige Wetter der vergangenen Wochen hat alle Wässerchen ausgetrocknet, die während des Sommers über die Wand hinunterrinnen.

Vor lauter Klettereifer übersehen wir einen gemütlichen Anseilplatz – egal, mit etwas Vorsicht kommt man auch, auf einem Bein balancierend, in den Gurt und die Kletterschuhe hinein. Allerdings: Für eine behagliche Einstiegsrast reicht das Fleckchen nicht aus. Doch was nun folgt, ist nur mehr purer Genuss!

Platten, Risse, Verschneidungen: eine ungemein abwechslungsreiche Kletterei in außergewöhnlich rauem Gestein.

„Au so rau“ wird heute zu einem geflügelten Satz. Jeder unachtsam festgehaltene Griff schmerzt an der Haut der Finger. Und nach dem breiten Band in der Wandmitte werden wir nochmals positiv überrascht, der obere Wandteil übertrifft sämtliche Erwartungen mit schönen und interessanten Kletterstellen. „Au so rau“ höre ich Albert wieder, als er die letzten Meter auf die flache Gipfelabdachung hinausklettert. Wir sind uns einig, dass dieser heute so oft benutzte Ausspruch der passende Name für die Erstbegehung ist. Am Gipfel warten schon unsere Freude, sie haben den Hochkönig über den Normalweg bestiegen und für jeden von uns einen kleinen Rucksack mitgebracht. Doch darin befindet sich keine Kletterausrüstung oder Brotzeit, sondern Gleitschirme. Vor

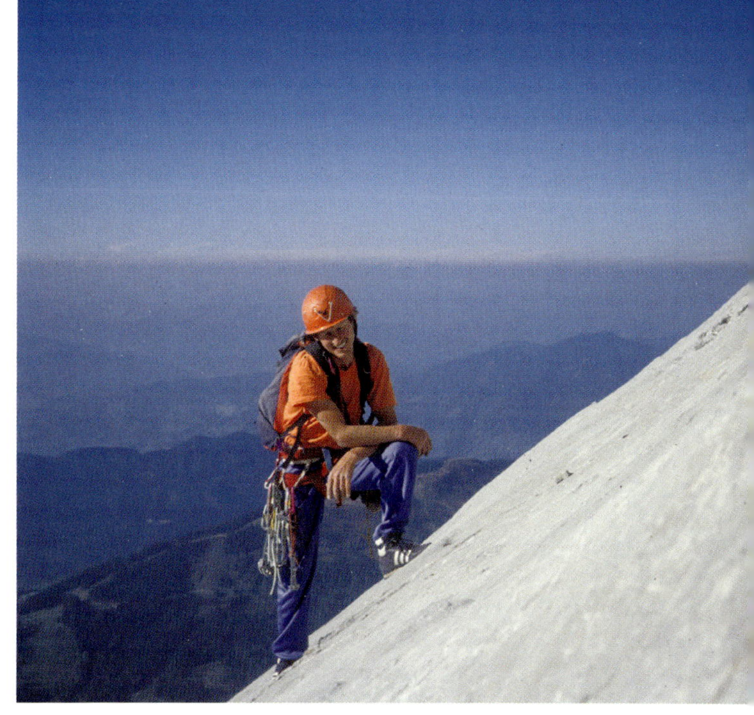

einem Monat haben Albert und ich mit diesem noch neuen Sport begonnen, und heute möchten wir unseren ersten großen Flug absolvieren. Leider hat sich unterdessen der Himmel bedeckt, doch der Wind weht nach wie vor günstig.

Schnell haben wir unsere „fliegenden Teppiche“ ausgebreitet, die Leinen entwirrt und den Gurt angeschnallt. Dem Start steht nichts mehr im Weg. Ein kräftiger Ruck an den Leinen, die Schirme richten sich hinter uns auf, stehen senkrecht über uns, nur noch einige Schritte über den steilen Gipfelhang hinunter, und schon schweben wir sanft hinaus in die Leere. Unter uns bricht die Wand in eine atemberaubende Tiefe ab.

Nach einem Zehn-Minuten-Flug landen wir gezielt und weich neben unserem Auto. Wir sind begeistert, kein Abstieg mehr. Mit dem Gefühl grenzenloser Zufriedenheit blicken wir noch einmal hinauf zur riesigen Wetterwand. Albert erklärt mir den Verlauf drei anderer Routen, die er vor Kurzem erschlossen hat. Und noch weiß ich nicht, dass ich morgen wieder an der Wetterwand klettern werde.

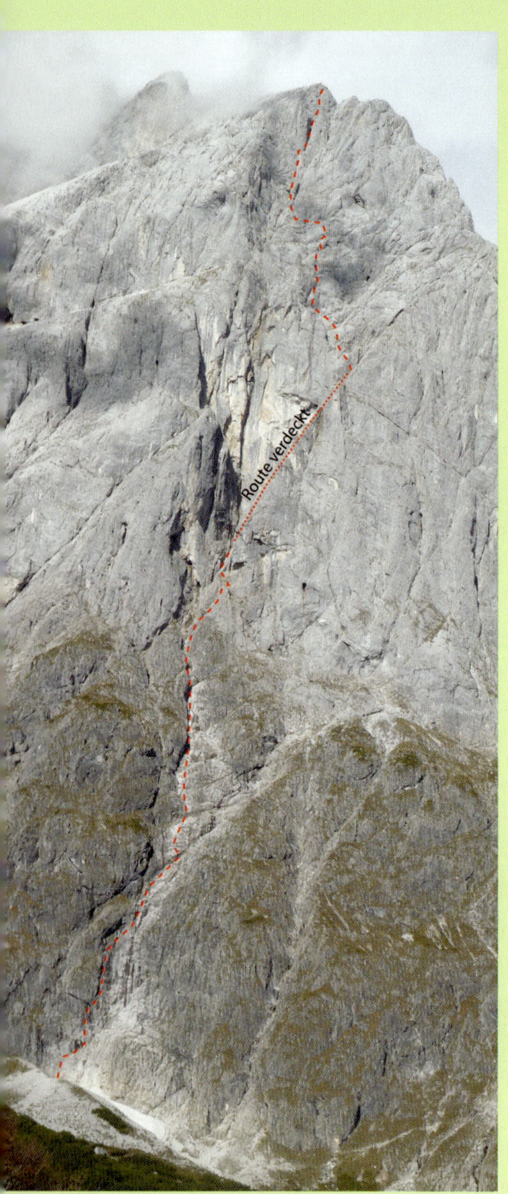

Himmelhoch

V und V+, vorwiegend IV und IV+, 1200 Meter.
Die Schwierigkeitsbewertung ist nach alpinen örtlichen Gegebenheiten ausgerichtet.
Eine Überdosis Fels und fast kein Zustieg!
Großartige Kletterei in durchgehend sehr gutem Fels.
Alpine Erfahrung unbedingt notwendig!
Sanierte, gut abgesicherte Alpinroute. An allen Standplätzen Bolts und in den Seillängen selbst nach Notwendigkeit etwa 2 bis 5 Qualitäts-Anker.
Zusätzliche reversible Absicherungen sind – wenn man so möchte: Friends 2 bis 3.
Erstbegehung der Einstiegsplatten und der Schluchtwand: Albert Precht Free Solo 1986. (s. AV-Hochkönigführer 1989)
Erstbegehung der Gipfelwand mit Sigi Brachmayer 2013.
(Die Erstbegehung wurde mit reversiblen Mitteln abgesichert.)
Die Route gliedert sich in 3 Abschnitte:

1) die ausgeschwemmten Einstiegsplatten
2) die imposante Schluchtwand (Prechtrisse) umfangen von Riesenwänden
3) die mittelsteile Schlusswand mit Platten, Verschneidungen und Ausstiegspfeiler

Eine derart große Tour braucht sicheres Kletterwetter und bestmögliche Wandverhältnisse!
Zeit: Juni bis Spätherbst – jedenfalls sollte die Wand vom Sommerschnee frei sein.

Aus Sicherheitsgründen sollte man nicht zu spät einsteigen. Auch ist es besser, keine Seilschaften vor sich herzuschieben. Die Tour darf nicht unterschätzt werden, auch wenn die Kletterschwierigkeiten nicht hoch zu sein scheinen, die „Fünfer" haben es aber in sich und die „Vier-plus" sind anhaltend:
36 Seillängen und ein langer Abstieg sind unbarmherzige Zeitfresser!
Achtung: keinen Steinschlag auslösen, es könnte Nachsteigende gefährden.
Ausgangspunkt: Mühlbach – Widdersbergalm.
Zustieg etwa 30 Minuten am „Mandlwandsteig", dann eine kleine Moräne hinauf zum Einstieg. Die Route beginnt links der Plattenfront oder am linken Rand des kleinen Firnfelds.

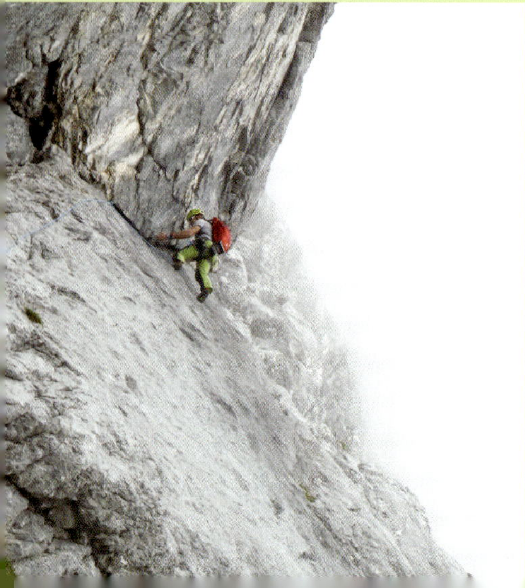

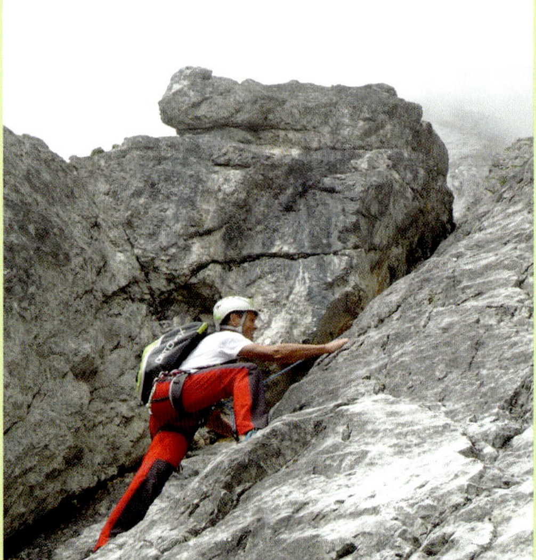

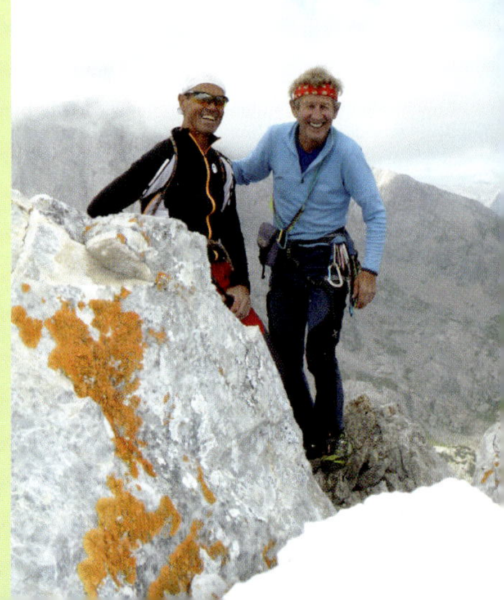

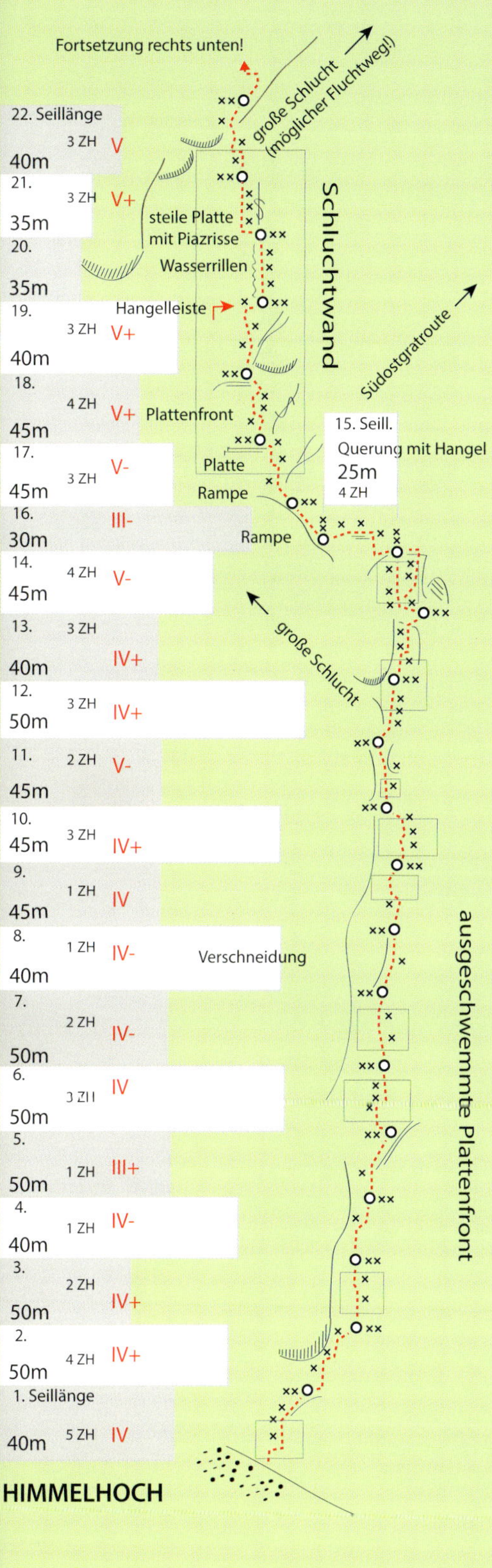

Fortsetzung rechts unten!
große Schlucht (möglicher Fluchtweg!)
Schluchtwand
Südostgratroute
22. Seillänge 3 ZH V 40m
21. 3 ZH V+ 35m
steile Platte mit Piazrisse
20. 35m
Wasserrillen
19. 3 ZH V+ 40m
Hangelleiste
18. 4 ZH V+ 45m
Plattenfront
17. 3 ZH V- 45m
Platte
Rampe
16. III- 30m
Rampe
15. Seill. Querung mit Hangel 25m 4 ZH
14. 4 ZH V- 45m
große Schlucht
13. 3 ZH IV+ 40m
12. 3 ZH IV+ 50m
11. 2 ZH V- 45m
10. 3 ZH IV+ 45m
9. 1 ZH IV 45m
8. 1 ZH IV- 40m
Verschneidung
7. 2 ZH IV- 50m
6. 3 ZH IV 50m
ausgeschwemmte Plattenfront
5. 1 ZH III+ 50m
4. 1 ZH IV- 40m
3. 2 ZH IV+ 50m
2. 4 ZH IV+ 50m
1. Seillänge 5 ZH IV 40m
HIMMELHOCH

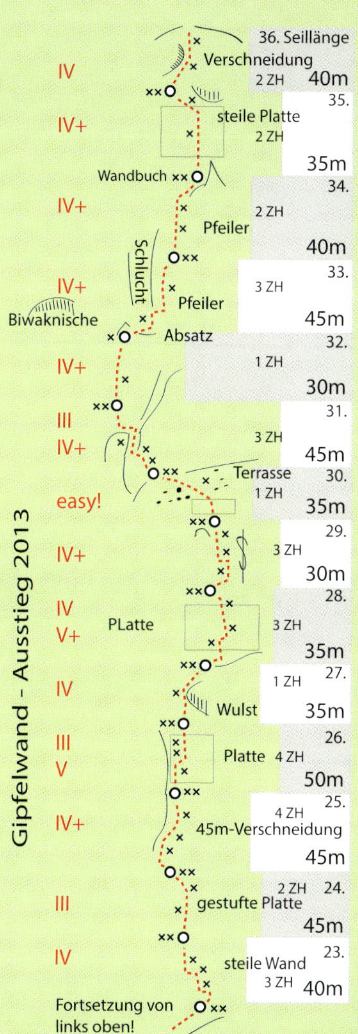

Gipfelwand - Ausstieg 2013
36. Seillänge Verschneidung 2 ZH 40m IV
35. steile Platte 2 ZH 35m IV+
Wandbuch
34. Pfeiler 2 ZH 40m IV+
Schlucht
33. Pfeiler 3 ZH 45m IV+
Biwaknische
Absatz
32. 1 ZH 30m IV+
31. 3 ZH 45m III IV+
Terrasse
30. 1 ZH 35m easy!
29. 3 ZH 30m IV+
28. PLatte 3 ZH 35m IV V+
27. Wulst 1 ZH 35m IV
26. Platte 4 ZH 50m III V
25. 45m-Verschneidung 4 ZH 45m IV+
24. gestufte Platte 2 ZH 45m III
23. steile Wand 3 ZH 40m IV
Fortsetzung von links oben!

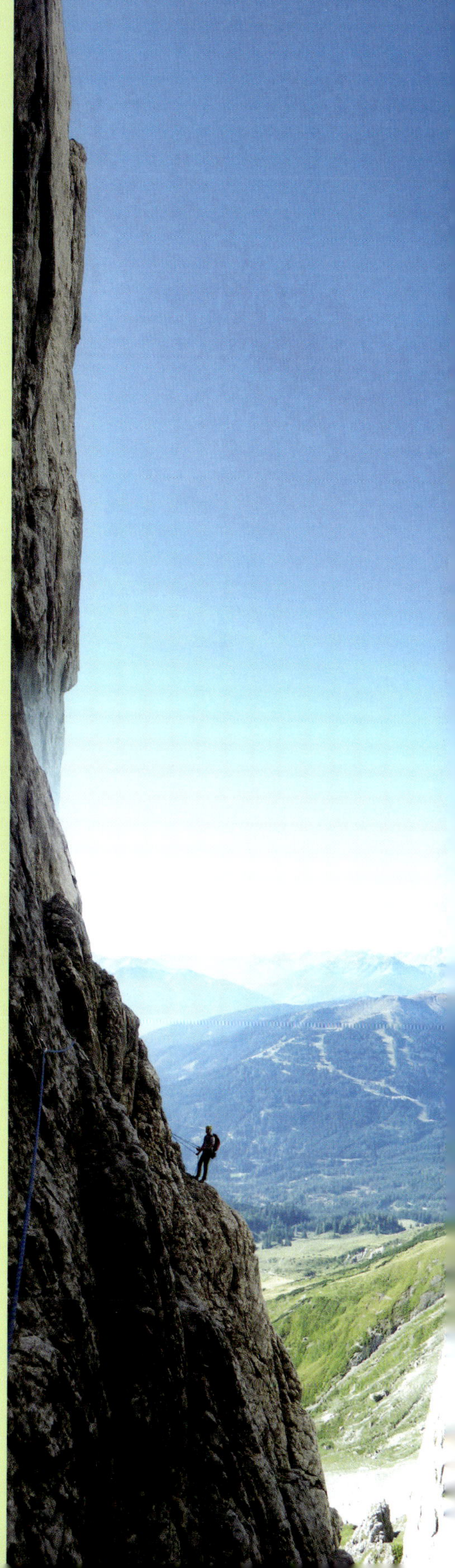

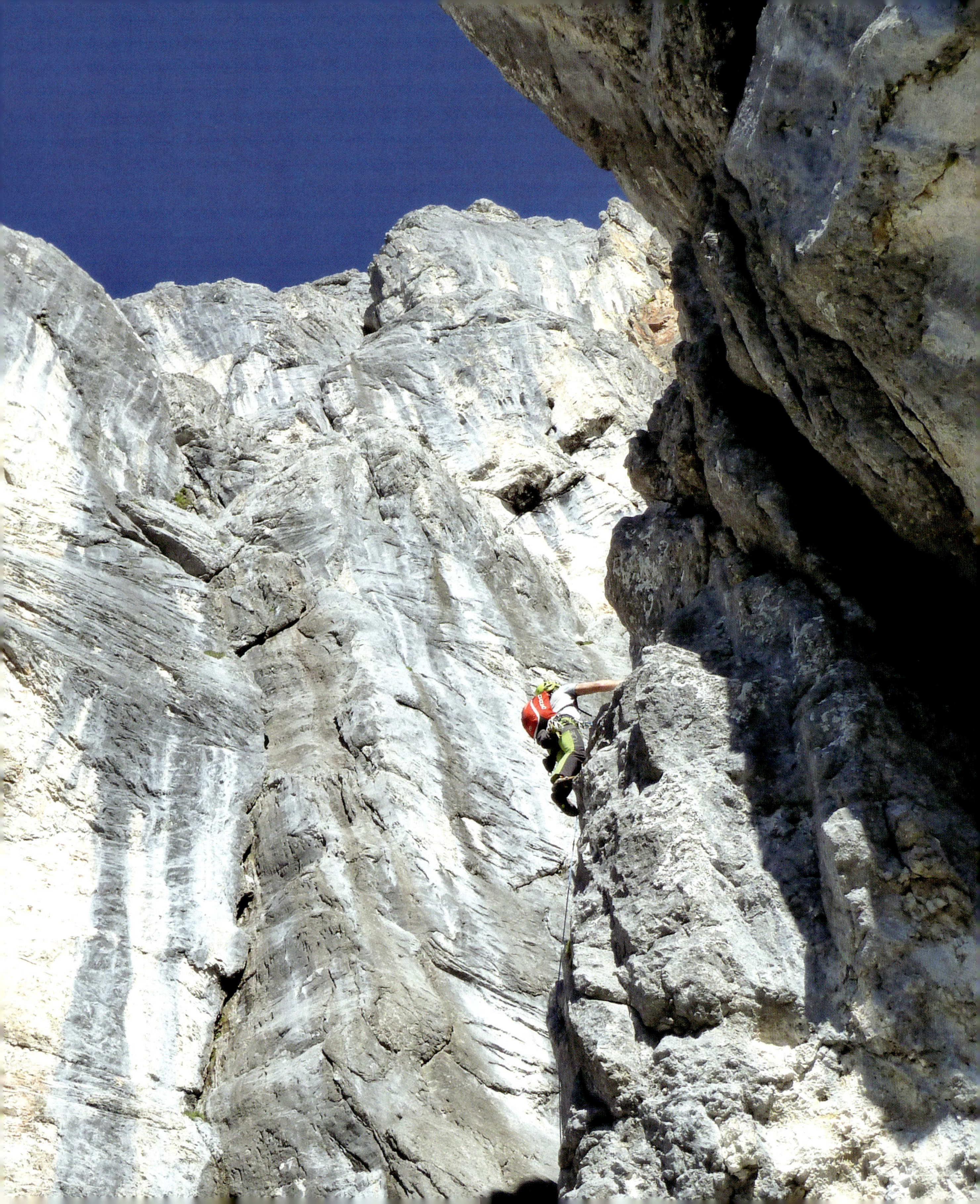

Mut kann man nicht kaufen

VI+, vielfach V und VI, mit Ein- und Ausstieg „Himmelhoch", 1200 Meter.
Eine schwungvolle Freikletterei in Piazrissen und sehr steiler, monumentaler Felslandschaft. Die Route ist in Kombination mit „Himmelhoch" eine der eindrucksvollsten Anstiege im Hochköniggebiet und wurde bis dato nicht wiederholt. Achtung: Die Route ist vermutlich stark unterbewertet!
Erstbegangen mit Ewald Rudorfer 1987.

Ypsilon

V+, 500 Meter, bis zum Rand der Abdachung, + 300 Meter bis zum Gipfel.
Mittelschwere, nichtsanierte Alpinroute: Abwechslungsreich und genussvoll, ein guter Einstieg in den Bereich Abenteuerrouten!
Früher oft begangener Anstieg, die Haken sind im Fels, Stopper und Friends können zusätzlich verwendet werden.
Fast jährlich, in Seilschaft und einige Male allein bin ich diese Route geklettert. Sie war mir zu Saisonbeginn eine wichtige Aufwärmrunde, man findet alles in der Route, was für alpine Wege nötig ist.
Erstbegangen mit Joe Bachler 1971.

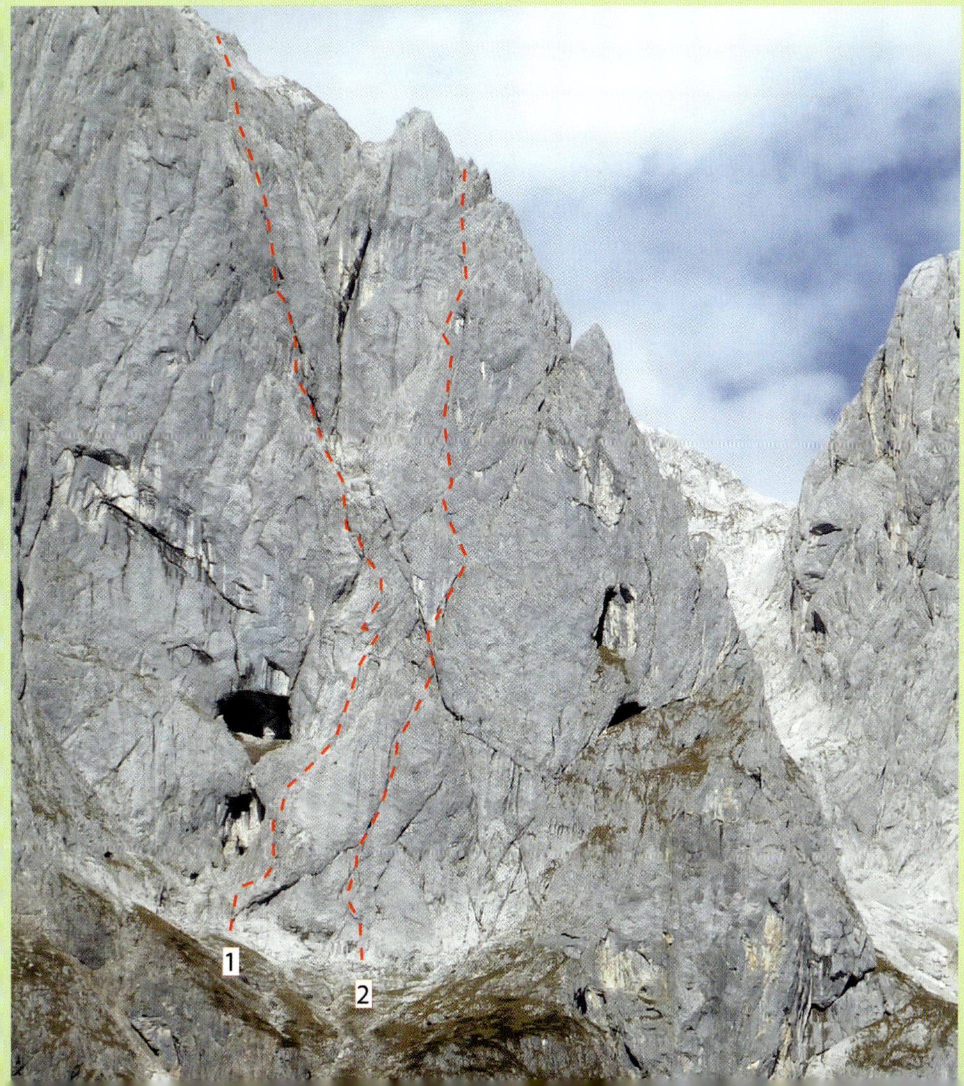

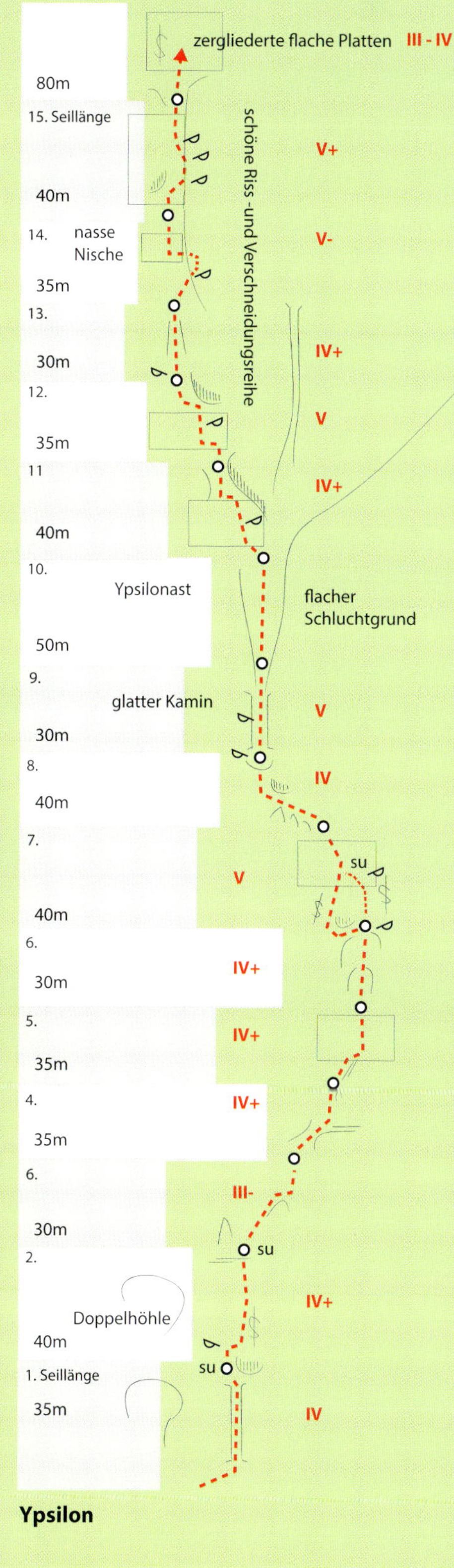

1 Ypsilon
2 Wand des frühen Morgenlichts

Georg (Joe) Bachler

Geboren 1953 in Abtenau.

Heini und Martin, die beiden lustigen Abtenauer, mit denen ich das Zugabteil bei der Heimfahrt vom Elbrus teilte, erzählten von einem jungen Klettertalent aus ihrem Ort: Georg Bachler, „Joe“ nannten ihn seine Freunde in Abtenau. Als ich ihn kennenlernte, war vom ersten Augenblick an gegenseitige Sympathie zu spüren, mit der Zeit steigerte sich unsere Verbundenheit und Zuneigung. Vom absoluten Vertrauen zueinander gezeichnet, befruchtete unsere jahrelange Partnerschaft unsere alpinen Aktivitäten. Joes und mein Leben waren von der Hauptsache Berg und den Nebensächlichkeiten der Alltagsexistenz bestimmt. Wie zwei Schmetterlinge flatterten wir von Ziel zu Ziel, kosteten von diesem und jenem Gebiet, labten uns an den schönsten Kletterblüten, welche die Alpen zu bieten hatten. Erstbegehungen in Nordnorwegen, in den Anden und natürlich zu Hause gelangen viele. Außerdem standen auch erste Winterbegehungen auf dem Plan, die zu damaligen Zeiten eine starke Tradition hatten.

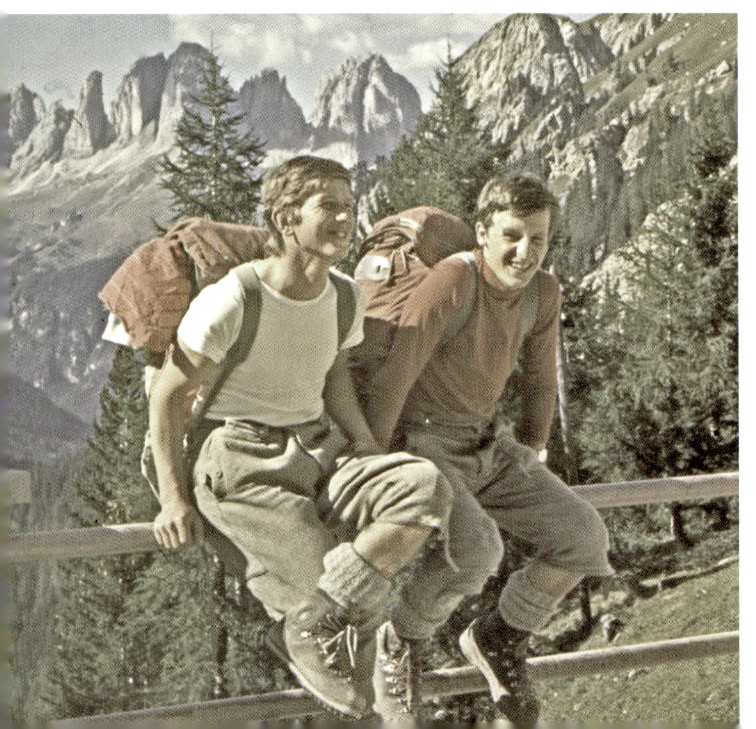

Albert Precht und Joe Bachler

Paul-Holzmann-Gedenkweg

Georg (Joe) Bachler erzählt

Paul Holzmann ist am 4. Februar 1981, nach der Winterbegehung der Matterhorn-Nordwand, beim Abstieg vom Gipfel abgestürzt.

Mein Freund Paul war ein lebensfroher Mensch und immer für Überraschungen gut. Ein geschmeidiger, schneller Kletterer, dazu eine beinahe grenzenlose Ruhe und ein gutes Durchhaltevermögen. Er konnte so herzlich lachen, dass er andere unwillkürlich ansteckte und sie einfach mit hineinzog in seine Fröhlichkeit. „Herrgott, is des Leben schen. Und des Klettern is oanfoch des hechste!“, konnte er schwärmen …

Das kräftige „Stand“ von Albert bringt mich zurück in die Gegenwart, löst mich von den Gedanken an Paul.

Klettern! Ich klettere nun und erlebe, spüre dieses „Höchste“, dieses Gefühl von Freude, von Schwerelosigkeit, auch von Freiheit. Trotz der Anstrengung, der Schinderei, trotz der wenigen, kleinen Griffe und Tritte, die den einzigen Weg weisen und manchmal wohl alles andere als Freiheit bedeuten. Und dennoch: Es ist ein Gefühl von Freiheit! Vielleicht auch deshalb, weil wir uns einfach die Freiheit nehmen, dies zu tun. Ich klettere mit Albert Precht, dem großen Erschließer des Hochkönigs, und wir versuchen wiederum eine Erstbegehung. Im rechten Teil der Wetterwand erscheint uns ein System von Verschneidungen und Rissen logisch und machbar. Es ist eine Idee von Albert und ich bewundere wieder einmal sein Gespür und seine „Adleraugen“ für Erstbegehungen.

Der Anstieg gliedert sich in drei Teile: im ersten Drittel eine Verschneidung, dann ein leichter Mittelteil und im letzten Drittel ein steiler, teilweise überhängender Riss. Schon bei Tagesanbruch sind wir eingestiegen. Etwas rechts von einer markanten Höhle klettern wir steile Platten hinauf, zum Beginn der langen Verschneidung. Dieser folgen wir nun, manchmal über sehr schwierige Unterbrechungsstellen, bis zum anderen Ende.

Nun kommt der leichte Mittelteil, den wir rasch überklettern. Dann der Riss. Aalglatt und steil bäumt er sich auf, bis hin zum Ausstieg. Schwierige, anstrengende Freikletterei. Ich bin froh, dass Albert voraussteigt. Er ist ein großer Rissspezialist und es ist schön, ihm dabei zuzusehen. Wendig und elegant klettert er. Gleichmäßig läuft das Seil durch meine Hände, umgelenkt durch einen Halbmastwurf, der Karabiner hängt in einer Ausgleichsverankerung. Ich baue mir immer gute Standplätze, ich brauche das für meine Nerven. Nach Kurzem schon das „Stand". Ich raufe im Riss ganz anders als Albert. Ausgeronnen und kraftlos von der Makalu-Expedition klettere ich mit allem Einsatz. „Vier plus" grinst Albert höhnisch herunter. Du „Teifi", kann ich nur herauspressen. Schließlich schaffe ich es und wenig später erreichen wir den Ausstieg.

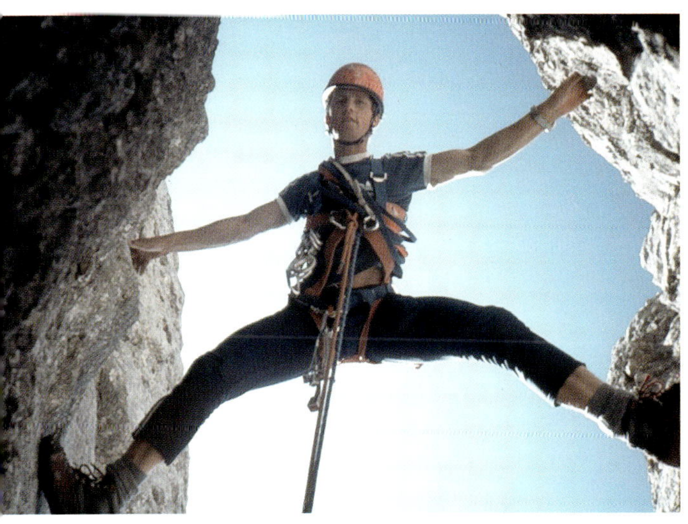

Paul-Holzmann-Gedenkweg
VII, häufig zwischen V und VI, 350 Meter bis zum Südostgrat.
Im Erstbegehungszustand belassen, zusätzlich sind reversible Sicherungsmittel notwendig.
Die beste Zeit ist etwa ab Juni bis zum ersten Schnee.

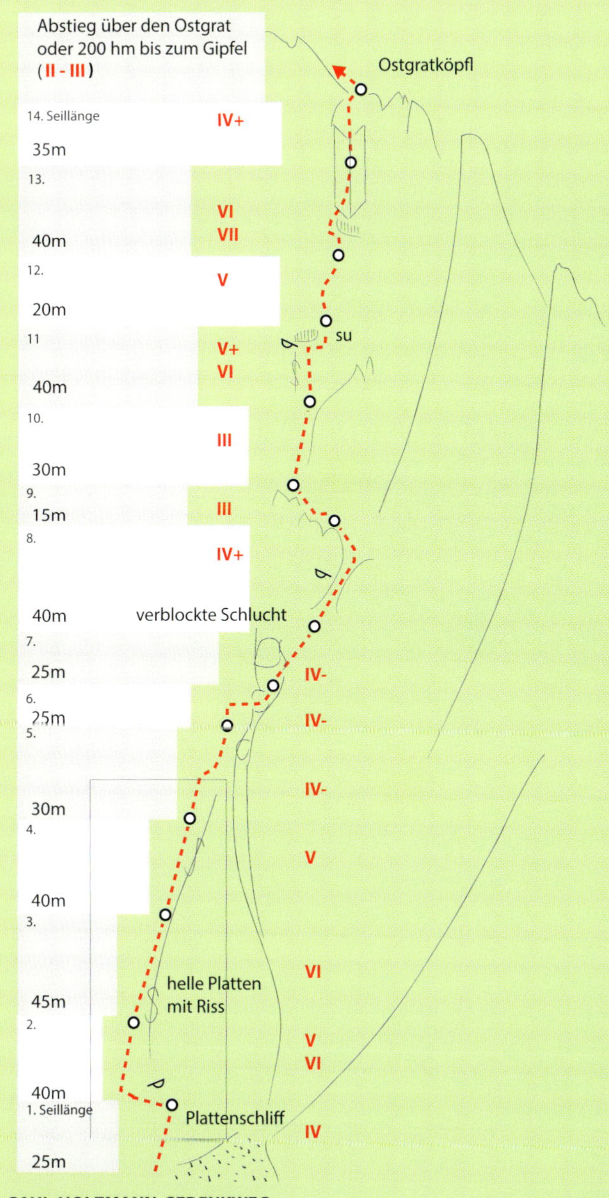

PAUL-HOLZMANN-GEDENKWEG

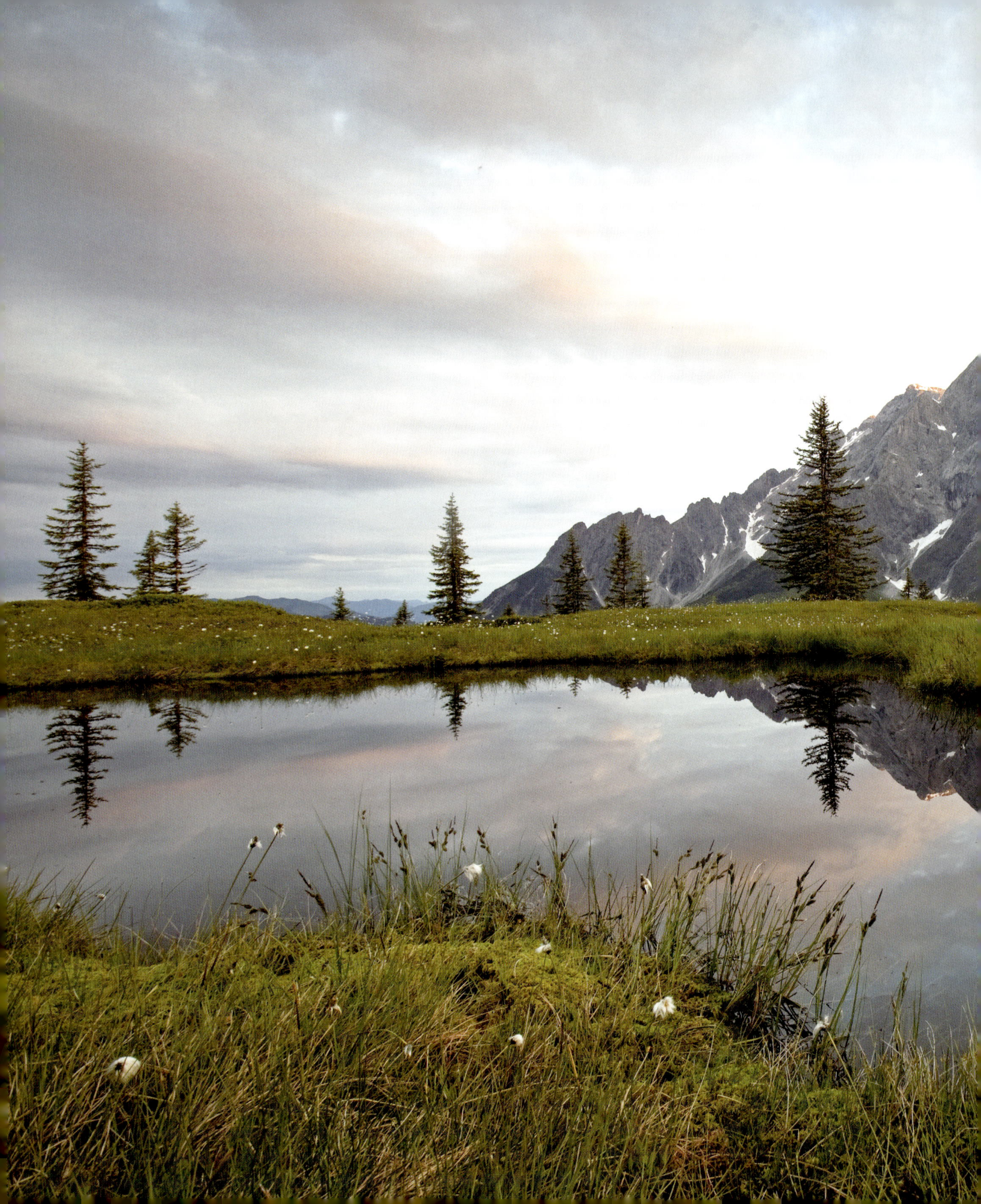

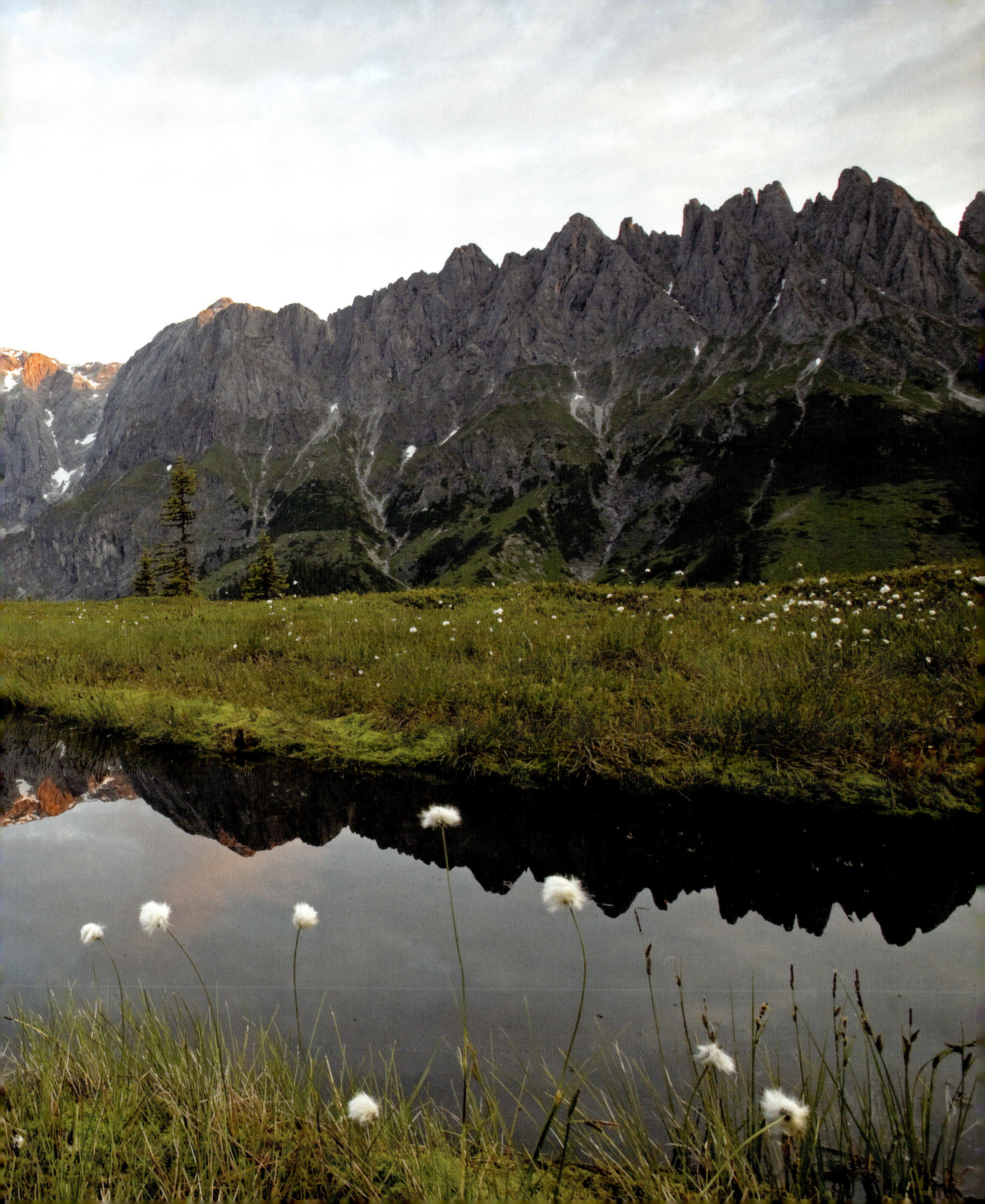

HOCHKÖNIG MANDLWAND

„Weihevoller, szenischer Offenbarung gleich, streben die Zinnen der Mandlwand ins freie All, dem Lichte der Sonne zu. Ist's nüchterne Verstandesleistung, ist's phantastische Koloratur, das mich und Gleichgesinnte in diesen Höhen das große Leuchten legendärer Seligkeit finden lässt? Seltsames Fluidum beglückender Erneuerung lässt uns ihnen die Tage tatfroher Jugend und geruhsamen Alters weihen. So sei es, so bleibe es!"
(Kaspar Wieder, Erschließer der Berchtesgadener Alpen und Verfasser einer Monografie über die Mandlwand).

Die Dolomitenwelt der Mandlwand, wuchtige Türme, schlanke Zinnen, fantastisch geformte Zacken lassen ein Panorama erschauen, das mir seit Kinderjahren geschenkt war. Lange Zeit wurden diese Gipfel förmlich gemieden, nur ganz wenige fühlten sich veranlasst, der Anmut dieser Felsenwelt mehr denn bloß entsagende Beachtung zu schenken.
Ludwig Purtscheller, teils allein, teils mit seinen Zeitgenossen – allen voran Heinrich Heß – in den Achtzigerjahren des 19. Jahrhunderts erkundete mit großer Gründlichkeit dieses Gebiet. Purtscheller ordnete auch die Gipfelnamen auf die heute eingebürgerten Benennungen.
Die erste Gesamtüberschreitung vom Vierrinnenkopf bis zum Kleinen Bratschenkopf gelang Erwin Schneider im Jahr 1926. In umgekehrter Richtung schaffte Hubert Peterka 1930 die Überschreitung in acht Stunden Kletterzeit. Die erste Winterbegehung vollbrachten Werner Schertle und Franz Rasp am 4. und 5. Jänner 1964. Erste Winter-Solo-Begehung: Albert Precht am 1. Jänner 1990.

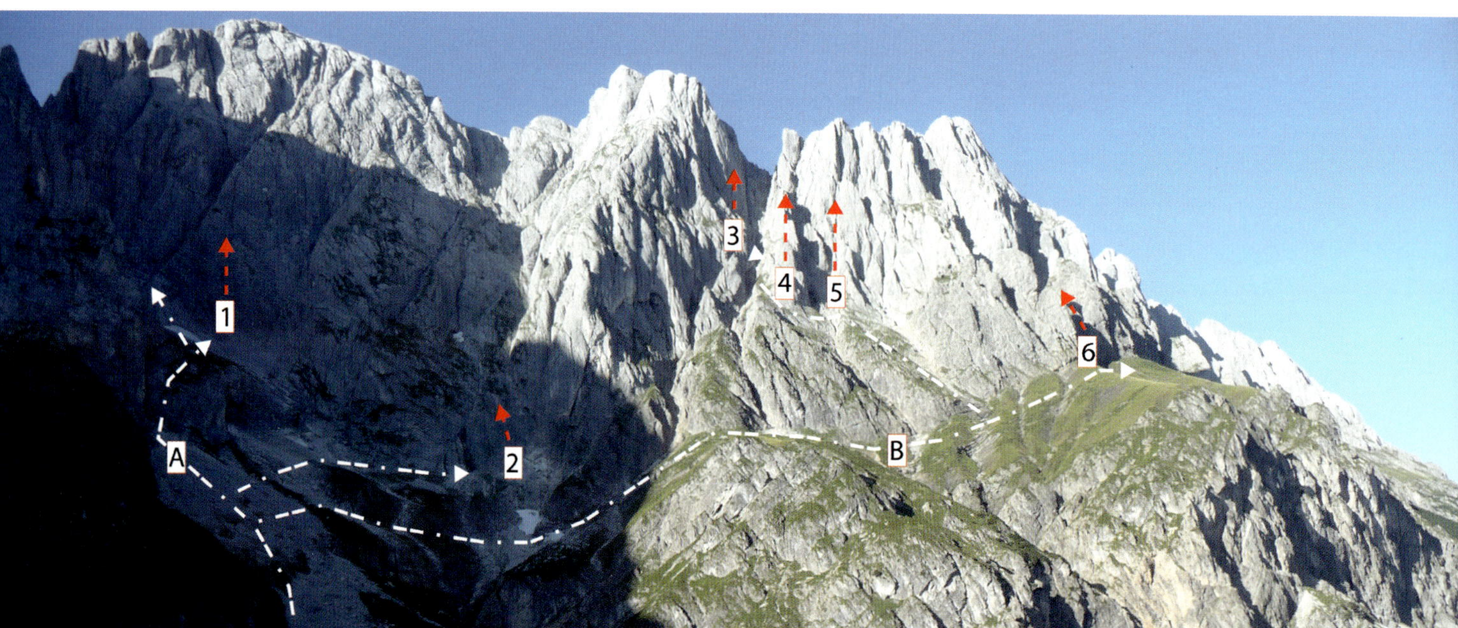

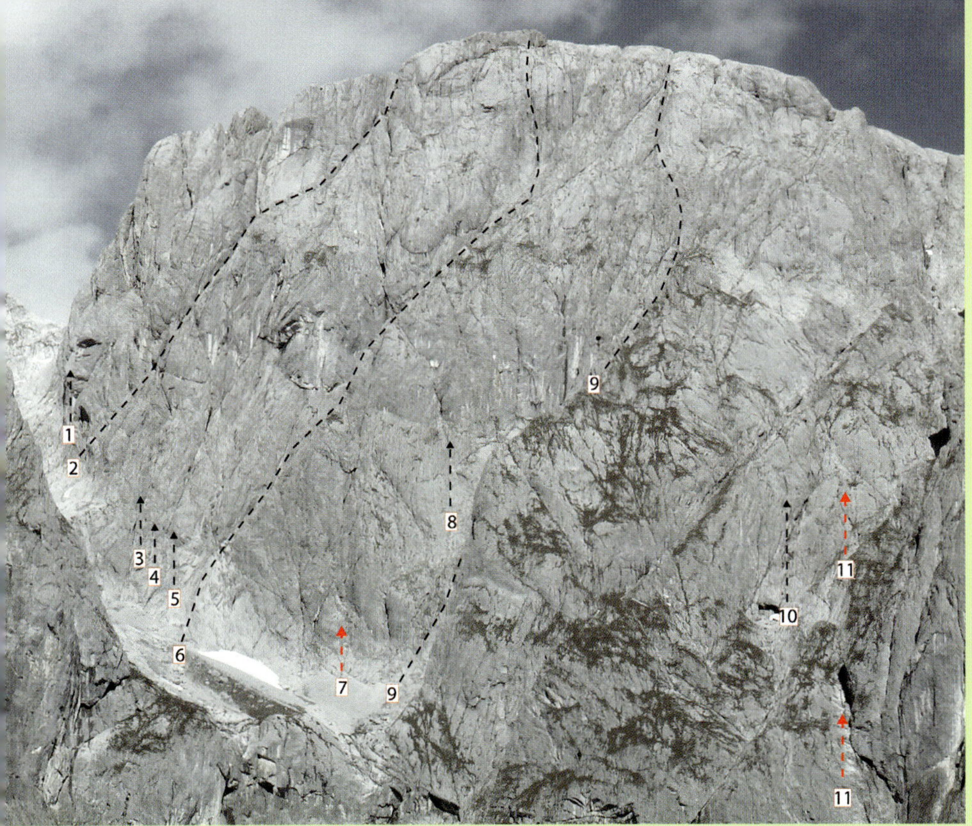

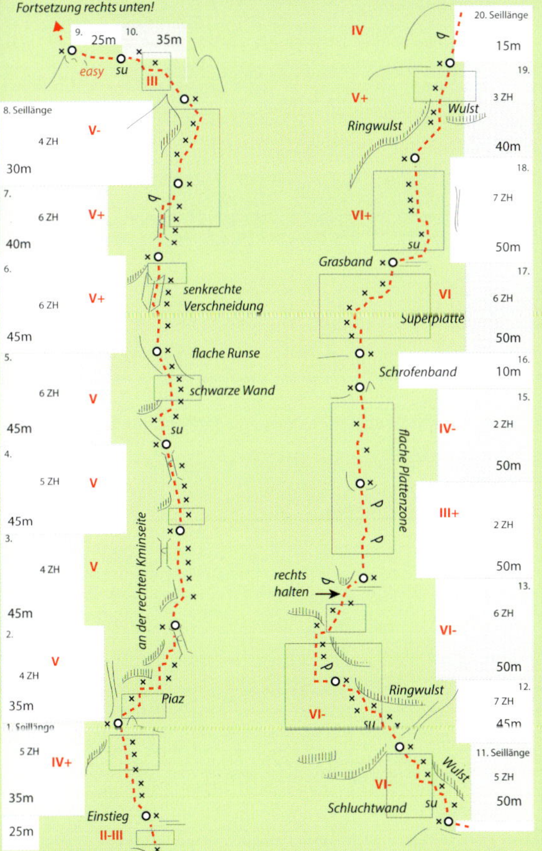

1 Westpfeiler
2 Peterka
3 Südpfeiler
4 Höchste Eisenbahn
5 Precht-Klausner
6 Schmitt-Grünwald
7 Techtelmechtel
8 Ärzteschwemme
9 Slezakweg
10 Donauwalzer
11 Land des Lächelns

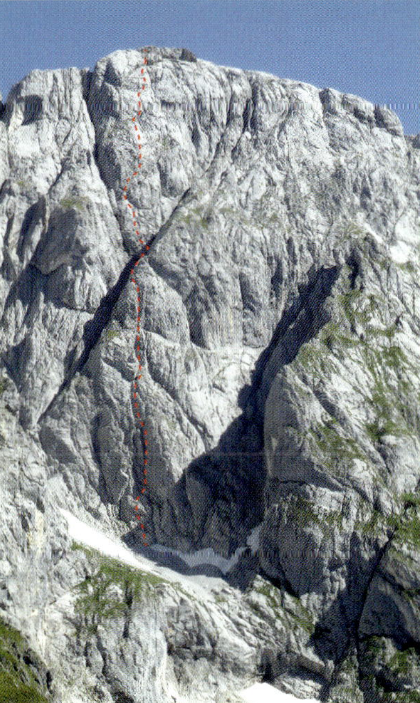

Kleiner Bratschenkopf (2685 m)
Erstbesteiger:
Ludwig Purtscheller, 1885.
Keine nennenswerten Schwierigkeiten!
Der höchste und westlichste Gipfel der Mandlwand. Sein breiter Rücken bricht mit der mächtigen Südwand ins Kar der Schrammbachscharte ab. Durch diese höchste Felsmauer der Mandlwand führen mehrere sehr schöne mittelschwere Kletterrouten. Die ersten Kletterer, die einen Durchstieg durch das Wandzentrum fanden, waren 1932 Schmitt und Grünwald auf einer schönen Route im IV. und V. Grad.
Jahre vorher (1926) kletterten Hans Slejak und Edwin Schmidt durch den östlichen Wandteil.

Techtelmechtel
VI+, 600 Meter.
Sanierte Route in einsamer Umgebung. Der Weg sucht die logische, direkte Linie. Das ist in der unteren Wandhälfte eine Mixtur aus Rissen, Kaminen, Verschneidungen und kurzen senkrechten Wandzonen. Im oberen Wandteil dominieren Platten, über die der Weg in unmittelbarer Gipfelfalllinie nach oben führt und an Genuss zunimmt.
Der Fels ist gut und die Wand nach Schlechtwetter bald trocken.
Saniert mit OeAV- und Sigi-Klebehaken. Zusätzlich können Friends 2 und 3 verwendet werden.
Erstbegehung: Free solo beziehungsweise direkter Ausstieg mit Hans Neumayer 1986 und 2001.

linke Seite:
1 Techtelmechtel

Land des Lächelns

VI+, vielfach zwischen IV und V, 700 Meter.

Großartige, mit OeAV- und Sigi-Klebehaken reichlich sanierte Route. Genussvolle Plattenkletterei im perfekten Fels, die Wand ist nicht allzu steil und einige Wandstufen nehmen der Route den eigentlichen Ernst. Die Kletterlinie sucht nicht die einfachste Möglichkeit, sondern den Klettergenuss, in den in der Wandflucht eingelagerten Plattenschildern.

Erstbegehung: Free solo 2002.

Radetzkymarsch

VII+ eine Stelle, sonst meistens IV bis V. Der östliche Rundrücken des Gipfels bricht nach Norden mit einer Wand ab, die in der Mitte von einer steilen Terrasse unterbrochen wird und mit flachen Felsen im Kar zur Torsäule hin ausläuft.

Erstbegehung: Free solo 2004

1 Techtelmechtel
2 Land des Lächelns

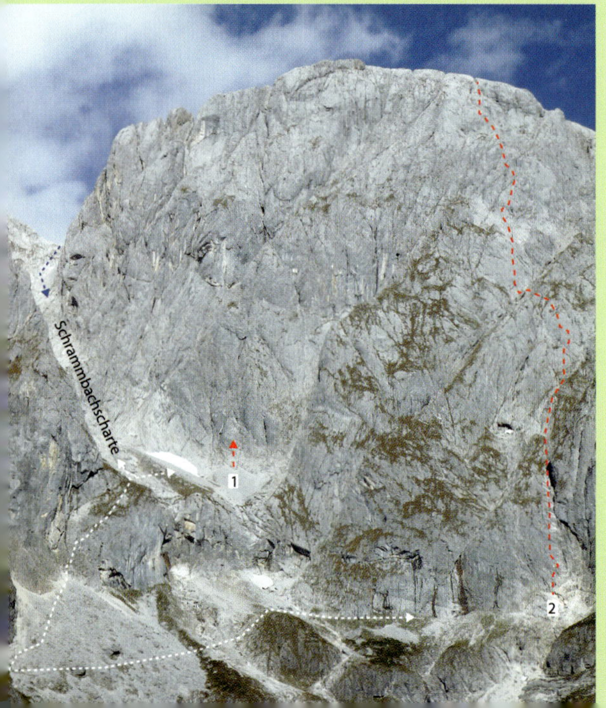

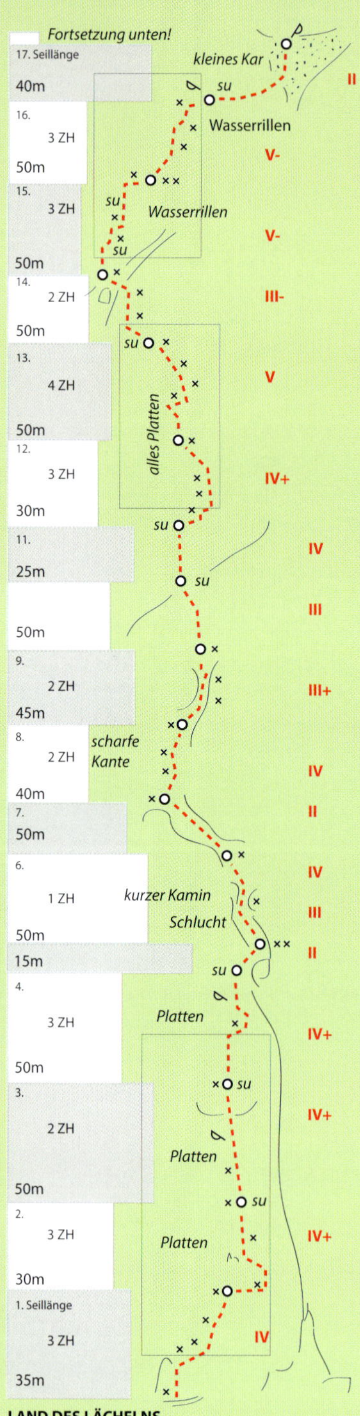

LAND DES LÄCHELNS

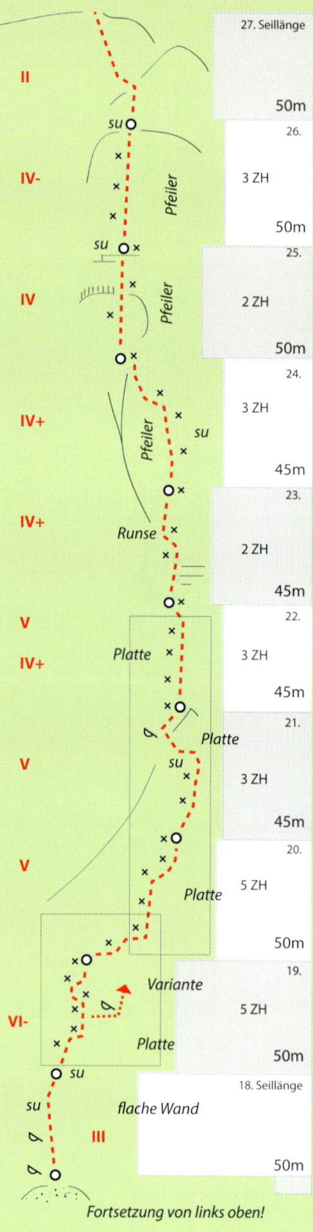

rechte Seite:
1 Radetzkymarsch

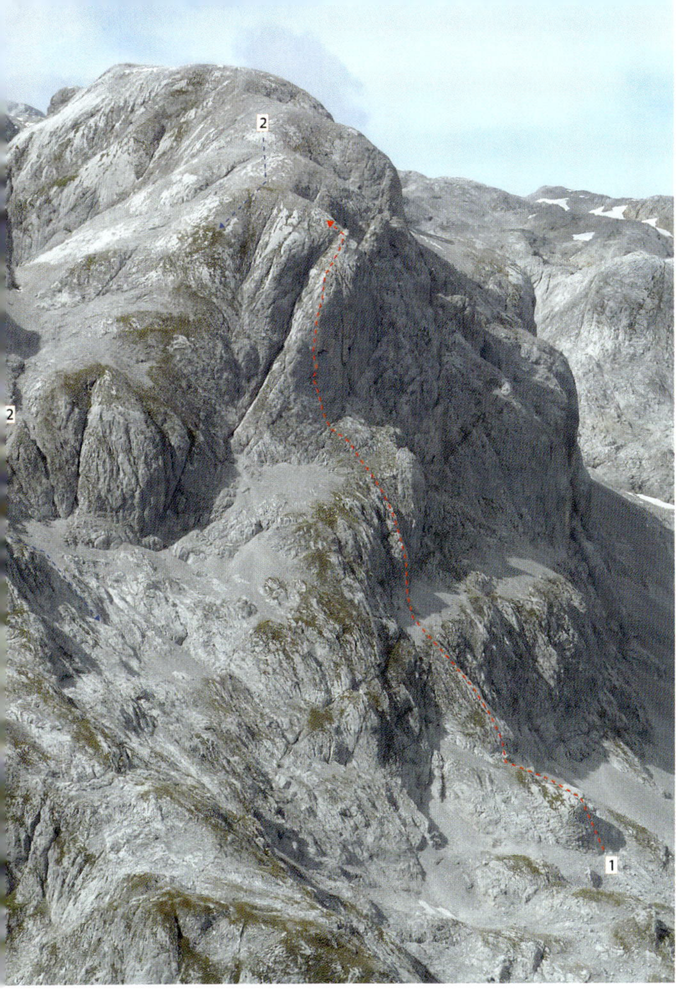

Radetzkymarsch

Das Datum hat für mich besondere Bedeutung, es war die letzte Tour mit Franz Guggenberger. Der Pfarrer und Alpinist hatte mich bei vielen Neutouren begleitet und diese Abenteuer haben unsere Kameradschaft über Jahrzehnte gefestigt. Wenige Monate später ist Franz in einer Klettergartentour auf den Barmsteinen bei Hallein abgestürzt. Der Anseilknoten war nur halb fertig gebunden.

Ich zeigte Franz zwei neue Routen in den Easyplatten. Dann hatten wir uns verabschiedet, der Pfarrer hatte in Morzg die Abendmesse zu feiern. Mein Antrieb führte mich noch zur Nordwand des Kleinen Bratschenkopfes, dessen Wandfuß am Weg lag. Am linken Rand der Wand war mir während des Zustiegs eine Neutourmöglichkeit aufgefallen und so wollte ich die ersten Seillängen näher in Augenschein nehmen. Alle gelernten Erfahrungen hintanstellend, im Sog der Wand, die im morgendlichen Licht so appetitlich ausgeschaut hatte, lockte es mich höher und höher.

Die Terrasse am Fuß der eigentlichen Gipfelwand, die letzte Chance, die noch eine Flucht aus der Wand erlaubt hätte. Nein, natürlich nicht, gemachte Erfahrungen machen ja nicht klüger und ich befand mich wieder einmal in der Situation, die mir nächtens den Schlaf raubt.

Es war der Übermut, der mich einen Überhang und noch ein paar schwere Stellen höher klettern ließ. Das Zurückklettern war kaum möglich, wahrscheinlich gleich gefährlich wie der ausweglose Versuch nach oben. Ein oder zwei Bewegungen entscheiden über das Hinaufkommen oder Hinunterfallen. Rechts, am oberen Ende einer kleinen Verschneidung ist eine seichte Fuge, welche in einer glatten Platte endet. Auch links von mir ist die Wand senkrecht und plattig. Knapp oberhalb, in verlockender Nähe, lässt die Platte einen Griff erahnen. Eine Ahnung nur! Ich bin aber zu klein, um es genau zu sehen und auch zu klein, um diesen Griff mit der Hand zu erreichen. Ein dynamischer Kletterzug wäre notwendig, aber ins Ungewisse! Mit der freien linken Hand stopfe ich mein Stirnband in das Risschen unterhalb meines Griffes. Wenn es schief geht, weiß man wenigstens das Wie und Wo …

„Du bist ein Wahnsinniger!“, sagte Sigi Brachmayer, mit dem ich wenige Tage später die Zweitbegehung machte. Auch gesichert war die Stelle alles andere als leicht. Mein Glück war gewesen, dass der Griff in der Platte wirklich da war.

Wir haben später die Route mit Bolts saniert, die Stelle ist immer noch schwer, aber sie lässt sich jetzt, gut gesichert, gefahrlos klettern.

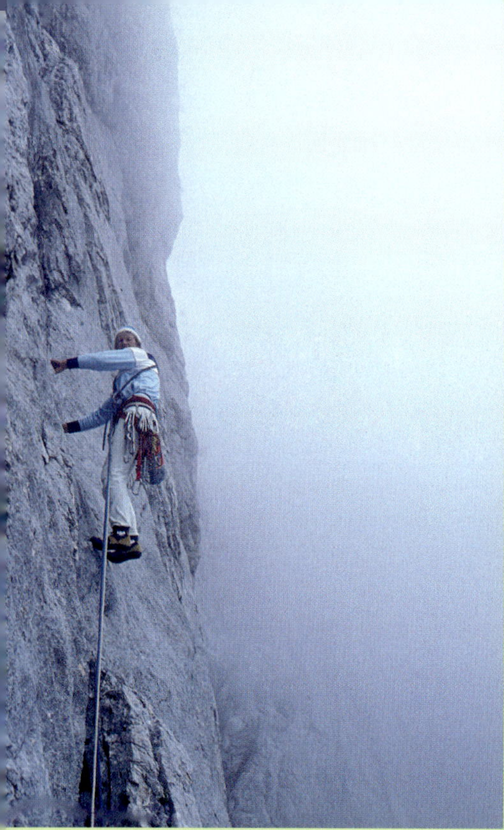

1 Südwestverschneidung
2 Südwand
3 Schaf und Wolf
4 Südverschneidung
5 Via Bella
6 Schweinebauch
7 Paradoxl

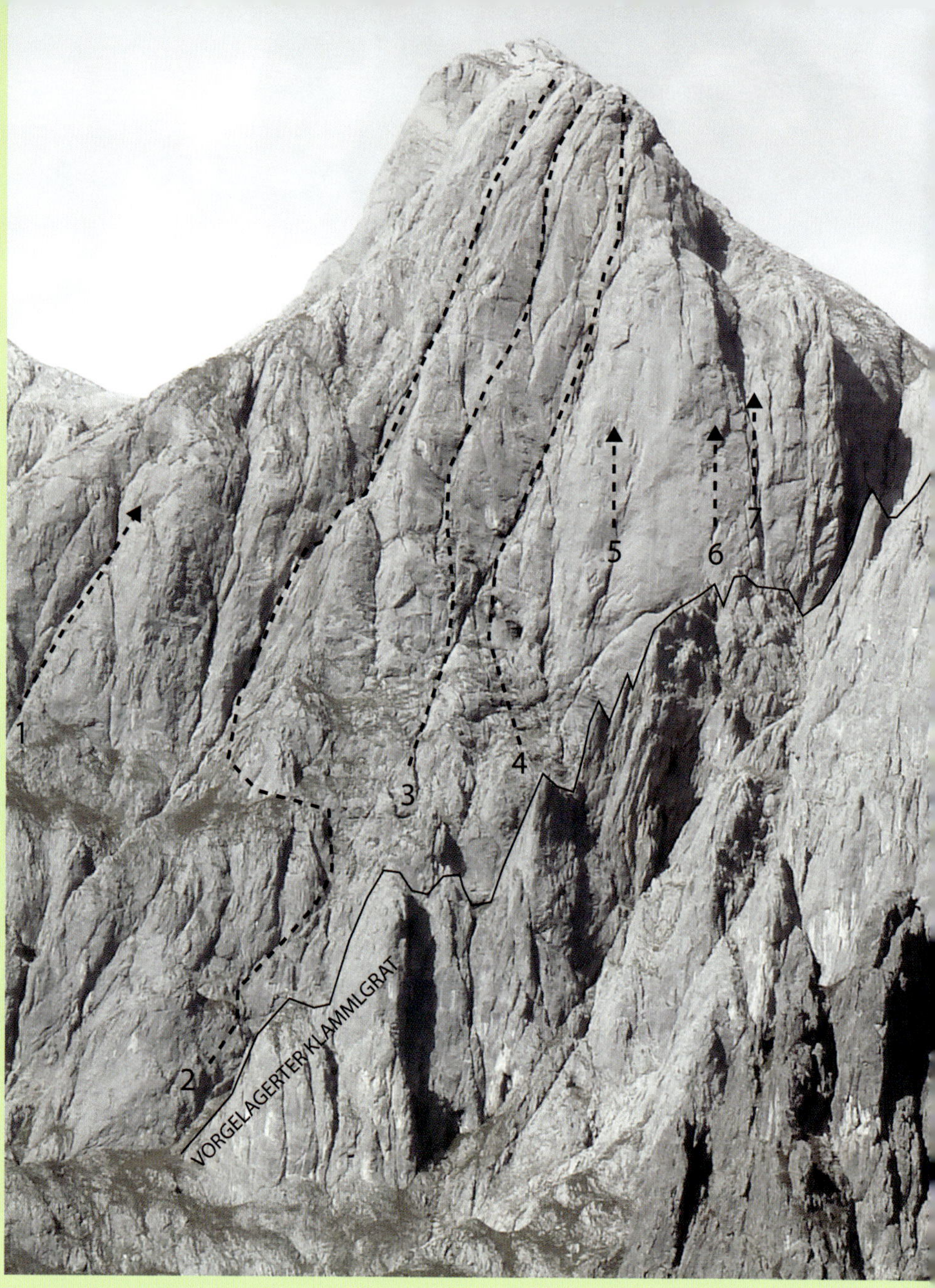

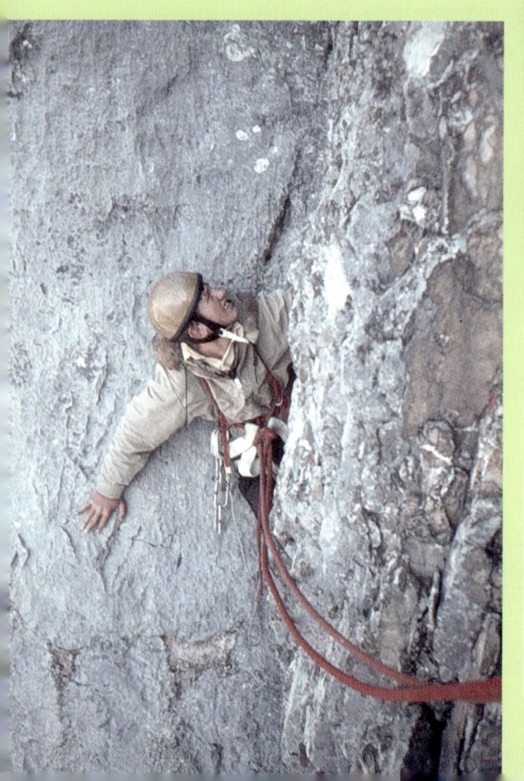

Königsköpfl (2634 m)

Wenige Vorkriegserschließungen sind bekannt. Die Südwand von Karl Rehm und Fritz Schmitt 1927 und die Südwestwand von Hubert und Peter Peterka 1934 sowie die Südverschneidung, die äußerst anspruchsvoll ist, insbesondere auf der letzten Seillänge. 1970 bin ich die Route mit Sepp Seidl geklettert, wir wollten etwas Neues machen und waren überrascht, als wir im Ausstiegsriss Haken fanden! Über die Erstbegeher habe ich bis heute nichts in Erfahrung bringen können.

Durch die kurze Westwand-Gipfelplatte aus wunderbarem Fels kletterten in den Fünfzigerjahren Adi Mayer und Sepp Scheuringer. Näheres ist jedoch nicht bekannt.

Schweinebauch
VII, 300 Meter.
Die erste Route in unserem Raum, die mit dem „Siebten Grad" bewertet wurde.
Sehr guter Fels, fast immer trocken!
Der Weg hat, wohl auch wegen des langen Zustiegs, kaum Wiederholungen erfahren.
Erstbegangen mit Schorsch Wenger 1983.

Via Bella
VII+, 300 Meter.
Tolle, freche Freikletterroute durch den eindrucksvollen Plattenbauch, der vom Königsköpfl in die Klammlschlucht fast senkrecht abfällt.
Erstbegangen mit Ewald Rudorfer 1987.

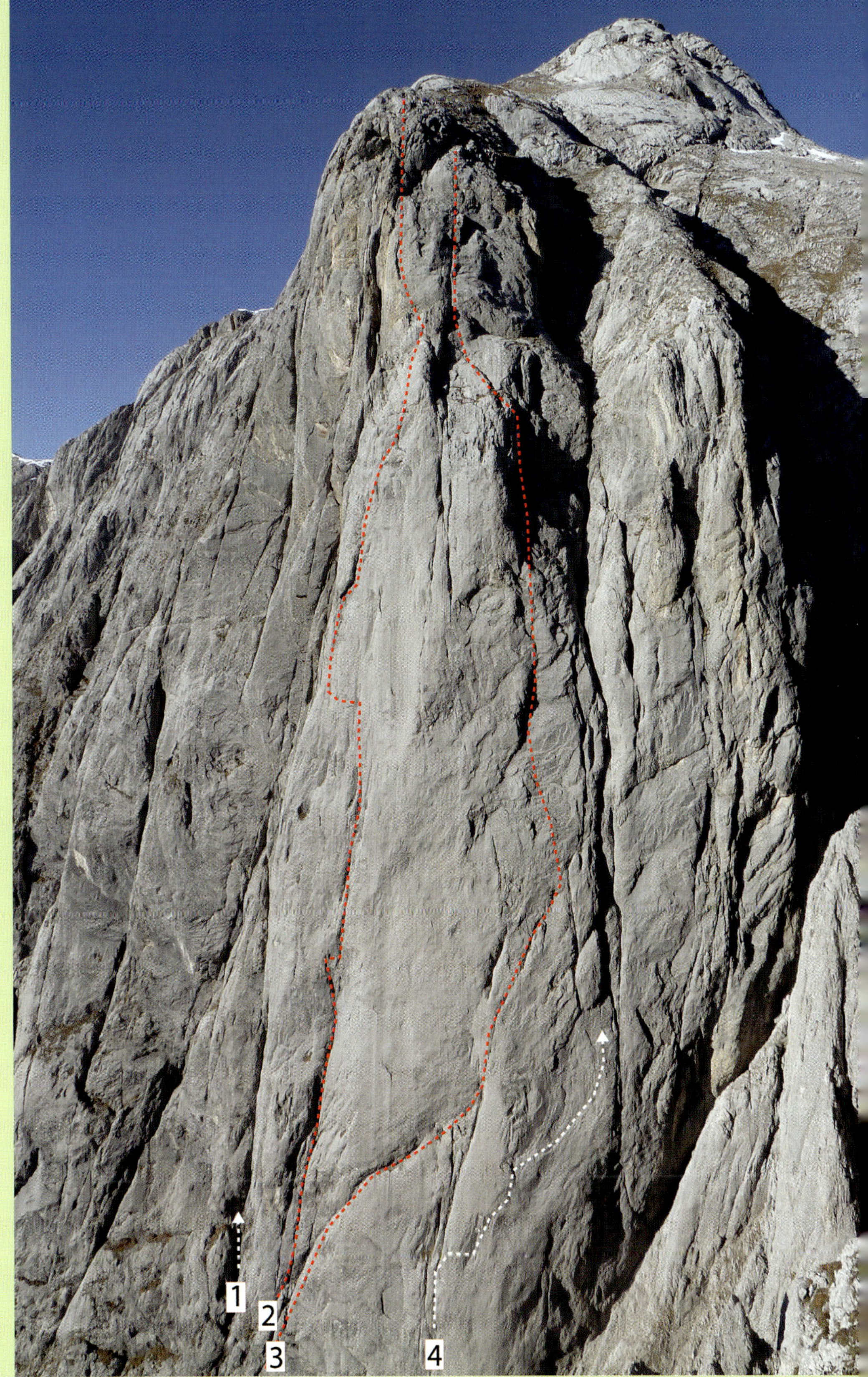

1 Südverschneidung
2 Via Bella
3 Schweinebauch
4 Paradoxl

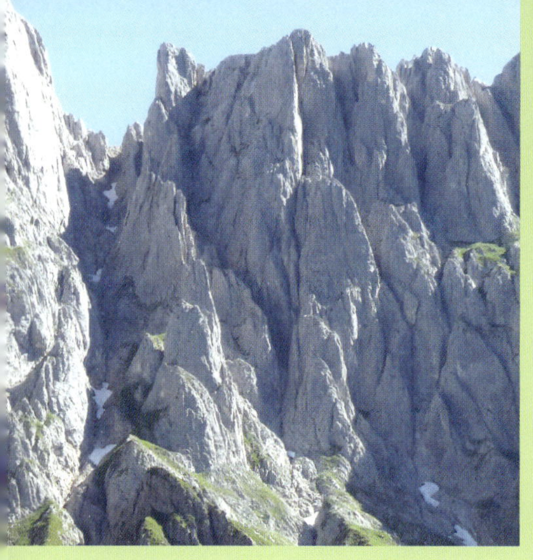

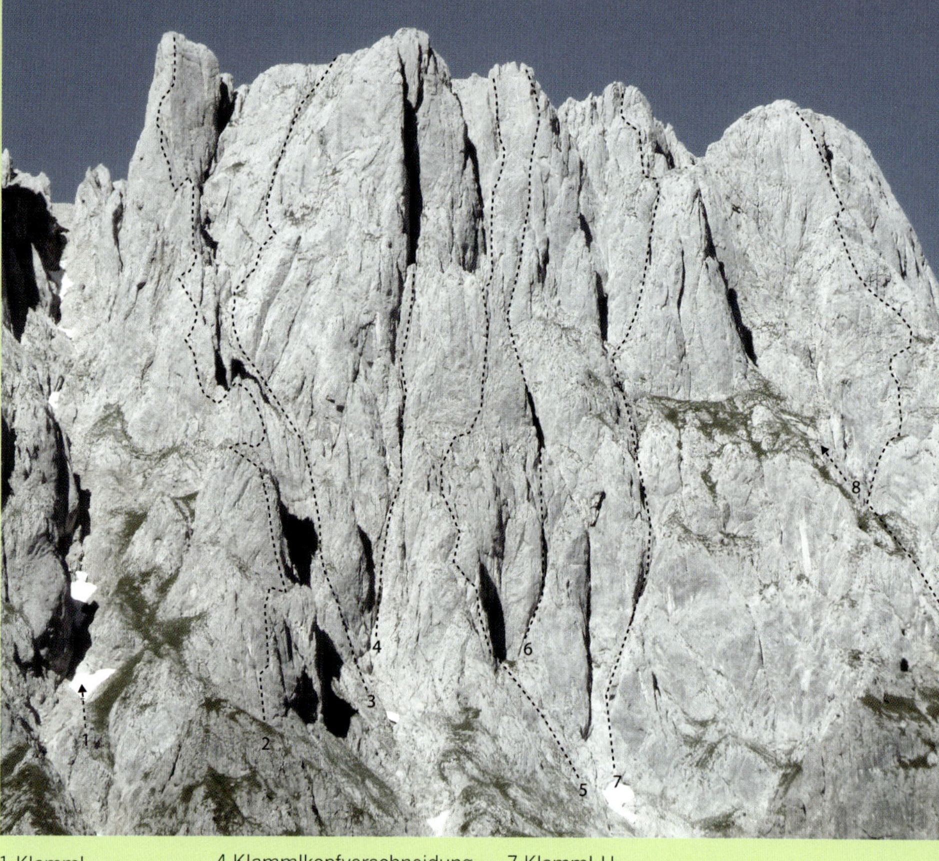

1 Klamml
2 Klammlgrat
3 Westwand-Proksch
4 Klammlkopfverschneidung
5 Fensterlweg
6 Zentralpfeiler
7 Klamml-U
8 Südwestschlucht
9 Südwestgrat

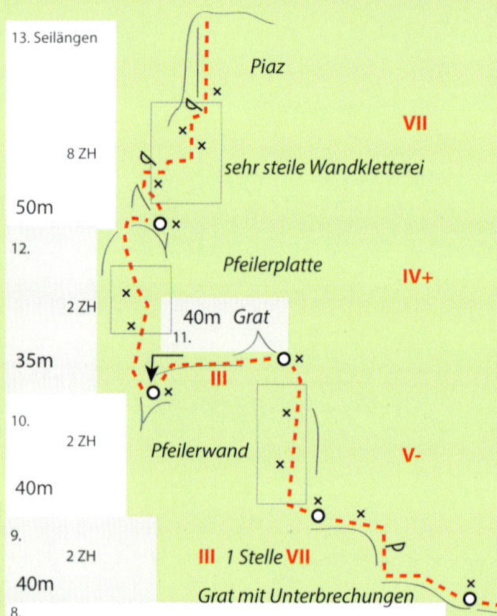

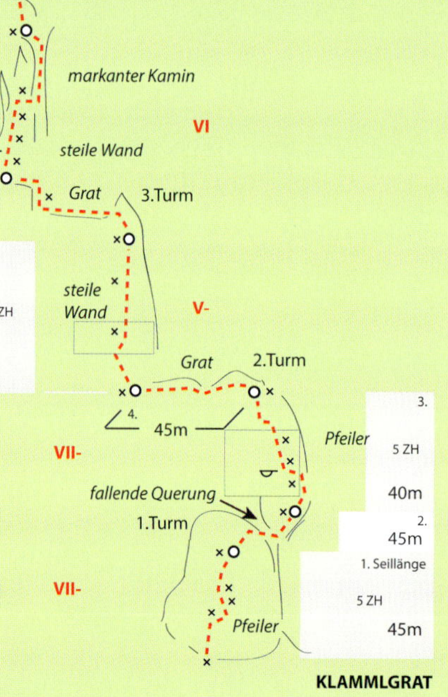

Klammlkopf (2450 m)

Von der Klammlscharte bis zum Hochstellkopf stürzen die Wände, Pfeiler und Verschneidungen in Richtung Heißriedlboden ab: der Klammlturm, Klammlkopf, Mittelturm und Hochstellturm. Nach Norden fällt der Berg mittelsteil, ohne nennenswerten Schwierigkeiten zum kleinen Kniebeißer ab. Von Südwesten wird der Felswall von einer tiefen Schlucht durchtrennt. Ludwig Purtscheller und ein Jäger names Linschinger waren vermutlich 1888 die ersten auf diesem Weg. Die Westwand von Hubert Peterka und Fritz Proksch folgte 1947. Später entstand eine rege alpine Erschließung aller logischen Felsgegebenheiten.

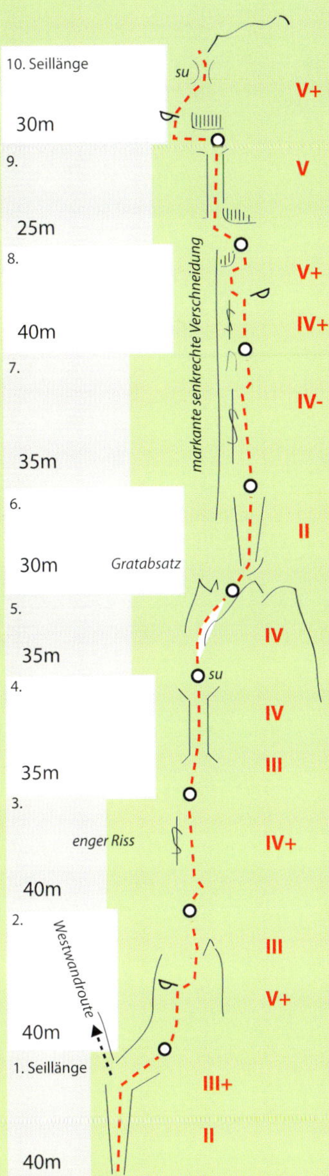

Klammlgrat
VII+, häufig V und VI, waagrechte Gratverläufe, zum Teil leicht, aber exponiert, 350 Meter.
Insgesamt lange Tour. Sanierte Route, überwiegend mit Sigi-Klebehaken.
Parallel zur Klammlschlucht säumt rechts ein turmreicher, scharfer Grat die Schlucht. Der Weg hat viele schwere Passagen, die Schwierigkeit steigert sich nach oben hin. Die Gipfelwand ist schließlich das Pünktchen auf dem „i".
Erstbegangen mit Sigi Brachmayer 2008

Klammlkopf-Verschneidung
V+, 300 Meter.
Nicht sanierte Route. Mit Ausnahme von drei Haken sind keine Sicherungen im Fels. Der Klammlturm ist an der Südwestseite von einer markanten Verschneidung durchzogen. Unten eher nach Westen gerichtet über teils enge Risse zum Sporngipfel in mittlerer Wandhöhe. Der obere Teil führt in der ausgeprägten Verschneidung äußerst steil und imposant hinauf.
Erstbegangen mit Thomas Bubendorfer 1979.

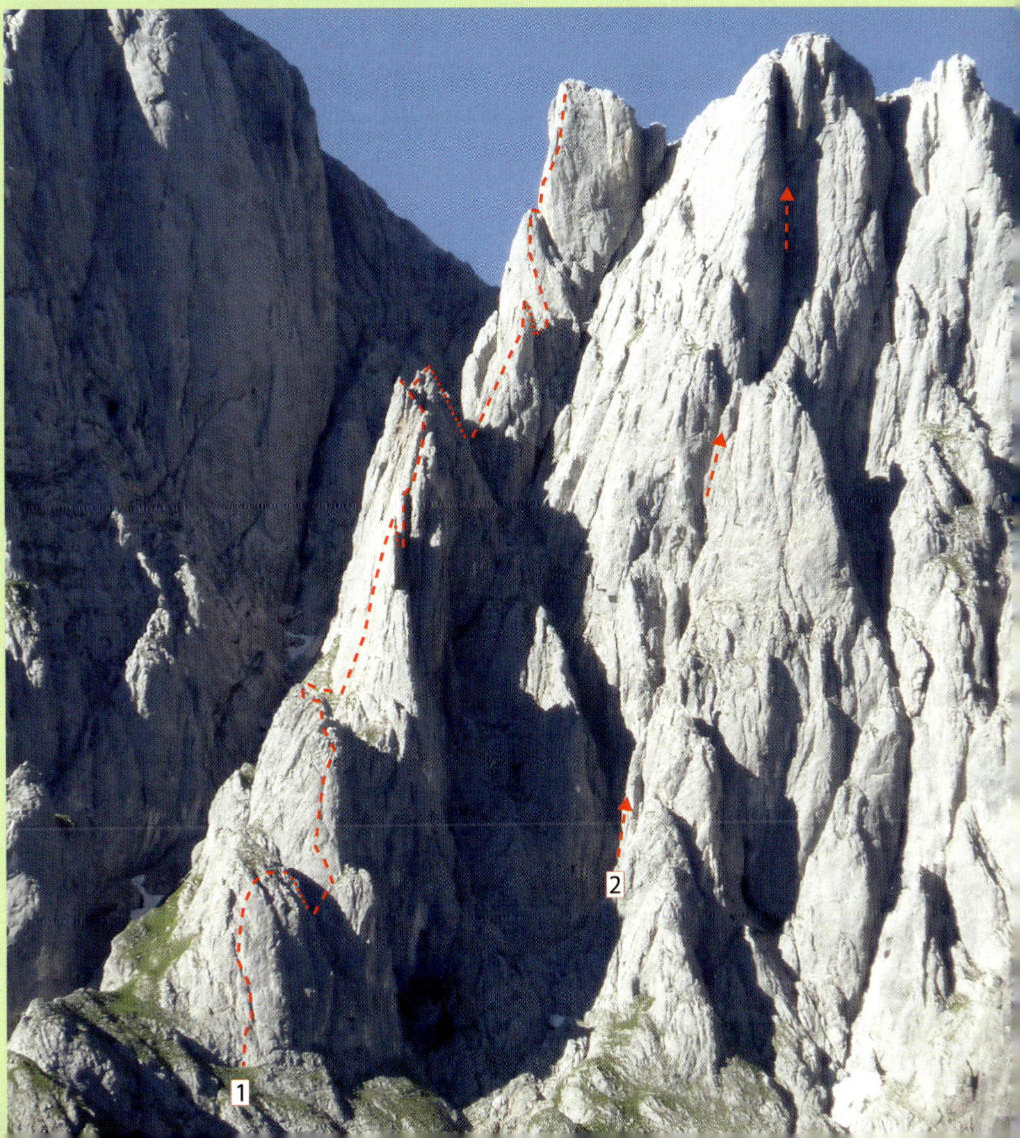

1 Klammlgrat
2 Klammlkopf-Verschneidung

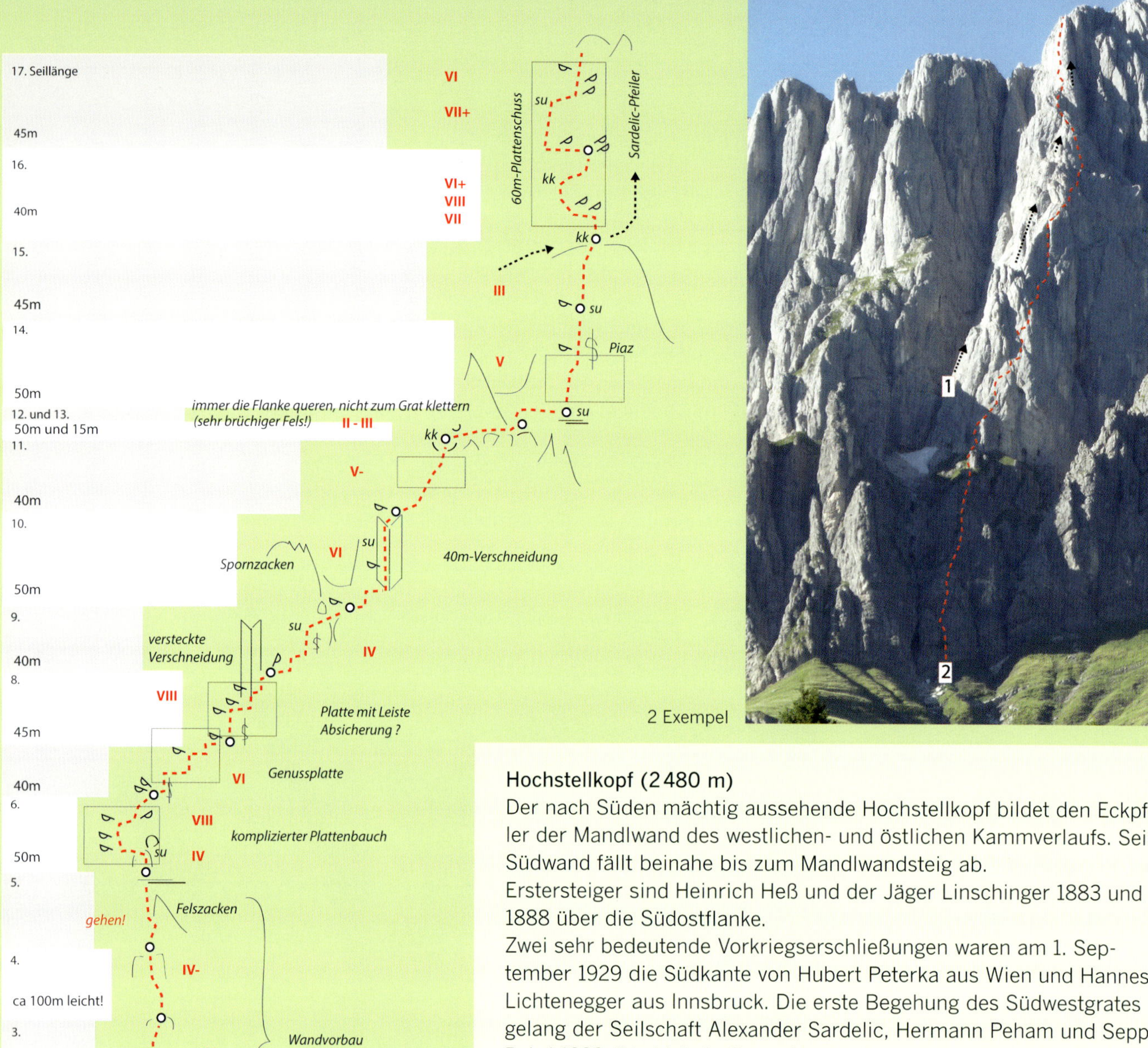

2 Exempel

Hochstellkopf (2480 m)

Der nach Süden mächtig aussehende Hochstellkopf bildet den Eckpfeiler der Mandlwand des westlichen- und östlichen Kammverlaufs. Seine Südwand fällt beinahe bis zum Mandlwandsteig ab.
Erstersteiger sind Heinrich Heß und der Jäger Linschinger 1883 und 1888 über die Südostflanke.
Zwei sehr bedeutende Vorkriegserschließungen waren am 1. September 1929 die Südkante von Hubert Peterka aus Wien und Hannes Lichtenegger aus Innsbruck. Die erste Begehung des Südwestgrates gelang der Seilschaft Alexander Sardelic, Hermann Peham und Sepp Rehrl 1932. Die Linie hatten schon vorher Kaspar Wieder und Arnold Awerzger versucht. Der Versuch endete jedoch am Fuß der Gipfelkante. Vor Jahren habe ich die Route wiederholt, ich war beeindruckt von den Schwierigkeiten. Die Ausstiegskante vom Südwestgrat war eine wahre Meisterleistung für jene Zeit und die damit verbundenen Umstände.

Exempel

Eine Hommage an den traditionellen Alpinismus!
VIII+ überwiegend zwischen V und VII, 450 Meter.
Die Route ist ein Exempel dafür, dass nicht jede – wenn auch besonders schwere – Neuerschließung unbedingt Bohrhammer und Bohrhaken braucht!
Nicht sanierte, klassische Route. Überwiegend Plattenkletterei und mit wenigen Ausnahmen (in der Wandmitte) fester Fels.
Erstbegangen mit Sigi Brachmayer 2009.

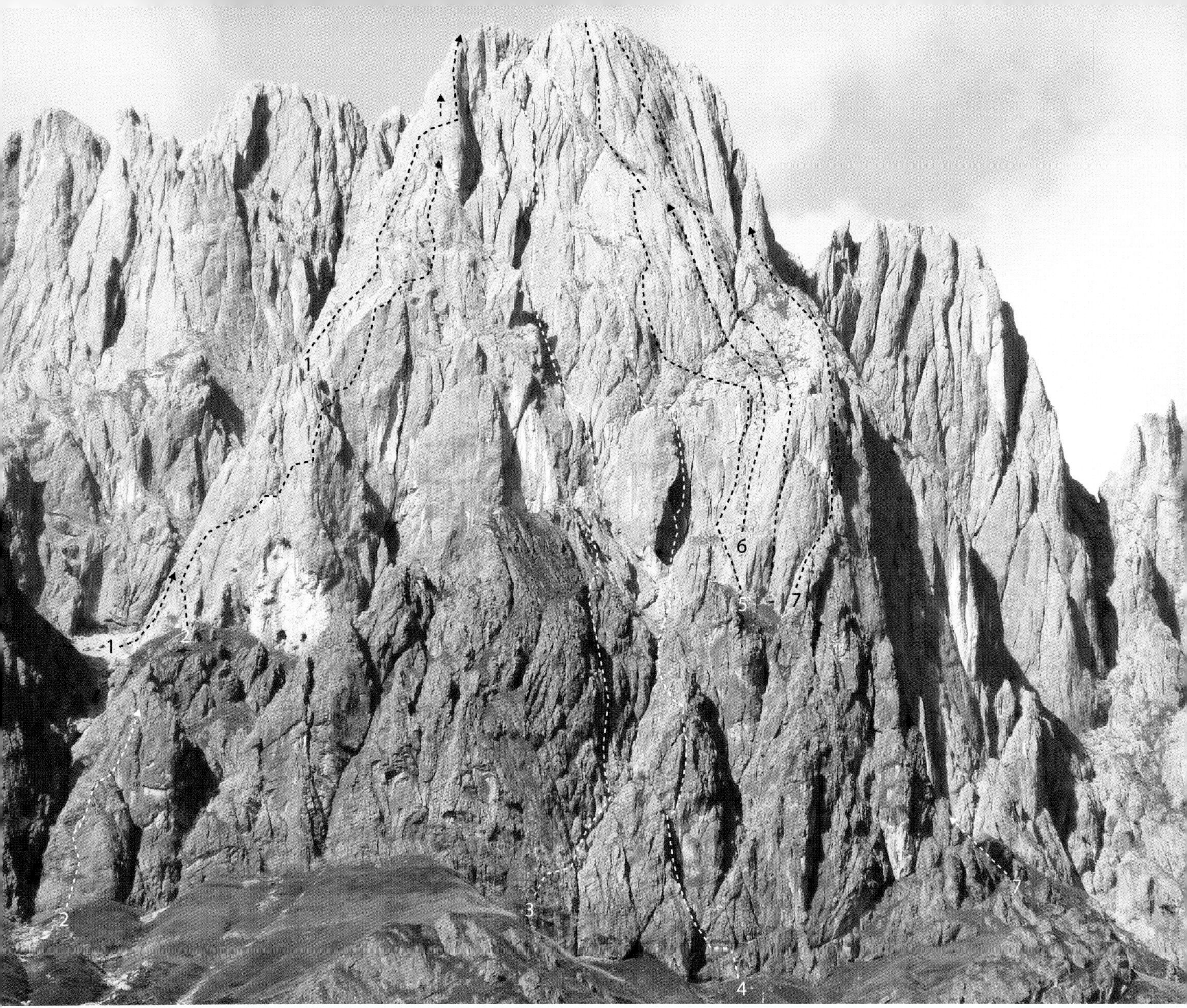

1 Südwestgrat
2 Exempel
3 Südwandrisse
4 Fabelhaft
5 Spiegelplatte
6 Südwand-Awerzger
7 Direkte Südkante
8 Südkante-Peterka

Exempel

Ein eingeschlafenes Erstbegehungsziel aus meinen Sturm-und-Drang-Jahren gelang 2009 am Hochkönigsstock. Dort, wo die nach Süden zeigenden Orgelpfeifen der Mandlwand Richtung Westen kippen, ergibt ein auffallender Pfeiler den Scheitelpunkt des Bergkamms. Optisch der reinste Augenschmeichler, eine der erhabensten Linien an der Mandlwand, besonders dann, wenn man sein Ziel dort wachsen sieht.

Fährt man die Mandlwandstraße zum Arthurhaus hinauf, sticht diese Möglichkeit wahrlich ins Auge. Es gab zwar eine Route aus alten Zeiten, doch berührte sie erst ganz oben das Pfeilerzentrum selbst. 16 Seillängen. Achter Grad. Ein äußerst komplizierter Weg, oft über steile, sehr glatte Platten. „Exempel“ sollte die neue Tour heißen. Der Name statuiert: Es bedarf gewissermaßen nur einer Handvoll Ausrüstung, um eine Wand im achten Grad erstzubegehen. Ich sehe es als Begehrlichkeit und nicht als Last, mich dem Ernst einer Alpinroute zu stellen. Es ist für mich allerdings auch eine Frage der Selbsteinschätzung. Nicht weniger wichtig als Ausrüstung und Kraft, ist, was sich im Kopf abspielt. Die Überzeugung, die Raffinesse, die Taktik, die alpine Intelligenz im Erkennen des Möglichen, im Illusionieren, im Planen, im Realisieren der Ziele. All das sind notwendige Voraussetzungen zum Klettern einer traditionellen Erstbegehung. Und wie es geht, fasziniert mich immer wieder aufs Neue. Das Hirn kontrolliert das Tun, und wenn das Hirn es zulässt, kann man über sich hinauswachsen. Es gibt immer einen Weg, letzten Endes auch jenen des Verzichts.

Der Wetterbericht verspricht sicheres Sommerwetter, auch wenn das Restgewölk des gestrigen Abendgewitters Gegenteiliges erahnen lässt. Hartnäckig wallen nasse Nebelwogen in den steilen durchtränkten Grasflanken des Zustiegs – geheimnisvoll schön.

Dann der Augenblick – wir sind dem Einstieg schon ganz nahe – als der Nebel aufreißt und die ersten protzigen Sonnenstrahlen die Felsszenarien fluten. Die bizarren Türme heben sich in glänzender Helle vor dem tiefblauen Himmel ab.

Der kurze Wandvorbau zu Beginn ist eine überraschend schwere Seillänge. Ich fühle mich steif und unbeweglich, doch sie gelingt auf Anhieb. Gleichzeitig klettern wir die restliche, leichter werdende Wegstrecke zum eigentlichen Wandfuß.

Die Wand empfängt uns steil und glattgewaschen. Zuerst geht es gerade empor, dann drängt mich glatter Fels nach links ab. Kleine Griffchen führen mich geradewegs über eine Platte nach oben. Drei, dann vier Haken sichern die Kletterei. Der Schwierigkeitsgrad etwa acht minus. Rechts hin geht es wunderschön über einen Plattenschuss, er endet im Bruch. Sehr schwierig gelingt es, mit Klemmgeräten und zwei Schlaghaken einen Stand einzurichten. Mit einer Bandschlinge fasse ich alles ausgleichend auf einen Punkt zusammen. Es wird reichen müssen! Ärger über die vertane Zeit. Sigis Tempo macht es wieder zur Hälfte gut. Exponiert geht's mit Rechtsquergängen, vorerst in nicht sehr zuverlässigem Fels annähernd senkrecht empor. Dann folgen mehrere Seillängen tollster Kletterei, nur wenige flache Wandpassagen dazwischen haben noch brüchigen Fels. Nach einem weiteren Rechtsquergang dürfen wir eine Verschneidung klettern – wie aus dem Bilderbuch geschnitten. Fast nach Plan gelingt der Verlauf der Routenlinie. Auch die Zeit passt, nur noch die Gipfelplatte trennt uns vom höchsten Punkt. Die zwei letzten Seillängen sind die schwersten. Das Sahnehäubchen auf dem Kaffee. Der Fels ist von bester Qualität – Hochkönigkalk eben! Wenn schließlich die Müdigkeit nur mehr das Gefühl des dankbaren Glücklichseins teilt, dann steht man meistens oben. Hinter uns liegt eine großartige Erstbegehung mit Symbolcharakter.

Das Licht des Tages verliert sich in der Landschaft, es finstert sich ein, während wir talwärts stolpern. Der Tag war ausgefüllt, der Wahnsinn verspottete wieder einmal erfolgreich alle Normen, denn letztlich haben wir nur gewonnen, weil wir über das vernünftige Maß hinaus mutig waren.

Länge	Seillänge
30m	Gipfelplatte
50m	plattiger Pfeiler
45m	steiles Wandl
50m	Platte mit Wasserrille
45m	kleine Verschneidung
45m	gelber Pfeiler
50m	plattige Wand
15m	leicht fallende Querung
50m gestreckt!	leicht überhängende aber griffige Wand (Schlüssellänge!)
45m	liegende Platten
50m	Schlucht
50m	diagonale Querung
15m	waagrechter First
30m	Gratkante
30m	liegende Kante
40m	markante Rissverschneidung Querung in die Verschneidung
40m	senkrechte Wandkletterei
45m	Einstiegswand mit Querung

VI IV V- VI VIII VI+ V+ SPIEGELPLATTE V+ sl Rampe "Spiegelplatte" Route 1986 abfallende Terrasse VII- Riss V+ su gehen! sl Sicherungszacken IV AMBOSS VI+ VII IV kk Brücke IV und leichter! sl brüchig! II gehen! V+ gehen! III III V+ VII- VI su ZUCKERHUT VII- su VIII (2m oder Ao) IV+

Fabelhaft
VIII, meistens zwischen V und VII, 450 Meter.
Großartige, klassische Alpinroute. Standplätze und die wichtigsten Passagen sind mit Qualitäts-Ankern saniert, auch blieben alle Normalhaken aus der Erstbegehung im Fels. Friends 2 und 3 und ein kleines Sortiment Stopper können Verwendung finden. Der Einstieg liegt unmittelbar über dem Mandlwandsteig.
Erstbegangen mit Sigi Brachmayer 2014.

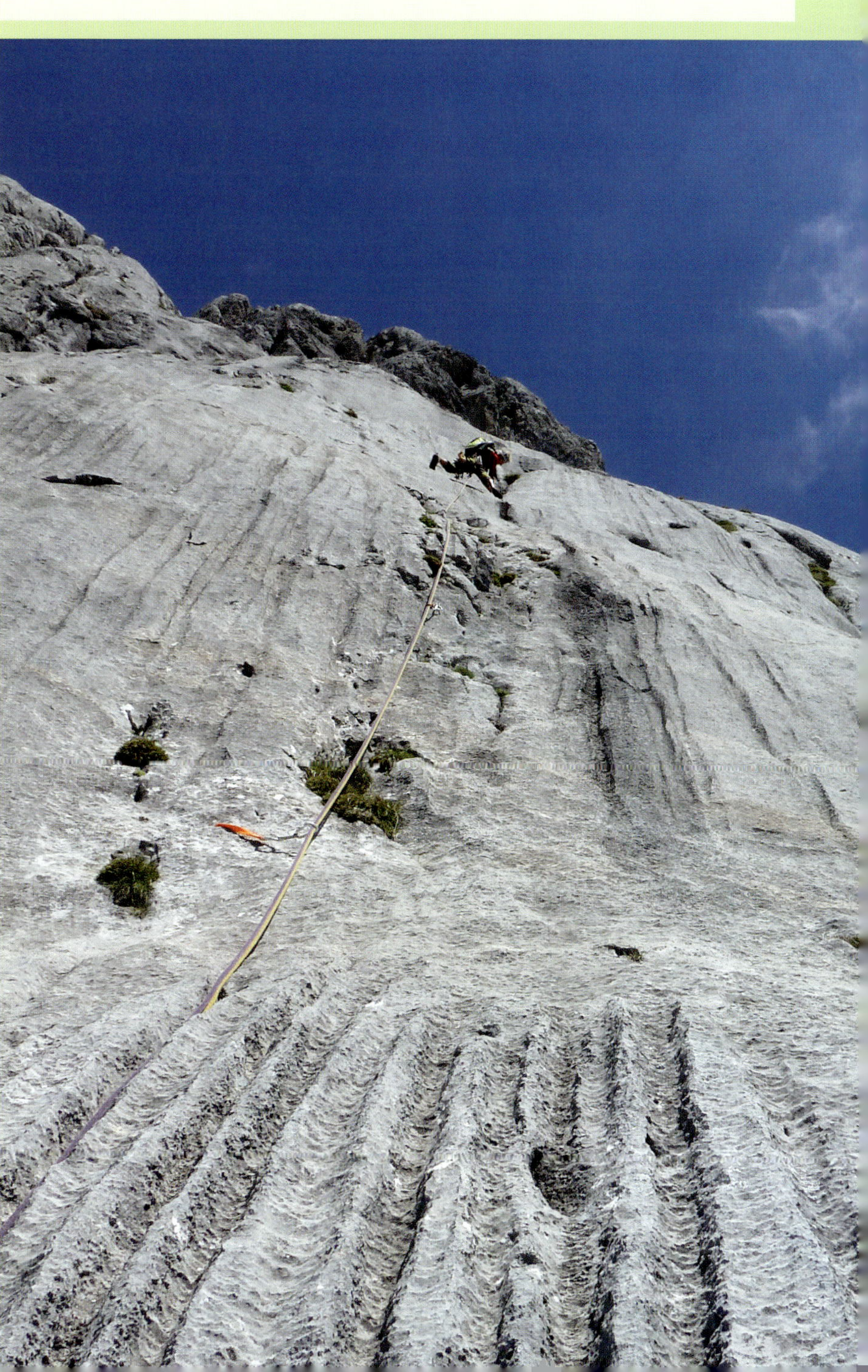

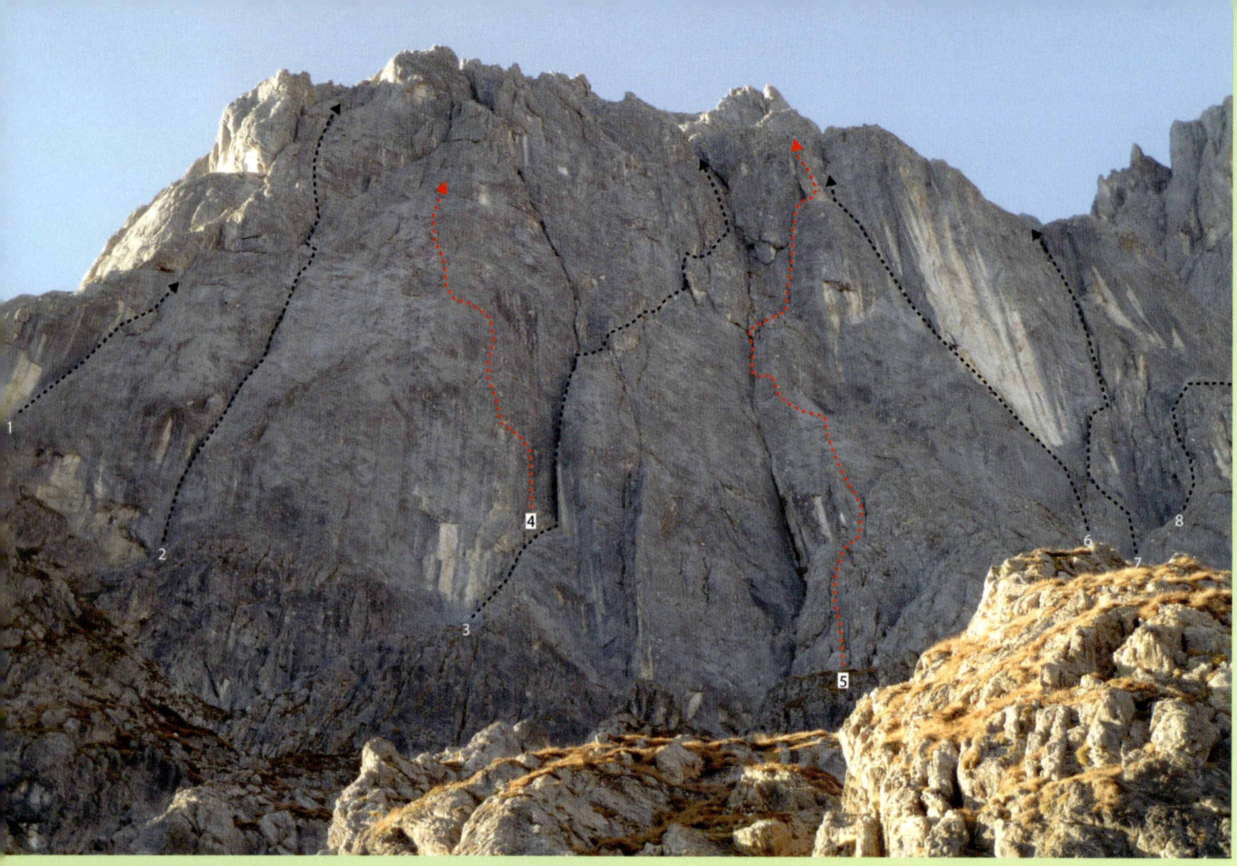

1 Südkante-Peterka
2 Graspolsterriss
3 Südostwand
4 Frei so frei
5 Raritätenkammerl
6 Etwas Cily
7 Querfeldhoch
8 Südostrampe

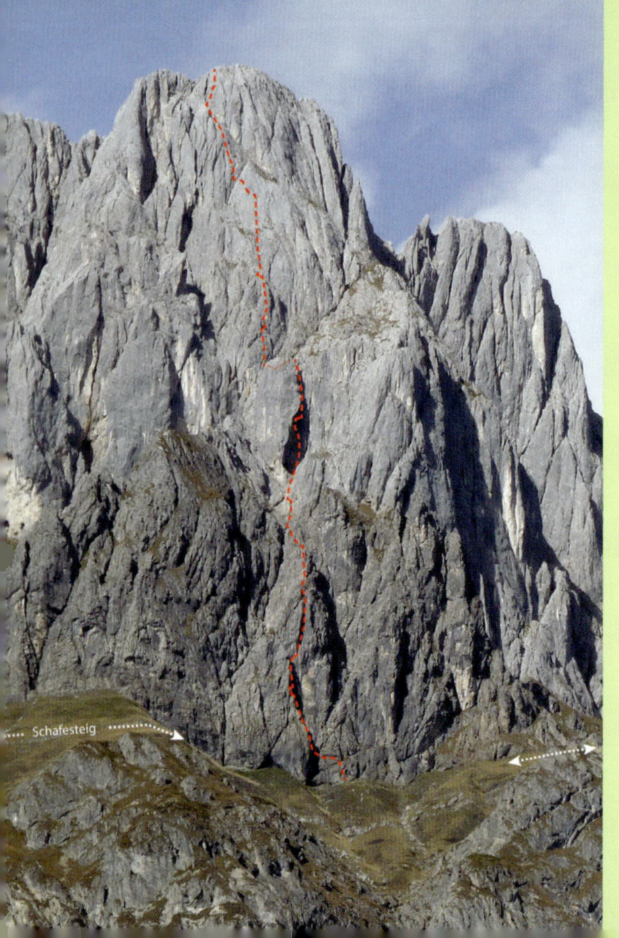

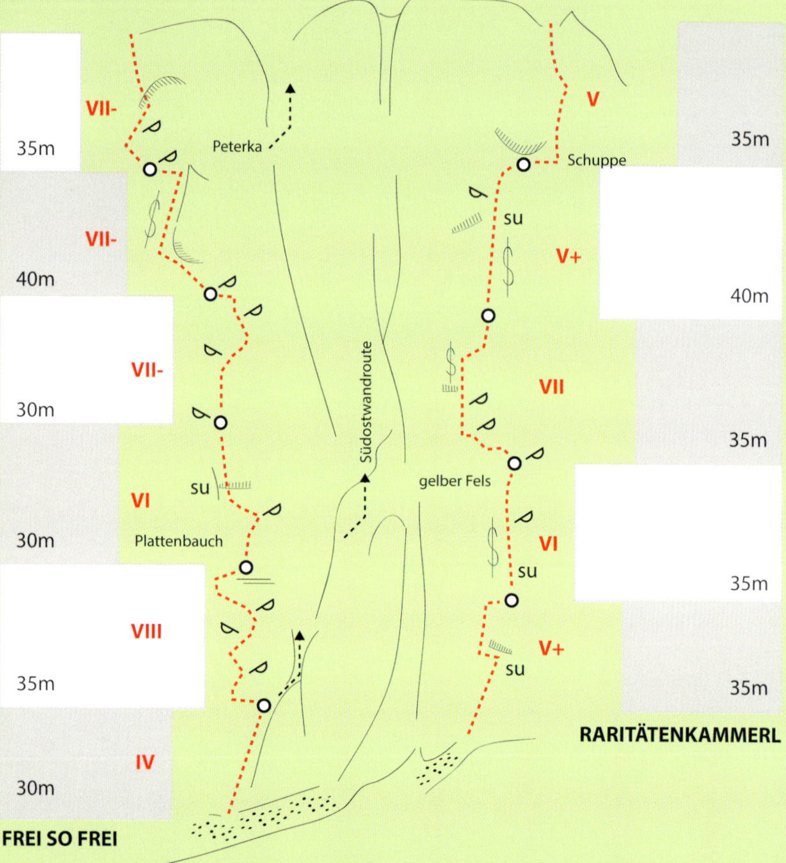

Frei so frei
VIII, 200 Meter.
Sehr sportliche und ernste Freikletterei, mit reversiblen Mitteln erstbegangen und in diesem Zustand belassen.
Vorwiegend Plattenkletterei, die sich nur dürftig absichern lässt.
Erstbegangen mit Sigi Brachmayer 1994.

Raritätenkammerl
VII eine Passage, sonst zwischen V und VI, 200 Meter.
Schöne, mit Normalhaken eingerichtete und gern begangene Route.
Abwechslungsreiche Kletterei, guter Fels.
Erstbegangen mit Sigi Brachmayer 1989.

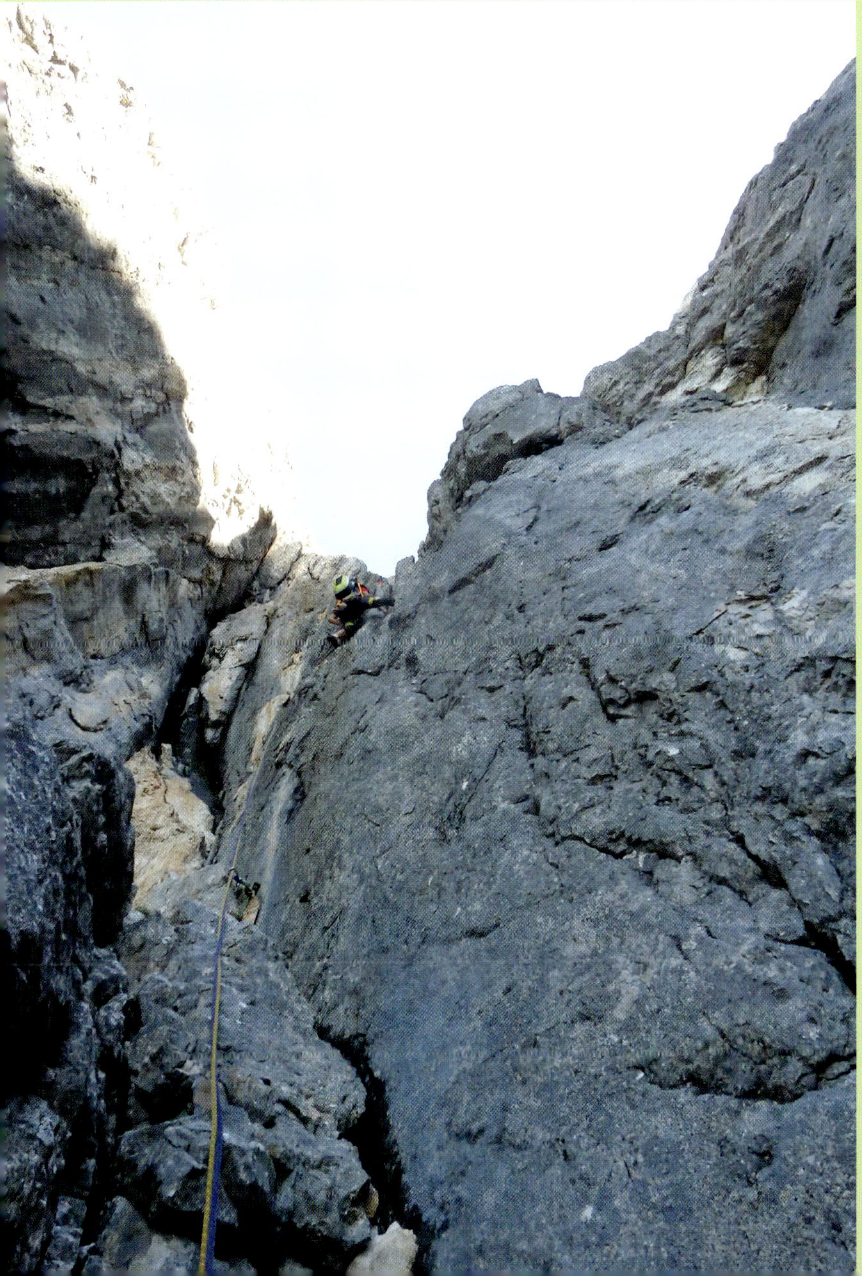

Gerhard Reiter

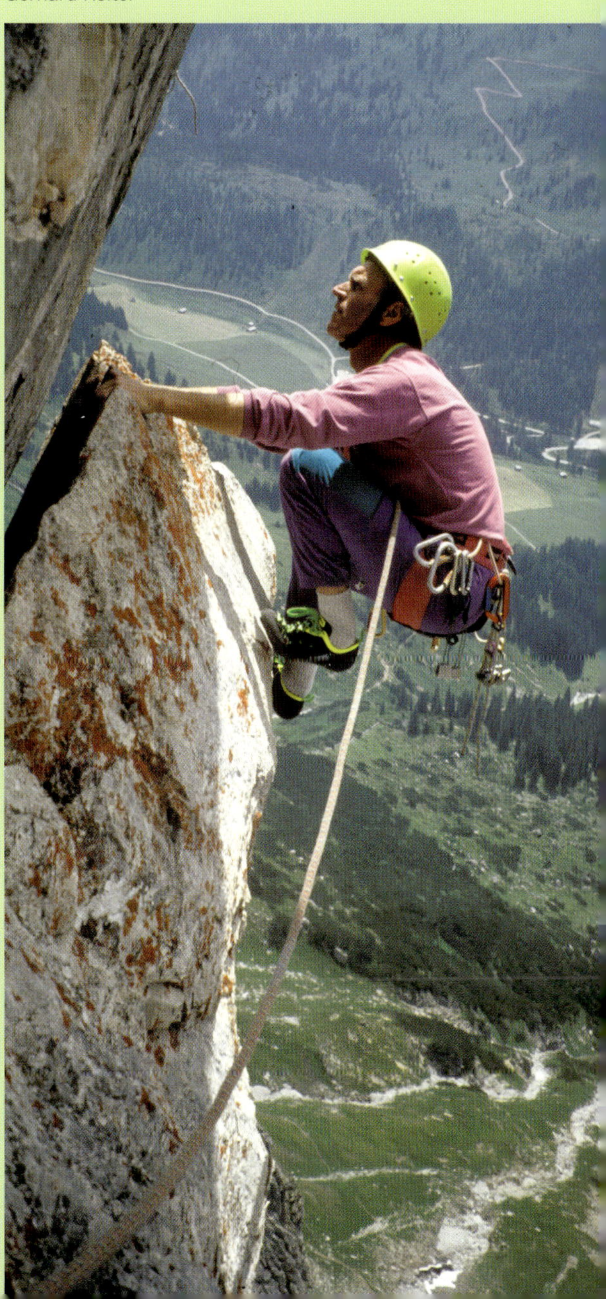

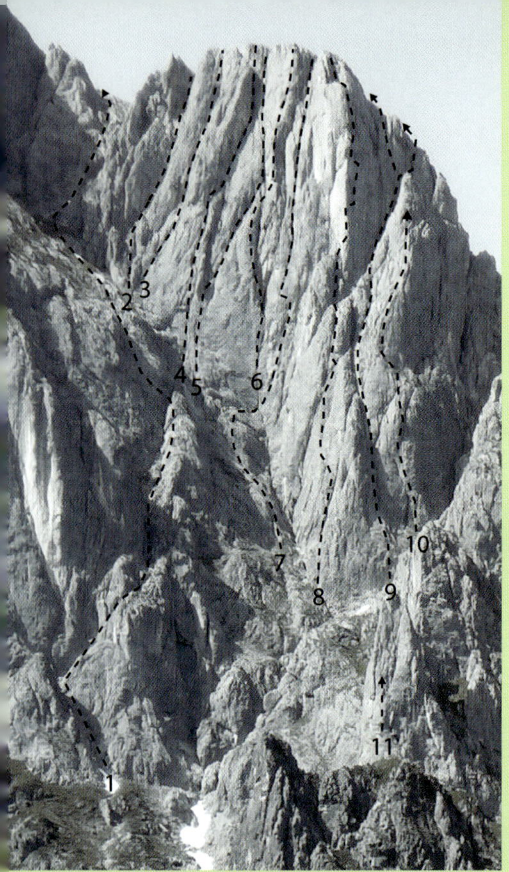

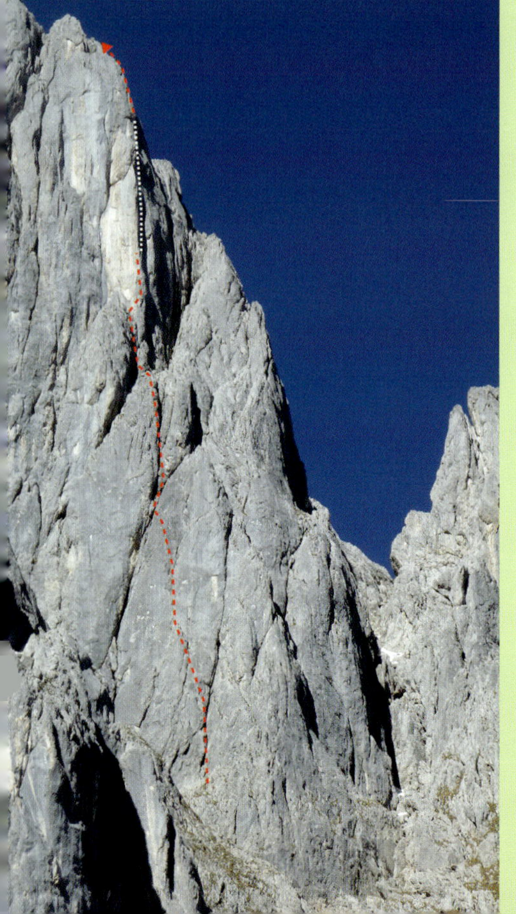

Stangenkopf (2459 m)

Der Felskamm hängt dem Hochstellkopf östlich an und läuft nach Norden hin mittelsteil zum oberen Ochsenkar aus. Nach Süden bricht die kurze steile Wand zu den östlichen Ausläufern des Hochstellkopfes orgelpfeifenartig ab. Die Südschlucht wurde erstmals von Richard Gerin, Georg Hecht und Roman Szalay erstbegangen. (Der Weg wird heute als Abstiegsroute gewählt). Eine Reihe von Routen durchmisst die Wand. Angefangen von den Parallelkaminen, der Südwand, der markanten Orgelpfeife mit der Route „Par exzellence" und dem Ostpfeiler von Adi Mayer und Sepp Scheuringer sowie dem Direkten Ostpfeiler und der Ostwand – beides Routen neueren Datums.

Par Excellence

VII+, meistens V bis VI,
250 Meter.
Superklassiker, in der Schwierigkeit nicht zu unterschätzende Route.
Die sehr abwechslungsreiche Kletterei führt unten über die südlichen Platten und Verschneidungen des Ostpfeilers und strandet auf einem Sporngipfel am Fuß der sich steil aufstellenden Gipfelwand.
Erstbegangen mit Hans Gufler 1988.

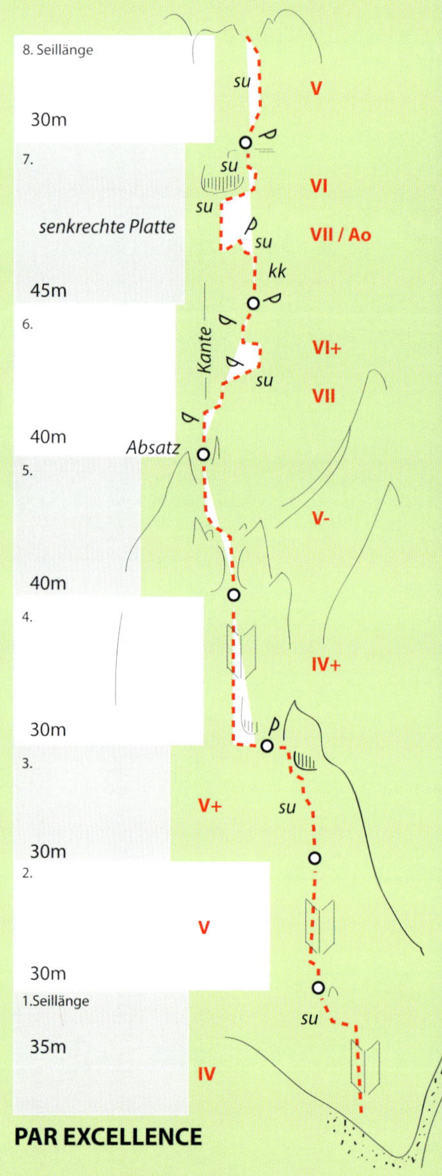

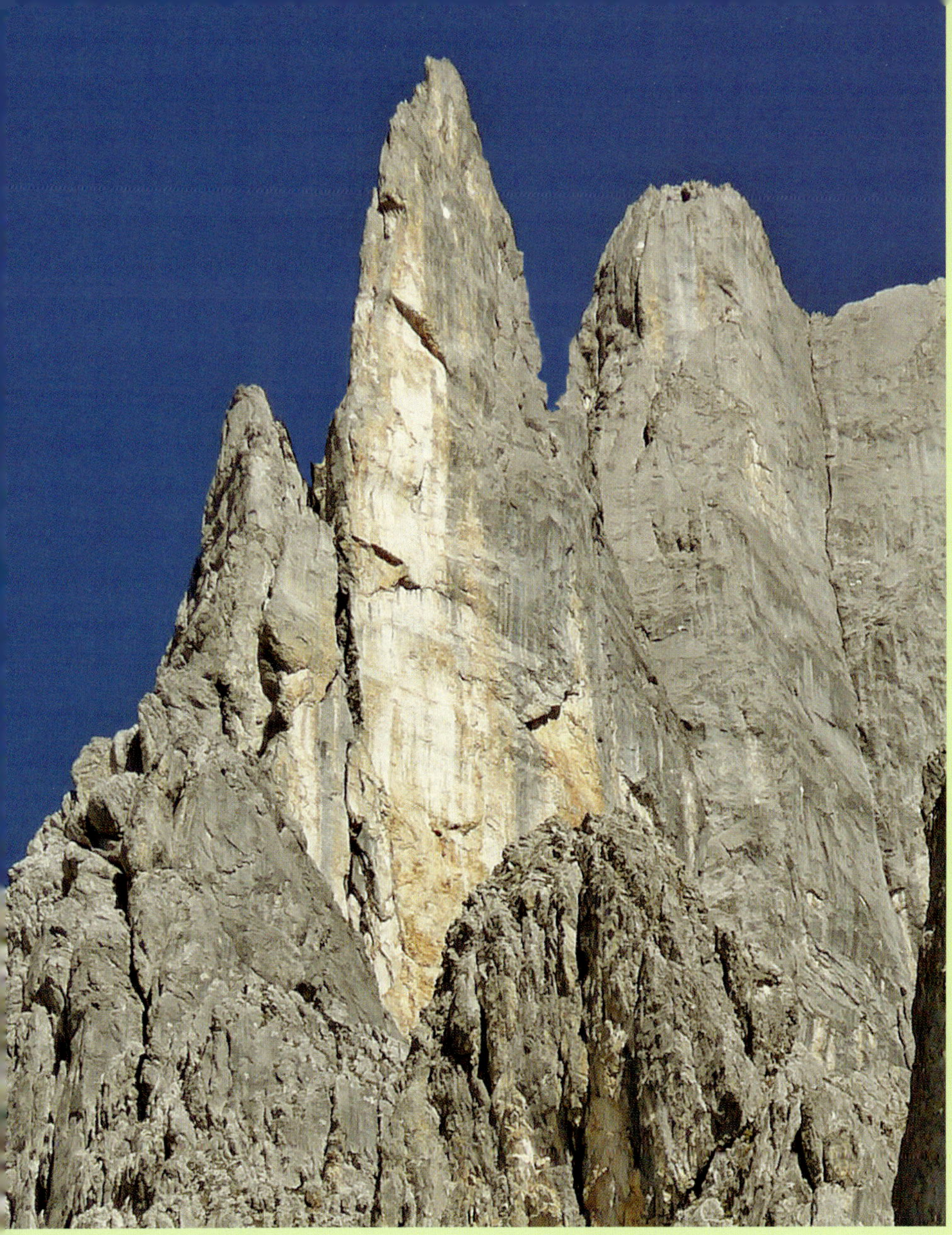

Radacherspitze (2370 m)
Eine den Kleinen Sattelköpfen vorgelagerte, auffallende, bizarre Felsspitze. Der exponierteste und am schwersten erreichbare Gipfel in der Mandlwandgruppe. Die Bergsteiger haben den Gipfel zu Ehren der Radachers „Radacherspitz“ genannt. Diese waren maßgebend an der Erschließung des Hochkönigs beteiligt, als Pioniere in den Bereichen des Skisports und des Alpinismus. Was ich besonders schätze und wofür ich mich auf diesem Weg bedanken möchte, ist die vorbildliche Freundlichkeit gegenüber uns Bergsteigern, wo wir doch gar nicht so selten beim morgendlichen Pirschgang der Jäger störten. Für die Jäger war der Tag gelaufen, das Tier war verschreckt, aber es war nie ein Vorwurf zu spüren.
Erste Besteigung 1989 durch Albert Precht und Walter Aschauer über die Südwestkante „Flamme“ (gelbe Gipfelkante).

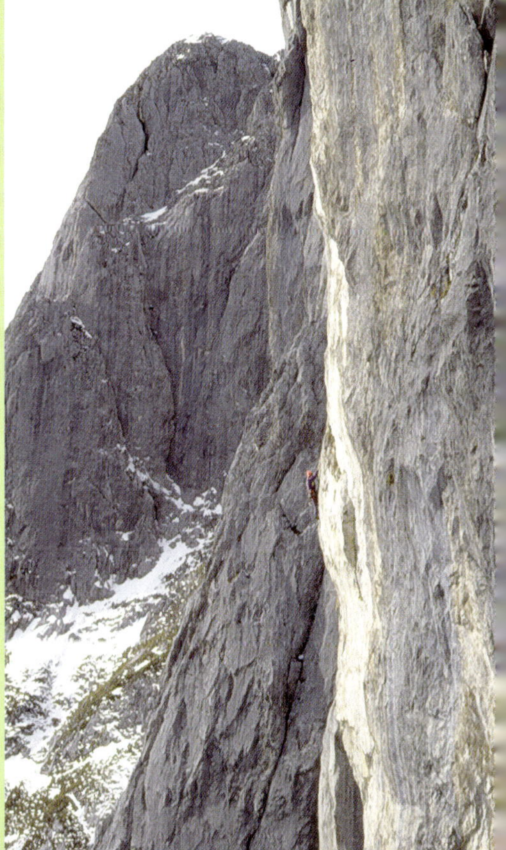

Die Radachers

Peter Radacher III. erzählt

Das Rad der Zeit zurückdrehen, nur einen Tag lang miterleben, was vor langer, langer Zeit geschah – welcher Mensch hatte diesen Wunsch noch nie? Auch ich träumte schon als Bub davon, wünschte mir, dabei zu sein, mit allen fünf Sinnen teilzuhaben an einem Tag der Frühgeschichte, hier am Mitterberg, dreitausend Jahre vor Christi Geburt. Die Augen zu öffnen, zu sehen und zu staunen, wie die Knappen der Urzeit mit geschliffenen Stein- und Bronzeäxten, ohne Kenntnis der Säge Bäume fällten und zu brennbaren Scheitern aufarbeiteten. Wie sie in mühseliger Arbeit unter Tage die Stollen vorantrieben und schon mustergültig absicherten, wohl wissend um die Gefahren des Berges. Einen Abend lang im Kreise einer Familie vor dem Fenster zu sitzen und die Ohren zu spitzen, ihre Sprache zu sprechen und zu verstehen und sie erzählen zu hören von Freud und Leid. Mit ihnen das Fladenbrot zu kosten zur saftigen Schafrippe, über dem offenen Feuer gebraten. Die Nase zu rümpfen im Qualm der Abbaufeuer in der Grube, am Holzkohlenmeiler und im Schwefelgestank des Kiesbettes vor den Schmelzöfen.

Maßgeblichen Anteil am Ausbau des Mitterberges in touristischer und ganz besonders in skiläuferischer Hinsicht hatten meine Eltern. Nach ihrer Heirat im Jahr 1922 übernahmen sie die Führung des zu diesem Zeitpunkt gerade umbenannten Arthurhauses. Der Vater, der bis zu diesem Zeitpunkt als Buchhalter beim Kupferbergbau gearbeitet hatte, übernahm als Rennläufer und erster Skischulleiter im Land Salzburg Ausbau und Nutzung des alpinen und nordischen Skigeländes am Hochkeil. Erste Skiklubs wurden 1904 in Bischofshofen und 1908 in Mühlbach gegründet. Die ersten Skirennen wurden ausgetragen und mit den Skiern Berggipfel bestiegen.

Während des ersten Weltkrieges war der Mitterberg Zentrum der militärischen Skiausbildung, geleitet vom Skipionier Oberst Bilgeri. Zu dieser Zeit passierte die größte bekannte Lawinenkatastrophe der Ostalpen. Im Februar 1916 schneite es heftig, der gemessene Neuschnee hatte eine Höhe von 3,12 Metern.

Die Ereignisse dieses Tages schilderte als Augenzeuge der Vorzimmerer Egger wie folgt: „In Durchführung des erhaltenen Auftrages (Abschaufeln der Dächer!) begab ich mich mit zehn russischen Kriegsgefangenen zum Gasthof Mitterberg. Das Wetter hatte sich gelichtet, es war um die Mittagsstunde klar, weitsichtig und warm geworden, der Sturm hatte sich gelegt. Nachmittags, ein Uhr, begannen wir mit der Arbeit, die Russen hatten sich so verteilt, dass ich ihre Arbeitsleistung im Auge behalten konnte. Nach etwa einer Stunde Arbeit schaute ich zufällig gegen den Kälberriedel und plötzlich sah ich deutlich oberhalb der Lawinenmauer Schneewolken aufsteigen, alle Fernsicht verschwand und ich verspürte einen mäßigen Luftdruck, ohne ein besonderes Geräusch zu hören. Nach einigen Sekunden aber kam plötzlich ein gewaltiger Luftstoß, der mich in die stehende Schneewand einklemmte, ich hörte noch ein furchtbares Schreien und Krachen vom Gebälke und dann lautlose Stille. Etwa eine Minute nachher war ein neuerlicher, aber weniger starker Luftdruck wahrnehmbar. Nach Erzählungen der Russen seien dieselben zum Teil über das Dach hinweggefegt worden, einer will etwa zehn Meter geschleudert worden sein. Die Lawine war etwa einen Meter vor der Gasthoftüre zur Ruhe gekommen, die Höhe des Lawinenflusses erreichte nahezu die Höhe des ersten Stockes.“ Dem Umstand, dass die Bergwerksleitung die Arbeiter an jenem Tage nicht in die Gruben fahren ließ, sondern obertags zum Schneeschaufeln schickte, war es zu

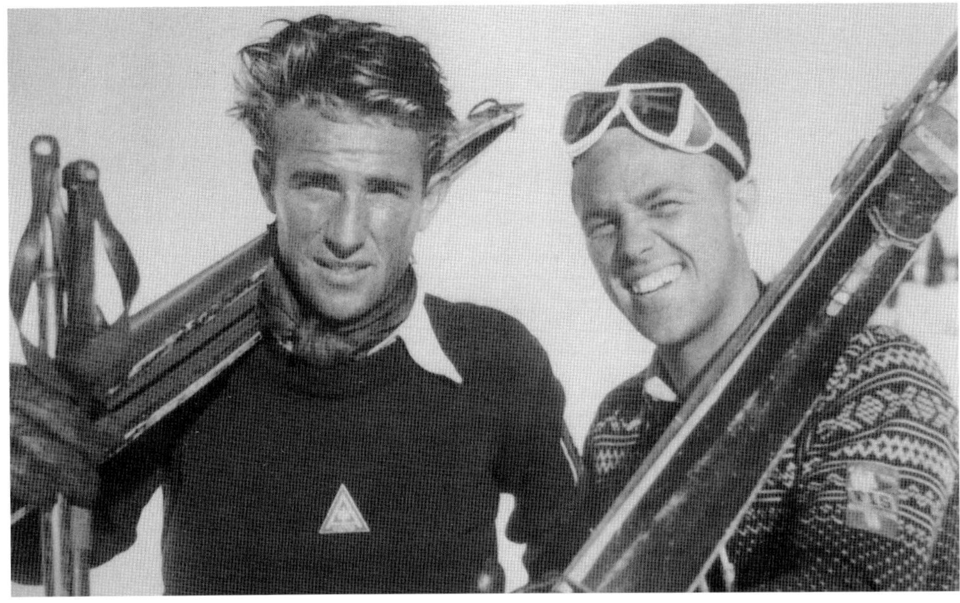

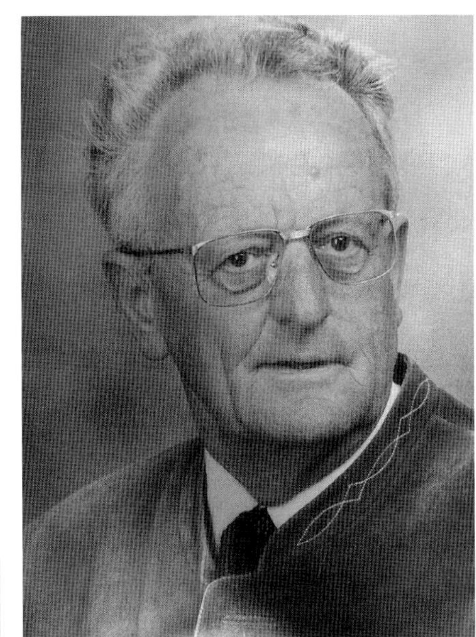

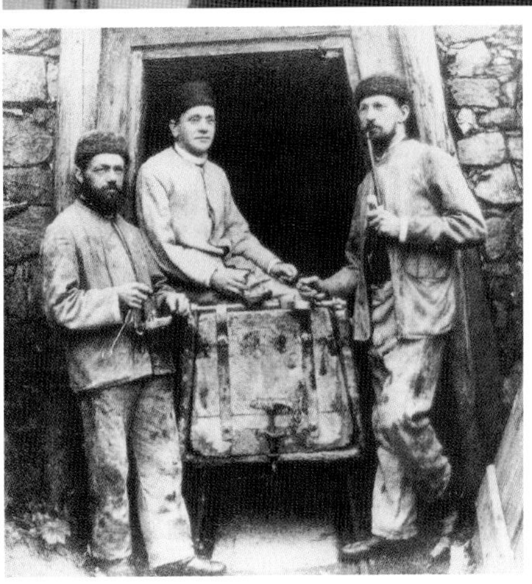

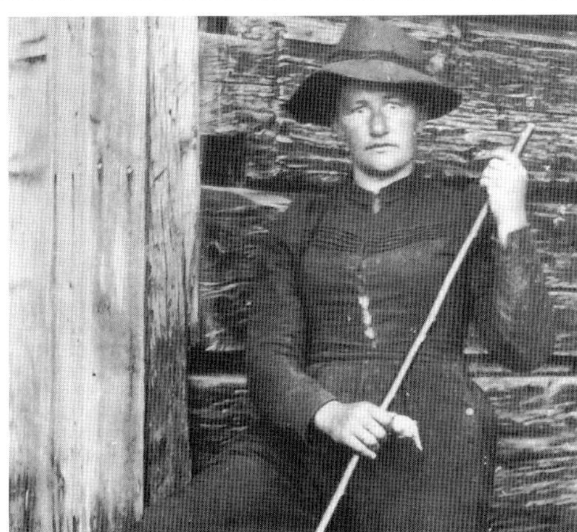

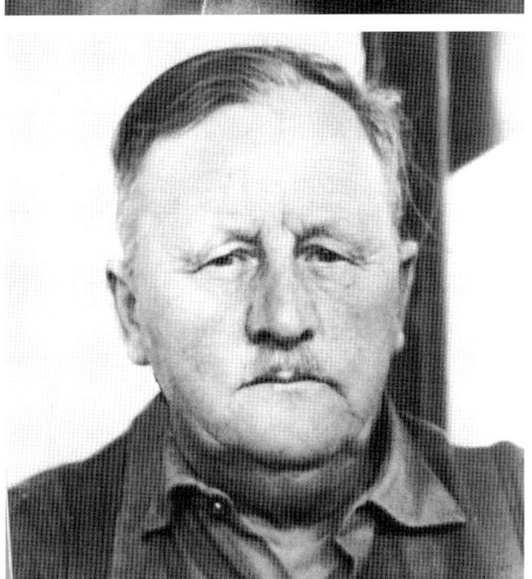

danken, dass binnen kurzer Zeit 250 Knappen mit Schaufeln am Unglücksort eintrafen und sofort mit den Rettungsmaßnahmen begannen.
Der Lawinenkegel mit einer Stauhöhe von acht bis zwölf Metern wurde in bergmännischer Manier „mit Stollen und Quergängen, mit Luftlöchern und Zimmerung" – wie es im Bericht geschrieben steht – durchsucht. Nach den abgeschlossenen Rettungsarbeiten wurde die traurige Bilanz gezogen: Insgesamt 245 Soldaten waren verschüttet worden, 79 konnten sich ohne fremde Hilfe befreien, 109 wurden lebend ausgegraben, davon 72 Mann in schwerverletztem Zustand. Für 58 Soldaten kam jede Hilfe zu spät, sie konnten nur noch tot geborgen werden und wurden in einem Massengrab in Bischofshofen bestattet.

Nach den harten Jahren der beiden Weltkriege entstanden 1952 die ersten Schlepplifte, die später erweitert und modernisiert wurden.
Seitdem ist das kleine Naturschneeparadies von Skisportlern vielbesucht.

Flammengrat

VII+, bei zwei Stellen A0, vorwiegend V und VI, 500 Meter.
Die Route führt über den turmreichen Gratverlauf, vom Mandlwandsteig bis zum zweiten Kleinen Sattelkopf.
Ein sehr langer, interessanter und abwechslungsreicher Anstieg mit einigen giftigen Stellen. Die Route ist mit OeAV- und Sigi-Klebehaken saniert.
Erstbegangen mit Walter Aschauer 1986 und Gerhard Reiter 2004.

Vierter Kleiner Sattelkopf (2391 m)

Ein zerhackter Grat, nach allen Seiten exponiert.
Besonders nach Süden senkrecht abfallende Wände.
Bedeutende Früherschließungen in der Südwand sind der markante Kamin von Arnold Awerzger, Richard Gerin und Roman Szalay 1930 sowie die Südwandroute von Karl Reiter und Andreas Mischitz 1948.

Halleluja

VII+, mit Wandvorbau etwa 400 Meter.
Vermutlich strenge Bewertung, es sind keine sturzfreien Wiederholungen bekannt!
Nicht sanierter, fantastischer klassischer Anstieg in bestem Fels, aber mit Passagen, die Mut verlangen.
Erstbegangen mit Schorsch Wenger 1989.

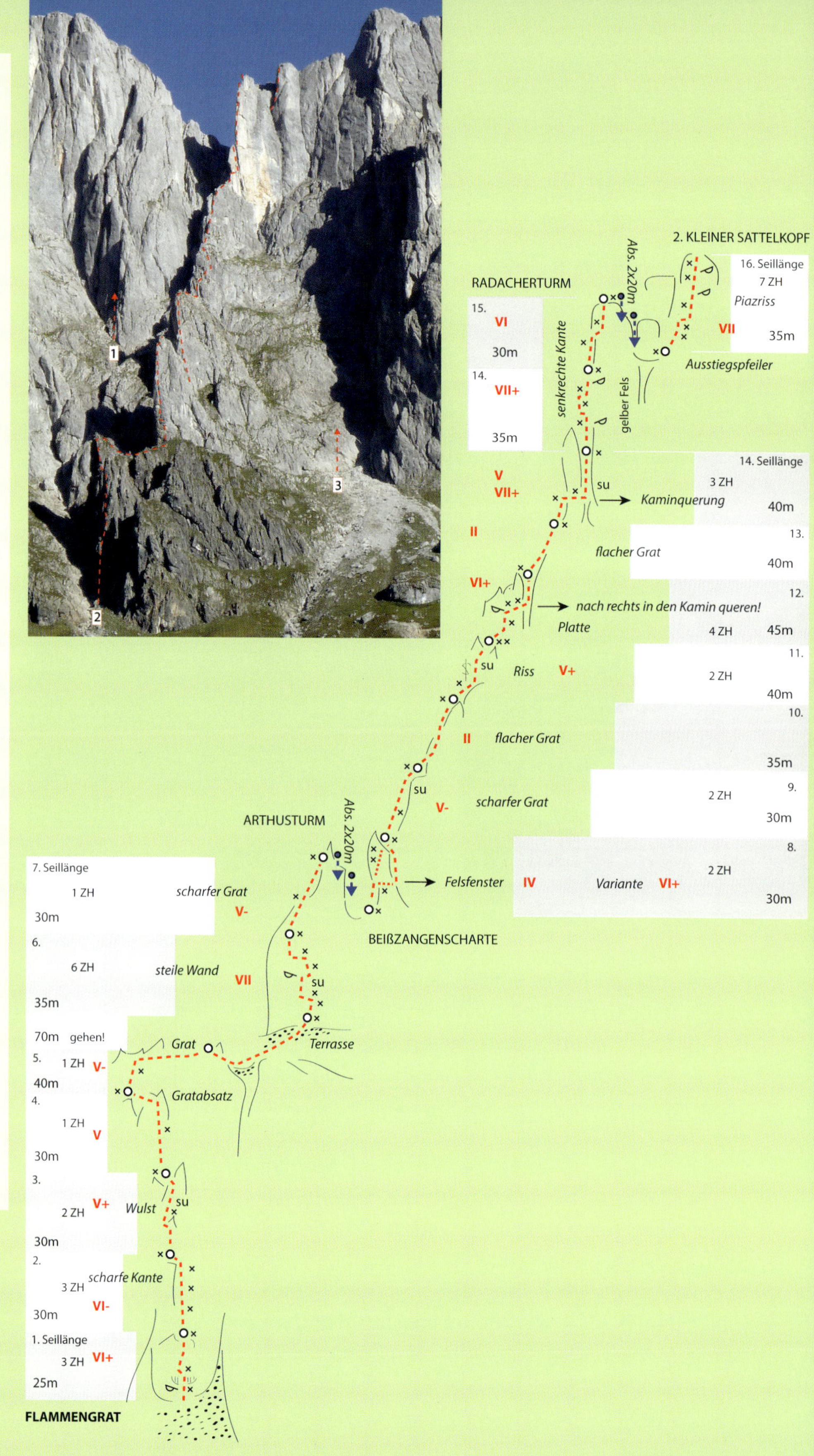

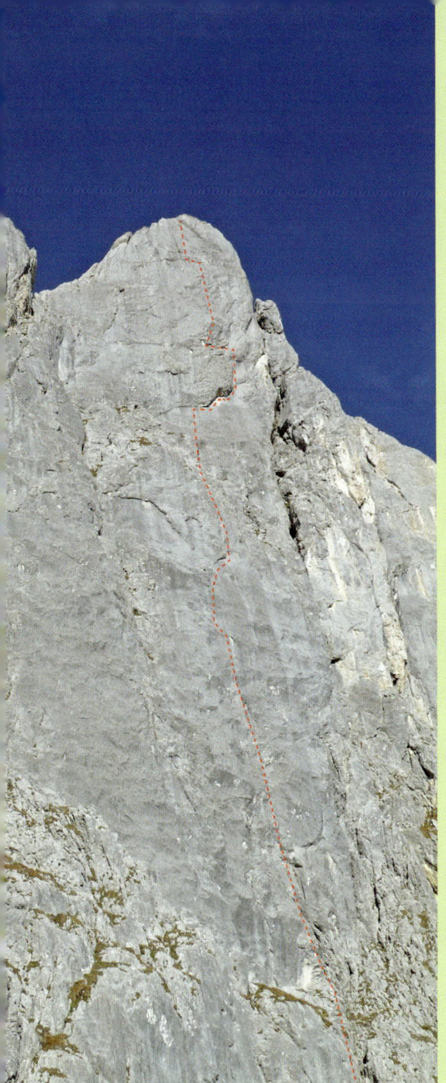

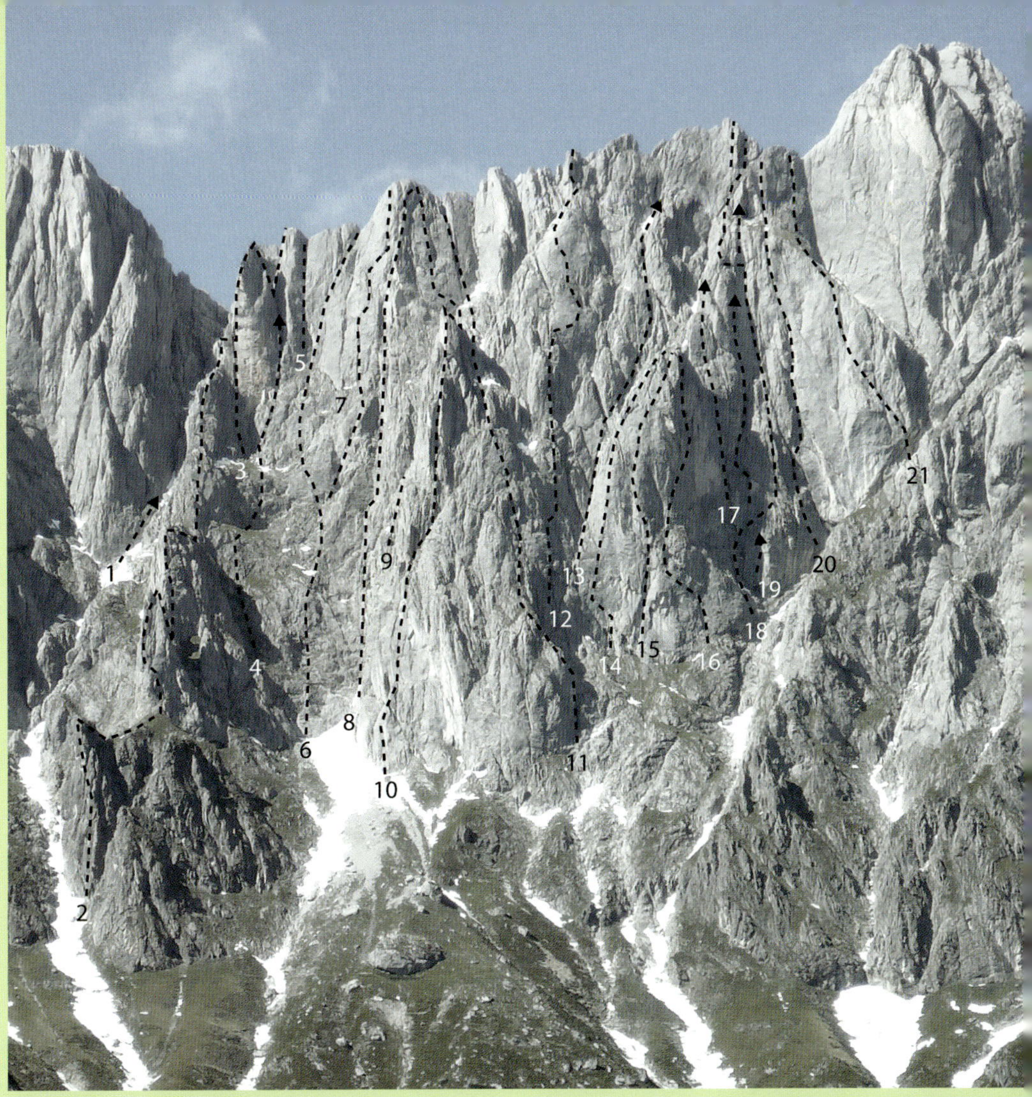

1 Südschlucht

Radacherturm

2 Flammengrat

3 Flammengrat-alter E.

Zweiter Sattelkopf

4 Gerin-Szalay-Kamin

5 Entrückte Verschneidung

Dritter Sattelkopf

6 Südwand

Vierter Sattelkopf

7 Halleluja

8 Südkamin

9 Eskimo

10 Brandholzriedelpfeiler

11 Reiter-Mischitz

Siebter Sattelkopf

12 Mauritius aus Fels

13 Gerin-Hecht

Schwangere Jungfrau

14 Südwestpfeiler

15 Schwangere Jungfrau

16 Guggi-60

Neunter Sattelkopf

17 Bergrettungsriss

18 Die Neunte

19 Hospiz

20 Happy for Joe

21 Grenzenlos

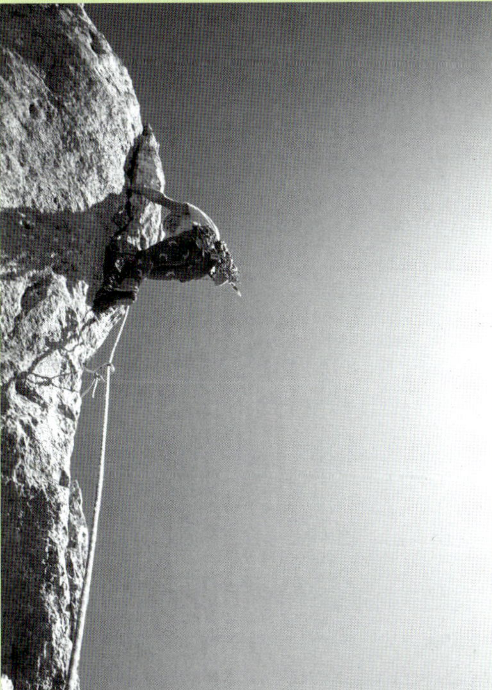

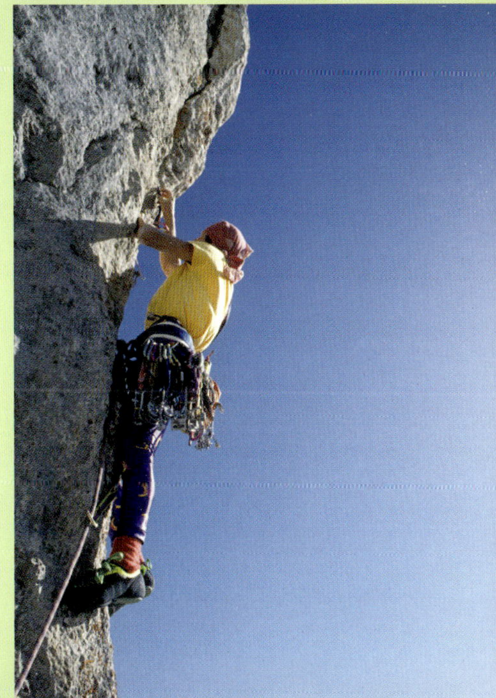

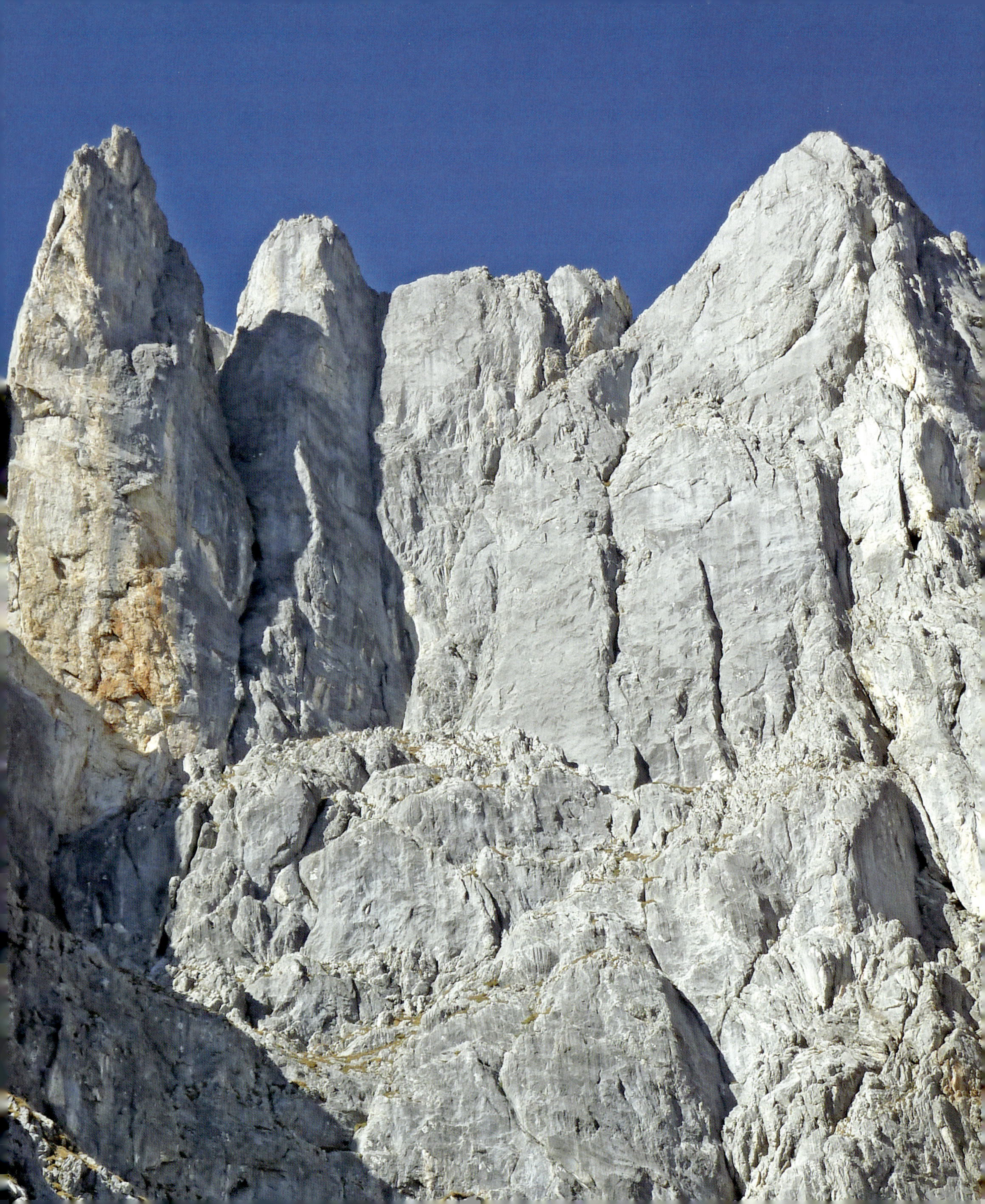

Sechster Kleiner Sattelkopf (2391 m)

Wenig ausgeprägter, zerhackter Gipfelkamm mit plattiger Südwand.
Es gibt zwei Routen aus dem Jahr 1930. Den Südgrat und die Südwand von Hubert Peterka und schon drei Jahre zuvor den Weg von Richard Gerin, Georg Hecht und Roman Szalay. Beide Routen sind brüchig und nicht besonders zu empfehlen.

Mauritius aus Stein

VII-, 400 Meter.
Ernste, sehr lohnende Alpinroute, nicht saniert, meistens über Platten. Die Route wird, obwohl nur alpin abgesichert, heute noch gern geklettert.
Beste Zeit: Juni bis Winterbeginn.
Erstbegangen mit Hans Neumayer 1992.

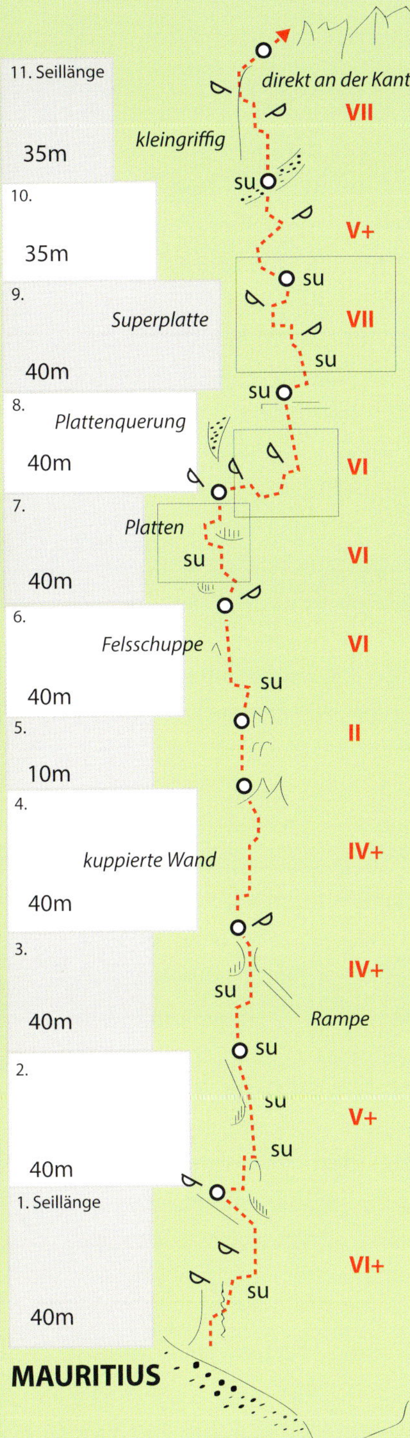

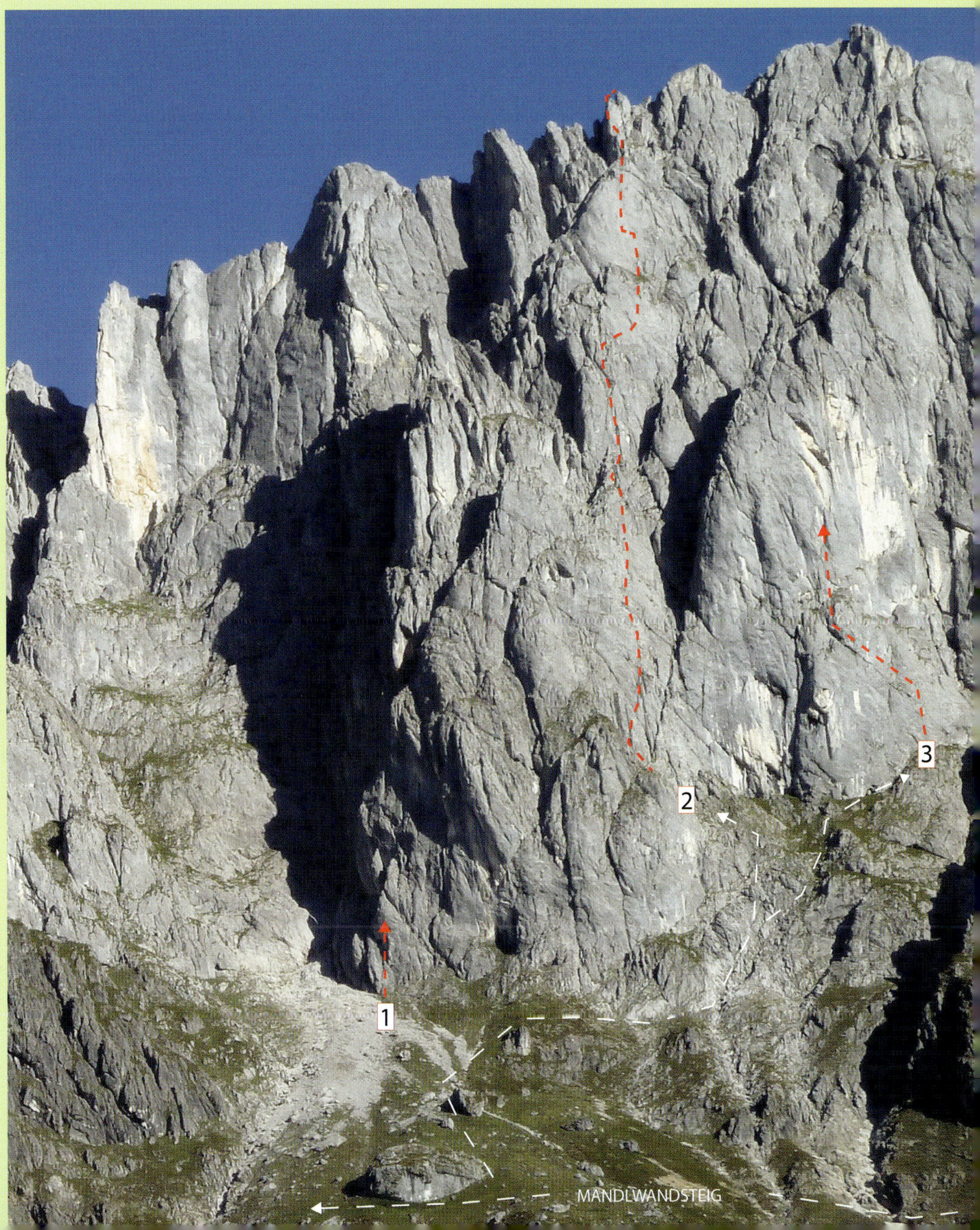

2 Mauritius aus Stein

Franz Pritz erzählt

„Prechtig!“ entfährt es meinem Freund Luggi, als er bei der Überwindung einer von unten unmöglich erscheinenden Kletterstelle den Griff genau dort findet, wo er hingehört und sich daran elegant höherschwingt.

Wir klettern in der Route „Mauritius aus Stein“, bewertet mit VII-, die der Bischofshofner Albert Precht 1991 am vierten Kleinen Sattelkopf an der Mandlwand erstbegangen hat.

Schon der Routenname hat mich, als ich die Anstiegsskizze das erste Mal sah, förmlich elektrisiert. Also klemme ich mich gleich hinter das Telefon, um mit meiner Begeisterung auch Luggi, meinen Kletterpartner, anzustecken.

Als wir uns tags darauf am Arthurhaus treffen, herrscht dort dichter Nebel, was unsere Vorfreude aber nicht beeinträchtigen kann. Schon nach kurzem Marsch im Bereich der Baumgrenze lichtet sich der Nebel und lässt die Mandlwand durch seine sanften Schleier wie verzaubert erscheinen. Nach einem eineinhalbstündigen Anstieg in prachtvoller Umgebung über einem wogenden Nebelmeer erreichen wir schweißüberströmt den Einstieg, der durch eine Seilschlinge in einer massiven Sanduhr markiert ist.

Erwartungsfroh streicht unser Blick über die ersten Meter der Route hin zum ersten Haken, der in etwa 15 Meter Höhe, mit einer Schlinge versehen, eine erste Markierung und Sicherung darstellt. Und wie so oft am Einstieg einer unbekannten Route befällt mich auch heute eine gewisse Unruhe und Unsicherheit. Werde ich den Anforderungen der Tour gewachsen sein? Zumal der Erstbegeher wieder einmal Albert Precht heißt, der sich zwar, wie oftmals festgestellt, durch einen genialen Spürsinn im Fels, aber genauso durch unwahrscheinliche Bedürfnislosigkeit in puncto Sicherheit auszeichnet. Wie oft schon hatte ich, einige Meter über dem letzten geschlagenen Haken stehend, ohne Möglichkeit einen Klemmkeil zu legen, mir nichts sehnlicher gewünscht, als das Seil in einen soliden Bohrhaken einhängen zu können!

Aber vielleicht macht gerade die Tatsache, dass Bohrhaken hier nicht verwendet werden, den ganz besonderen Reiz des Kletterns am Hochkönig aus. Jedenfalls bleiben mir ungesicherte oder schlecht gesicherte Kletterstellen viel lebhafter in Erinnerung als solche, die solide abgesichert und dadurch moralisch weniger anspruchsvoll sind. Als Familienvater sollte ich allerdings den mit Bohrhaken gesicherten Routen den Vorzug geben ...

Aber was soll all diese Grübelei. Wir sind gut in Form – also los.

Gleich die ersten Meter der Route bestätigen die Assoziationen, die ich vom Routennamen „Mauritius“ zur Schönheit der Kletterei abgeleitet habe. Auch die Absicherung lässt sich mittels einiger Klemmkeile problemlos bewerkstelligen. Am Stand nach der ersten Seillänge, nachdem die ersten schwierigeren Seillängen hinter mir liegen, ist die anfängliche Unsicherheit wie weggeblasen. Angesichts der äußerlich ziemlich rostigen Standhaken frage ich mich, welche Tour Albert wohl diesmal ausgenagelt hat, um sich mit Haken für diese Tour einzudecken. Die nächsten vier Seillängen stellen ein Intermezzo dar und entsprechen nicht so ganz unseren mauritianischen Erwartungen. Doch dann geht's erst so richtig los: zunächst ein schöner Riss, dann zwei Seillängen Plattenkletterei mit einem herrlichen Quergang und schließlich – eine Seillänge, die ihresgleichen sucht! Kompakter, wunderbar strukturierter, steiler Fels – Mauritius aus Stein! Und noch dazu – das ist besonders hervorzuheben – sehr gut durch einige solide Sanduhrschlingen und Haken abgesichert. Als mir, aufgemuntert durch Luggi, auch die Schlüsselstelle nach einigen Anläufen frei gelingt, ist die Freude grenzenlos. Doch wie so oft im Leben, werde ich auch heute sehr rasch wieder auf den Boden der Tatsachen zurückgeholt. In der letzten Seillänge, an einer überhängenden Kante, klettere ich vermutlich nicht auf der „Ideallinie“, sodass mir schließlich die Stelle nur mit Hakenhilfe gelingt. Beim anschließenden Bier auf der Mitterfeldalm ist dieser Rückschlag allerdings schnell wieder vergessen. Begeistert erzählen wir uns gegenseitig unsere persönlichen Eindrücke der heutigen Tour und spinnen bereits Pläne für die nächste Herausforderung.

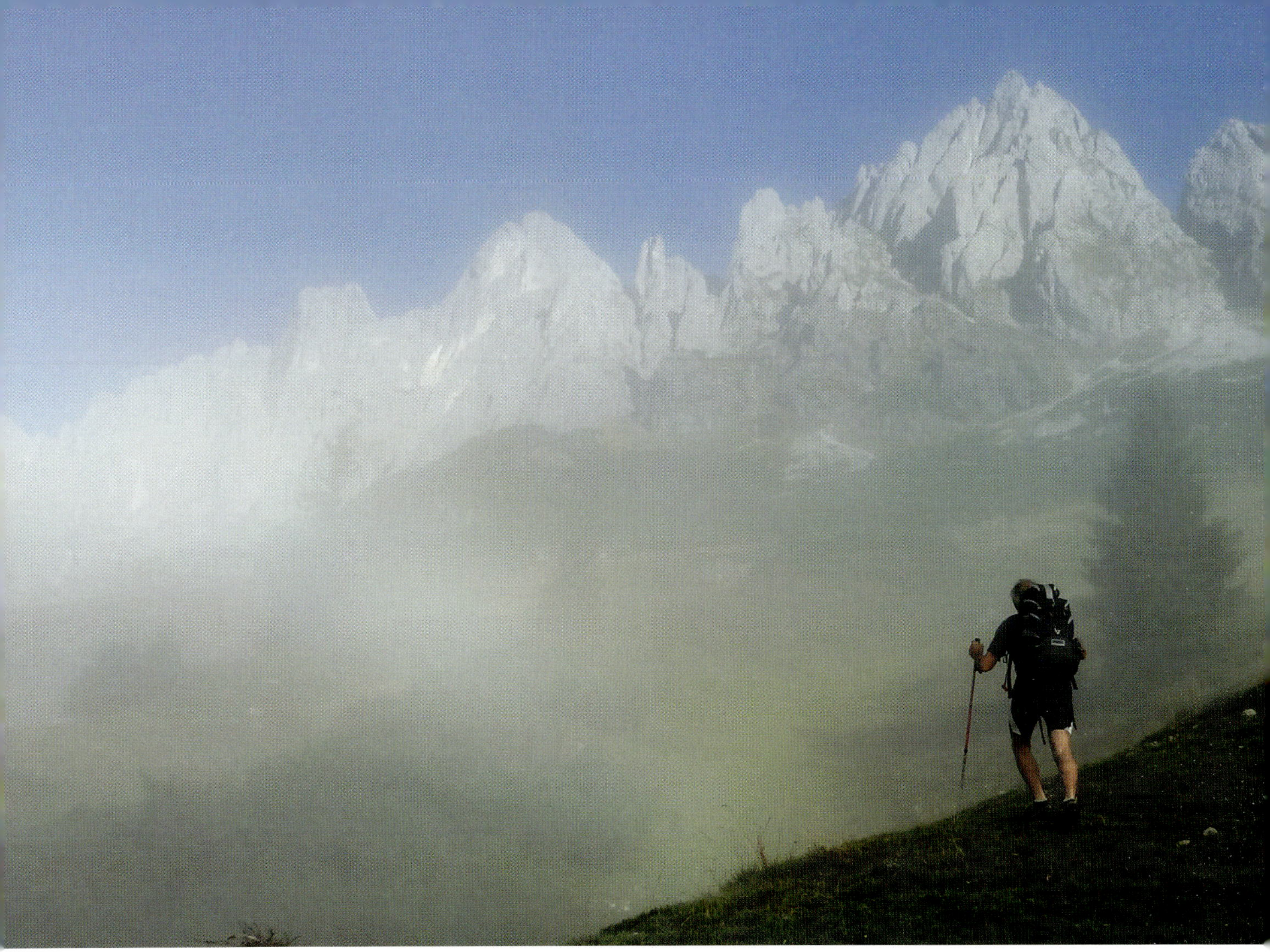

Walter Aschauer

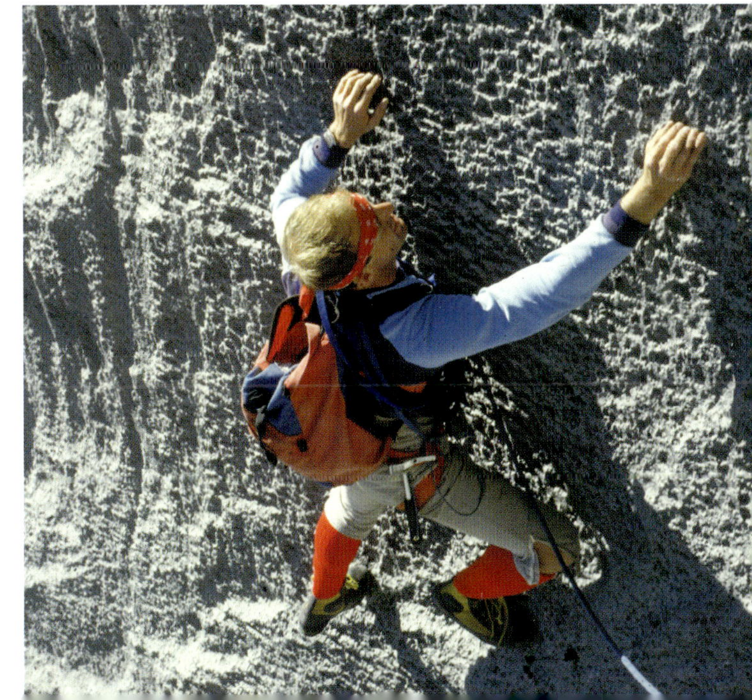

Franz Guggenberger
1931 Forstau – 2005 Salzburg

Der Pfarrer „Guggi" hatte seinerzeit Herta und mich getraut und war einer von wenigen, mit denen ich während des Berggehens Glaubensfragen diskutieren konnte. Und er musste sich so manchen Tag für seine Bergtouren vom Beruf wegstehlen. Einmal, so erinnere ich mich, sagte er: „Weißt, Albert, mein Leben als Pfarrer und Seelsorger ist mir eine von Gott gegebene Berufung, aber Bergsteigen ist eine Herzensfreude, die ich nicht missen möchte. Schau, wenn ich in die andere Welt gehe, was sollte ich Gott antworten, fragte er mich: ‚Na, Guggi, wie hat dir meine Schöpfung gefallen?', wenn ich nichts von ihr gesehen, gefühlt und genossen hätte." Manchmal war der Beherzte von Dankbarkeit erfüllt, gab dem Fels ein Küsschen, pries voller Glückseligkeit mit einigen Hallelujas Gott, und Bachs herrlichste Komposition schallte durch die Bergwelt: „Gloria in excelsis Deo. Et in terra pax hominibus bonae voluntatis." (Herrlichkeit Gott in der Höhe und Friede auf Erden den Menschen seines Wohlgefallens; Lukas 2,14).

„Guggi", der trotz fortgeschrittenen Alters noch sehr anspruchsvolle Routen klettern konnte, begleitete mich bei vielen Erstbegehungen. Eine der verrückten Erstbegehungen im Jahr 1992 am kleinen Fieberhorn erhielt den Namen „Gnadenvoll". Eigentlich war es eine Frechheit, mit einem so kleinen Sortiment an sanften Sicherungsmitteln in diese so haltlos scheinende Plattenfront zu klettern. Dennoch ist es erstaunlich, was alles möglich wird, wenn man fest an die Möglichkeit glaubt. Bei diesem Abenteuer war es vielleicht auch das Vertrauen, dass mich die Gebete des Pfarrers schon hinauftragen würden. Mit Gefühl, Zug um Zug, wie in einer spannenden Schachpartie, ließ sich die Aufgabe lösen. „Deinen Glauben möchte ich haben!", hörte ich den Pfarrer anerkennend rufen.

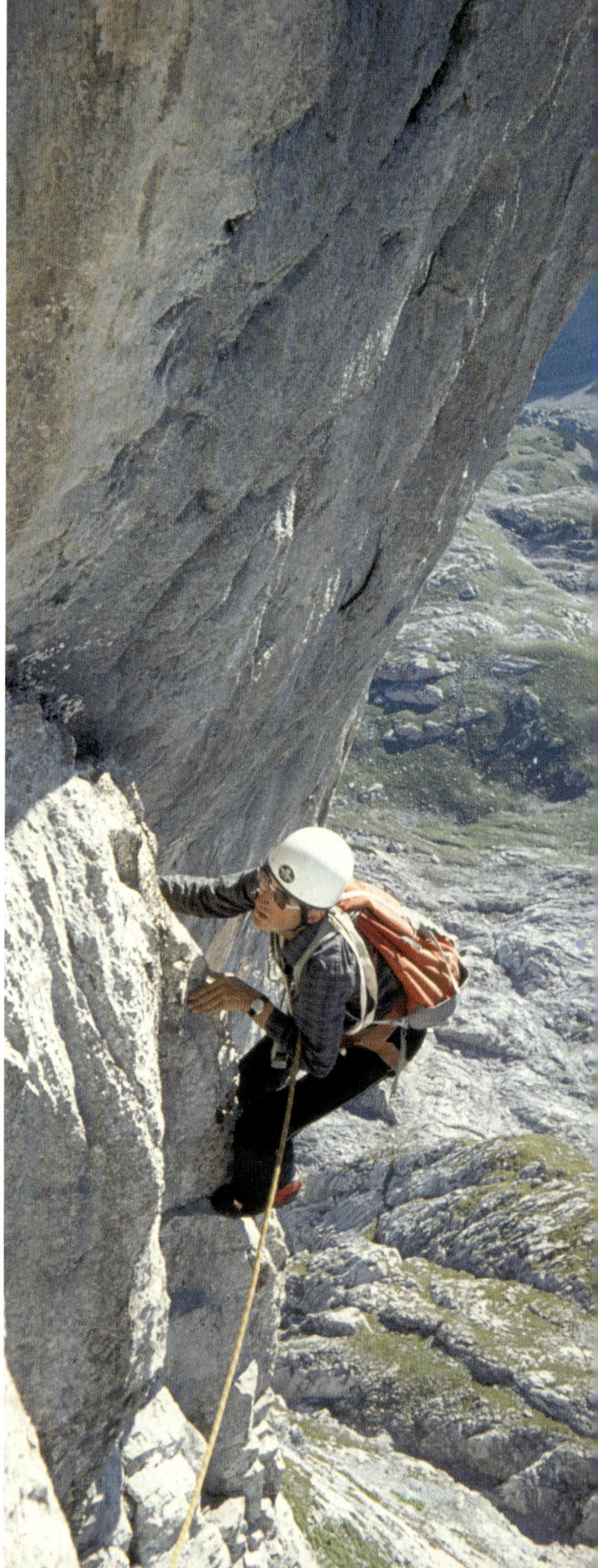

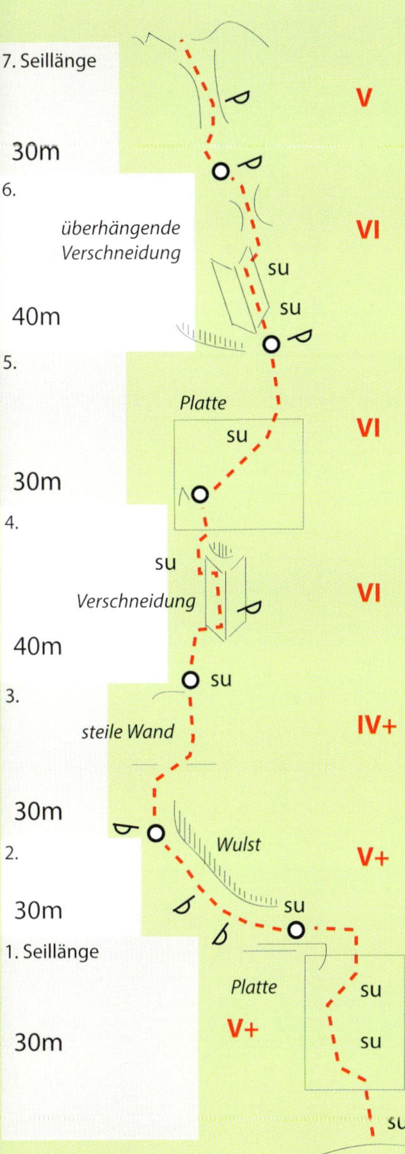

GUGGI 60

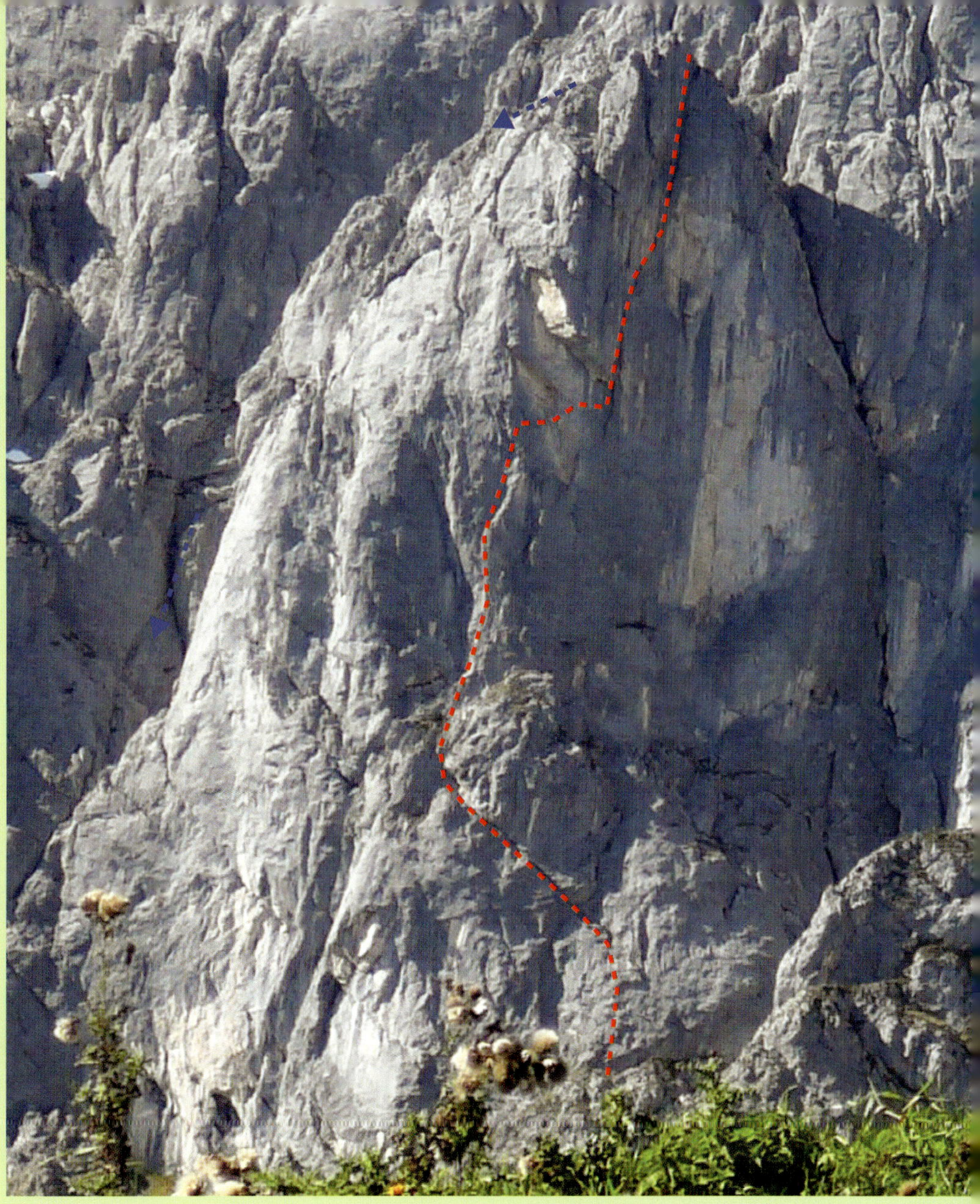

Neunter Kleiner Sattelkopf (2391 m)
Kleiner, spitzer Gipfel westlich vom Großen Sattelkopf. Erstbesteigung 1932 durch Arnold Awerzger und Josef Miller über den Nordkamin.
Nach allen Seiten steil. Aber nach Süden hin ist die Wand besonders eindrucksvoll und fast senkrecht.

GUGGI 60
VI+, 200 Meter.
Die Route führt über einen Plattenbauch (Schwangere Jungfrau), dessen Sporngipfel ergibt einen pfeilerartigen Ausläufer vom neunten Kleinen Sattelkopf.
Nicht sanierte, lohnende, tolle Freikletterei in sehr gutem Fels.
Erstbegehung mit Franz Guggenberger 1991.

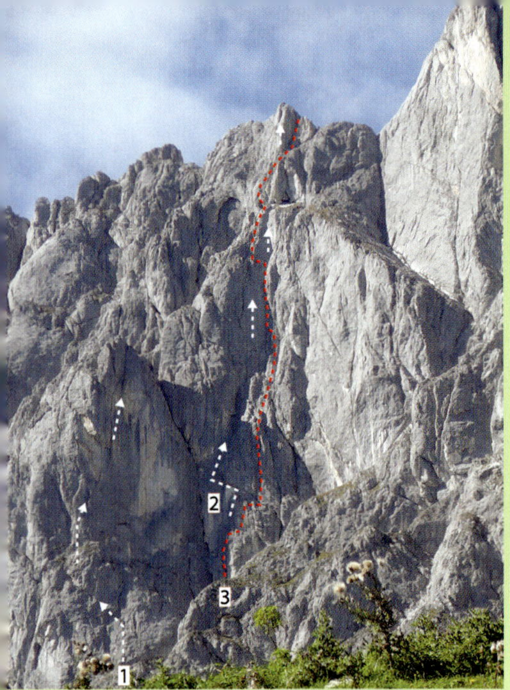

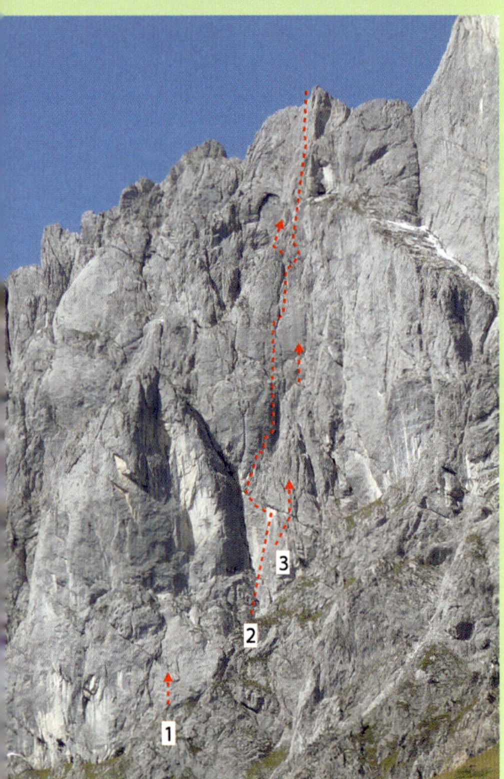

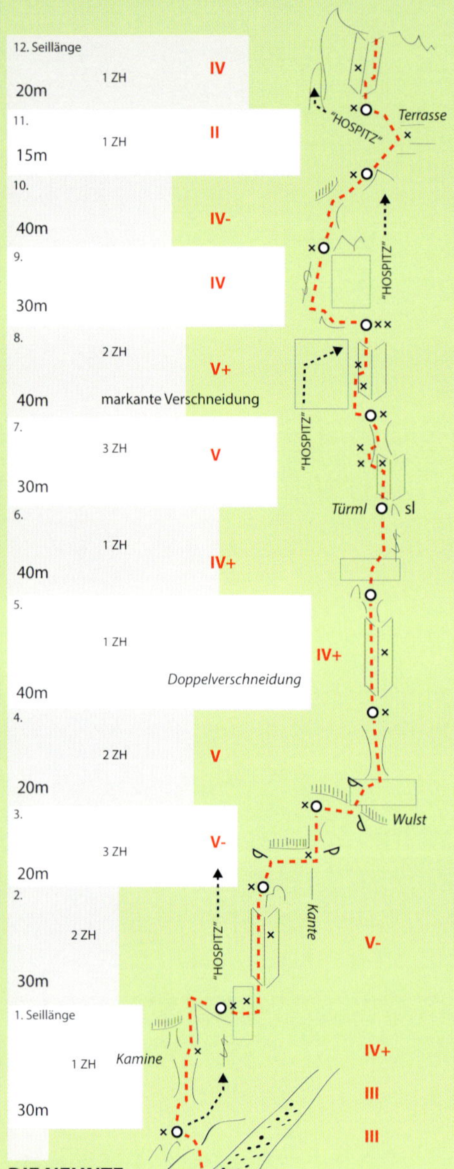

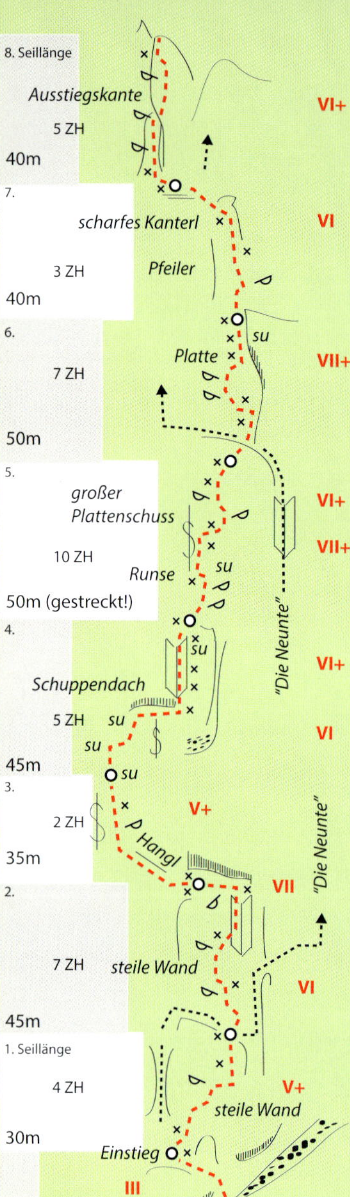

Die Neunte

V+, 300 Meter.

Mittelschwere, mit OeAV- und Sigi-Klebehaken sanierte Route. Oft wiederholter Anstieg, sehr lohnend!

Erstbegangen mit Adi Sattelberger und Toni Wicker 1973 und 1980.

Hospiz

VII+.

Durchgehend sehr anspruchsvolle Freikletterei mit Auswegmöglichkeit zur „Neunten“. Bisher nur eine Wiederholung bekannt!

Die Route ist mit OeAV- und Sigi-Klebehaken saniert.

Erstbegangen mit Sigi Brachmayer 2003.

Großer Sattelkopf (2 526 m)

Eine von allen Seiten markante Gipfelgestalt

Während die schöne Gipfelkrone nördlich in steilen, glatten Platten abfällt, stürzen die sonnseitigen Wände senkrecht zu den Schichtplatten der Rampe des Vorbaus ab. Erstbesteiger waren Ludwig Purtscheller und Heinrich Heß am 13. Juli 1893 über die Ostwand. Die schöne plattige Nordwand kletterten als Erste Leopold Edelmayer und Peter Radacher am 20. September 1920. Erster Abstieg über die Nordseite: Erwin Schneider 1926.

Bemerkenswert ist, dass die Südost- und Südwestwände trotz ihres abweisenden Aussehens eine relativ frühe Erschließung erlebten.

Hansl Feichtner und Hermann Amanshauser erkletterten 1919 erstmals den markanten Kamin in der Südostwand „Amanshauser-Feichtner-Kamin").

Diese Erstbegehung beschrieb Kaspar Wieder im folgenden Nachruf: „Hermann Amanshauser und Hansl Feichtner suchten und fanden dort am 29. September 1919 in hartem Ringen den Weg zum Gipfel. Hans Feichtner, mein treuer Gefährte in den Bergen und im Leben! Auf den Höhen von Mitterberg tauschten wir den letzten Bergsteigergruß. Der Besten und Kühnsten einer, ward dein junges Leben einzig unsern lichten Höhen geweiht – und geopfert. – In idealer Linienführung leitet der Amanshauser-Feichtnersche Weg zum Gipfelhaupte."

Eine nicht alltägliche Route durch die Südwestwand gelang Christa Haidacher, Wastl Weiss aus Kitzbühel und Roman Szalay aus Salzburg. Vermutlich war es die fünfte Begehung, als Hans Neumayer und ich am 11. September 1979 die Route kletterten. Wir waren sehr beeindruckt von der großartigen Leistung der Erstbegeher. Die Route war 1939 mit IV bis V bewertet worden und es war für uns der Maßstab der eigenen Erstbegehungen in den wilden Jahren, die sich schließlich als stark unterbewertet erwiesen. 1981 kletterten Sieglinde Walzl und ich die Direkte Südwestwand (VII), 1988 Ewald Rudorfer und ich die sogenannte „Apokalypse" (VIII). Die alte Südkante gelang schon Jahre zuvor gemeinsam mit Willi Bogensberger (1969) und die Südostwand mit Walter Aschauer am 22. September 1980.

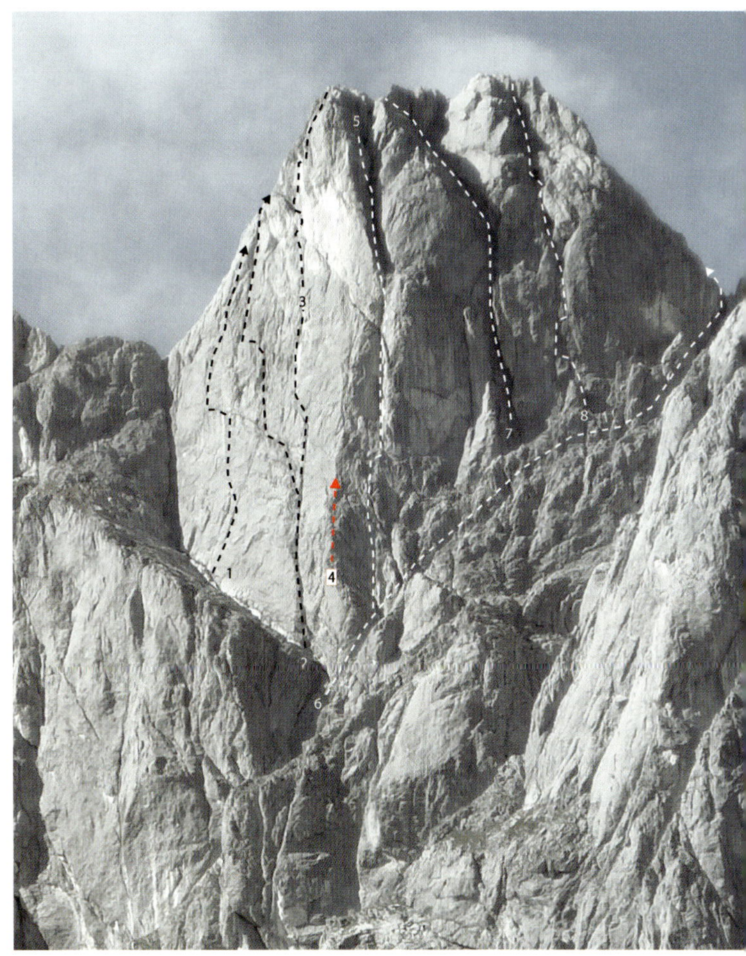

1 Apokalypse
2 Haidacher
3 Direkte Südwestwand
4 Direkte Südkante
5 Alte Südkante
6 Südrampe
7 Feichtner-Kamin
8 Precht-Aschauer

Roman Szalay
Salzburg 1902–1988

Es ließe sich vieles erzählen von den Taten, Untaten und Spitzbübereien Roman Szalays, doch, wie wir gehört haben, will er es nicht, er war kein „Schreiberling". Er hat die Berge, denen seine Liebe gehörte, in sein Innerstes aufgenommen, hat Freunden davon erzählt, aber nicht von Seillängen, Schwierigkeiten, sondern über seine Beziehungen zum Berg sowie seine Empfindungen. Und bevor ich den unzureichenden Versuch starte, Roman Szalay in seinem Wesen und als Mensch darzustellen, lasse ich ihn lieber selbst sprechen (entnommen aus den Briefen an Hans Steinbichler):

„Lieber Hans, ich bin kein sehr geehrter Herr – ich bin nur der Roman – ein ganz normaler (oder wie viele behaupten, absolut nicht normaler) Mensch, der gerne fröhlich lebt und gelebt hat!"

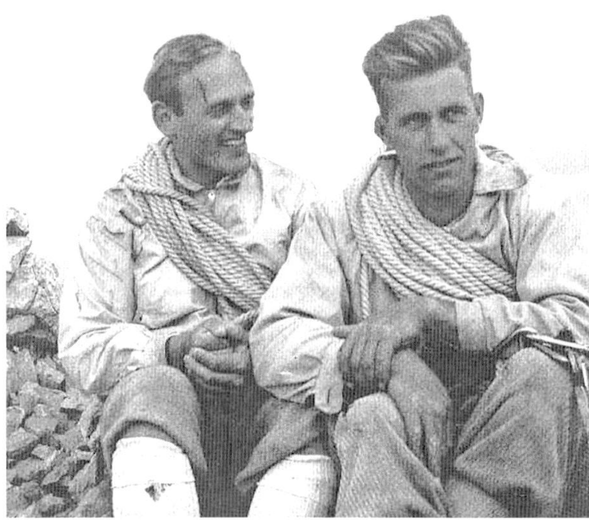

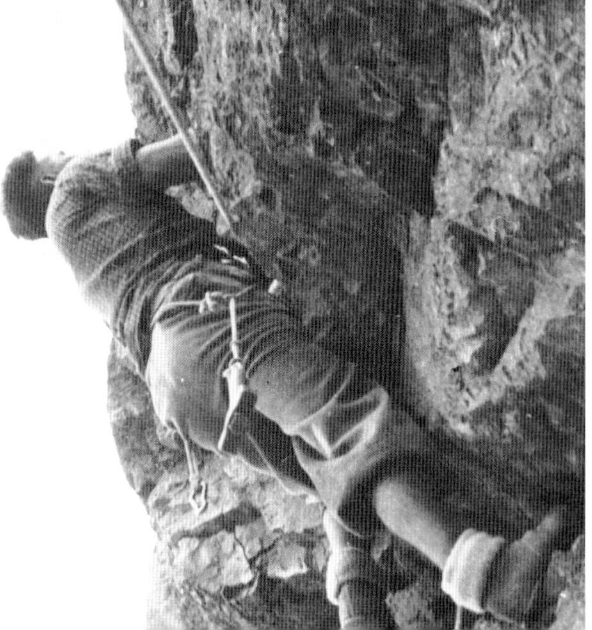

Christian „Christa" Haidacher
Kitzbühel 1914–2010

Als tüchtiger und strebsamer gelernter Mechaniker ohne jegliche Klettererfahrung wurde er Mitte der Dreißigerjahre des vorigen Jahrhunderts von Freunden zu einer Tour mitgenommen, die damals zu den absoluten Toprouten im Bereich der Nördlichen Kalkalpen zählte. Um die Hüfte direkt ins Seil eingebunden und über die Schulter gesichert. Christa muss gut geklettert sein, denn sogar einem zufällig anwesenden Spitzenkletterer jener Zeit, dem legendären Hias Rebitsch, soll die Tatsache dass einer, der bis dato keinerlei Felserfahrung hatte, ganz locker durch die „Wiessner-Rossi" in der Fleischbank-Südostwand steigt, ein paar anerkennende Worte entlockt haben. Bärenstark sei er gewesen, hat der Hias Rebitsch öfter bemerkt, wenn später von Christa die Rede war.

Gemeinsam mit Wastl Weiss war der Christa stolzer Besitzer eines Motorrades, auch außerhalb vom Kaiser aktiv. Zusammen und doch nicht zusammen stiegen die beiden durch den Steinerweg in der Dachstein-Südwand, free solo und in neuer Rekordzeit! Am Hochkönig eröffneten sie mit Roman Szalay als Sponsor und Mentor die Südwestwand am Großen Sattelkopf. Den unteren Teil führte Christa, die Querung und den schwierigen Riss im oberen Wandteil war der Wastl an der Reihe mit dem Vorsteigen. Szalay konnte hinsichtlich Kletterfähigkeit mit den beiden Kitzbühelern nicht mithalten, die Rolle, die ihm vor allem im Quergang zukam, dürfte kein Honiglecken gewesen sein.

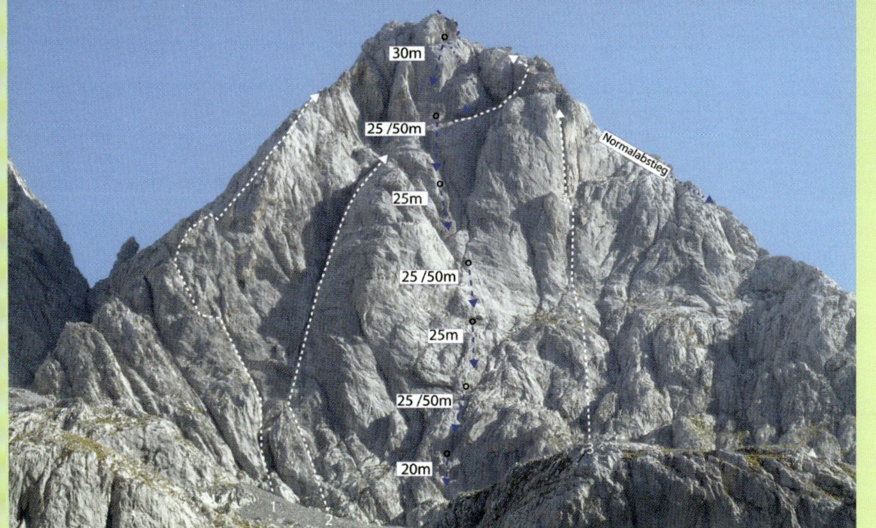

Sattelkopf-Nordseite

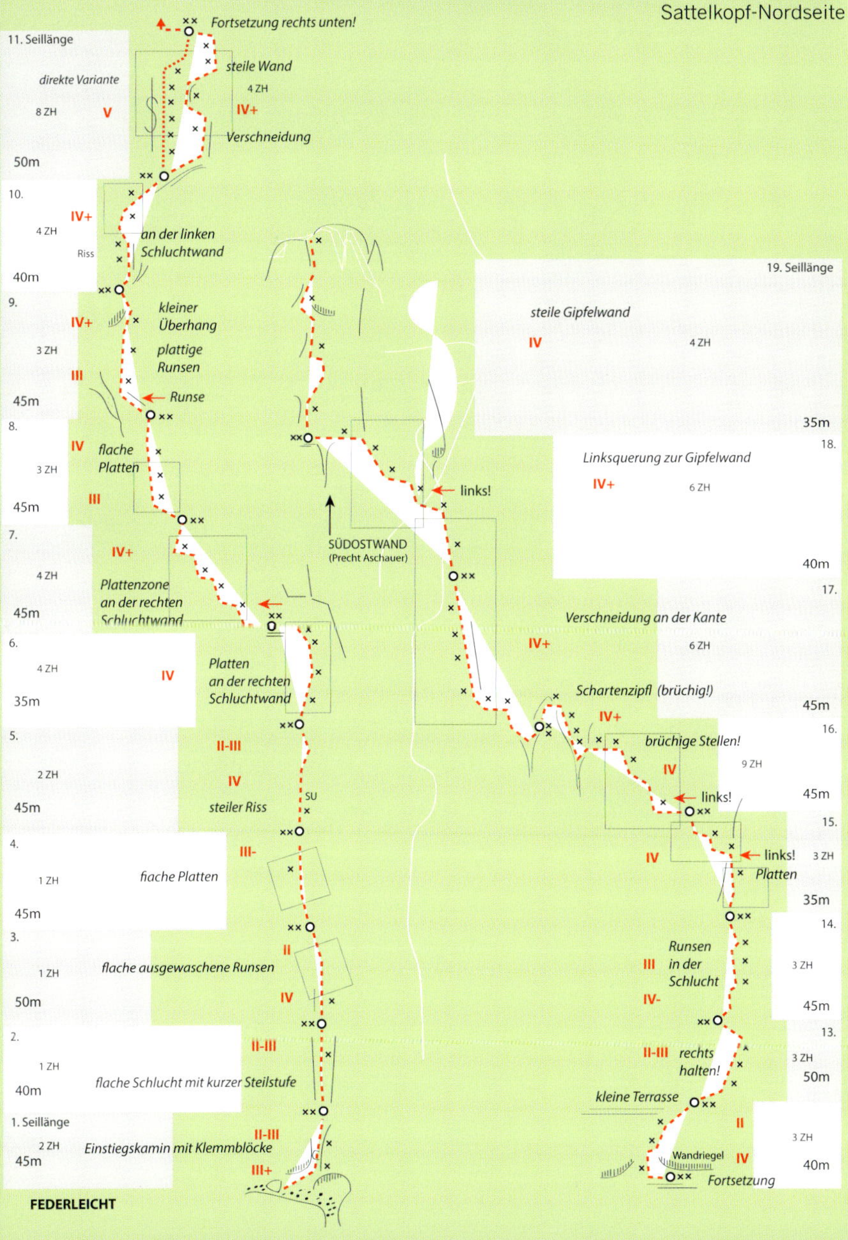

Direkte Südkante
VII, 220 Meter.
Ein ernstes Kletterschmankerl unter den Alpinrouten. Nicht saniert und nahezu noch im Zustand nach der Erstbegehung. Meine 500ste Erstbegehung. Eine Route, die sich das Jubiläum verdient! Erstbegangen mit Wolfgang Haupolter 1991.

Federleicht
IV+, oft leichter (Rissvariante V-), 500 Meter. 19 Seillängen. Die längste von den leichten Routen in der Mandlwand! Mit Qualitätsankern sanierte Route, durchgehend genussvolle Kletterei, nur wenige Stellen sind brüchig – ein Novum in der Mandlwand, da das leichte Gelände teilweise auch recht brüchig sein kann.
Die Route nimmt nicht immer den logischen Weg, sondern orientiert sich an den schönsten Kletterpassagen. Oben am Grat wechselt die Route von der rechten Wandflanke über die Scharte und den Schartenzipf zur Ostwand. Der „Zipf" besteht aus brüchigem Fels, ist aber gut abgesichert, lässt sich auch an der Nordseite umgehen. Am südlichen Rand der Ostwand führt eine fast versteckte Verschneidung in herrlicher Kletterei empor. Unterhalb vom Pfeilerwulst links um die Kante in die Südostwand. Die letzte Seillänge geht über die „Precht-Aschauer" zum Gipfel.
Erstbegehung: Free Solo 2012.

Fortsetzung rechts unten!
11. Seillänge
direkte Variante
8 ZH V
steile Wand
4 ZH IV+
Verschneidung
50m
10.
IV+
4 ZH
Riss
an der linken Schluchtwand
40m
9.
IV+ kleiner Überhang
3 ZH plattige Runsen
III
Runse
45m
8.
IV flache Platten
3 ZH
III
45m
7.
IV+
4 ZH
Plattenzone an der rechten Schluchtwand
45m
6.
4 ZH IV
Platten an der rechten Schluchtwand
35m
5.
II-III
2 ZH IV
SU
steiler Riss
45m
4.
III-
1 ZH flache Platten
45m
3.
II
1 ZH flache ausgewaschene Runsen
IV
50m
2.
II-III
1 ZH
flache Schlucht mit kurzer Steilstufe
40m
1. Seillänge
II-III
2 ZH Einstiegskamin mit Klemmblöcke
III+
45m
FEDERLEICHT

SÜDOSTWAND (Precht Aschauer)
links!

19. Seillänge
steile Gipfelwand
IV 4 ZH
35m
18.
Linksquerung zur Gipfelwand
IV+ 6 ZH
40m
17.
Verschneidung an der Kante
IV+ 6 ZH
Schartenzipfl (brüchig!)
45m
16.
IV+
brüchige Stellen!
9 ZH
IV
links!
45m
15.
IV links! 3 ZH
Platten
35m
14.
III Runsen in der Schlucht 3 ZH
IV-
45m
13.
II-III rechts halten! 3 ZH
kleine Terrasse
50m
II 3 ZH
Wandriegel
IV
40m
Fortsetzung

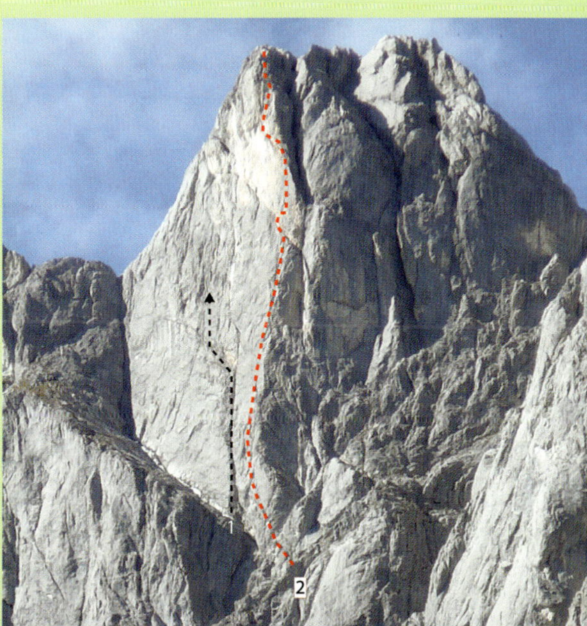

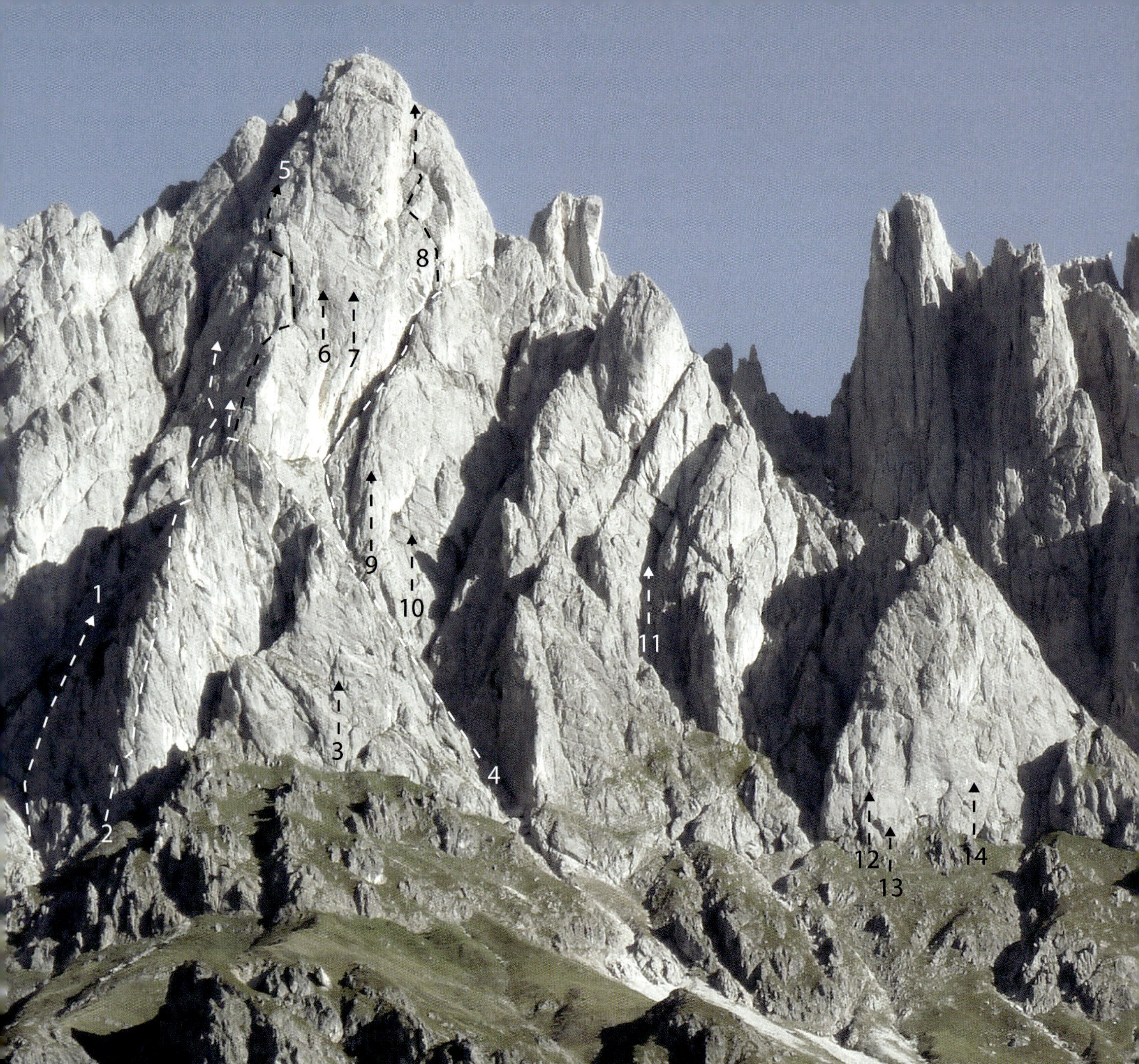

1 Südwestschlucht
2 Szalay
3 Allesblind
4 Südwestwand
5 Südkante
6 Südrisse
7 Südpfeiler
8 Südostwand-Radacher mit Feichtner-Variante
9 Intervall
10 Gotteskinder
11 Südostwand-Precht
12 Gamsig

Großer Gamsleitenkopf (2560 m)

Inmitten der Zackenreihe der Mandlwand breitet sich formschön und eindrucksvoll der Große Gamsleitenkopf mit seiner nach Süden hin mächtigen, steilen, pyramidalen Felswand aus. Die rechte Begrenzung ergibt die Südostschlucht „Gamsleitenschlucht", ein beliebter Anstieg, gut kombinierbar als Überschreitung zur „Gamsleiten" der Nordwestseite des Berges. Eine steile, ausgesetzte Wanderung ohne nennenswerte Schwierigkeiten. Im zentralen Bereich der Südwand liegen einige echte Genussrouten verborgen. Die „Allesblind" und „Gamsig" sind sehr üppig abgesichert, dagegen ist der „Südpfeiler" und die wunderschöne Route „Gotteskinder" nur an den Standplätzen beziehungsweise den wichtigsten Stellen abgesichert.

Erstbesteigung durch Ludwig Purtscheller 1884 über die Gamsleiten (Nordwestflanke). Weitere Erschließung 1919: Südwestwand durch Otto Neumayr und Kaspar Wieder und die Südkante sowie die Südostwand durch Peter Radacher und Leopold Edelmayer, im gleichen Jahr ein Direktausstieg der Südostwand von Hermann Amanshauser und Hans Feichtner, eine für diese Zeit sehr starke Leistung.

Die „Gamsleiten" an der Nordwestseite des Berges bricht an seinem Kamm mit einer senkrechten, düsteren Wand zum oberen Ochsenkar hin ab. In diesem Wandbereich gibt es einige Nachkriegserschließungen: die „Direkte Nordwand" und den „Weg der Blumen" von Sepp Brugger, Helmut und Gerhard Huber und Walter Stanig 1977 und 1985. Schon Jahre zuvor gelang die Nordwandroute von 1970 (Solo) und die „Typisch Mandlwand" aus dem Jahr 1982.

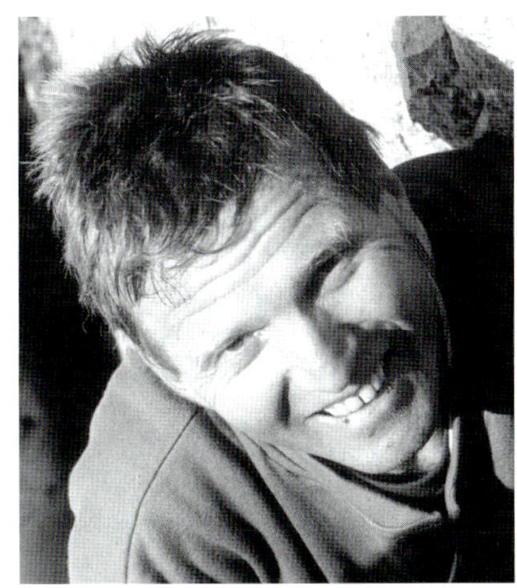

Ulipfeiler
VI, 250 Meter.
Nicht sanierte, schöne Alpinroute, Zustand wie nach der Erstbegehung.
Erstbegangen mit Uli Kaltenböck 1990.

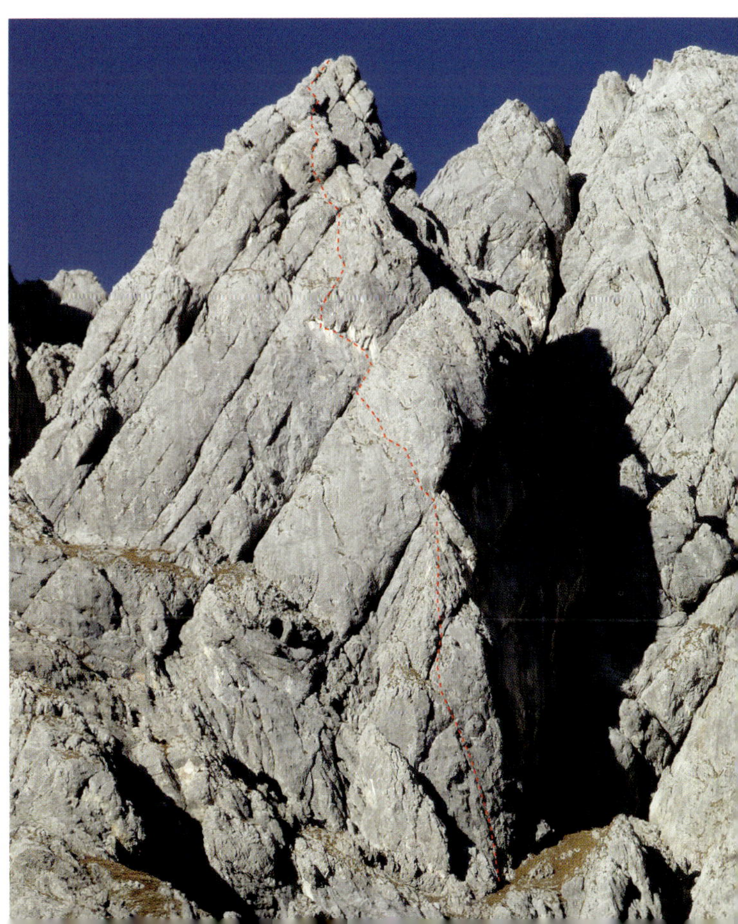

Allesblind

VI+, überwiegend V und VI, 450 Meter.

Üppig mit Qualitätsbohrhaken sanierte Route. Bei der Erstbegehung wurden zu den mobilen Sicherungen 18 Normalhaken geschlagen (noch im Fels).

Die Route beginnt mit herrlichen Platten, führt über den Vorbau zum waagrechten Grat. Im oberen Teil bildet die scharfe Kante, welche die Südwand und die Südostwand abgrenzt, die direkte Ideallinie bis zum Gipfel.

Erstbegangen mit Sigi Brachmayer und Andy Holzer am 11. September 2011.

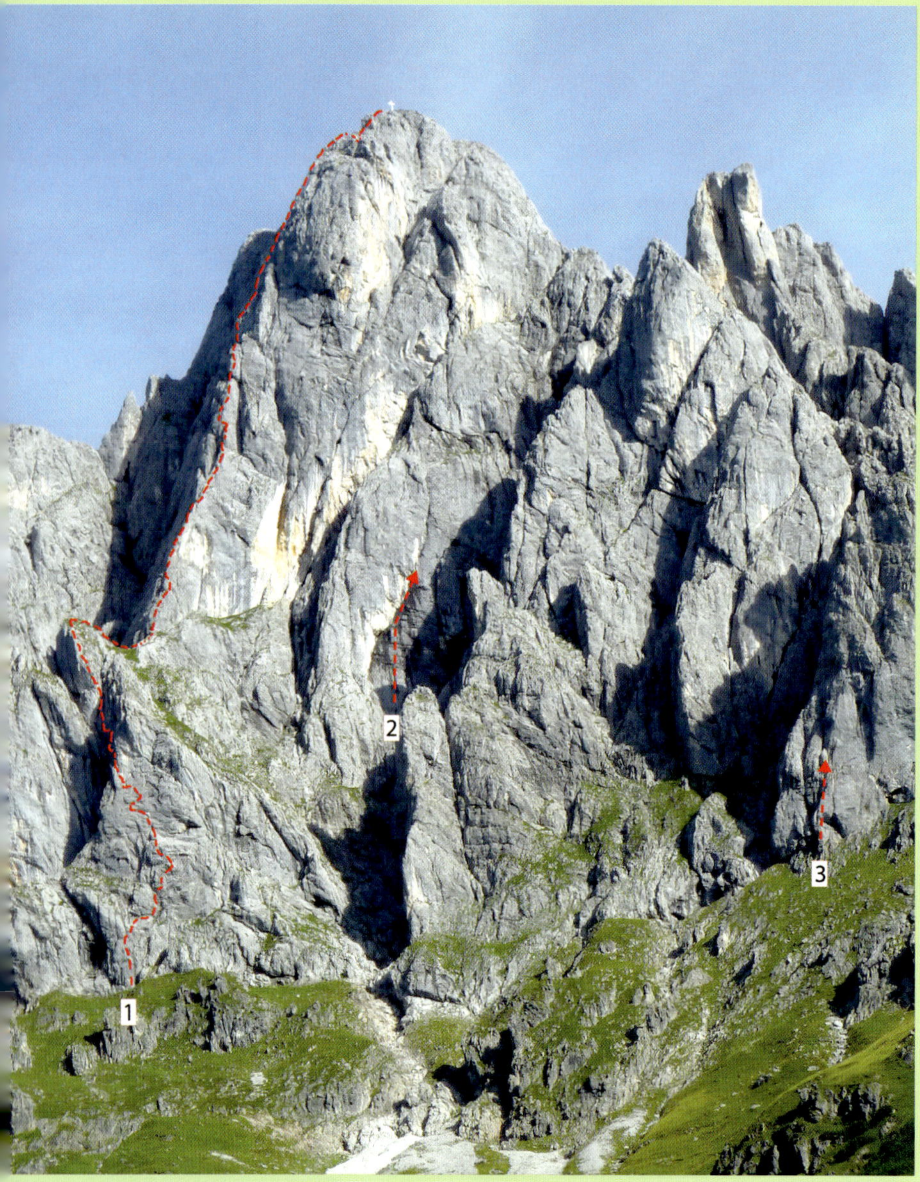

1 Allesblind

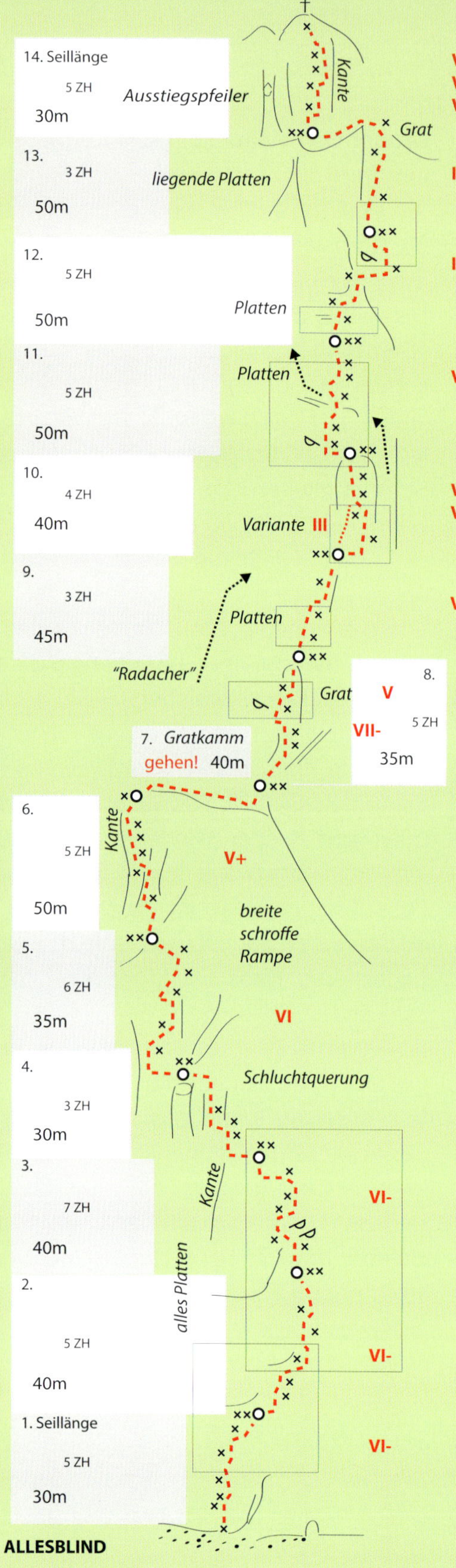

ALLESBLIND

Allesblind

Sigi, Andy und ich verabredeten uns zu einer Klettertour, und ich überlegte im Stillen ein entsprechendes Erstbegehungsziel für das nächste Jahr. Ein besonders launenhafter Sommer folgte. Zweimal hatte ich den Termin absagen müssen, es war jeweils die richtige Entscheidung, obwohl ich das enttäuschte Bedauern in Andys Worten fühlen konnte. Jedes Mal hätte uns jedoch voll ein Gewitter erwischt. Meine neu gewonnene Altersvernunft hat doch auch positive Seiten. Ich weiß, Andy ist ein großer Alpinist, nichtsdestotrotz bin ich mir einer gewissen Verantwortung bewusst. Andy ist nämlich blind.

Er ist 1966 in einem Dörfchen am Fuß der Lienzer Dolomiten geboren und dort aufgewachsen. Durch eine Netzhauterkrankung ist er von Geburt an blind – es ist kaum zu glauben. „Als Kind fährt er Fahrrad und springt über Skischanzen, als Erwachsener erklimmt er die höchsten Berge der Erde. Andere fordern Barrierefreiheit, Andy schafft sich Barrieren, um sie zu überwinden. Seine Lebensgeschichte zeigt beispielhaft, wie man Hindernisse in Chancen verwandeln und über sich hinauswachsen kann“, heißt es in seiner Biografie. Diese Expertise begleitet wahrhaftig sein Leben, und so viel darf ich unserem gemeinsamen Erlebnis vorwegnehmen: Ich kann es bestätigen.

Sicheres Wetter ist natürlich eine Beruhigungspille, ein Fundament, auf dem sich eine praxistaugliche Tourenplanung gestalten lässt. Wie verhext wechselt das Wetter genau dann zum Schlechten, wenn Andy Zeit hat, und wie schon erwähnt, erwägen und verschieben wir die Tour Woche um Woche. Ich habe schon ein schlechtes Gewissen und die Befürchtung, Andy könnte das Hinausschieben als Sturheit meinerseits ansehen. In Wahrheit lechze ich doch selbst mit brennendem Ansporn dem Unternehmen „Allesblind“ entgegen. Abgesehen davon, dass sich jede schöne Klettertour sowieso das allerbeste Wetter verdienen würde, habe ich in meinem Leben sonst nie Erfahrungen mit blinden Menschen gemacht. Dazu kommen mehr als ein Dutzend unbekannte Seillängen und das wankende Selbstbewusstsein eines alten Herrn, der ich nun mal bin.

Manchmal verkehren sich die Wirklichkeiten. Nun bin eigentlich ich der Blinde, und es werfen sich in meiner Planung viele neue Fragen auf, in denen ich als Ahnungsloser herumirre, als reiche nicht die eigene Verunsicherung ohnehin schon über das allgemeine Maß hinaus. Ich bin ein Erfahrener, dennoch immer ein Beginnender, wenn eine Idee und die damit verbundene Einschätzung mir Angst macht. Vor allem, wenn eine Idee so viele Fragen aufwirft. Bange Fragen, an deren Beantwortung ich wieder und wieder scheitere, bis des Rätsels Lösung endlich gefunden ist, die mir für weitere Schritte Raum gibt. Dagegen stehen gemachte Erfahrungen, denn ich weiß, wie schnell die Dinge sich umkehren können. Im Nu ist man dann schuldlos spekulativ zum Schuldigen gemacht.

Es heißt, Ziele verantwortungsvoll zu verfolgen und trotzdem: Die allerbeste Planung scheitert ab und zu an der sehr komplexen Wirklichkeit alpiner Welten. Über den menschlichen Horizont hinauszudenken, hinauszuschauen, ist uns leider nicht gegeben, oft können wir nur ahnen. Und es sind gerade diese unplanbaren Schranken, über die uns der Berg springen lässt, die wir unter der Abenteuerlichkeit verstehen.

Es ist 6 Uhr. Das Kalenderblatt zeigt den 11. September 2011. Trotz der Frühe genießen wir die angenehm milde Temperatur. Das Ziel: eine fast 500 Meter hohe Wand. Überwiegend geht der Weg an einer steilen, oft messerscharfen Kante entlang, allein die ersten sechs Seillängen führen mitten durch einen mächtigen Plattenschuss. Ich weiß es selbst nicht, warum ich das Ding nicht schon viel

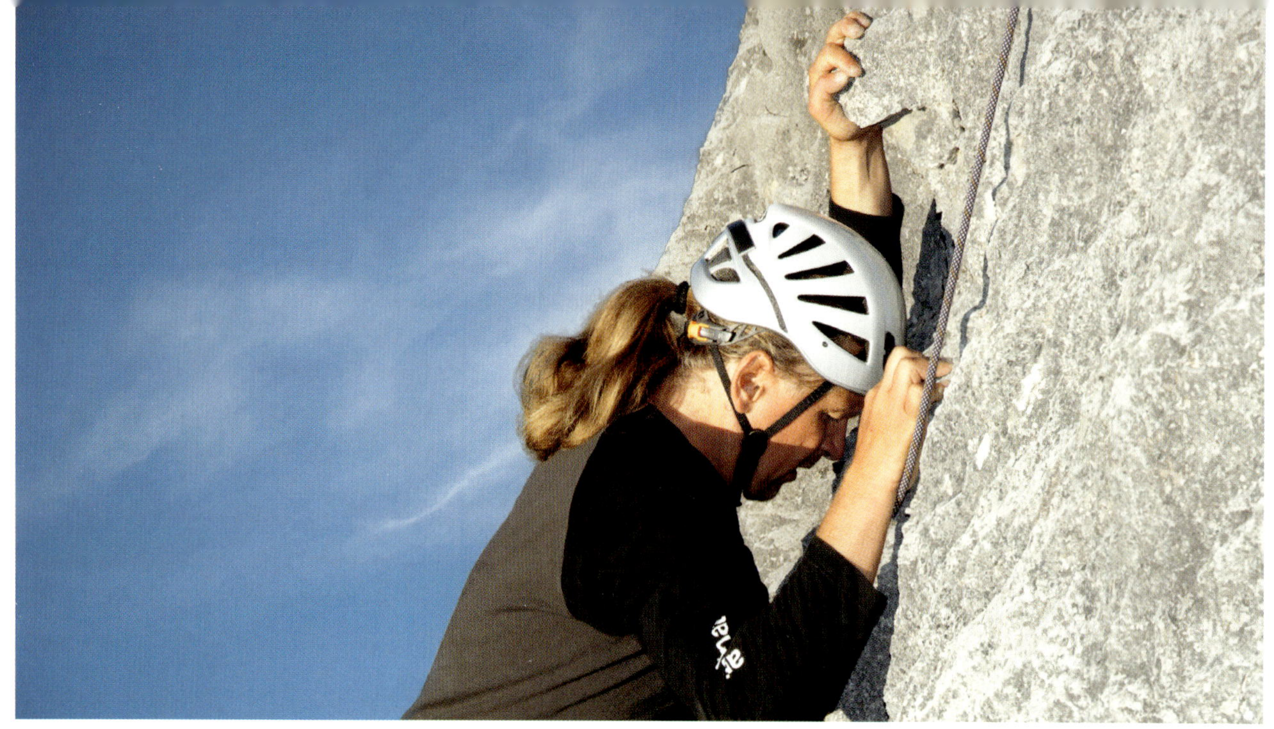

Andy Holzer

früher geklettert bin. Seit Jahren kenne ich die Möglichkeit dieser großartigen Kletterei. Eine Linie, ja, eine echte Direttissima ist es obendrein! Ein Wunder, dass sie bisher für niemanden wichtig erschien. Umso mehr freue ich mich jetzt darüber, denn der Anlass unseres Treffens verdient dieses besondere Ziel.

Heilfroh sind wir – Sigi, Andy und ich – an jenem Morgen über den Schönwettertag, es ist doch ohnehin auch bei super Verhältnissen ein sehr ernsthaftes Unternehmen: ausgefüllt vom Zustieg, dem Klettern selbst und einem langen, fast weglosen Abstieg, welcher für Andy besonders beschwerlich und zeitaufwendig sein wird.

Nun, ich muss gestehen, die ersten zwei Seillängen waren Sigi und ich in der Vorbereitung bereits geklettert. Wir wollten uns ein Bild über die Beschaffenheit der Platten im Einstiegsbereich machen. Im Grunde verlangte es meine Angst, mit der Wand, mit dem Unternehmen „Allesblind" in Kontakt zu treten. Vor Andy lässt sich unser Versuch nicht vertuschen, er hat die tatsächlichen und die neu geschlagenen Haken mitgezählt. Unverblümt äußert er sich später, als die Scheu zwischen blind und nicht ganz blind gewichen ist: „Ihr könnt mich nicht für blöd verkaufen, ich hab's mitbekommen, die ersten zwei Seillängen hattet ihr vorbereitet!" Man kann Andy nichts unterjubeln, sein inneres Auge sieht und erfasst alles.

Jetzt klettert Sigi nahe vor Andy, um ihm so die Richtung vorzugeben. Es ist die einzige Hilfe, die er braucht, denn im alpinen Klettern geben natürliche Wandstrukturen die Linien vor, die oft sehr im Zickzack verlaufen können. Zwischensicherungen gibt es nur, wenn der Fels es zulässt, entsprechend groß sind die Abstände, und der Seilverlauf ist oft anders als der frei kletterbare Weg. An manchen Stellen, wo wir im sechsten Schwierigkeitsbereich klettern, klettert Andy eventuell im Siebten oder Achten, da er den einen oder anderen wichtigen Griff oder Tritt nicht finden kann.

Andy streichelt den Fels mit einer Fertigkeit, als formte er die Griffe und Tritte, die zum Weiterkommen nötig sind. Ein Liebkosen, als wollte er jeder Unebenheit, die ihn Schritt für Schritt höher bringt, Danke sagen. Verblüffend für uns ist die unglaubliche Sensibilität für seine Umgebung, die für uns Sehende unverständlich bleibt. Andy erspäht mit den Fingerspitzen die Wand, den Kletterweg. Er findet die Griffe und speichert im Kopf die oft kargsten Unebenheiten für die nächsten Schritte. Nie vernehme ich ein Schimpfwort, auch nicht bei Stellen, die sich für einen Blinden besonders happig anfühlen müssen.

Sehr logisch öffnen sich die Möglichkeiten im Plattenschuss der ersten sechs Seillängen. Der Fels ist fantastischer Hochkönigkalk. Eisenfeste Griffe und Tritte. Ein schönes Gleichmaß von Ernsthaftigkeit und Genuss. Schöne Griffe locken mich in eine ziemlich glatte Platte. Die letzte Sicherung ist beängstigend weit weg. Zwei mutige Kletterzüge sind gefragt! Oder soll ich doch lieber zurückklettern? (Bei einer späteren Wiederholung finde ich dann einen leichteren Weg links davon!) Eine gelbe Wandzone drängt uns nach links um die Kante zu einer kleinen, von Wänden eingefassten Schlucht. Eine wunderschöne Wandstufe, fester, trockener Fels. Hurra!

Ich schlage zu Beginn einen Haken, setze weiter oben noch einen Stopper, dann noch einen der Friends Nr. 3. Das ist die Absicherung der fünften Seillänge. Schwierigkeitsgrad sechs plus. Stand finde ich an einer aus der Wand ragenden Felsschuppe. Schnell hole ich das freie Seil ein und lege die Seile in das Sicherungsgerät, die Handgriffe sind automatisiert. Am Lauf des Seiles merke ich, dass Sigi und Andy nachkommen. Wir sind im Zeitplan, die Kante des oberen Wandteils beginnt mit einem kleinen Überhang. Ich schlage drei Haken, kann aber alles frei klettern.

Aneinandergereiht, umschlungen von zartem Gewölk, zeigen sich die Gipfel der Hohen Tauern. Was für ein herrlicher Tag! Ich schlage die zwei letzten von 18 Haken in die sich senkrecht aufsteilende Kante. Die Route endet unmittelbar vor dem Gipfelkreuz. Bald sind auch Sigi und Andy da. Robert Jölli, ein Kletterfreund, der mich über Jahrzehnte begleitet, ist inzwischen über die Südschlucht zum Gipfel aufgestiegen, um Fotos zu machen.

Neben dem seilfreien Abklettern über die nicht ganz ungefährliche Nordwestflanke des Berges – wir haben Andys Blindheit fast vergessen – verhallt so mancher Herren-Witz übler Sorte in der heiligen Bergwelt. Die Witze selbst sind nicht das Lustigste, allein das Nebenbei, das Andy in dieser exponierten Situation zu erzählen weiß, birgt den Unterhaltungswert. Nach unten verliert sich die Heiterkeit, wir spüren sein Martyrium. Dennoch, es gibt auch jetzt keinen einzigen Fluch während des mehr als dreistündigen Abstiegs zur Mitterfeldalm.

Unser Weg führt durch das lange blockige Kar des „Kleinen Kniebeißers". Für einen Blinden ein äußerst böses Gelände, jeder Schritt muss praktisch einzeln ertastet werden und birgt Widrigkeiten und die Gefahr, sich zu verletzen. Und mit den Schritten sammeln sich die Schrammen.

Der unerschöpflichen Quelle an Energie, die aus seinem Wesen entspringt, ist es zu verdanken, dass wir trotz allem irgendwann bei diffusem Abendlicht zur Mitterfeldalm kommen. Ich bewundere den demütigen Menschen, denn nie ist da ein Anflug von Bitterkeit bezüglich seines Nachteils zu spüren. Vielmehr hat mich kaum vorher je das empfundene Glück eines Kletterpartners so berührt wie in den Gipfelminuten dieses Tages, mit der großen Freude seiner ersten Erstbegehung. Die Begegnung mit Andy hat mir vor Augen geführt, dass wir alle in irgendeiner Art und Weise Nicht-Sehende sind. Auch haben wir letztendlich aus dem herrlichen Abenteuer die Feststellung beziehen dürfen, dass wir beizeiten mit viel Blinderen unterwegs waren als an diesem Tag mit Andy.

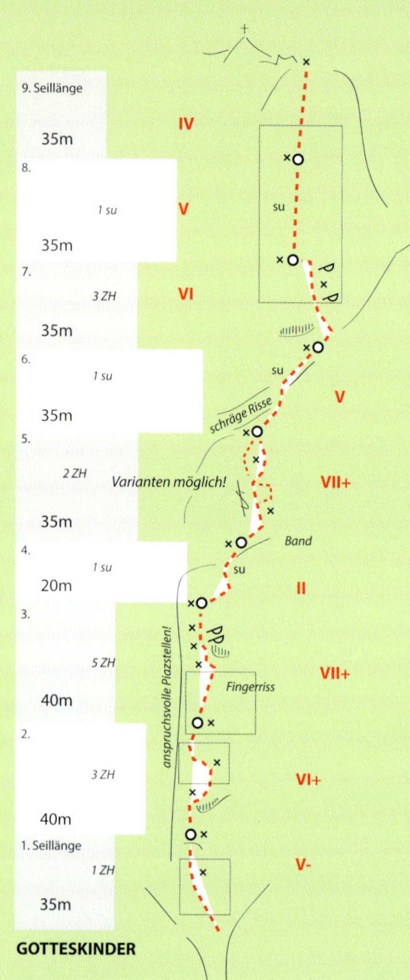

Gotteskinder
VII+, 350 Meter.
Mit OeAV-Klebehaken – an den wichtigsten Stellen – sanierte Route, mit vielen abwechslungsreichen Kletterstellen in sehr gutem Fels. Trotz der Sanierung wurde der ernste Charakter bewahrt, mit langen Hakenabständen muss gerechnet werden.
Wichtig: Trockene Verhältnisse abwarten!
Erstbegangen mit Sepp Inhöger 1989.

Gamsig
V+, 450 Meter.
Mittelschwere, mit OeAV-Klebehaken sanierte Alpinroute, mit vielen sehr anregenden Kletterstellen. Durch Linksquerungen erreicht man immer wieder sehr schöne Pfeileraufschwünge.
Wichtig: Nicht den logisch erscheinenden Möglichkeiten folgen, sie führen zum Südostgrat (man kann sie als Fluchtweg zur Gamsleitenschlucht benützen), sondern immer scharf links halten. Genaues Topo-Studium ist hilfreich.
Die Erstbegehung gelang im Free-Solo-Stil, bei starkem Föhnsturm im Spätherbst 1997. Später nannte ich den Weg „Gamsig" als Anlehnung an die sogenannte Gamsleiten.

Typisch Mandlwand
VII, 400 Meter.
Alle Haken blieben im Fels. Zusätzliche mobile Sicherungsmöglichkeiten sinnvoll. Südlich oberhalb vom „Kleinen Kniebeißer" schwingt sich die Nordwestkante steil empor, bis sie auf der Schulter des Großen Gamsleitenkopfs endet. Großzügige, abwechslungsreiche Freikletterei im ernsten Gelände. Man erlebt typische Mandlwand-Eindrücke: In den steilen, schweren Passagen ausgezeichneter Fels, im flachen, leichten Gelände dagegen oft brüchig und schrofig!
Erstbegangen mit Schorsch Wenger und Uli Kaltenböck 1992.

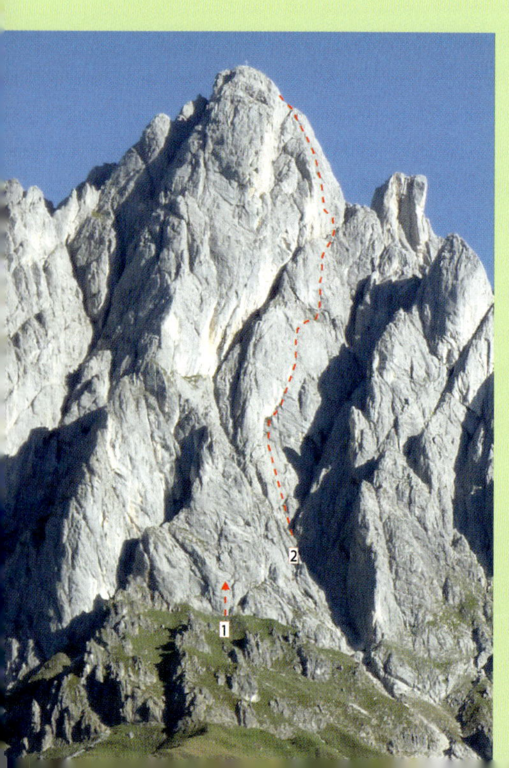

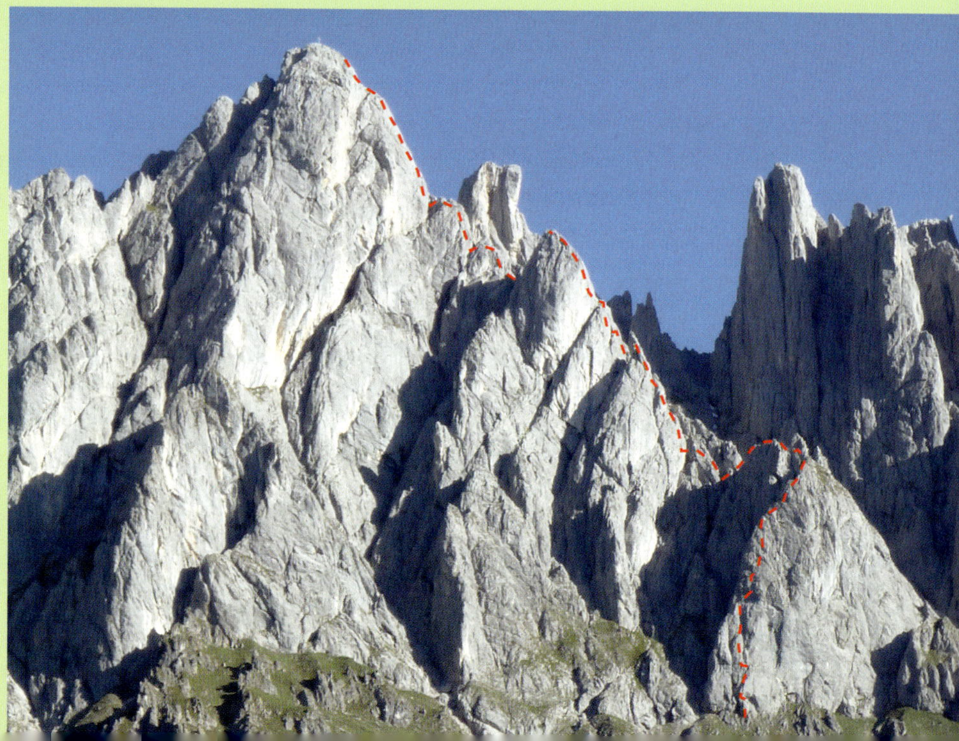

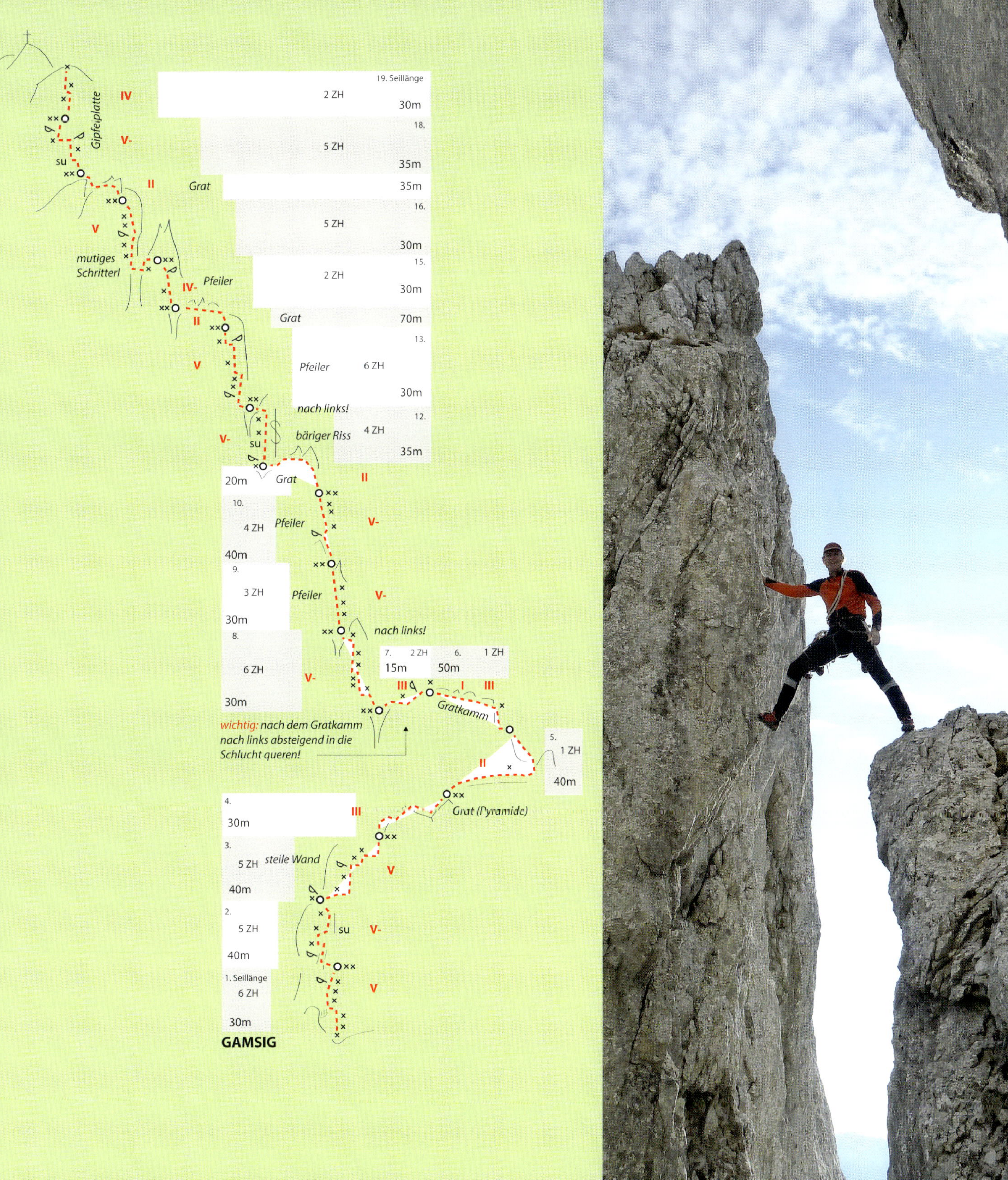

19. Seillänge
2 ZH
30m
IV
Gipfelplatte
18.
5 ZH
35m
V-
su
II
Grat
35m
16.
5 ZH
30m
V
mutiges Schritterl
15.
2 ZH
30m
IV-
Pfeiler
II
Grat
70m
13.
Pfeiler
6 ZH
30m
V
nach links!
12.
4 ZH
35m
V-
su
bäriger Riss
20m
Grat
II
10.
4 ZH
Pfeiler
40m
V-
9.
3 ZH
Pfeiler
30m
V-
nach links!
8.
6 ZH
30m
V-
7.
2 ZH
15m
6.
1 ZH
50m
III
I
III
Gratkamm
wichtig: nach dem Gratkamm nach links absteigend in die Schlucht queren!
5.
1 ZH
40m
II
Grat (Pyramide)
4.
30m
III
3.
5 ZH
steile Wand
40m
V
2.
5 ZH
su
40m
V-
1. Seillänge
6 ZH
30m
V
GAMSIG

Teufelsturm (2512 m)
Hoch über der Gamsleitenschlucht erhebt sich die steile, gelbe Gipfelwand des Teufelsturm. Ein kleiner Felszahn, welcher nach Norden („Schneeklammrücken") einen mächtigen Vorbau entsendet, der mit wuchtigen, etwa 400 Meter hohen Wänden ins steile Schuttkar abbricht. Der „Rechte Gabelriss" wurde von Karl Stockhammer und Karl Niederbrucker 1936 erstbegangen. Den „Linker Gabelriss" und die Direkte Nordwand konnte ich im Alleingang 1970 und 1975 erstbegehen, sowie die Nordkante 1974 mit Christl Walko.
Dem Schneeklammrücken hängen zwei Sporngipfel an: der Weißturm und der Erniturm mit sehr schönen plattigen Wänden. An der kurzen Westwand des Teufelsturm beginnt die „News-Überschreitung" und über die vorher erwähnte gelbe Gipfelwand geht die Route „Quicki".

Quicki
VI+, 100 Meter.
Mit OeAV-Klebehaken – an den wichtigsten Stellen – sanierte Route.
Kurze, spritzige Freikletterei, mitten durch die gelbe, senkrechte Wand des Gipfelzackens mit furioser Ausstiegsverschneidung.

Weißturm (2290 m)
Eine dem Teufelsturm im Norden anhängende Spornschneide, deren stattliche Nordwestwand einige ernsthafte Alpinrouten anbietet. Einziger Schönheitsfehler: eine ausgedehnte Terrasse, welche die Wand in der Mitte absetzt.

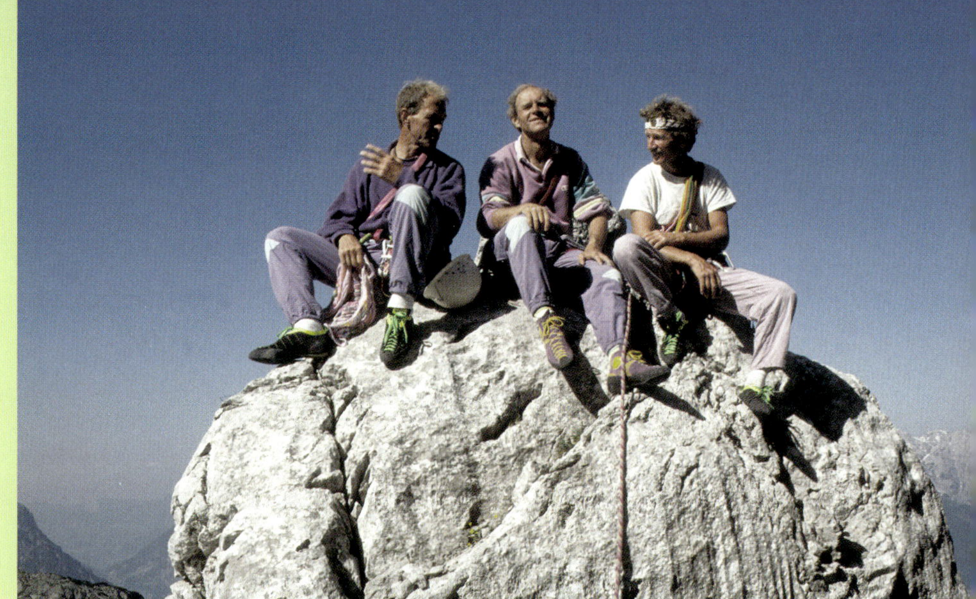

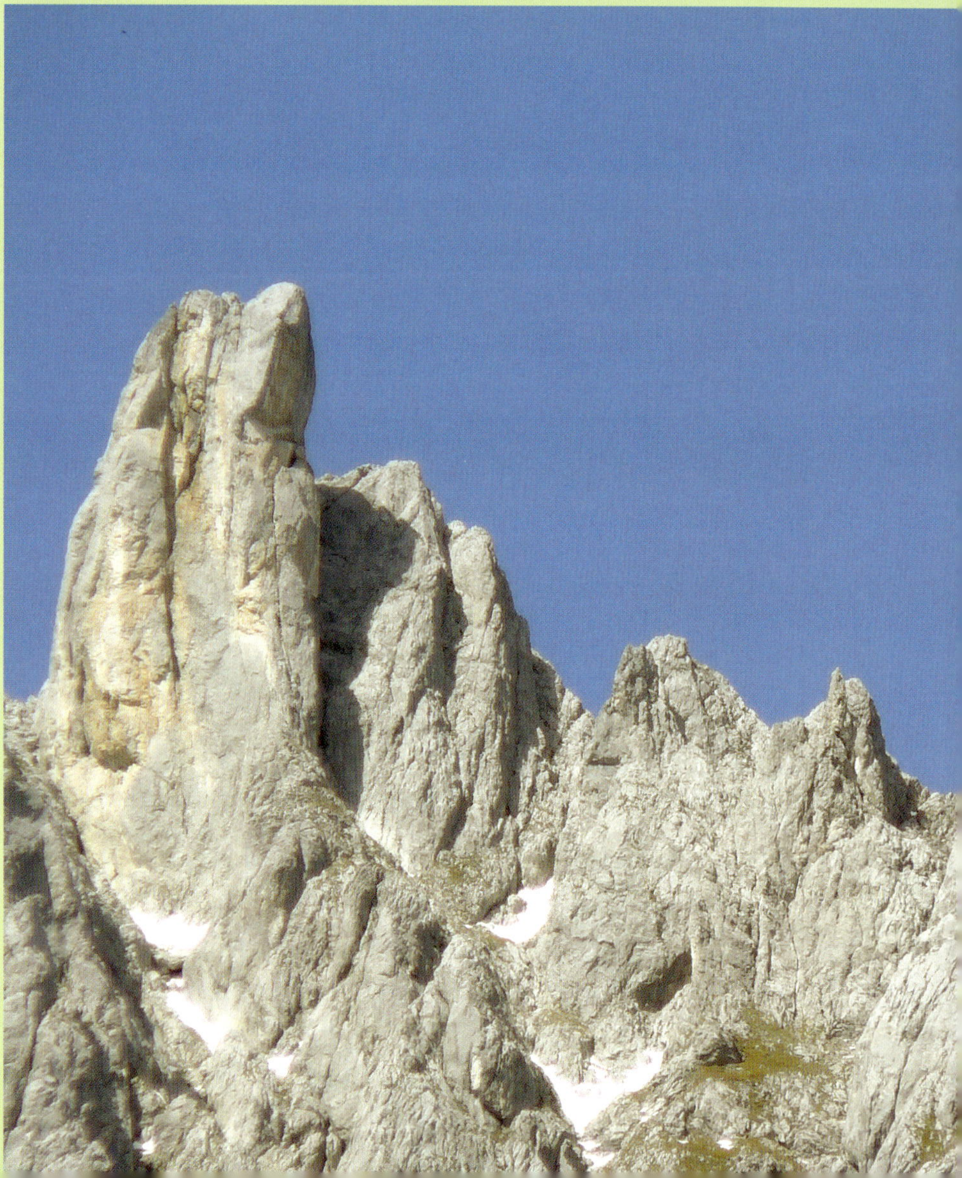

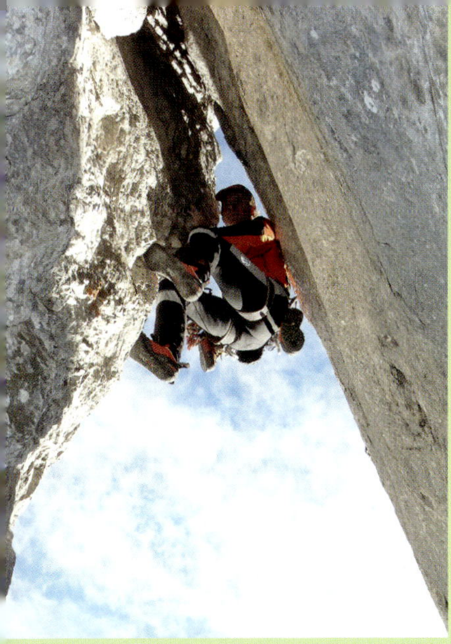

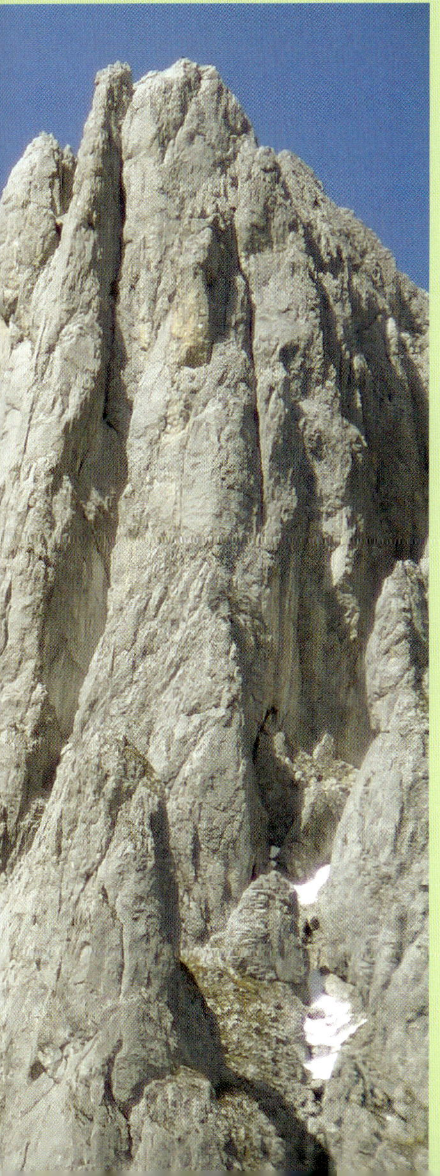

ABBA
VII, 350 Meter.
Geeignet für Kletterer, die den echten Alpinismus lieben. Ernsthafte Kletterei, sehr abwechslungsreich und kühn in Bezug auf die Linie!
Alle Erstbegehungshaken verblieben im Fels, zusätzlich lassen sich bedingt mobile Sicherungsmittel verwenden.
Erstbegangen mit Franz Guggenberger 2000.

Almenrauschweg
VII+, 350 Meter.
Echte Abenteuerroute mit karger Absicherung.
Die Wand ist von einer größeren Terrasse unterbrochen, der Kletteranteil bietet aber fassettenreiche Kletterei in fast immer guten Fels.

Erniturm (2 370 m)
Ein, der Nordwand des Teufelsturms vorgelagerter, spitzer Sporngipfel mit Gipfelkreuzerl. Der Felsausläufer bricht nach Norden und Nordwesten mit steilen Platten und Wänden ab. Erstbesteigung 1969 mit Erni Ofner und Josef Hippolt. Der Turm ist der Bergsteigerin Erni Ofner gewidmet, die 1970 im Bereich der Torsäule in einer Lawine ums Leben kam.

Eunuchenritt
VI-, 200 Meter.
Kurze, interessante, alpine Freikletterei mit einigen mutigen Piazstellen.
Erstbegangen mit Robert Jölli und Walter Aschauer 1989.

Bergdohlenweg
VII, A0 je eine Stelle, 200 Meter.
Abwechslungsreiche Kletterei in gutem Fels. Es sollte aber trocken sein, sonst ist man in dieser Route arm.
Die Kletterei übertraf in jeder Hinsicht unsere Erwartungen. Im oberen Teil wohl durch zwei Rampen unterbrochen, ist der Weg trotzdem vom Einstieg bis zum Gipfelkreuz genussvoll, steil und schwierig bis zum letzten Meter. Vor allem freute ich mich für meinen Freund Hans, dass wir wieder einmal eine so großartige gemeinsame Erstbegehung gefunden hatten, obwohl es vorerst wegen der großen Hitze eine Flucht in den Schatten war.
Erstbegangen mit Hans Neumayer am 29. August 1992.

Sarajevo
V+ eine Passage, sonst alles IV und V, 200 Meter bis zum Gipfelkreuz.
Nicht sanierte Route, schöne Kletterei über mittelsteile, griffige Platten. Ideale Tour an heißen Sommertagen.
Erstbegangen mit Schorsch Wenger.

Treppenhaus
V+, 200 Meter.
Nicht sanierte Alpinroute. Sehr schöne, treppenartige Felsschichtung.
Erstbegangen mit Uli Kaltenböck 1992.

oben links: Walter Aschauer, Robert Jölli, Albert Precht
oben rechts: Robert Jölli

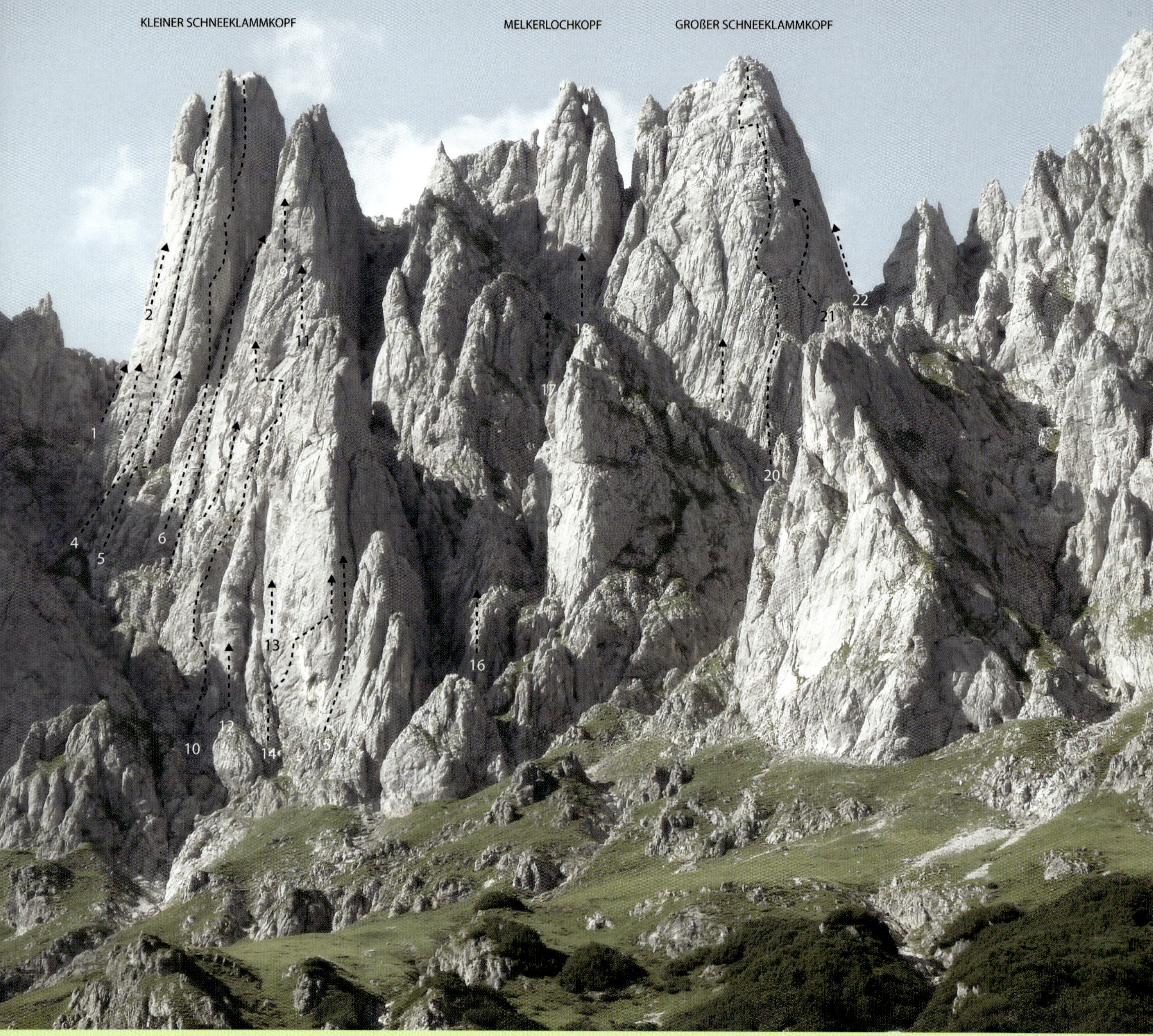

1 Achilles Alpin und Skurrily
2 Neumayer und Lukan
3 No Bolt
4 Sardelic
5 Südpfeiler
6 Südostpfeiler
7 Südkamin-Peterka
8 und 9 Südwestverschneidung
10 Via Anne
11 Südostgrat
12 Südverschneidung
13 BH-Route
14 Hl. drei König
15 Südostpfeiler
16 Alter Südgrat
17 Schluchtanstieg
18 Südostwand
19 Südwand
20 Südostpfeiler-Peterka
21 Edelmayer-Radacher
22 Direkte Ostwand

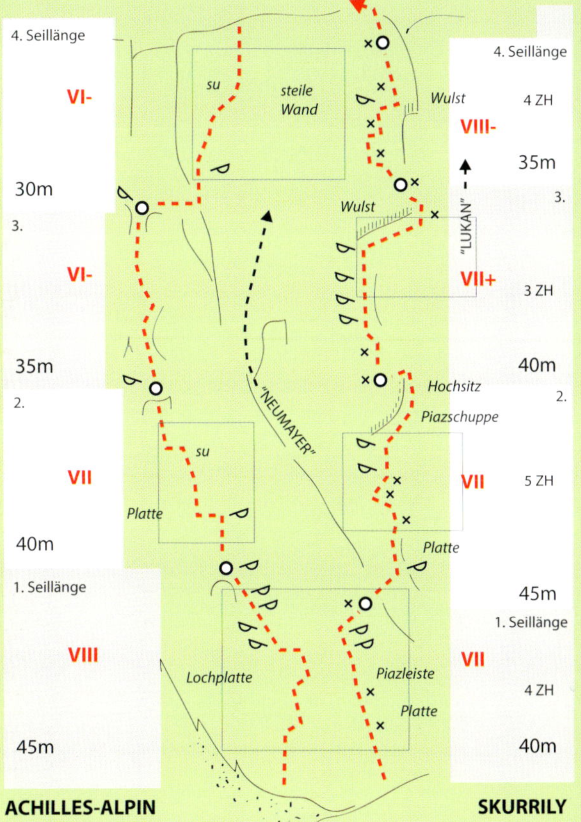

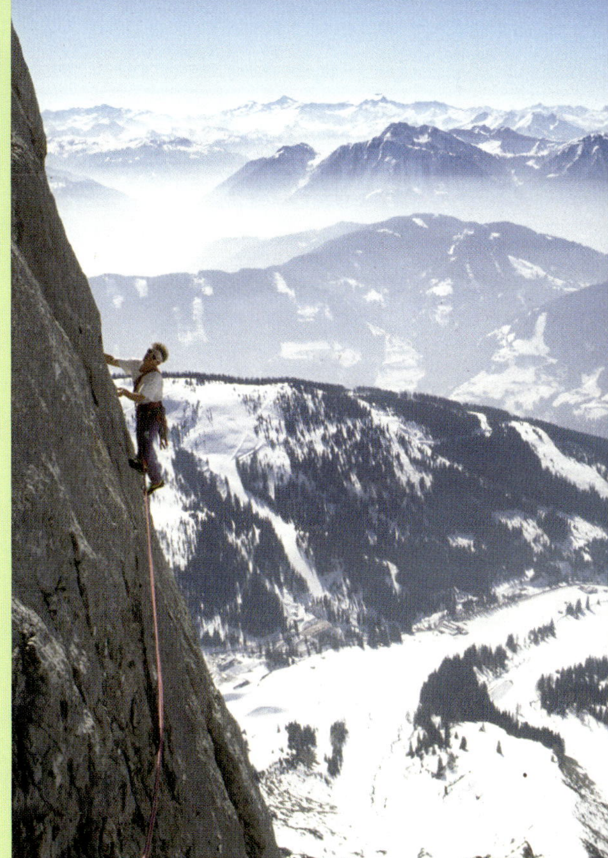

Kleiner Schneeklammkopf (2510 m)
Schlanker, auffallender Felsturm mit sehr schönen, nach Südwesten und Süden gerichteten Wänden und Pfeilern. Nach Süden hin sind dem Gipfelturm einige Gratgipfel bis zum sogenannten Bergführerturm vorgelagert.
Alexander Sardelic und Hans Kont durchkletterten 1930 erstmals und in sehr direkter Linie die steile und plattige Südwestwand. Links davon fanden Karl Lukan, Hilde Doberl und Hans Hauser 1947 einen sehr genussvollen Weg vorwiegend über steile Platten.

Achilles alpin
VIII, 150 Meter.
Kurze, sehr ernste Alpinroute, im Zustand der Erstbegehung belassen. Schöne, sehr anspruchsvolle Kletterei, aber der kompakte Fels erlaubt das Schlagen von Haken nur in sehr bedingten Ausnahmen. Verlangt große Erfahrung im schwersten ungesicherten Fels, denn die Schlüsselstellen sind karg abgesichert und zwingend frei zu klettern!
Erstbegangen mit Sigi Brachmayer 1998.

Skurrily
VIII, 150 Meter.
Mit OeAV-Klebehaken sanierte Route mit sehr ernstem, alpinem Charakter. Hervorragende Freikletterei.
Erstbegangen mit Walter Aschauer 1990 und der gerade Ausstieg mit Schorsch Wenger 1996.

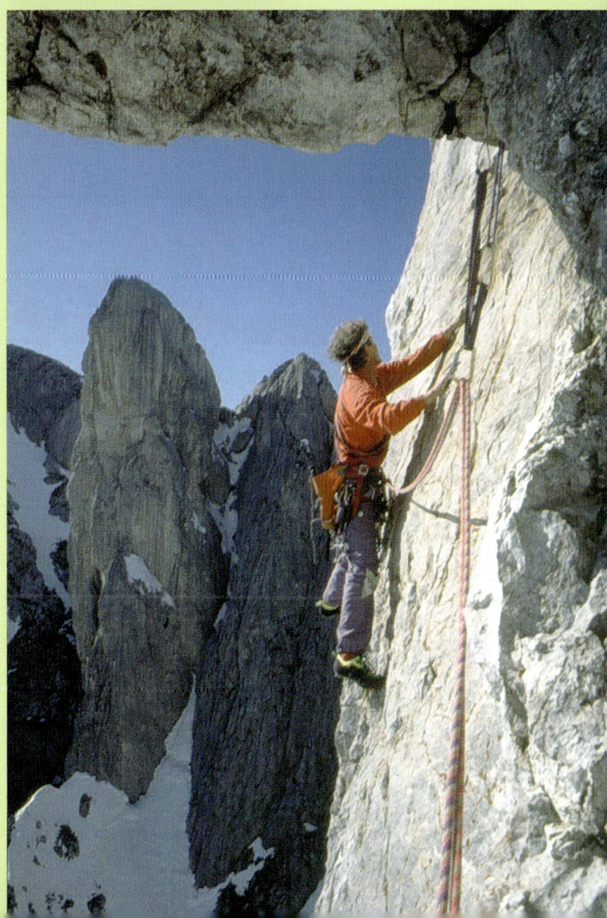

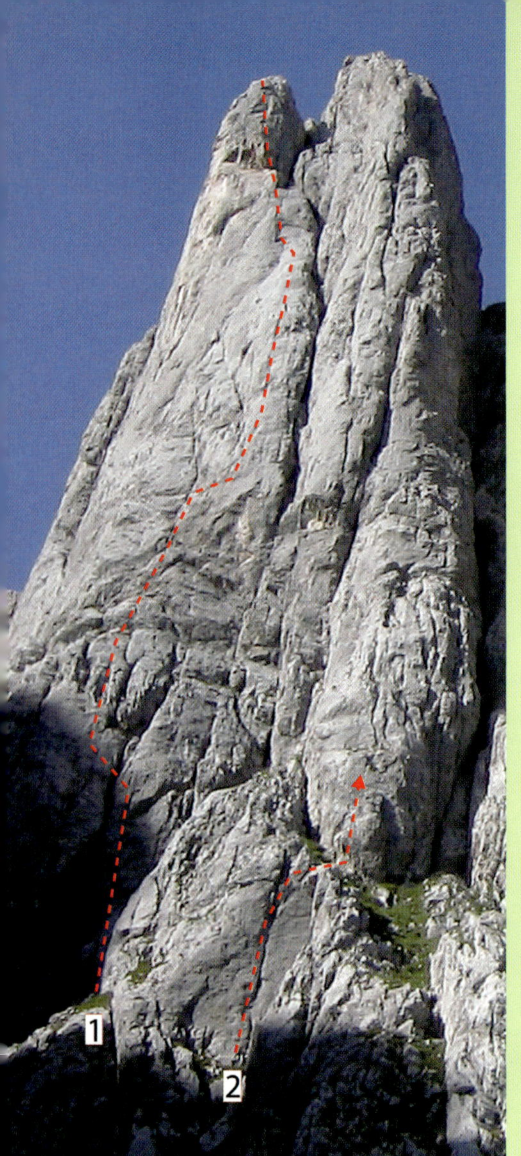

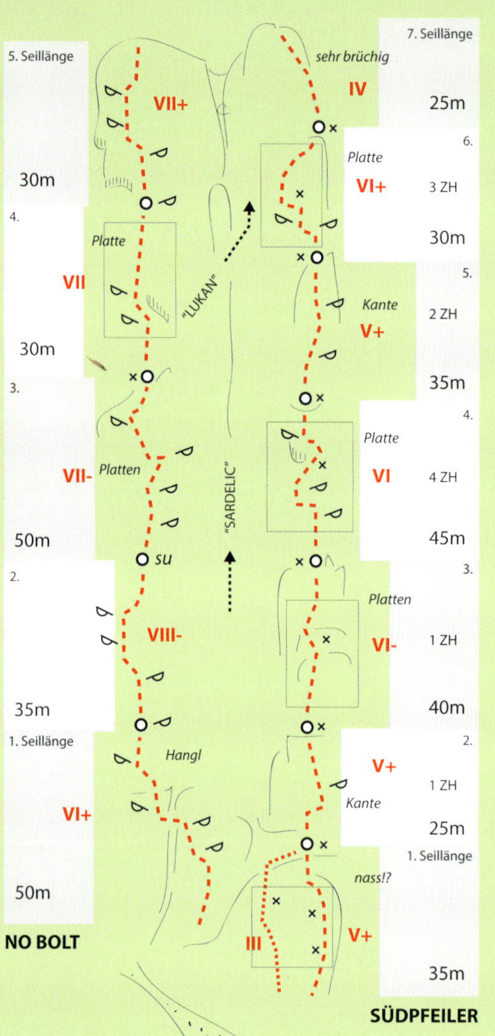

No Bolt

VIII-, 200 Meter.
Nicht sanierte, anspruchsvolle Alpinroute. Hervorragende Plattenkletterei im Fels bester Qualität. In Zeiten der Akkubohrhämmer eine fast sensationelle Erschließung!
Alle Haken wurden belassen, zusätzliche reversible Sicherungsmittel notwendig.
Erstbegangen mit Sigi Brachmayer 1998.

Südpfeiler

VI+, 200 Meter.
Mit OeAV-Klebehaken sanierte Alpinroute, vorwiegend über Platten an der ausgesetzten Pfeilerkante. Mit Ausnahme der letzten 20 Meter fester Fels.
Nach Schlechtwetter sofort trocken, auch im Winter oft schneefrei.
Erstbegangen mit Wolfgang Haupolter 1989.

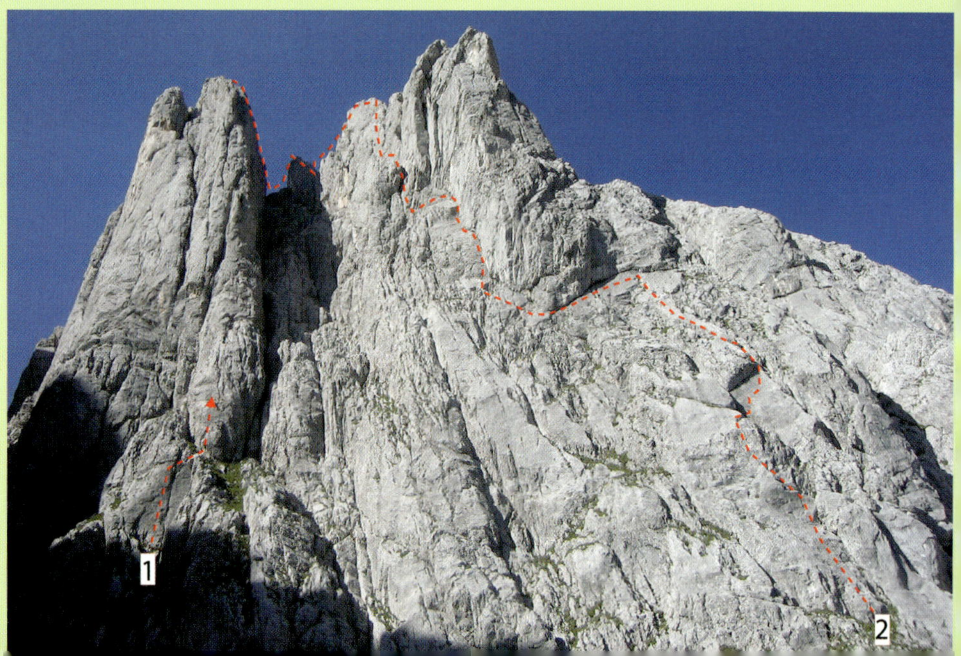

Via Anne
VI, 350 Meter.
Mit OeAV- und Sigi-Klebehaken sanierte Route.
Interessante Wegführung, abwechslungsreiche, genussvolle Kletterei in gutem Fels. Meiner Mutter gewidmet.
Erstbegangen mit Sigi Brachmayer 2003.

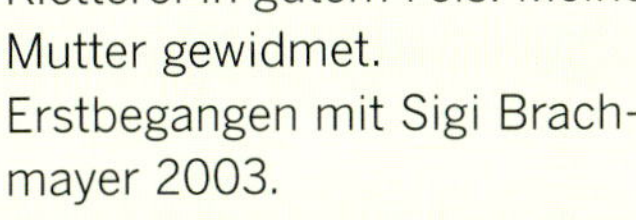

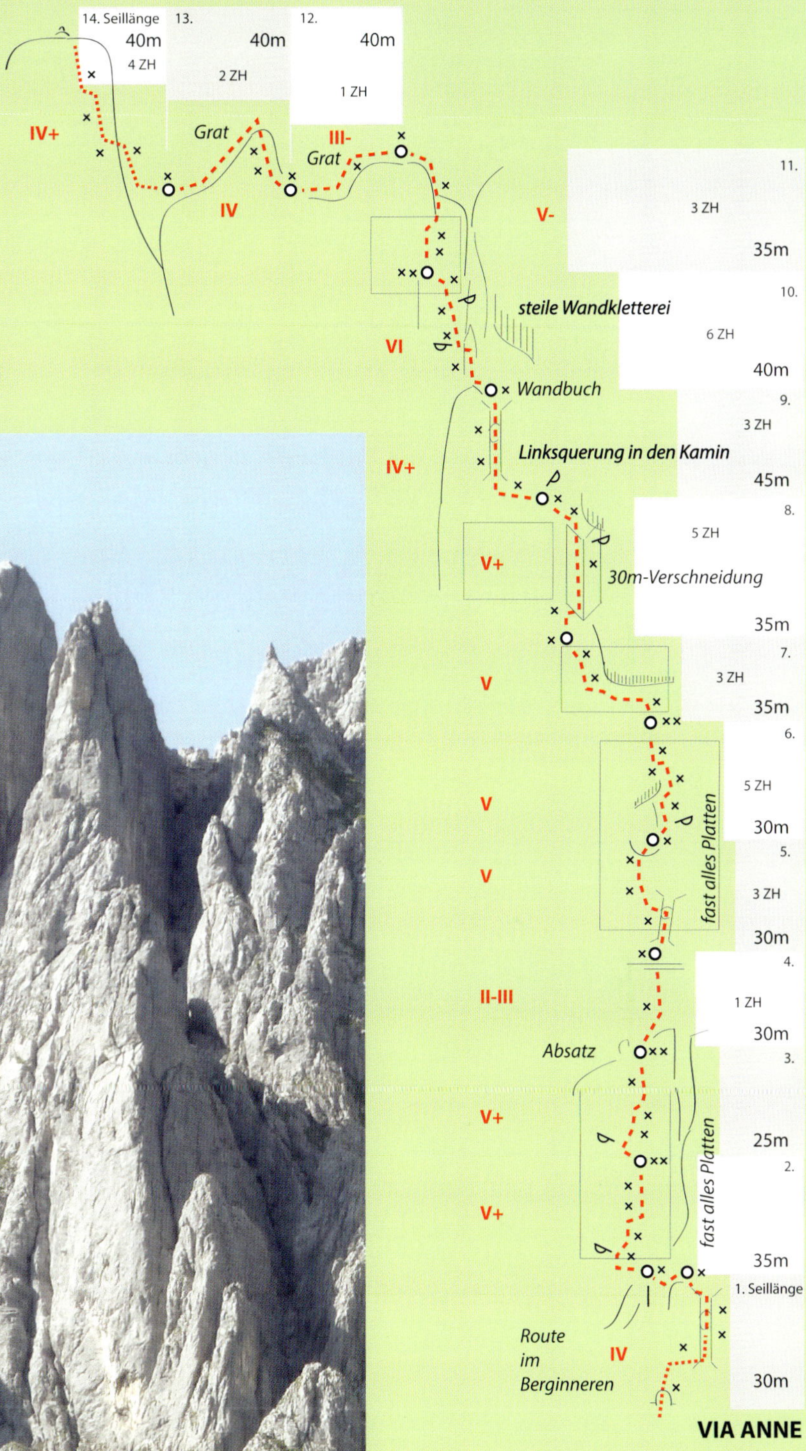

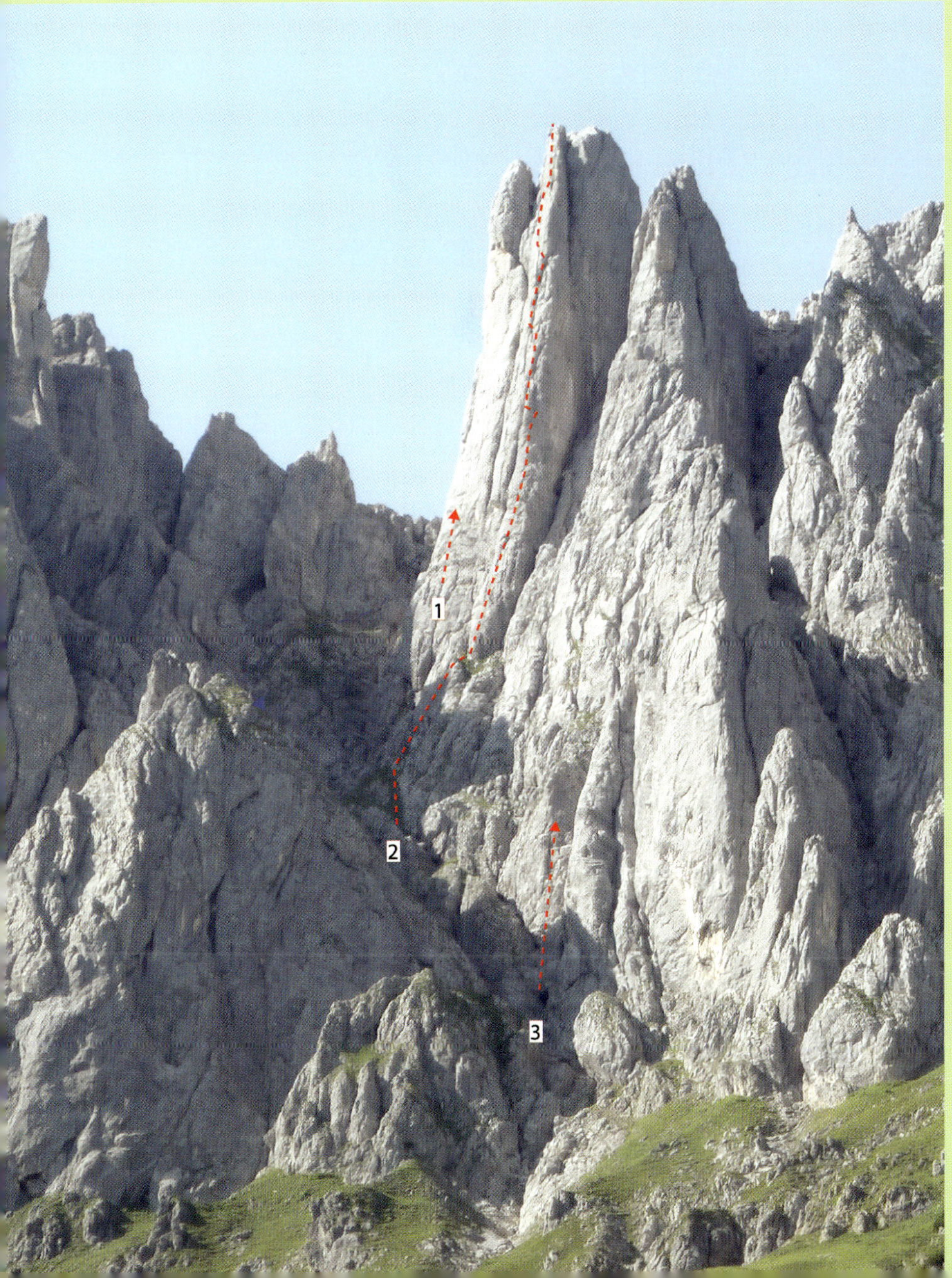

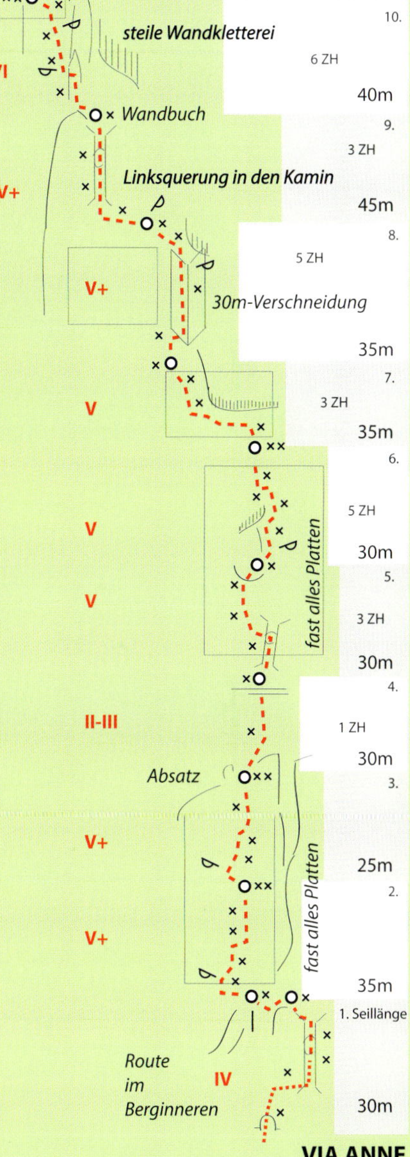

1 No Bolt
2 Direkter Südpfeiler
3 Via Anne

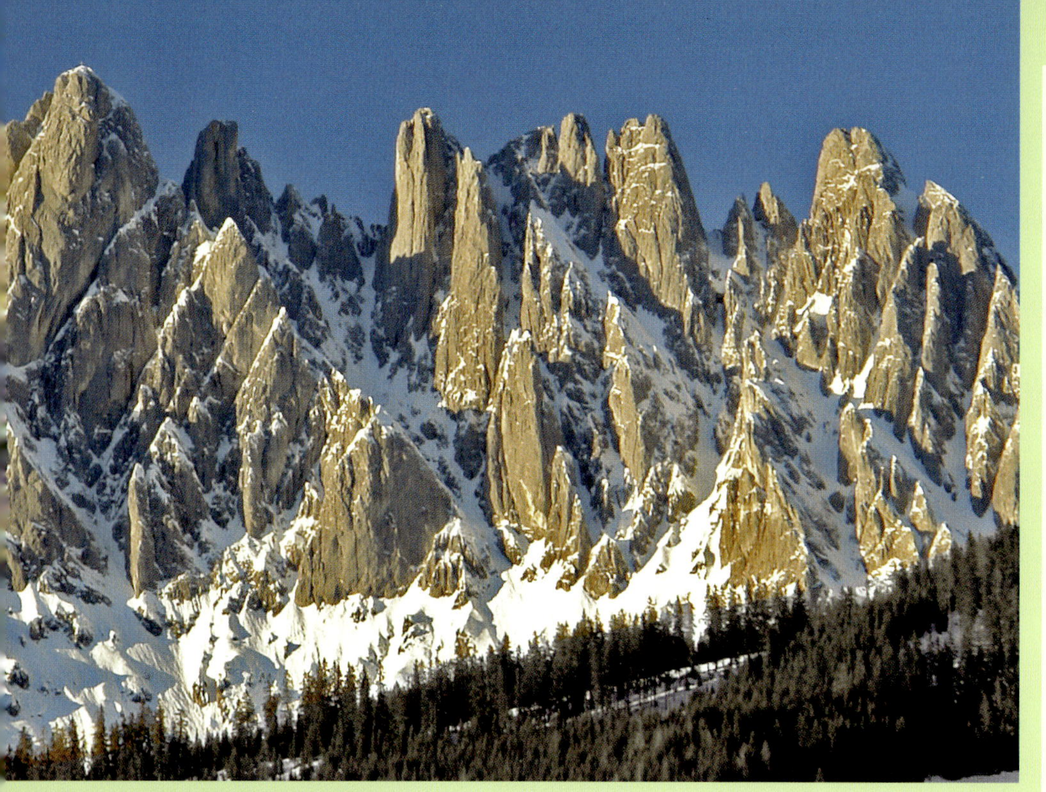

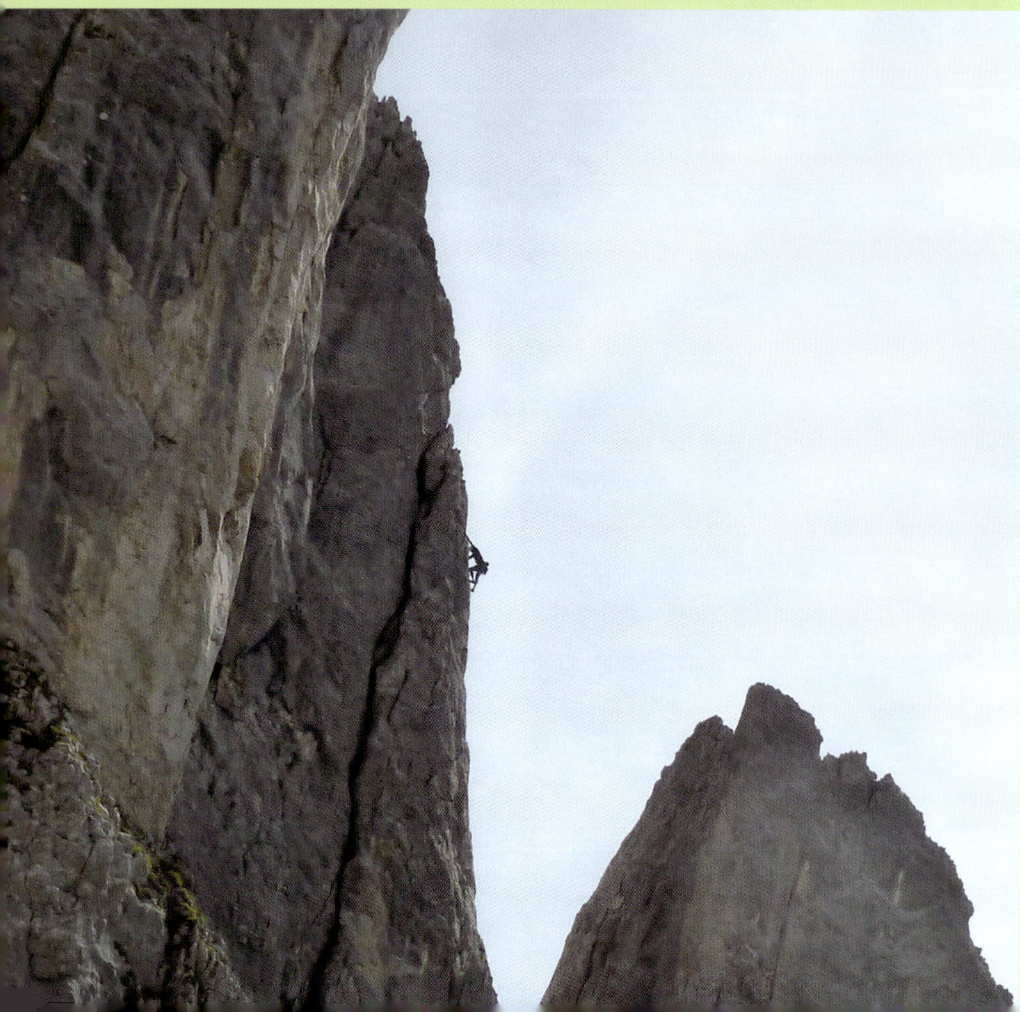

Großer Törlwieskopf (2486 m)
Mächtiges, turmreiches Berggebilde. Nach allen Seiten fällt der spitze Doppelgipfel mit hohen Wänden und langen Graten in steile Kare ab. Ein ausgesetzter Punkt mit unüberbietbarer Offenheit in sämtlichen Himmelsrichtungen. Im Norden die fast unheimliche Tiefe des Ochsenkares und etwas östlich, tiefer liegend, der Kleine Törlwieskopf mit seinem den Gesetzen der Schwerkraft spottenden überhängenden Nordwestabbruch – vielleicht der beeindruckendste Gipfel der Mandlwand.
Erstbesteigung durch Ludwig Purtscheller und Heinrich Heß 1886 über die Südwestschlucht. Noch einige der großen, frühen Erschließer haben sich mit diesem Gipfel in die Geschichtsbücher eingetragen. Vor allem die sehr bekannte Seilschaft Heinrich Pfannl und Thomas Maischberger, die einen für damalige Verhältnisse äußerst anspruchsvollen Weg über die Westwand kletterten. Nach diesen Pionieren sind Toni Hillinger und Viktor Raitmayr am 29. August 1926 durch die 500 Meter hohe Nordostwand geklettert, und Richard Gerin und Georg Hecht begingen am 14. September 1927 erstmals den Südostgrat.

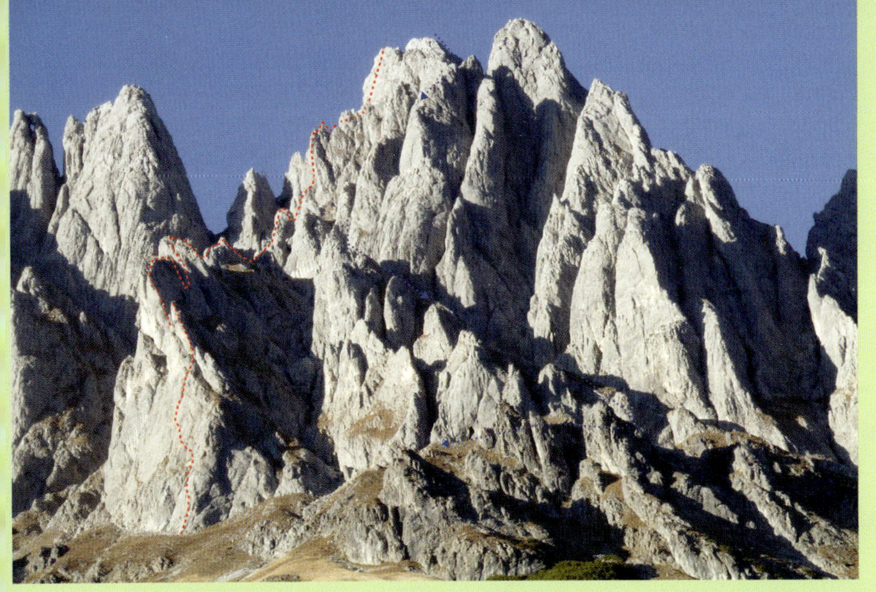

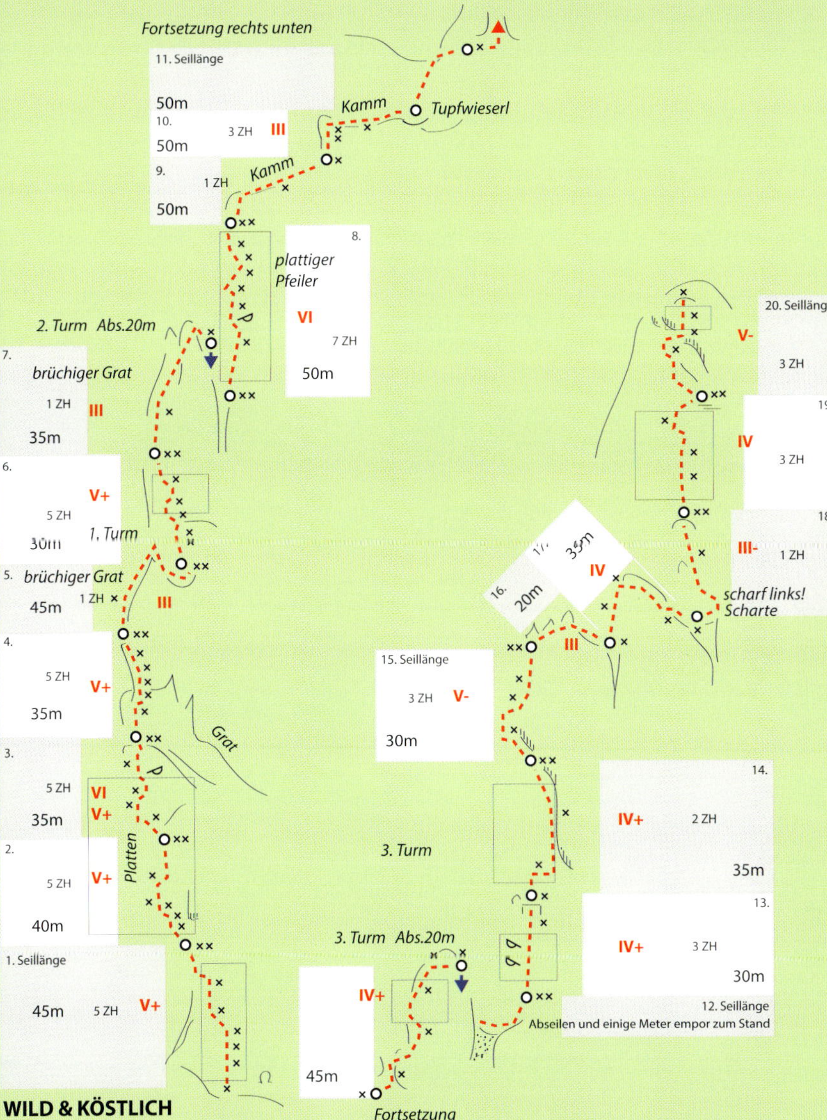

Wild & Köstlich

VII (Einzelstelle, kann auch links umgangen werden werden), unten oft zwischen IV+ und VI-, oben leicht bis IV+, 500 Meter.

Ausrüstung: gelegentlich doppelte Kopfschlingen. Friends und Keile sind zusätzlich verwendbar.

Der Südgrat windet sich in einer langen Schleife über einige Türme bis zur plattigen Gipfelwand. Die Route beginnt auf dem tiefsten Grund des plattigen Pfeilers rechts der Route „Schachbrett“ und sucht die bestmöglichen Kletterpassagen an den Grattürmen. Nur an den waagrechten, leichten Gratstellen, verfolgt „Wild & Köstlich“ die alte Südgratroute von Arnold Awerzger, Richard Gerin und Roman Szalay, 1933.

„Köstlich“ – ist die Kletterei über genussvolle Felspassagen, die trotz der Länge nie langweilig wird. Nur an den leichten Gratstellen ist der Fels ab und zu brüchig. Achtung: Die Route ist im Klettern – sowie wegen ihrer Länge – samt Abstieg ausgiebig und benötigt gutes Wetter.

„Wild & Köstlich“ geht über den dritten Turm, nach der Abseilstelle führt die Kletterei mitten über das markante Plattenschild und die anschließende Verschneidung zum „Blockgrat“. Über diesen dann die flache Schlucht nach links queren und die mittelsteilen Platten empor zum Gipfel.

„Wild“ bezieht sich auf die beeindruckende Gebirgslandschaft mit einer verschwenderischen Fülle an spitzen Felstürmen.

Der Anstieg ist gut abgesichert, nichtsdestotrotz ist es ein Ausflug in den Bereich des Alpinismus. Schön und spannend! Jedoch braucht diese Tour entsprechende Erfahrung.

Erstbegehung: Albert Precht free solo 2011

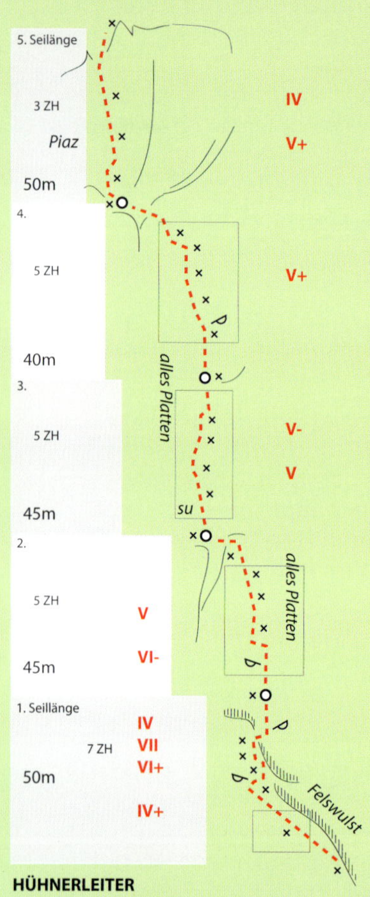

HÜHNERLEITER

Hühnerleiter
VI+, VI je eine Stelle, sonst IV und V, 200 Meter.
Nette, fast immer trockene Plattenkletterei.
Mit OeAV- und Sigi-Klebehaken saniert.
Erstbegangen mit Franz Wohlfahrt 2004.

Kleiner Törlwieskopf (2 364 m)
Rundherum steiler Gipfelaufschwung. Besonders die Nordwand bricht in einer beeindruckend schnurgeraden, mehr als 100 Meter hohen Wand ab. Nach Südwesten hin sinkt der Berg mit mittelsteilen Platten in die Törlwiesschlucht ab. Erstbesteigung durch Thomas Maischberger und Heinrich Pfannl 1899 über die Ostwand.

Hüttenluder
VI+ und einige Stellen VI, sonst III bis V+, 300 Meter.
Mit Qualitätsankern üppig sanierte Alpinroute.
Sucht man den reinen Plattengenuss, ist diese Route das falsche Ziel. Das heißt, neben überwiegend festem Fels gibt es die eine oder andere brüchige Stelle. Dem Zustieg nach wäre sie eine ideale Hüttentour, dennoch darf die Route nicht unterschätzt werden: Die Art des Gesteins ist gewöhnungsbedürftig, es verlangt eine gewisse Erfahrung, und darin liegt das „Hüttenluder“ begründet. Es besteht jedoch die Möglichkeit, den unteren Teil der Route über die Törlwiesschlucht zu umgehen. So erreicht man den Fuß der Gipfelwand. Ab hier schöne Plattenkletterei über den Plattenstreifen zwischen „Peterkaroute“ und „Südostgrat“. Wenig Ernsthaftigkeit, fast nach jeder Seillänge sind Fluchtwege ins leichte Gelände möglich.
Erstbegehung: Free Solo 2011.

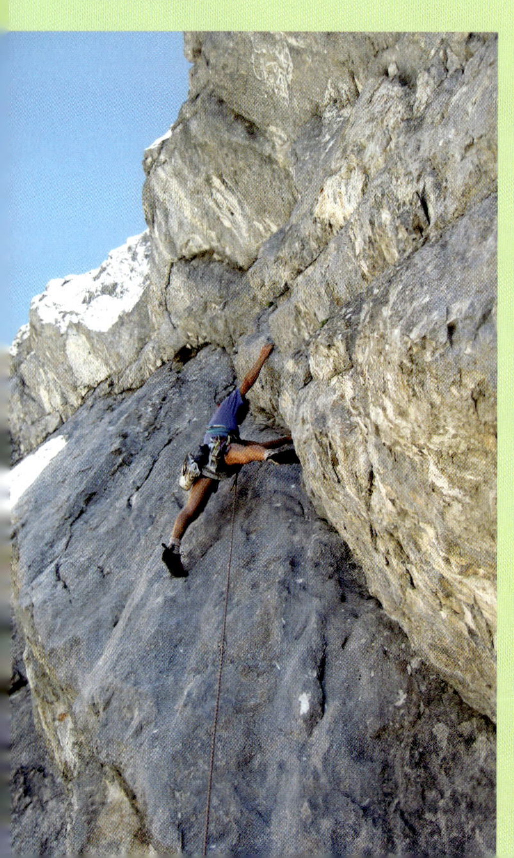

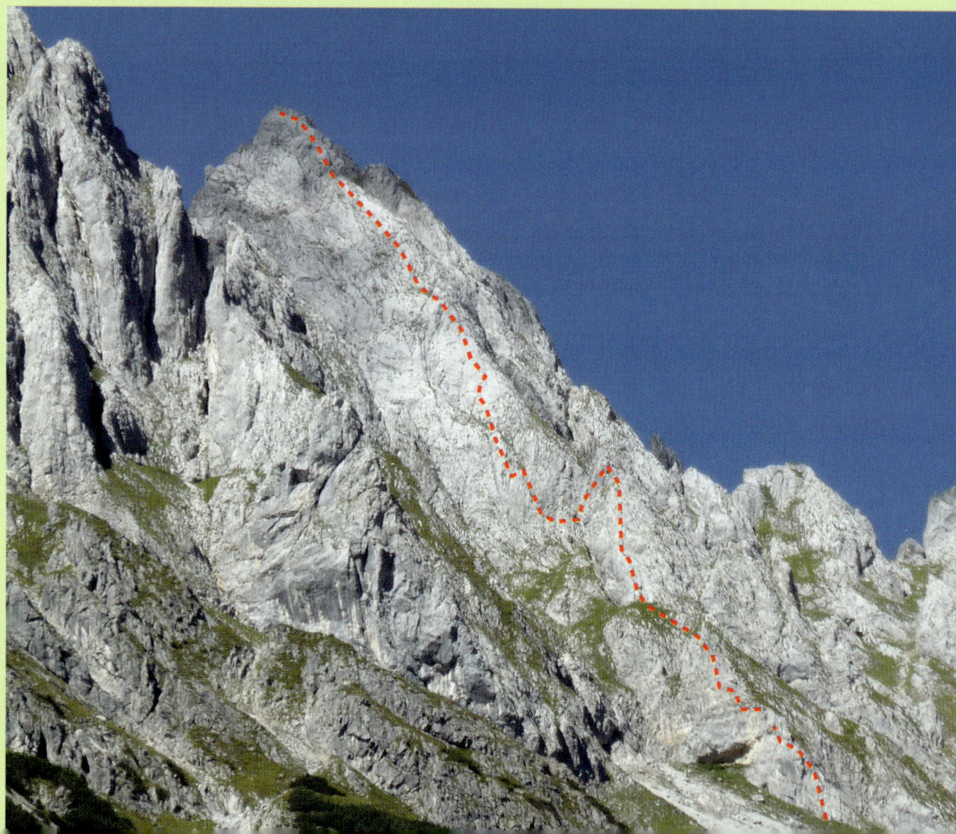

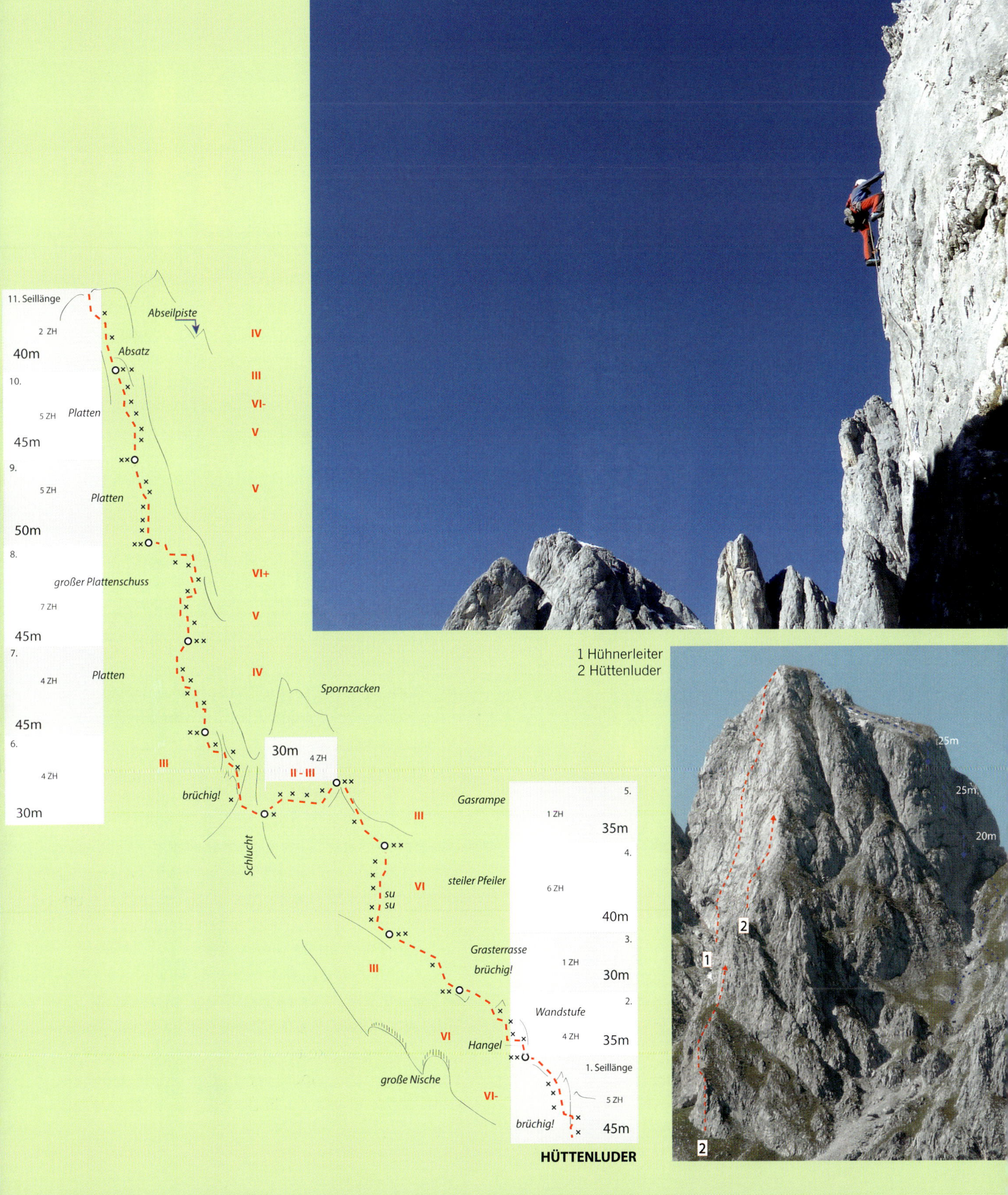
11. Seillänge
2 ZH
40m
Abseilpiste
Absatz
IV
III
10.
5 ZH
Platten
VI-
V
45m
9.
5 ZH
Platten
V
50m
8.
großer Plattenschuss
VI+
7 ZH
V
45m
7.
4 ZH
Platten
IV
45m
6.
4 ZH
30m
III
brüchig!
Schlucht
Spornzacken
30m
4 ZH
II - III
Gasrampe
III
5.
1 ZH
35m
4.
steiler Pfeiler
VI
su
su
6 ZH
40m
3.
Grasterrasse
brüchig!
III
1 ZH
30m
2.
Wandstufe
VI
Hangel
4 ZH
35m
1. Seillänge
große Nische
VI-
5 ZH
brüchig!
45m
HÜTTENLUDER
1 Hühnerleiter
2 Hüttenluder
25m
25m
20m
2
1
2

Hans Neumayer

1933 in Leogang geboren, war mehr als drei Jahrzehnte Obmann der Bergrettungsstelle Werfen, bei der Alpinpolizei und maßgeblich beim Aufbau der Flugrettung im Land Salzburg beteiligt.

Seit Beginn meines Bergsteigens war Hans einer meiner Wegbegleiter, ein Freund, der meinen alpinen Werdegang und auch meine Einstellung in vielen Dingen miterlebte und am besten einschätzen konnte. Hans war ein kritischer Beobachter und ein Mentor meines alpinen Tuns zugleich. In unterbrochener Regelmäßigkeit glückten in der langen Zeitspanne unseres Unterwegsseins einige sehr ansprechende Erstbegehungen. „Mauritius aus Stein", „Schwert der Ahnen" und der „Jubiläumsriss", um nur einige zu nennen. Hans ist in all den vielen Jahren der Gleiche geblieben und hat trotz einiger Schicksalsschläge seine Bubenhaftigkeit bewahrt. Das Seriöse, Pünktliche, Verlässliche, sein verpflichtendes Verantwortungsgefühl – all das schätze ich sehr an ihm. Und er ist vielleicht der einzige Freund, der mir auch einmal in aller Brutalität den Spiegel meiner Schattenseiten vors Gesicht hält.

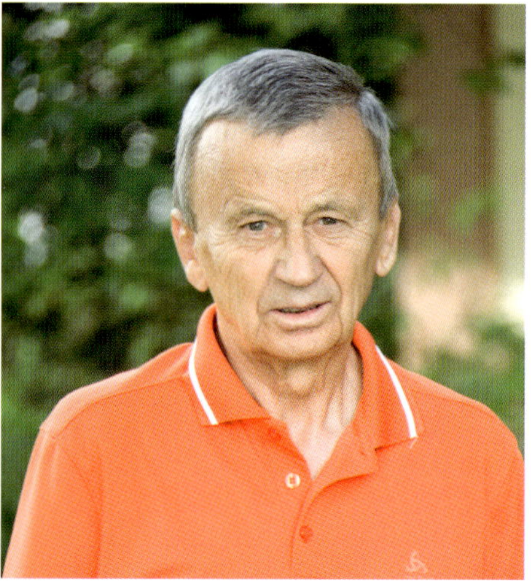

Erstbegehung 1978

Nach einem Jahrzehnt des Bergsteigens wurde das Jubiläum der 100. Erstbegehung fällig. Das Ziel war schon geplant. Seit längerer Zeit beschäftigte mich ein Riss in der Nordwestwand des Kleinen Törlwieskopfs. Beim Einstieg überraschten uns einige rostige Haken. Walter Grutschnig hatte die Möglichkeit schon lange vor uns erkannt, aber der Versuch hatte bald geendet. Nach einer kurzen Plattenfront führt ein Riss in souveräner Linie, nur von einem Wulst unterbrochen, bis zum Gipfel. Die Schwierigkeit des Risses war nicht seine durchgehend überhängende Steilheit, sondern seine boshafte Breite. Während der Felsspalt einerseits für die größten Klemmgeräte zu breit ist, ist er andererseits zu eng, um in ihm Arme und Beine wirkungsvoll verspreizen zu können. Allerdings war das Rissklettern zu jener Zeit mein absolutes Spezialgebiet. Die meisten Risse meiner Erstbegehungen waren dementsprechend gefürchtet oder wurden gemieden. „Abgeprechtelt" – dieser Ausdruck für gescheiterte Versuche bürgerte sich zu der Zeit ein. An diesem Tag waren wir selbst „abgeprechtelt". Schon mittags schlichen schwarze Gewitterwolken von Westen heran, dann ging alles ganz schnell, Dunkelheit hüllte uns ein, die sich bald in ein mystisches Gelb wandelte. Die Luft war mit Elektrizität aufgeladen und ehe wir zu einer Überlegung fähig waren, zuckten die ersten Blitze. Das Gewitter stand direkt über uns. Zur theatralischen Atmosphäre passte der windgepeitschte Hagel, der plötzlich und mit ungeahnter Heftigkeit, Geschossen gleich, auf uns in der Wand Verhaftete niederprasselte.

Das Schauspiel dauerte mehr als eine halbe Stunde, unerbittlich schleuderte der tosende Sturm Hagelkörner auf uns. Im Zwiespalt zwischen Angst und Gleichgültigkeit – die Lage war ernst und lebensbedrohend, doch wir hatten keine Möglichkeit, daran etwas zu ändern – warteten wir ab.

Wir hatten der Willkür der Blitze nichts entgegenzusetzen. Nur 35 Meter trennten uns vom Gipfel, aber an ein Weiterklettern war nicht zu denken. Mittels „planmäßiger Rückzugsmethode" – einer Technik, die wir im Rahmen der Bergführerausbildung oft praktiziert hatten – seilten wir uns dann triefend vor Nässe und zitternd vor Kälte zum Wandfuß ab. Das Leben war für kurze Zeit bedingungslos geworden, die Ansprüche waren auf den Wunsch beschränkt, heil aus der Wand zu kommen. Inzwischen begann es, in dicken Flocken zu schneien, eine Decke aus Hagel und Schnee hatte sich über die Felsen gelegt. Das Gelände schien völlig verändert. Abseilen über den Wandvorbau schien uns wegen des Steinschlags zu gefährlich, so versuchten wir über die „Henning-Hillinger-Route" zur Vierrinnenscharte zu klettern, um die Südseite des Berges zu erreichen. Mit klammen Fingern im eiskalten Gemisch aus Fels, Eis, Schnee Griffe, Tritte und Sicherungsmöglichkeiten suchend, entflohen wir Meter um Meter den entfesselten Naturkräften. Wir hatten es fast geschafft, als wir plötzlich von oben Stimmen hörten. Ein Seilende zischte durch die Luft, erleichtert hängte ich ein und wurde, fast schneller als ich klettern konnte, zur rettenden Scharte nach oben gezogen. Bald war auch Hans da und gemeinsam mit unseren Rettern Walter Aschauer und einem Kletterer, der hier einige Tage Urlaub machte, eilten wir dankbar, dem Inferno entkommen zu sein, der Mitterfeldalm entgegen. Einige Runden Vogelbeerschnaps, die Wirt Peter ausgab, sollten einer befürchteten Erkältung vorbeugen. Selten erlebte man Hans in solch unbekümmerter Heiterkeit.

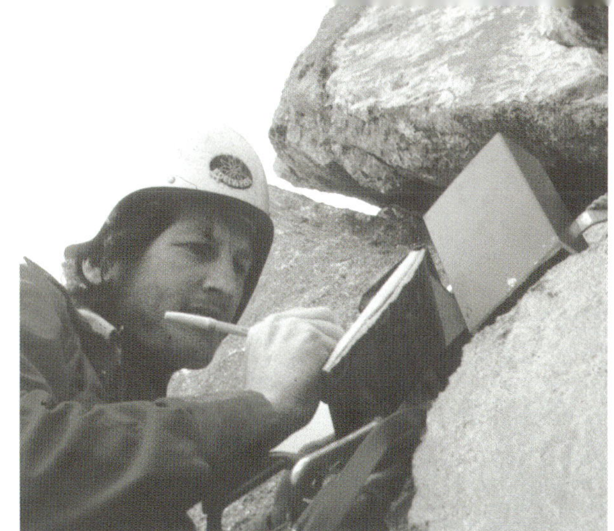

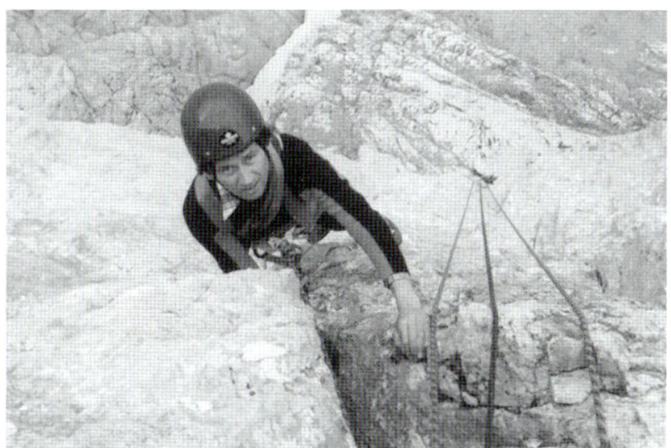

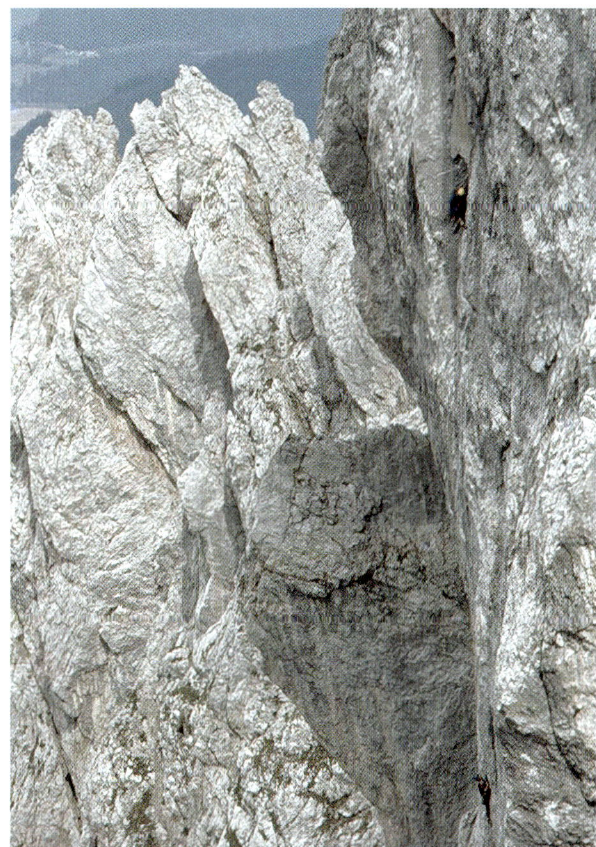

Jubliäumsriss
VI+, A0 zwei Einzelstellen, vielfach V und VI, 150 Meter.
Ernste Alpinroute (bisher etwa fünf Begehungen).
Der „Jubiläumsriss“ zieht auffallend durch die Mitte der Wand. Die Route beginnt mit einem schwarzen, geschlossenen Wandstreifen, der in einen Handriss verläuft und als Schulterriss direkt auf dem Gipfel endet.
Erstbegangen mit Hans Neumayer 1978.

Vierrinnenkopf (2295 m)
Ein in mehrere Felsspitzen und Grate zergliederter Berg mit schönen Graten in der Südseite „Vierrinnengrat“ und „Gahrweg“ und den gewaltigen düsteren Wänden, die schattenseitig abbrechen.
Bis auf wenige Ausnahmen ist das Klettern in den Nord- und Nordostwänden wegen der schlechten Gesteinsqualität gefährlich, in letzter Zeit gab es auf verschiedenen Stellen massive Felsausbrüche!
Einige der bekannten Namen haben hier Geschichte geschrieben, denn die höchsten Wände einer Berggruppe waren immer schon Magnete für die Erschließungstätigkeit. Henning, Hillinger und Raitmayr kletterten 1927 die 450 Meter hohe Nordkante, eine anspruchsvolle Fünfer-Tour, und 1930 gelang der Seilschaft Edi Rainer und Willi Schaufler die noch schwerere Nordostkante. Die jüngere Erschließung setzte sich 1973 durch Sepp Offensberger, Lois Dellago, Walter Aschauer, Richard Ebner und Sepp Steinbacher fort.

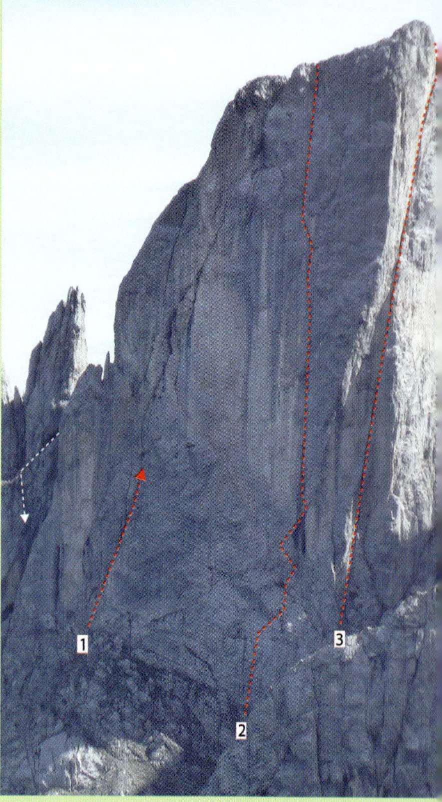

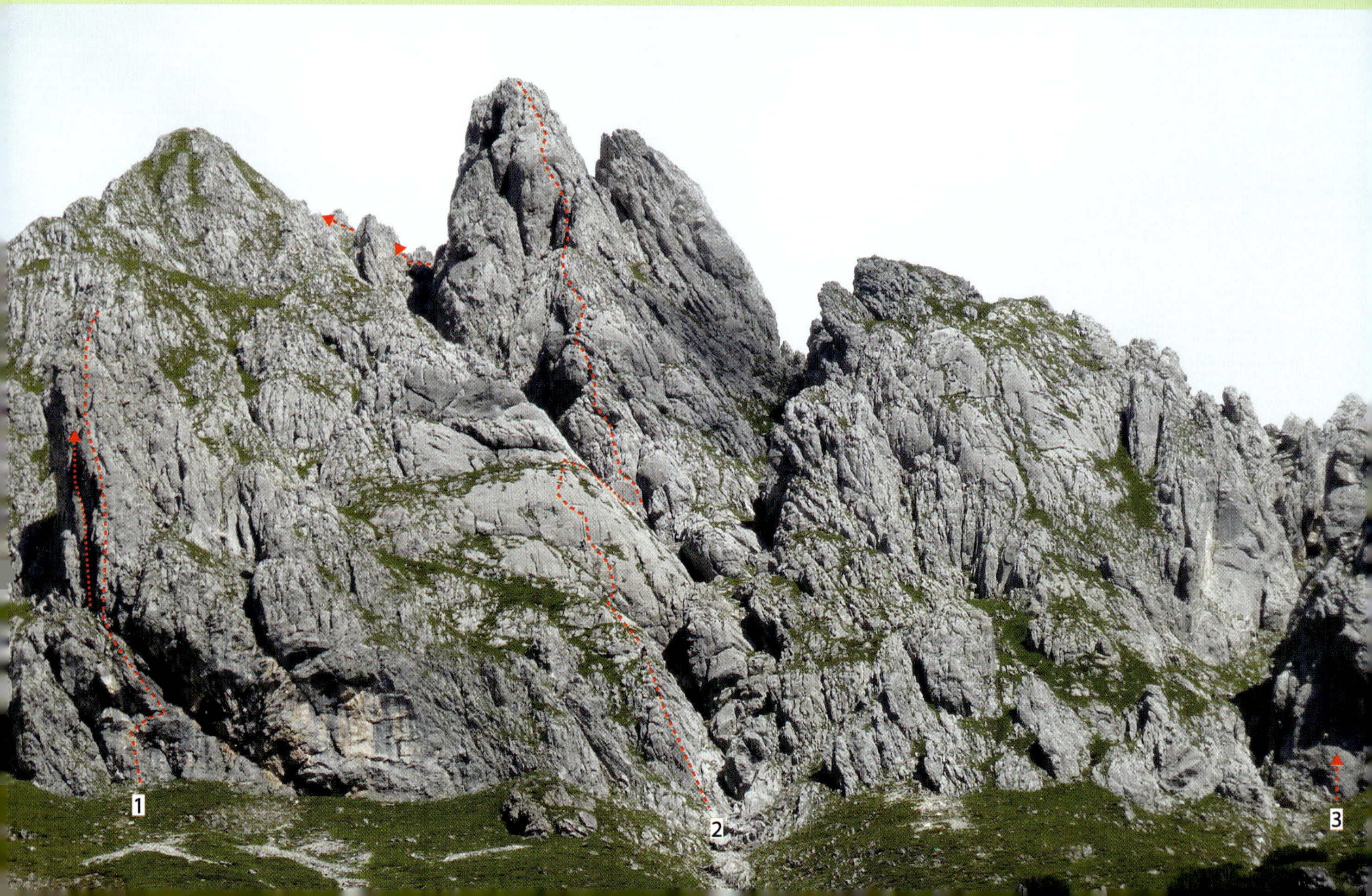

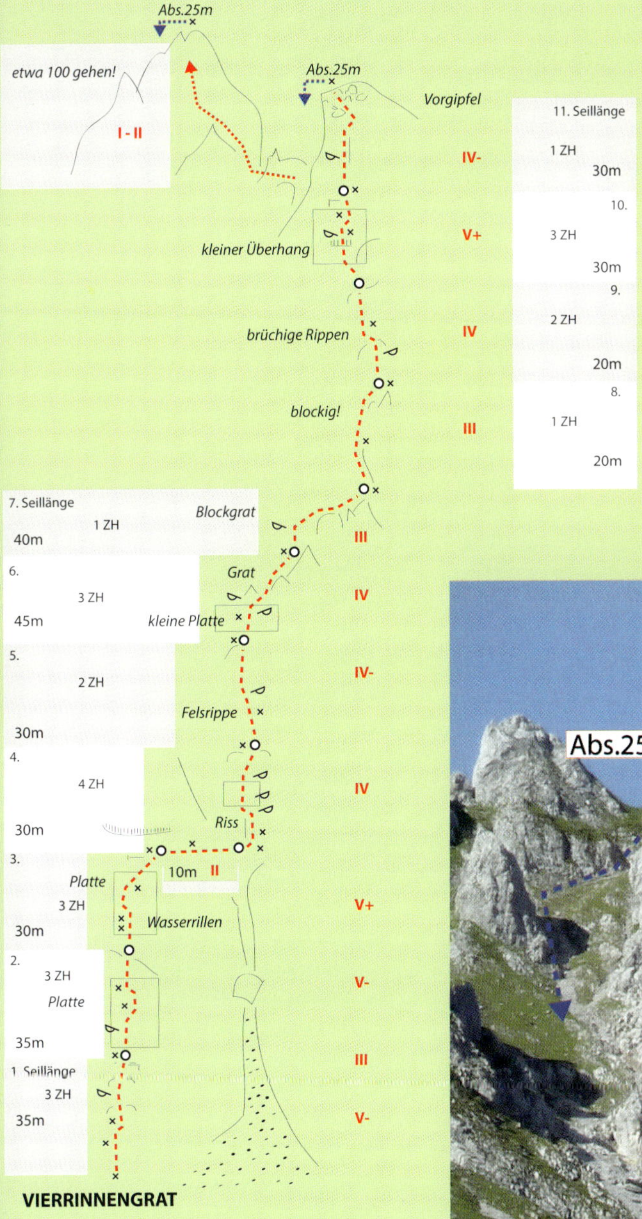

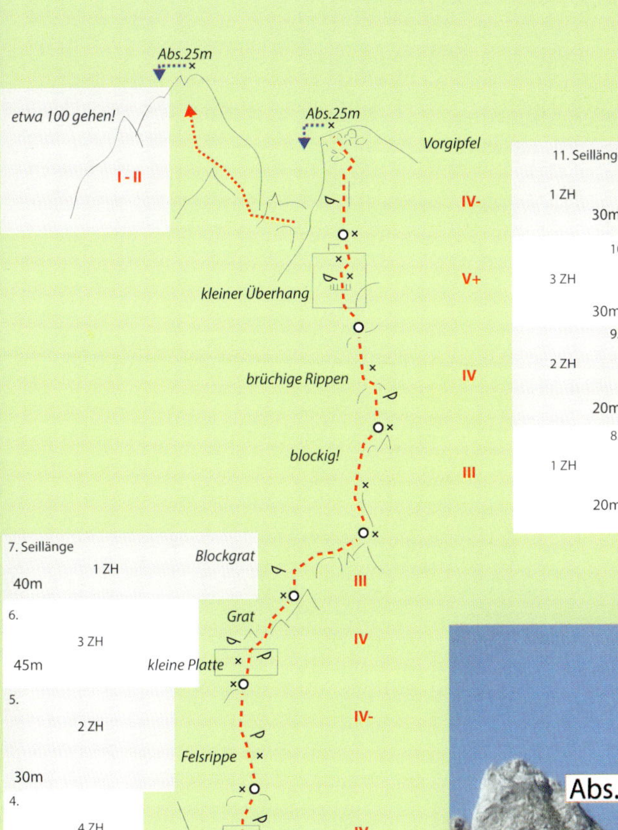

Vierrinnengrat
IV+, 200 Meter.
Vorwiegend mit Salewa-Klebehaken sanierte Kletterroute.
Erstbegangen 1927 von Roman Szalay, Richard Gerin und Georg Hecht. In mehreren Alleingängen habe ich diesen Weg mit direkten Varianten begradigt. Dabei entstand der Einstieg etwas links der Schlucht in den Platten, und im weiteren Gratverlauf wurde die Route in die Steilpassagen, die festen Fels haben, verlegt und in dieser Linie recht üppig saniert. Fester Fels, mit Ausnahme der flachen Gratverläufe, die aber nicht schwierig sind.

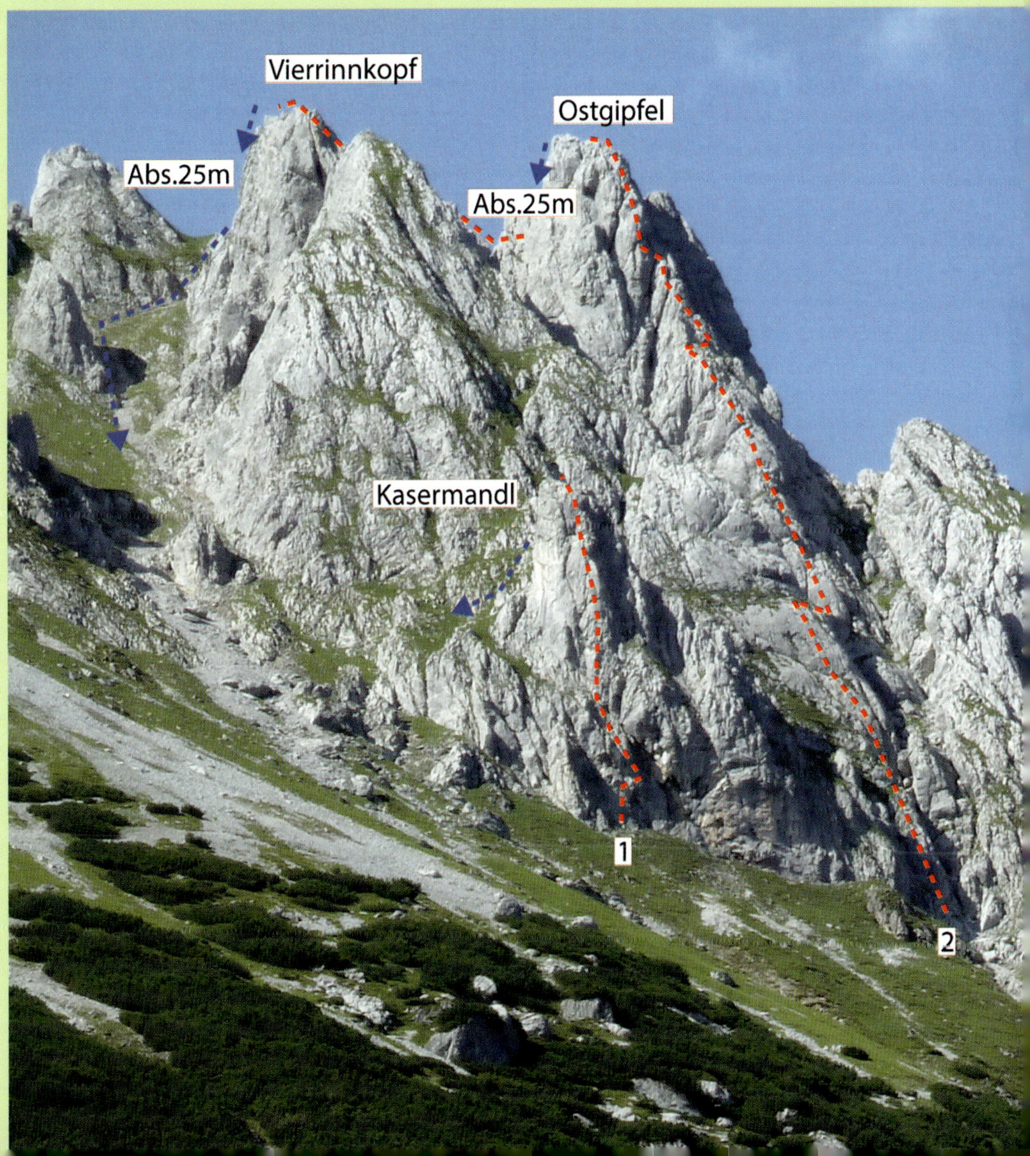

Vierrinnkopf
Ostgipfel
Abs.25m
Abs.25m
Kasermandl
1
2

links oben:
1 Diagonale
2 Jubiläumsriss
3 Holzerriss

links unten:
1 Kasermandl
2 Vierrinnengrat

Herbert-Gahr-Weg

V, vielfach IV und IV+, mit leichten Zwischenpassagen, 400 Meter.

18 Seillängen und sehr kurzer Zustieg. Üppig mit genormten Bolts ausgestattete Route. Eigentlich eine gemütliche Kletterei über den nach Südosten abfallenden Gratverlauf. Einstieg am tiefsten Punkt, über die Kante zum Königszinken, weiter über die sogenannte Schnecke. Hier ist die erste Abseilstelle zur Scharte (15 m). Steil bäumt sich die Kante auf und führt zu einem zerhackten Gratverlauf (Wandbuch). Über Felsstufen und kurze Abseilstellen gelangt man zur steilen Wiese. Diese am Fuß der Gipfelwand nach rechts zu einem Standplatz. Nochmals etwas rechts, geht es zu einer Verschneidung mit festem Fels, diese führt zur Gipfelwand.

Die Route ist Herbert Gahr gewidmet. Erstbegangen mit Robert Jölli 2014.

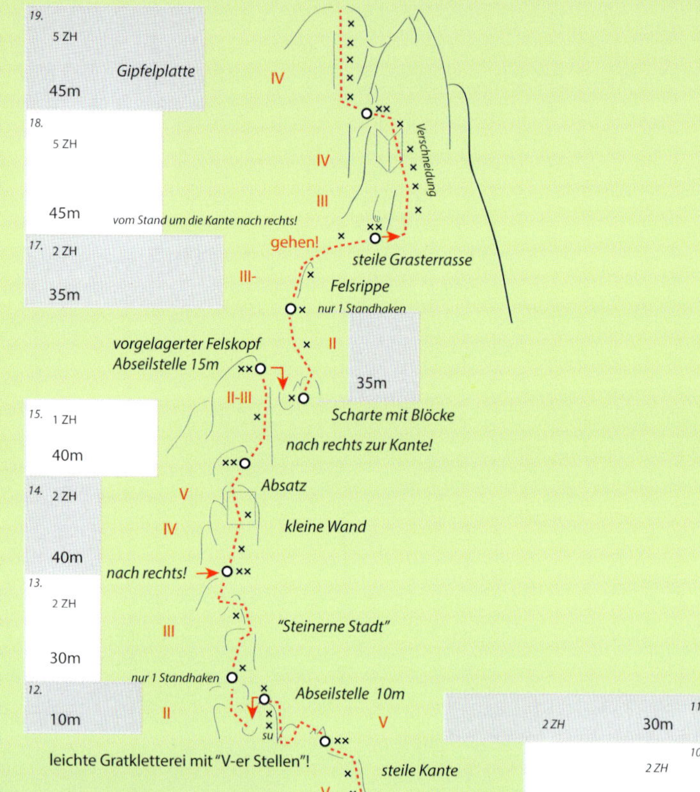

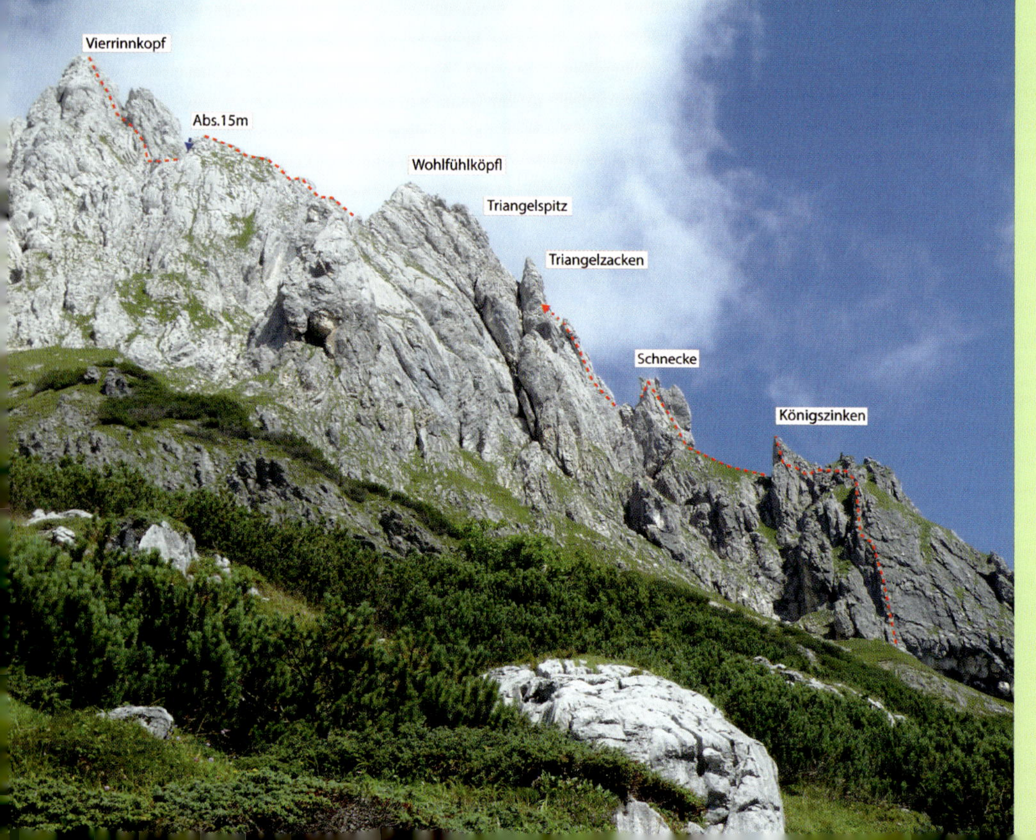

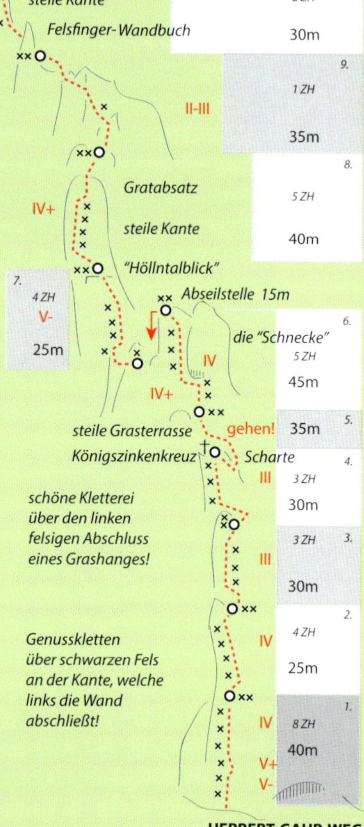

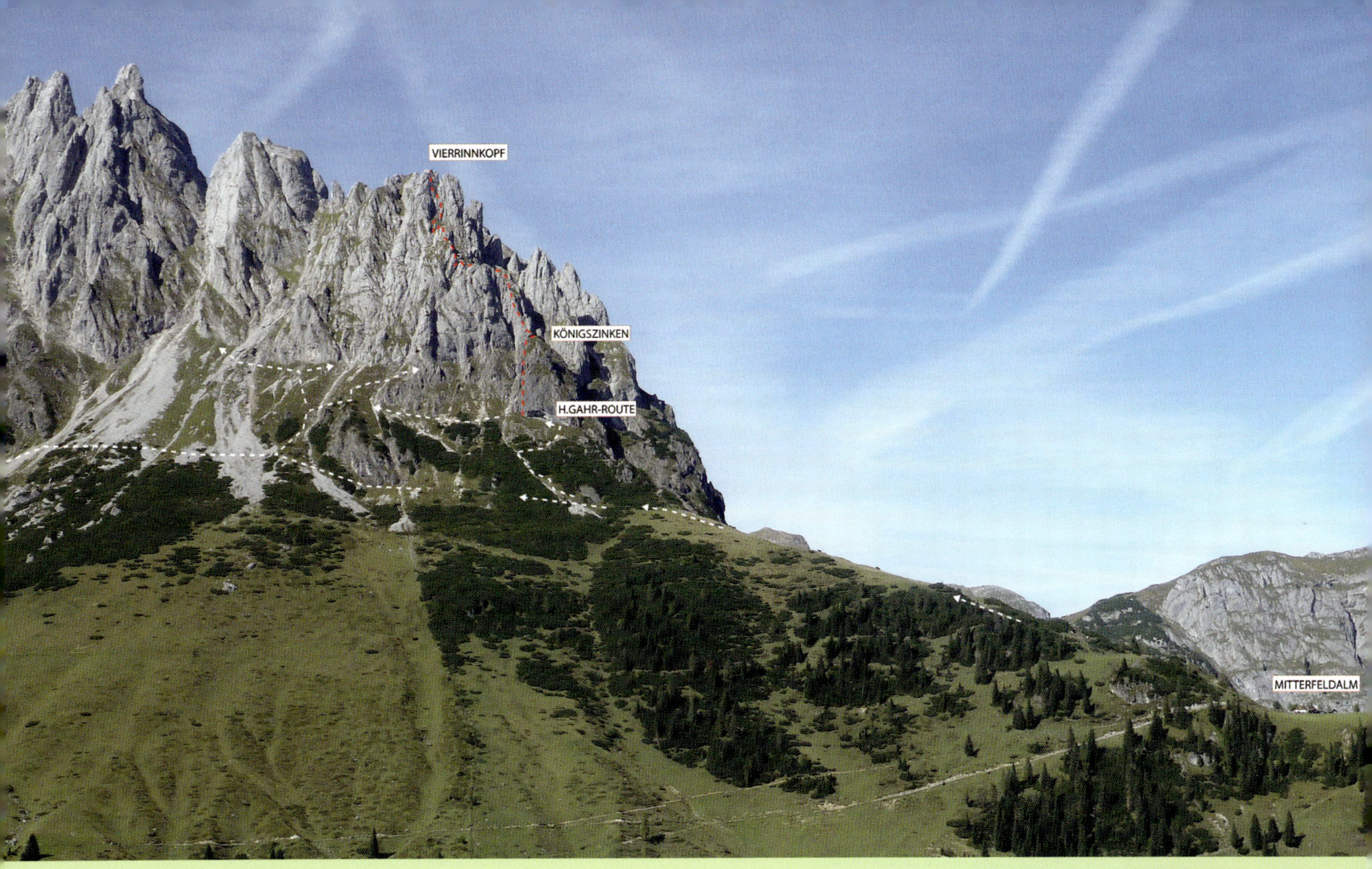

VIERRINNKOPF
KÖNIGSZINKEN
H.GAHR-ROUTE
MITTERFELDALM

Vierrinnenkopf – Wohlfühlplatte

Kletterrouten im Nahbereich der Mitterfeldalm.

Die östlichen Ausläufer der Vierrinnenköpfe bilden den äußersten östlichen Abschluss der Mandlwand. Untergeordnete Felsgipfel entsenden geneigte Platten, Pfeiler und Kanten, unterbrochen von Schluchten, die zum sogenannten First hin auslaufen.

Die nahe gelegene Mitterfeldalm gibt einen idealen Stützpunkt für diese Touren ab (eine gute halbe Stunde Gehzeit bis zu den Einstiegen). Die Routen sind alpin und erfordern die Grundregeln im alpinen Verhalten! Jedoch sind sämtliche Wege – vorwiegend – mit Qualitätsbohrhaken eingerichtet, zusätzlich sollten ein kleines Sortiment Friends (1–2,5) und Keile dabei sein, denn wo sich mobile Absicherungsmöglichkeiten aufdrängen, sind keine Bohrhaken gesetzt. Die meisten Routen habe ich im Vorfeld gemeinsam mit Sigi Brachmayer (mit reversiblen Mitteln) erstbegangen.

Zustieg: Von der Mitterfeldalm am Mandlwandsteig zum First und den Steig nach Westen bis zur großen Schuttriese, die vom Vierrinnenkopf herabkommt. Nun leicht rechts haltend (Steigspuren) empor zur kleinen Schlucht westlich vom Westpfeilerkopf. Am Fuß des Pfeilers führen Steigspuren zu den Routen der zentralen Wandflucht.

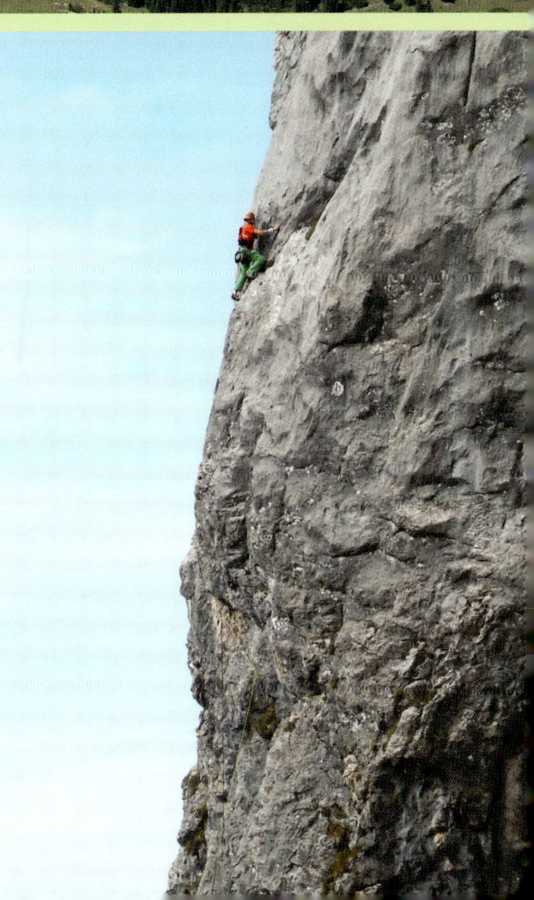

MANDLWAND-VIERRINNENKOPF-WOHLFÜHLKÖPFL und TRIANGELSPITZ

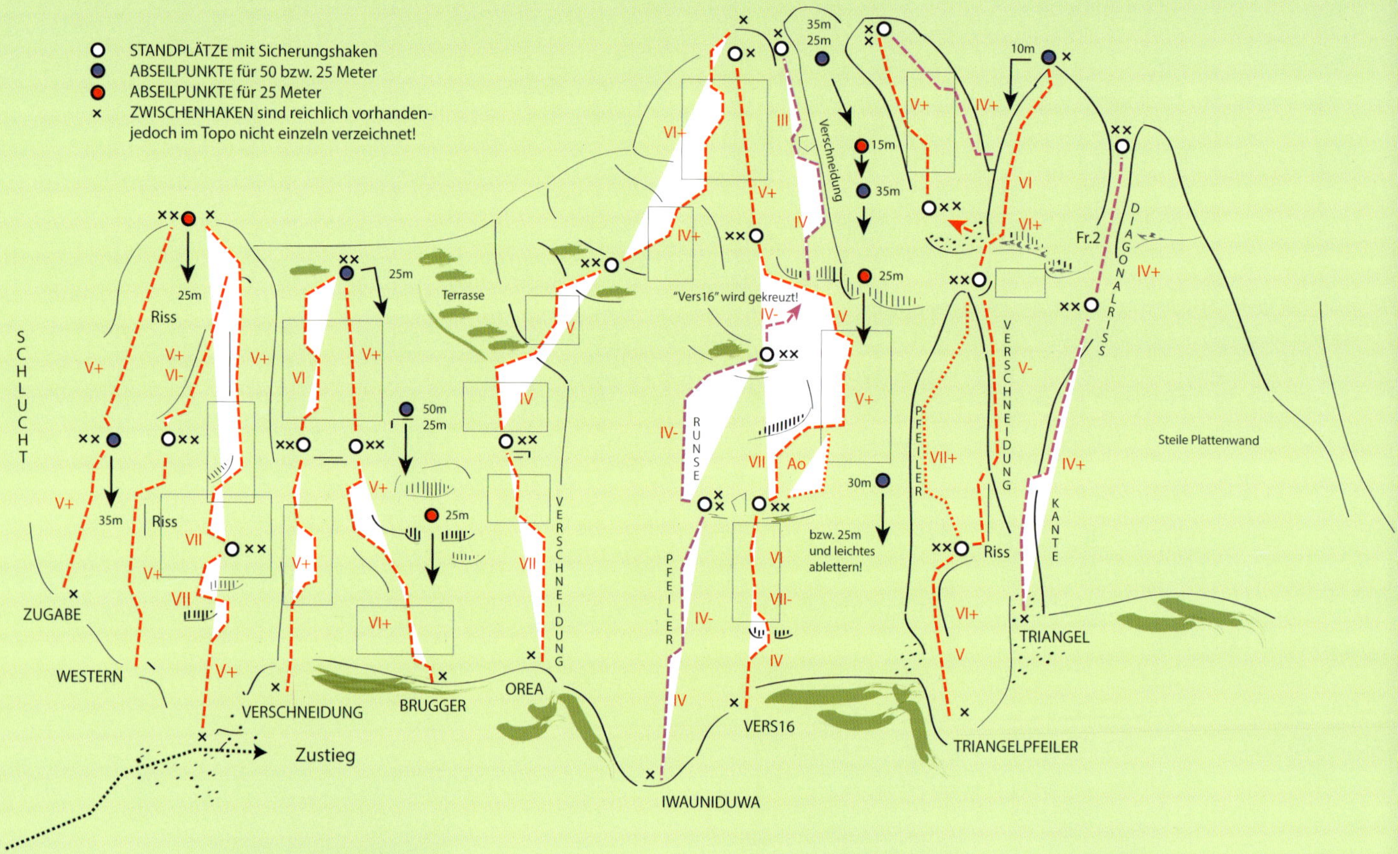

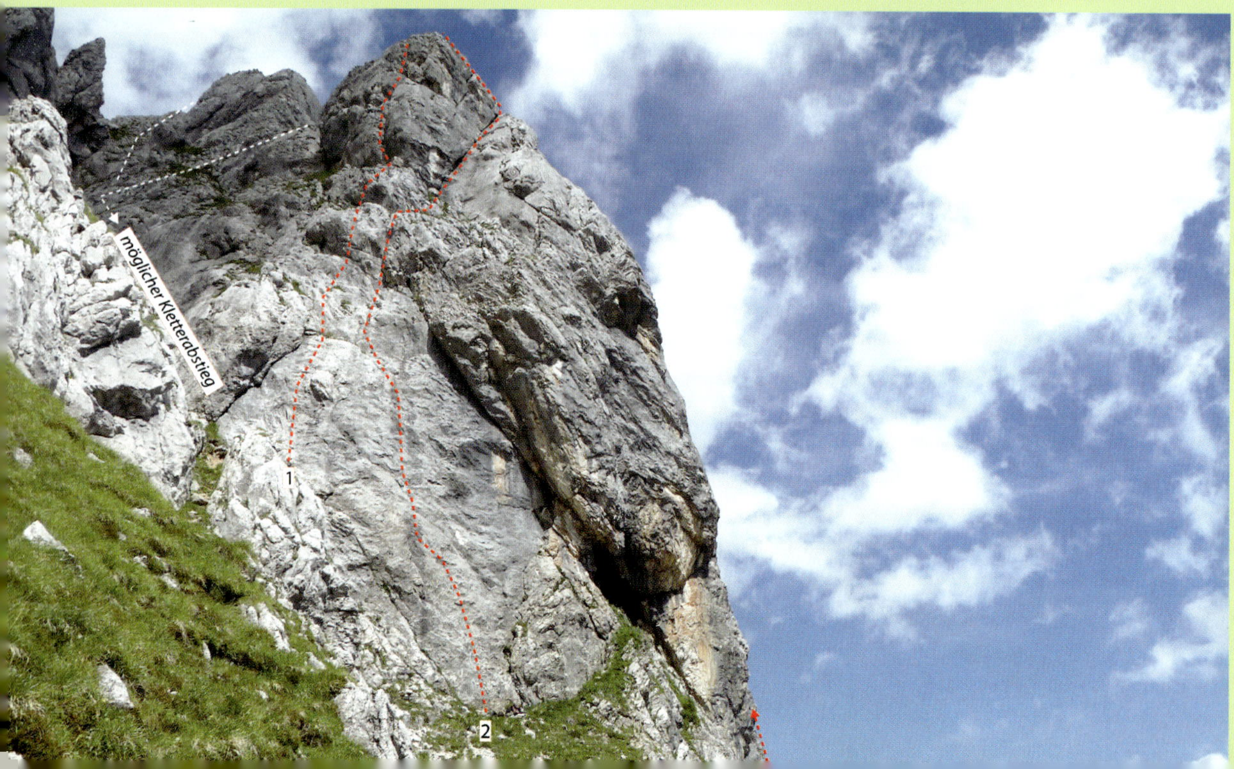

○ STANDPLÄTZE mit Sicherungshaken
● ABSEILPUNKTE für 50 bzw. 25 Meter
● ABSEILPUNKTE für 25 Meter
× ZWISCHENHAKEN sind reichlich vorhanden- jedoch im Topo nicht einzeln verzeichnet!

Westpfeilerkopf

1 **Zugabe**: V+, 60 Meter. 2 kurze Seillängen, anhaltend schwierig, unten Plattenkletterei, oben kletterfreundliche Risse.

2 **Western**: VI-, 2 kurze Seillängen zuerst über Platten, dann eine Piazverschneidung zum Pfeilerkopf. Friends 2 oder 2,5 können Verwendung finden!

3 **Südpfeiler**: VII, 80 Meter. Sehr interessante, sportliche Kletterei, die Schlüsselstellen sind gut abgesichert!

Abstieg: Route „Zugabe" zwei Abseilstellen (25 m, 35 m).

Plattenschneid

4 **Verschneidung**: VI, 70 Meter. Fast alles Platten.

5 **Brugger**: VI+, 70 Meter. Sehr schöne Plattenkletterei! Ungefähr in dieser Linie (1998) von Sepp Brugger und Gefährten erstbegangen.

Abseilloipe: 50-Meter-Einfachseil: 3 x 25 Meter. Doppelseil: 1 x 25 und 1 x 50 Meter.

Wohlfühlköpfl

6 **Orea**: VII, 100 Meter. Die erste Seillänge bildet die Schlüsselstelle, oberer Teil vielfach geneigte Platten.

7 **Iwauniduwa**: IV, 120 Meter. Mittelsteile Kletterei, unten über einen Pfeiler, oben eine markante Verschneidung zum Gipfel. Der Fels ist an wenigen Stellen leicht brüchig, die Route ist aber üppig abgesichert. Insgesamt ein schöner, lehrreicher Weg. „I waun i du wa" würde diese Route klettern!

8 **Vers 16**: VII eine Stelle, meistens V bis VI, 110 Meter. Eine Stelle A0 (noch nicht frei geklettert, kann umgangen werden). Ausgezeichnete Kletterei in bestem Fels. Der Name der Route bezieht sich auf Joh 3,16).

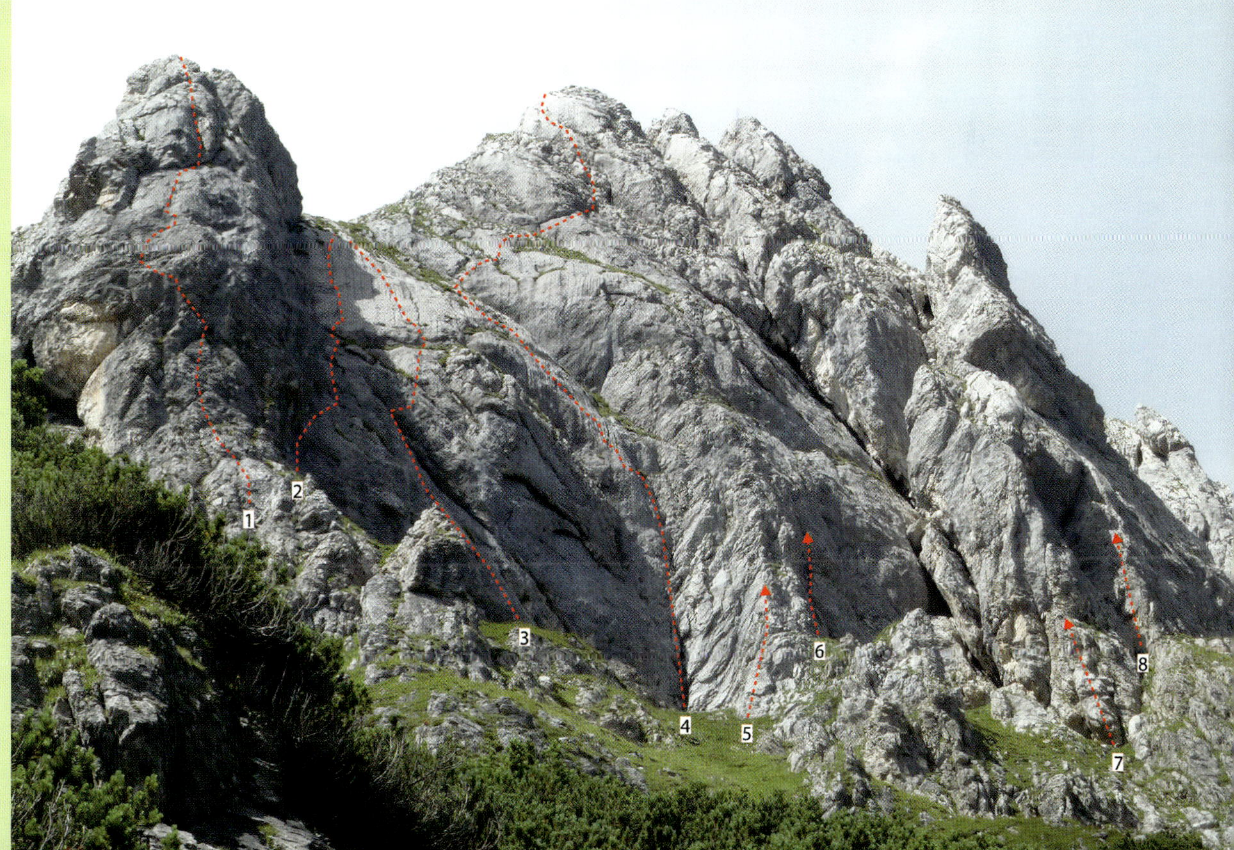

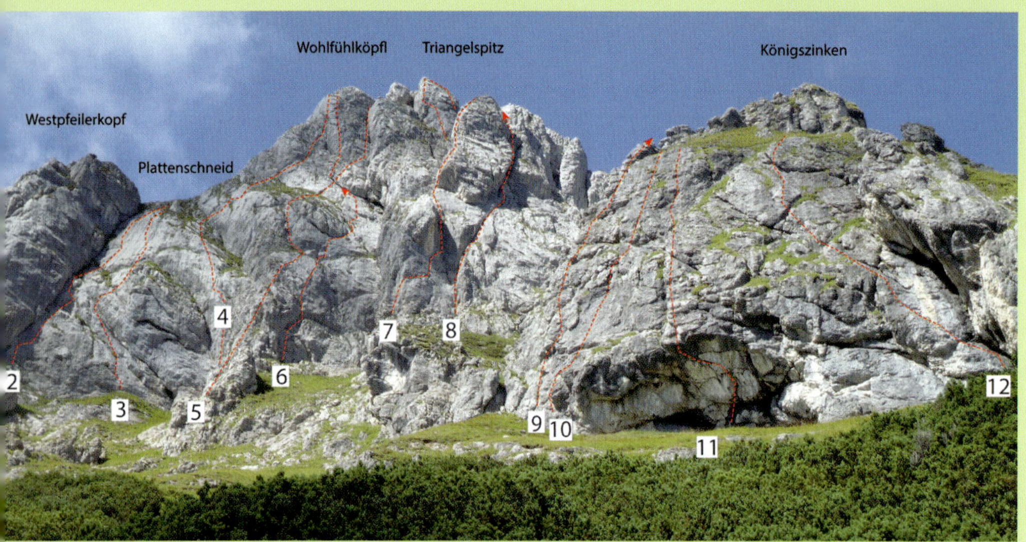

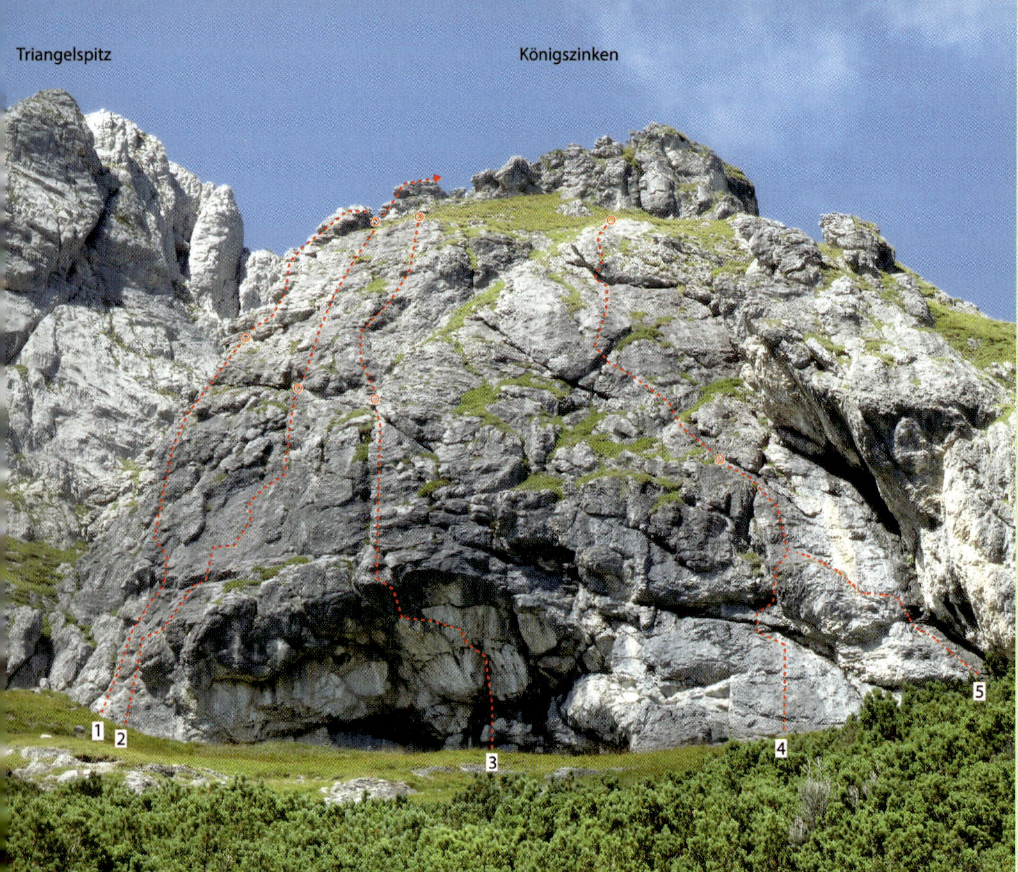

Triangelspitz
9 **Triangelpfeiler**: VI+ (eine Stelle in der 3. Seillänge) sonst zwischen V und VI, 4 Seillängen, 120 Meter. Auf einigen kurzen Passagen leicht brüchig! Sehr abwechslungsreiche Kletterei und gut abgesichert! Mit einer kurzen Abseilstelle vom Triangelzacken in den westlichen Einschnitt.
9a **Pfeiler-Variante**: VII+, etwas brüchig!
10 **Triangel**: IV+, 100 Meter. Logische Routenführung; im diagonalen linksziehenden Riss am Überhang vorbei, in die Triangelscharte und über die Kante zum Gipfel. Abstieg: Vom mittleren Gipfelzacken führt eine Abseileinrichtung für Doppelseil: 1 x 25 und 2 x 35 Meter sowie 50 Meter Einfachseil: 1 x 25, 1 x 15 und 2 x 25 Meter, die letzten Meter können abgeklettert werden. Andere Möglichkeit: Die westliche Schlucht (sehr steile Schroffen) abklettern!

Königszinken
11 **Herbert-Gahr-Weg**: V+, bis Gehgelände 400 Meter (Vierrinnenkopf). Lustige, lange Kletterei mit kurzen Wandereinlagen und insgesamt 18 Seillängen. Der kürzeste Zustieg aller Hochkönigtouren!
12 **Schwarze Wand**: V-, 50 Meter; bis zum Königszinken 100 Meter (gilt auch für die folgenden Routen). Genussvolle Kletterei in bestem Fels!
13 **Wunsch und Wirklichkeit**: (Noch nicht frei geklettert – bezieht sich auf die ersten 10 Meter).
14 **Diagonale**: V+ dann IV+. Die Route beginnt kleingriffig, rechts vom großen Überhang oder wenn es trocken ist, im rechten Eck und führt über geneigte, schwarze Platten zunehmend leichter zum Königszinken.

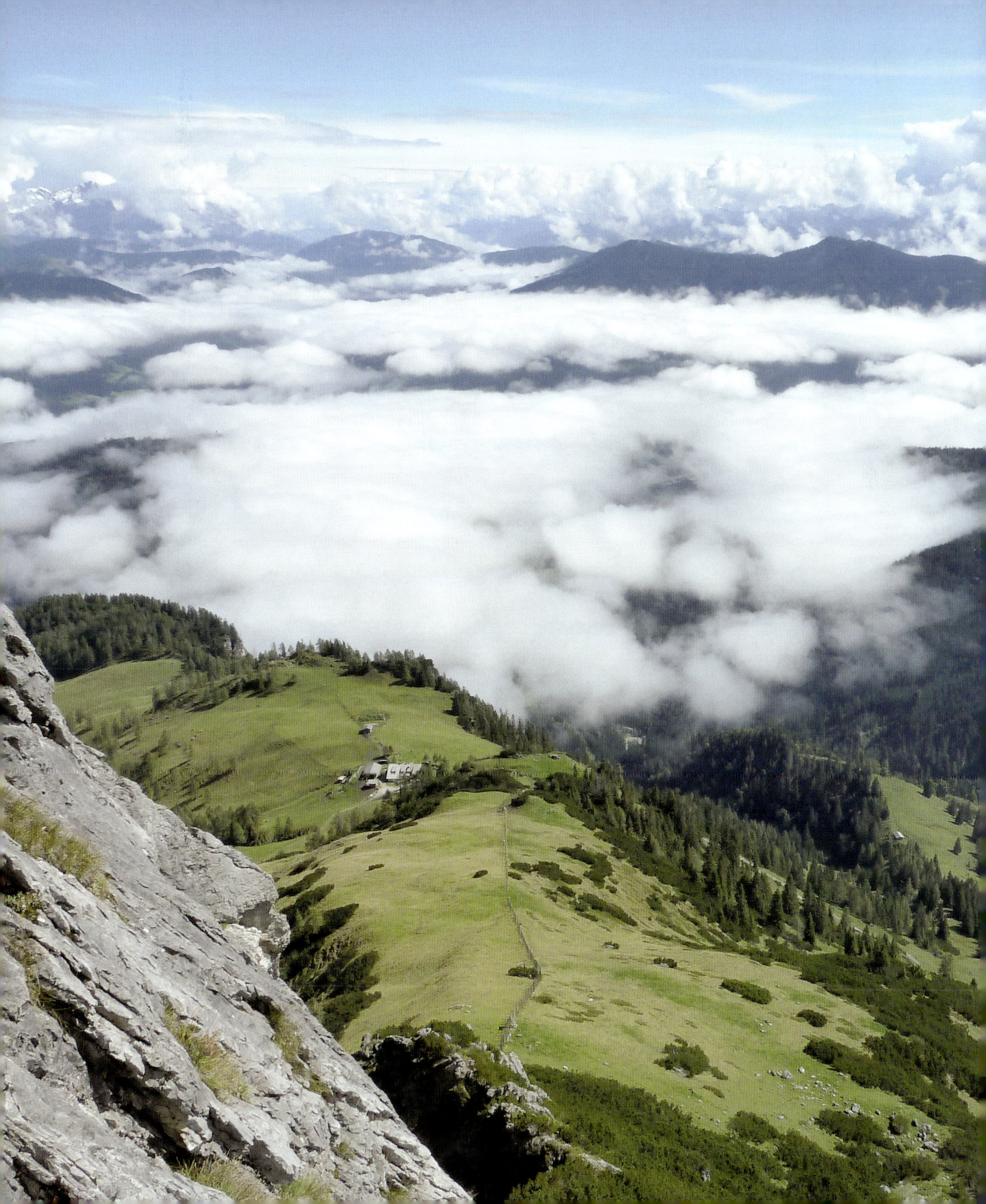

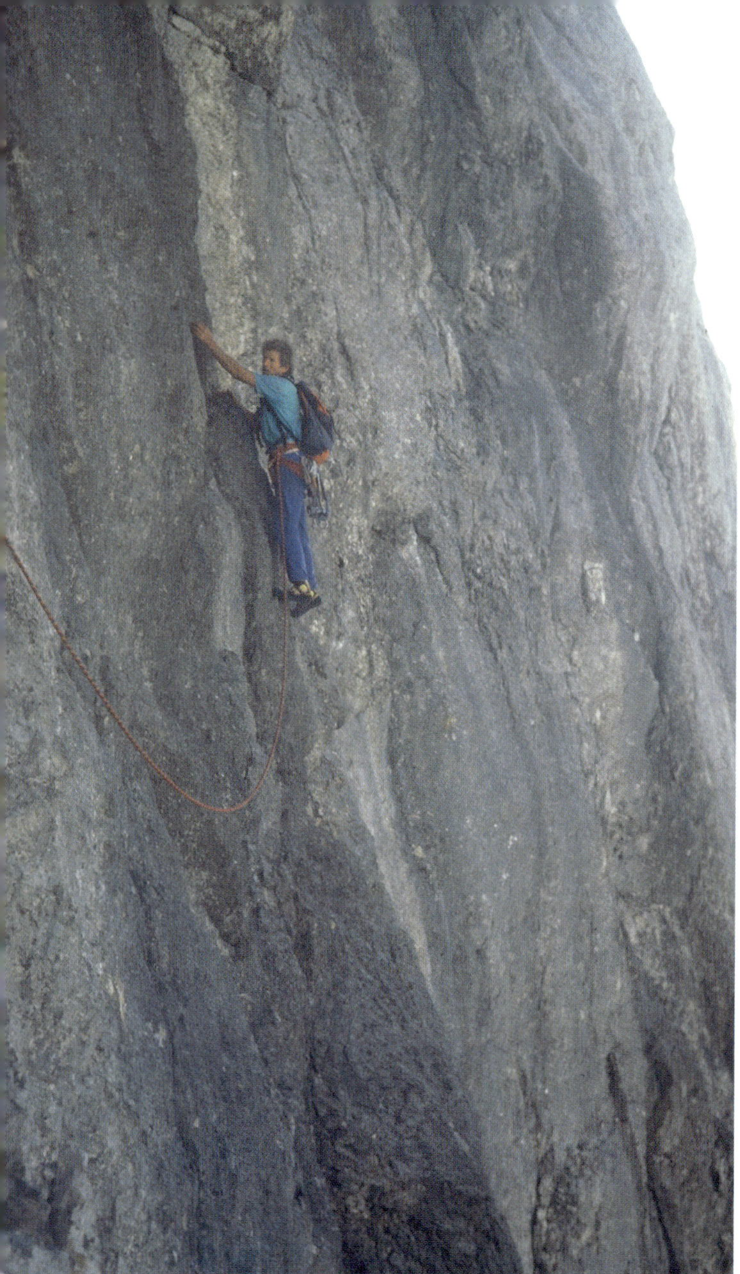

Vierrinnenkopf – Orgelpfeifen
VIII-, 450 Meter.
Ernsthafte Abenteuerroute und große alpine Tour. Sportkletterer werden mit ihr keine Freude haben, für alpine Liebhaber gibt sie sicherlich ein faszinierendes Ziel ab.
Der alpine Ernst und die Länge des Weges sollten nicht unterschätzt werden.
Erstbegangen mit Sigi Brachmayer 1993.

Die Orgelpfeifen (1996)

Endlich haben sich mit den ersten grauen Schneewolken die Ziele und Pläne zerschlagen, die in den vergangenen Tagen und Wochen geschmiedet wurden. Harte Zeiten liegen hinter mir – drei Wochen Schönwetter. Die Sucht hatte wieder einmal von mir Besitz ergriffen, und die Unreife wird im Spiegel sichtbar: „Nur mehr Haut und Knochen!“ sagt meine Frau vorwurfsvoll. Die Finger und Handrücken sind noch zerkratzt und geschwollen, mein unstillbarer Tatendrang hatte mich wieder einmal in der Hand – ja, Alter schützt tatsächlich vor Torheit nicht. Ein Übel zwar, aber weitaus das kleinere, als wenn ich mich im Alter weise glaubte und aller Kindereien und Träumereien beraubt wäre.

Bei den vielen toten Seelen, die an ihren Fenstern hängen, hätte ich mir den heutigen Friedhofsbesuch eigentlich sparen können – ein Stadtspaziergang hätte es auch getan. Eingebettet in die betende Menge ging die Andacht des Allerheiligentages ziemlich spurlos an mir vorbei. Ganz andere Gedanken füllten mich aus – vollgestopft mit den Abenteuern der letzten Tage und Wochen läuft der Film jetzt vor mir ab: die wunderschönen Kletterrouten! Die schon klassische „Guggi 60“ an der Mandlwand mit Sigi und eine Neutour mit meinem Neffen Manfred an der gleichen Wand oder die „Parabol“ an der Hochthronplatte, ein komplizierter, aber unverschämt toller Weg – unverschämt, weil er zwischen zwei eingebohrten Routen gefunden wurde. Mit einem knappen Dutzend Normalhaken eine solche Linie zu erschließen war für mich die großartigste Herausforderung, die Schönheit und Sportlichkeit des Kletterns eine erfreuliche Zugabe. Oder die vielen Solotouren – wenn meine Gedanken damit spielen, steigt mein Puls ins Uferlose. Und ich fühle noch etwas von der Jugend, die ich mir über die Jahrzehnte bewahren konnte. Und bei jedem

Resümee kommen „Die Orgelpfeifen“ hervorstechend ins direkte Licht der Erinnerung.

Man mag es kaum glauben, aber es gibt sie tatsächlich, die Civetta direkt hinter der Mitterfeldalm! Es ist fast unvorstellbar, dass diese Neutourmöglichkeit, „Die Orgelpfeifen“, so lange unangetastet blieb. Tausende von Bergsteigern, die von der Mitterfeldalm Richtung Hochkönig aufbrechen, queren nach etwa zehn Gehminuten die abfließende Schutthalde.

Die gelben Wandausbrüche und eine gewaltige Schutthalde mit frisch ausgebrochenen Steinen ließen mich lange zweifeln, hier eine halbwegs sichere Route zu finden. Mit Alois Grugger, einem langjährigen Freund, gelang mir vor wenigen Tagen die erste Wiederholung und gleichzeitig die erste freie Begehung. Bei der Erstbegehung vor zwei Jahren waren einige Kompromisse nötig gewesen. In erster Linie ging es darum, in zwei Tagen durch diese Wand zu kommen. Anfangs war ich mir der Sache bei Weitem nicht so sicher wie ich mir selbst einzureden versuchte. Die gelben Wandausbrüche im Einstiegsbereich, möglicher Steinschlag gab mir zu denken.

Die ersten Seillängen im nebelverhangenen Hexenkessel passten zum Ambiente der Wand. Bald schon zeigten sich erste Anzeichen genussreichen Kletterns, und je höher wir stiegen, desto großartiger wurden die verschiedensten Kletterstellen, die unsere Erwartungen übertrafen. Welch eine wunderbare Herausforderung, all die Träume, Vorstellungen und Zweifel der vergangenen Wochen nun in der Wirklichkeit erleben zu dürfen! Immer wieder wurden wir überrascht von der Ausgesetztheit und der anspruchsvollen Kletterei. Und auch in scheinbar ausweglosen Kletterpositionen fand sich immer wieder jene Winzigkeit an Griff und Tritt, die den nächsten Schritt zuließ.

Wieder einmal suchen meine Blicke zwischen den weit ausgespreizten Beinen hindurch die Tiefe der dunklen Einstiegsschlucht. Der letzte Sicherungshaken steckt erschreckend weit unter mir, dazwischen eine sehr kleingriffige Platte. Wie bin ich bloß über diese Mauer heraufgekommen? Ein Anflug von Stolz – die Situation gibt nicht die Zeit. Demütig erbitte ich eine Sicherungsmöglichkeit, und nach zwei Kletterzügen ist plötzlich die ersehnte Hakenzitze da!

Darf der Mensch alles tun, was die heutige Technologie möglich macht?

Gemeinsam mit wenigen Freunden sind wir nur mehr ein kleines Häufchen, welche die sanfte Erschließung weiter pflegen. Uns faszinieren die handwerkliche Geschicklichkeit des Absicherns mit reversiblen Mitteln und die Kreativität der Wegsuche, die uns eine sanfte Erschließung aufzwingt. Mit dem Bohrhammer ist man in der Lage, die Lücke zwischen dem, was man kann, und dem, was man sich wünscht, zu schließen. Und sie ist ein Zeichen für die emotionale Armut unserer Zeit. Nicht nur im Gebirge, sondern in seinem ganzen Leben scheint der Wohlstandsbürger unserer Tage geradezu süchtig zu sein nach Versicherungen und Absicherungen. Doch alle Absicherungen der Welt nützen uns nichts angesichts der von der Menschheit selbst erzeugten Probleme … über den Menschen hängt ein Damoklesschwert, und keine Versicherung der Welt kann uns da helfen. Der bekannte Zukunftsforscher Hoimar von Ditfurth verglich unsere Gesellschaft einmal mit einem Menschen, der über ein Minenfeld spaziert und sich dabei Sorgen um seine Altersversorgung macht.

Es ist unerlässlich, darüber nachzudenken, was man mit einer immer mächtigeren und vielfältigeren Technik unternehmen darf und was man sich selbst verbieten muss.

Sanieren von Kletterrouten

Lange Zeit war beim Thema Bohrhaken des Öfteren der Gaul mit mir durchgegangen, erst mit der Zeit sah ich die Sache gelassener.

Der ursprüngliche Alpinismus ist mir wichtig, aber gewisse Gegebenheiten machten es notwendig zu reagieren, auch wenn das hinsichtlich meiner Kletterphilosophie mit Tabubrüchen verbunden war. Über die Sinnhaftigkeit, Routen zu sanieren, lässt sich streiten und ich begab mich dabei in eine Lage, in der ich hin- und hergerissen war. Sah ich es aus der Notwendigkeit heraus, war der Weg des Sanierens richtig, andererseits war ich der Meinung, es schade dem Alpinismus selbst. Es hatte mich eine große Überwindung gekostet, die Sicherheit, die man forderte, gegen meine so lange verteidigten Prinzipien einzutauschen.

Die Auseinandersetzung mit mir selbst war tiefgreifend, nicht nur was meine Einstellung betrifft, es verlangte auch, meinen eigenen Routen – geklettert in Seilschaft oder im Alleingang, mit oft unglaublich hart erkämpften Schlüsselstellen, wo mein Erstbegehungsstil in Fels geschrieben stand, auf die ich natürlich auch stolz war – den historischen Wert zu nehmen. Es gibt zwar noch genug sogenannte „böse Run-outs“, sie werden respektvoll gemieden. Aber jene Schlüsselstellen, die aufgrund der Sanierung verändert sind, deren Ernst genommen ist, können nicht mehr in diesem Ausmaß erlebt oder verstanden werden.

Es war für mich ein Schritt vom Alpinismus zum Tourismus.

Da waren aber diese schrecklichen Unfälle in meinen Routen – Seilschaftsstürze, Väter, Söhne, Ehemänner, Katastrophen – verbunden mit so viel Leid. Und mein innerer Konflikt: Wie gehe ich um mit meiner Verantwortung? Dazu kamen die Reaktionen der Öffentlichkeit, die meine Ideologie überhaupt nicht verstehen konnte, nämlich, dass man seiner Geisteshaltung eine höhere Bedeutung zumaß als der Sicherheit des Seins.

Abgesehen davon, dass so mancher „Run-out“ zur genussvollen Kletterpassage verstümmelt war, hatte ich für mich eine Kompromisslösung gefunden: Ich klettere meine Erstbegehungen wie früher, nur mit dem Allernötigsten an Ausrüstung – in Seilschaft begrenzt mit reversiblen Sicherungsmitteln und beim Solo-Klettern „ohne alles“. Und zu einem späteren Zeitpunkt quäle ich mich, die eine oder andere Route mit Bohrhaken zu sanieren. Die Zahl an Kletterunfällen ist in den letzten zwei Jahrzehnten im Vergleich zu früher verschwindend gering. Aber ich kann bis heute nicht mit Klarheit darüber urteilen, ob die Sache richtig oder falsch war …

Gleich wie früher lebe ich meine Kletterethik, meiner Erstbegehungs-Philosophie ist seit 1970 dieselbe: Bei Erstbegehungen wird nicht gebohrt!

Wer im dritten Grad seine Grenzen findet, sollte beim Dreier bleiben. Wer aber über seine Verhältnisse klettert und beim Vierer nagelt wie ein Tischler und beim Sechser bohrt wie ein Steinmetz, der betrügt sich und andere.

Reinhold Messner

Es gibt Entwicklungsphasen, gegen die auch die besten Argumente nutzlos sind. Gewisse Moden und Strömungen – heute sagt man gerne „Trend“ – sind nicht zu widerlegen, sie müssen sich überleben. Über den gegenwärtigen, unglaublich mühevollen alpinistischen „Wegebau“ und seinen technologischen „Mord am Unmöglichen“ wird man sich später einmal sehr wundern …

Günter Oskar Dyhrenfurth

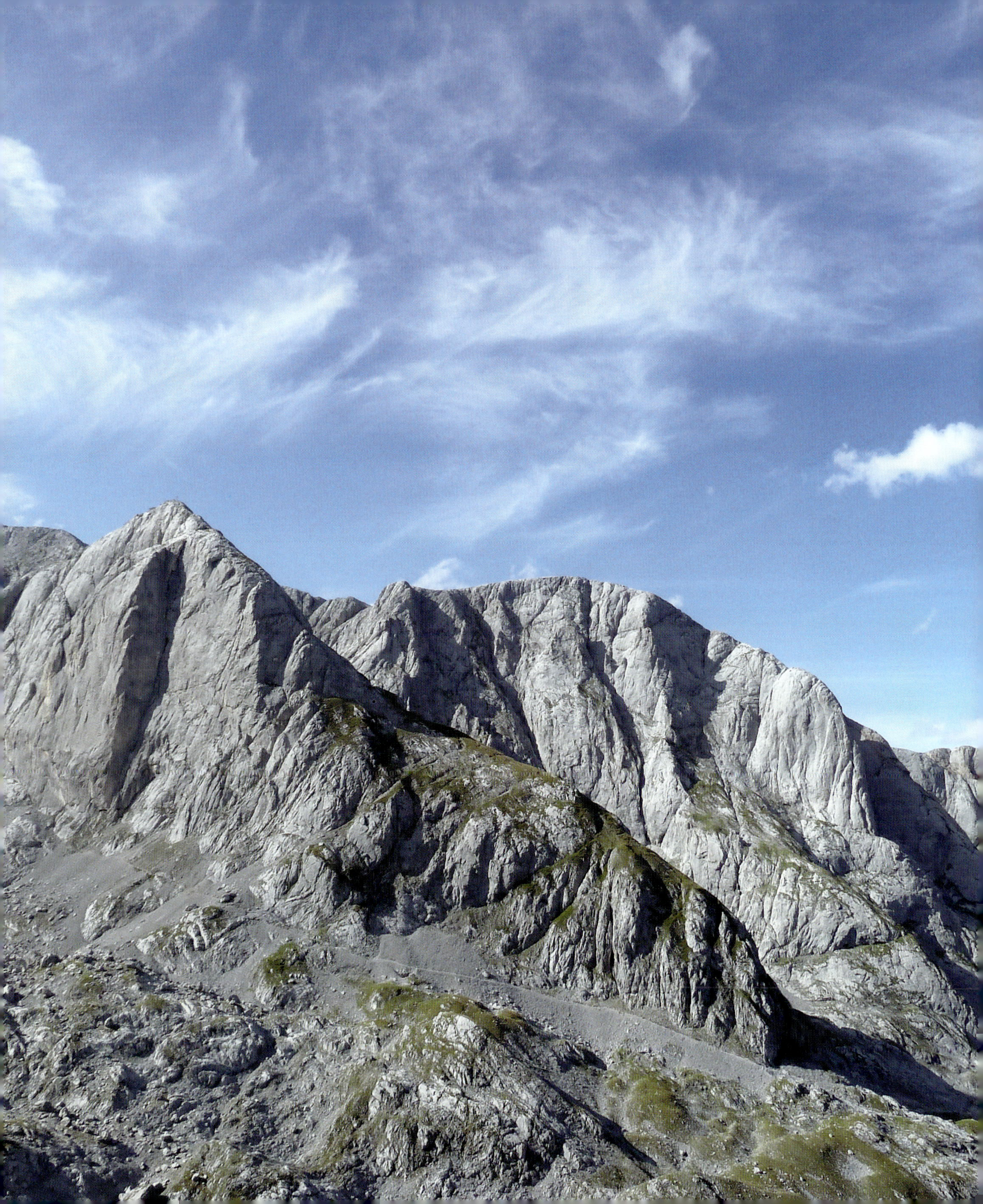

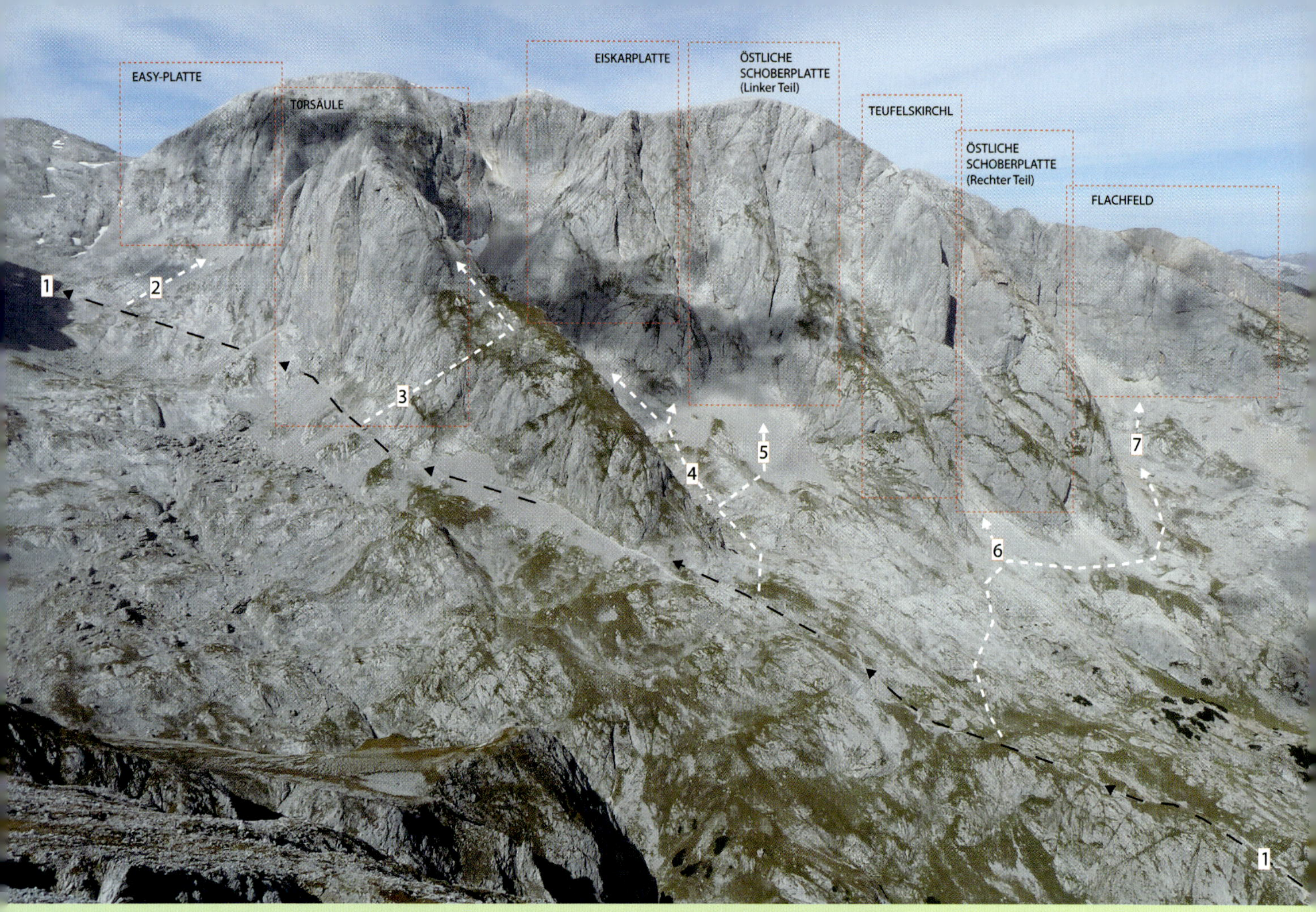

EASY-PLATTE
TORSÄULE
EISKARPLATTE
ÖSTLICHE SCHOBERPLATTE (Linker Teil)
TEUFELSKIRCHL
ÖSTLICHE SCHOBERPLATTE (Rechter Teil)
FLACHFELD

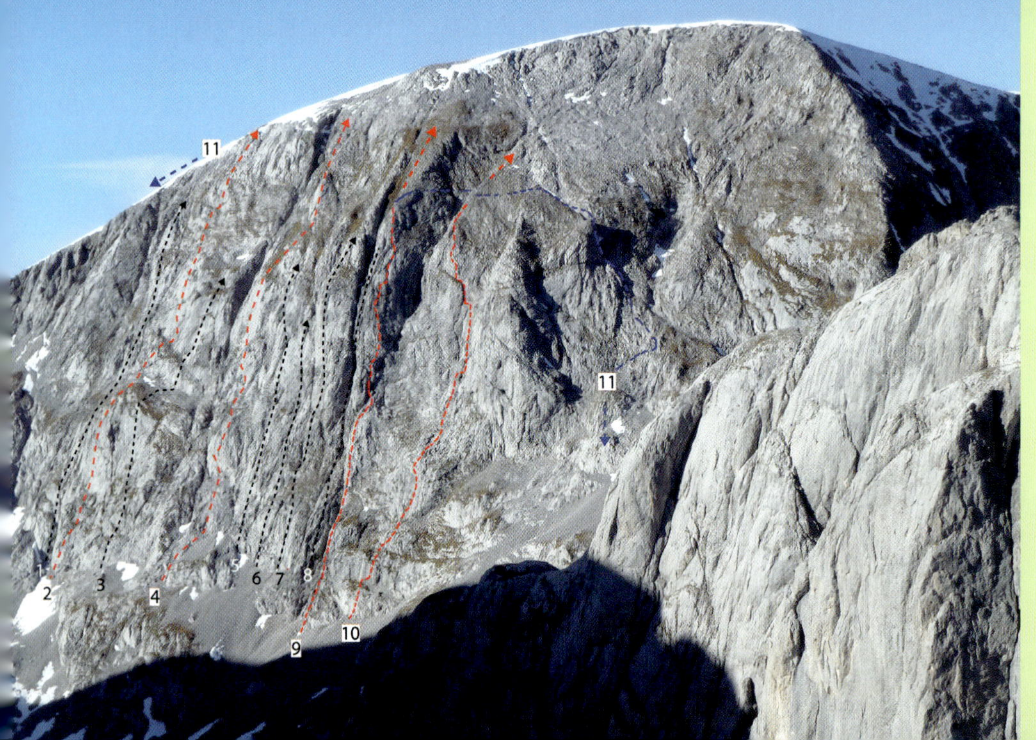

Westlicher Schoberkopf (2704 m)
Unspektakulärer Bergrücken mit plattiger Südflanke „Easy-Platten“.
Seine Hochfläche ist mit den anderen Schoberkopfgipfeln und weiter im Norden mit dem Flachfeld verbunden. Es gab bis 2002 keine Routen in der Wand.

Kaiserwalzer
IV+, 250 Meter.
Mit OeAV- und Sigi-Klebehaken sanierte Route. Sehr schöne, noch unbekannte Kletterei über strukturierte Plattenschilder mit vielen Wasserrillen.
Erstbegehung: Free Solo 2004.

links unten:
Easy-Platte
2 Designerbaby
4 Kaiserwalzer
10 Kolumbus-Ei
9 Weißer Pfeiler

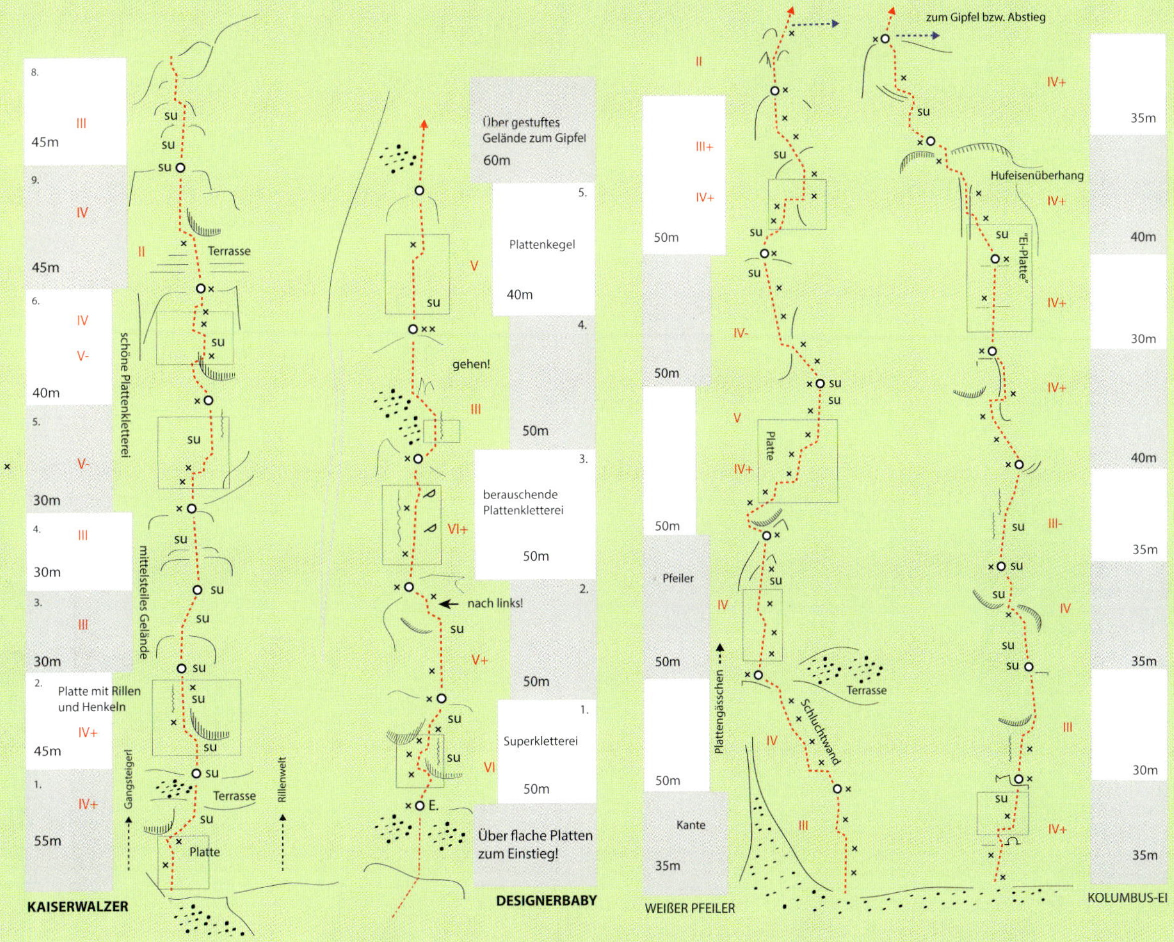

KAISERWALZER

DESIGNERBABY

WEIßER PFEILER

KOLUMBUS-EI

Designerbaby
VI, 250 Meter.
Mit OeAV- und Sigi-Klebehaken sanierte Route. Sehr lohnende Plattenkletterei.
Erstbegangen mit Gerhard Reiter 2003.

Weißer Pfeiler
V-, überwiegend IV, 250 Meter.
Interessant, abwechslungsreich, lohnend und guter Fels!
Erstbegehung: Free Solo 2003.

Kolumbus-Ei
IV+, 200 Meter.
Mit OeAV- und Sigi-Klebehaken sanierte Route.
Sehr schöne Kletterei, trockene Verhältnisse abwarten.
Erstbegehung: Free Solo 2003.

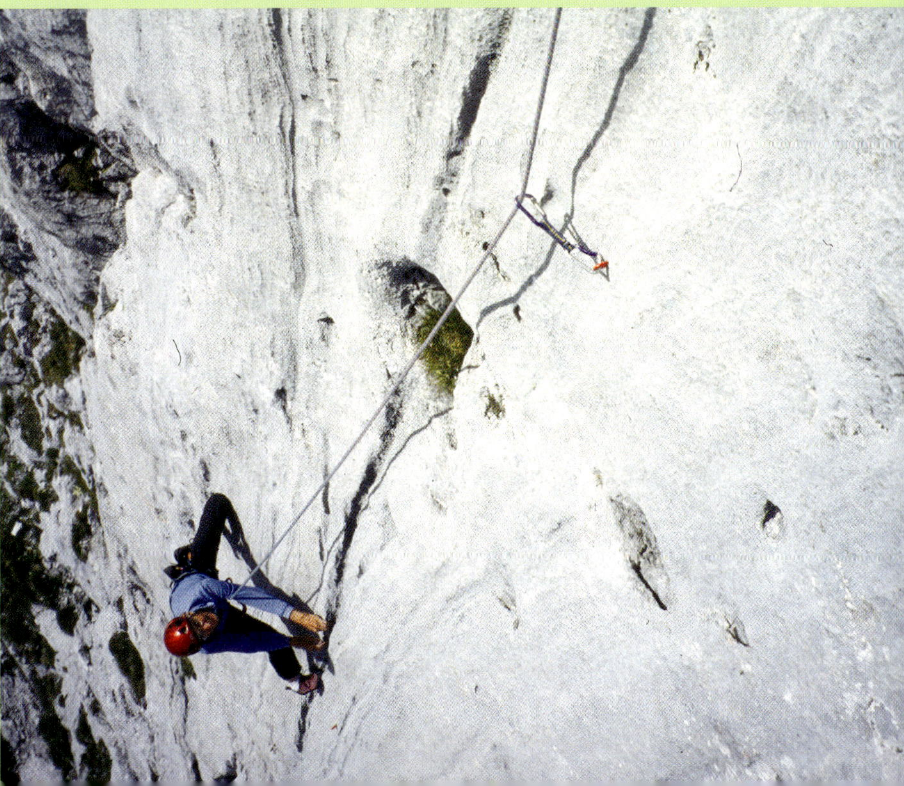

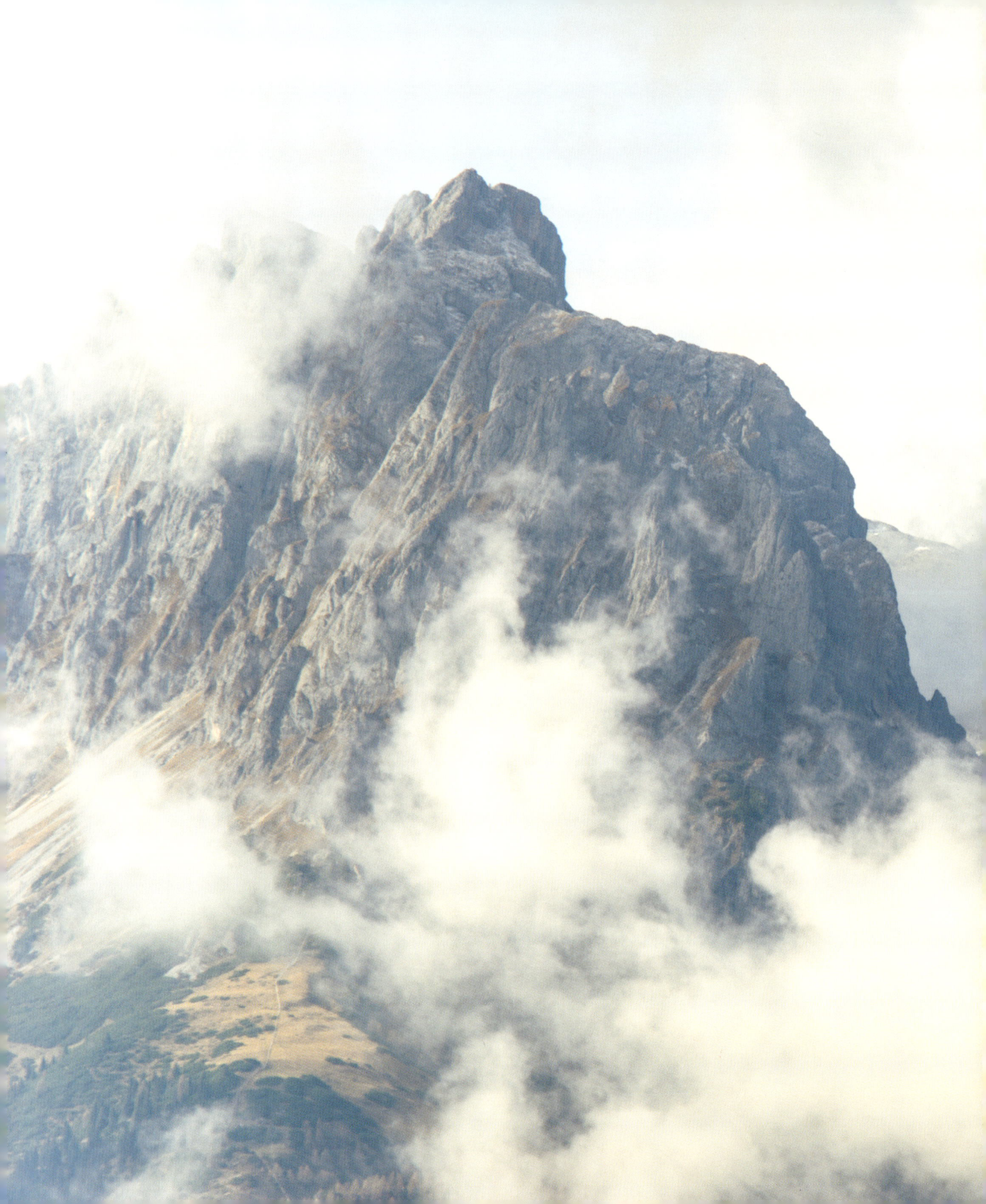

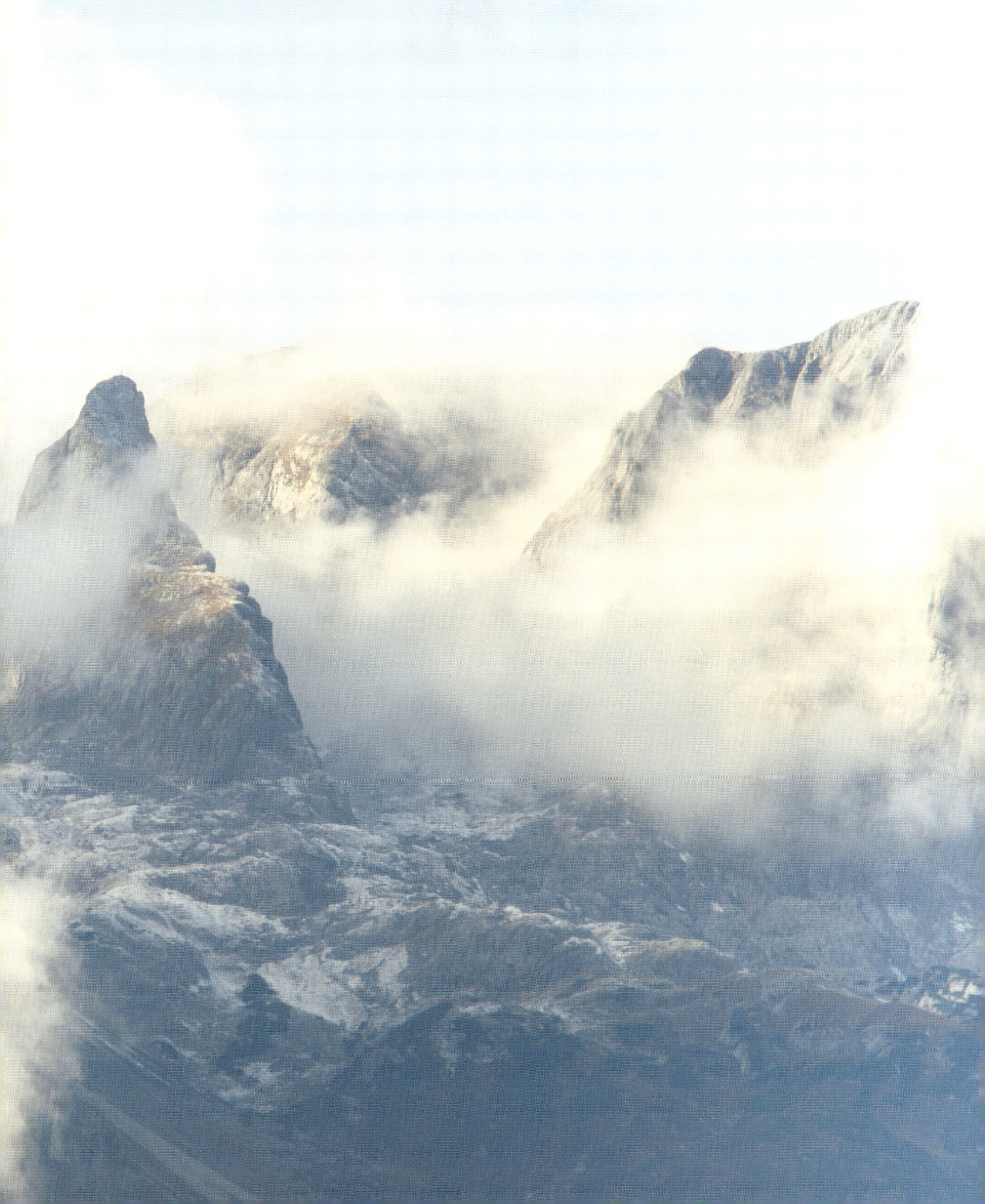

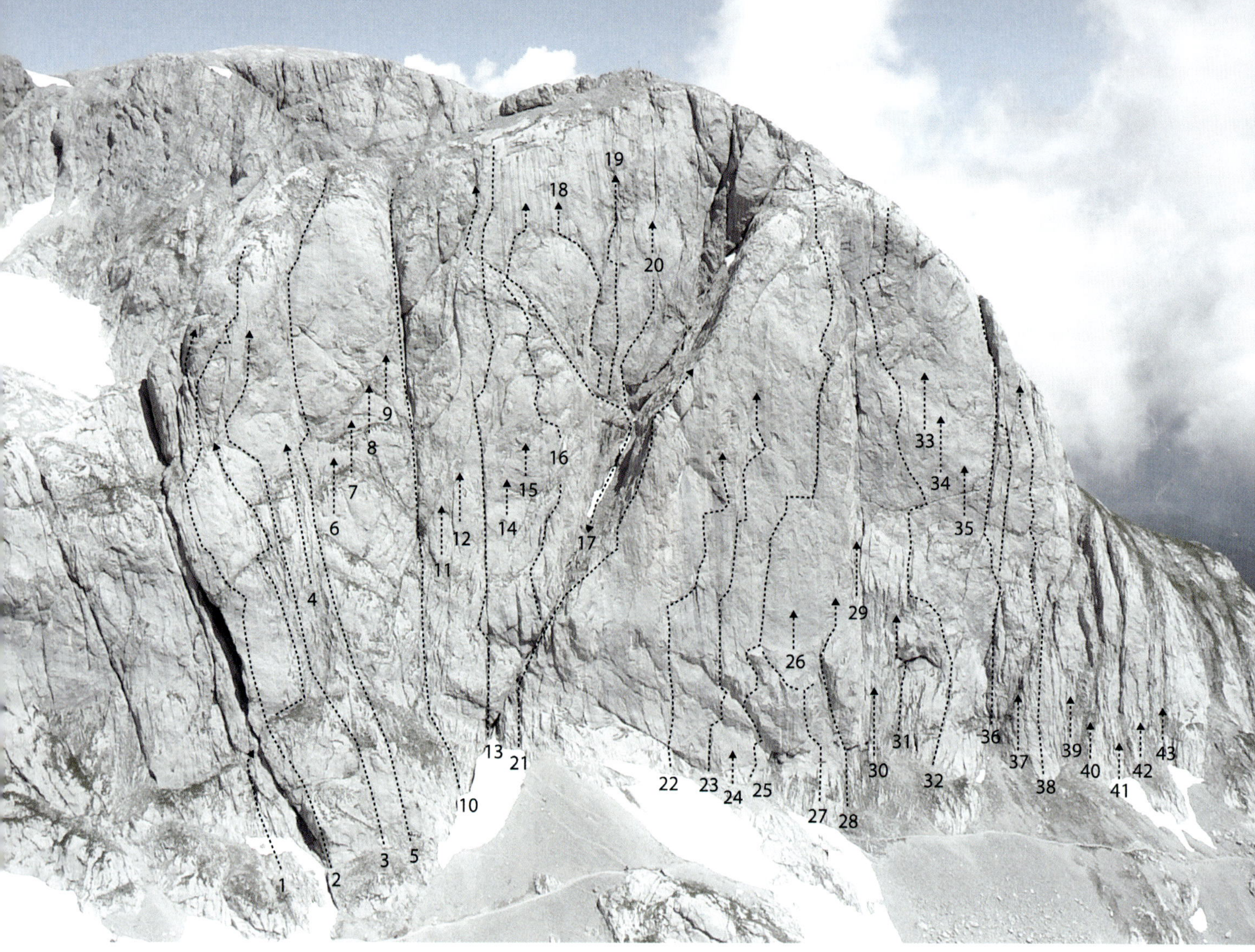

1 Heiße Liebe
2 Mon Cherie
3 Otti und Ottilie
5 Schinderriss
10 Südwestkamin
13 Brugger-Franzl-Riss
16 Achilles
17 Guggenberger-Ausstieg
19 Plattensprint
21 Schluchtkante
22 Afrika
23 Hawelka
25 Südpfeiler
26 Opera
27 Südpfeiler-93
28 Nichts für Mountainbikes
29 Trotzdem
30 Südverschneidung
31 Starkes Land
32 Mozart
34 Philadelphia
35 Zeit zum Atmen
36 Südrisse
38 Richi-Pfeiler
43 Prechtig

TORSÄULE

Man bezeichnet die schön geformte Felssäule als den „Zuckerhut des Hochkönigs". Eingebettet zwischen Mandlwand und den Schoberköpfen ist sie der markanteste Gipfel an den Ostausläufern des Hochkönigs.
Die einzige Schwachstelle der Torsäule ist ihre Ostflanke (II). Die Anstiege aus den übrigen Himmelsrichtungen sind dem Extremen vorbehalten. Der kompakte, plattige Fels der Südseite, aber auch die viel seltener besuchte Nordwand zeigen sich äußerst kletterfreundlich, vor allem die oberen Wandhälften sind oft von unzähligen Wasserrillen zerfurcht.
Erstbesteigung (über die Ostflanke) durch Anton Posselt-Czorich und Josef Aigner 1882. Die ersten Klettertouren entstanden durch Hermann Amanshauser, Hans Feichtner und Peter Radacher, Kaspar Wieder, Hermann Lapuch und Leopold Edelmayer 1919 in der Südwestschlucht und an der Nordwand. 1931 kletterte die Seilschaft Karl Dumböck und Rudl Schlager die Südwandrisse und 1926 Erwin Schneider und ein gewisser Stangl den Westpfeiler und die Gerade Nordwand. Mit der Südverschneidung gelang Edi Rainer und Hans Lindner 1936 die für mich bis heute logischste Direttissima an der Torsäule.
Nach dem Krieg (1946) nur notdürftig ausgerüstet, mit Hanfseilen und unbrauchbaren Schuhen, kletterten die Pongauer Karl Reiter und Andi Mischitz eine neue Route in der Nordwand weiter östlich vom „Schneider-Weg" und Willi Breitfuß und Anton Schwaighofer (1948) den Nordnordwestpfeiler.
Abgesehen von einigen Versuchen von Walter Grutschnig und später Lois Dellago, die nach wenigen Metern endeten, passierte ganze zwei Jahrzehnte nichts mehr an der Torsäule. Ja, überhaupt am gesamten Hochkönig gab es keine einzige nennenswerte Erschließung!
Mein Freund und „Aufpasser" Franz Hawelka brach dieses Tabu und konnte schließlich nach ersten Versuchen den Durchstieg der Südwestwand für sich verbuchen. Zur gleichen Zeit gelang mir mit Sepp Seidl die Erstbegehung des Südpfeilers. Die bohrhakenfreie, noch überschaubare Erschließung setzte sich nun fort, es entstanden einige schöne Kletterrouten wie der Südwestriss von Sepp Brugger und Richard Franzl. 1993 kamen die ersten Bohrhakenrouten und einige wenige, welche die Entwicklung vorantrieben, brachten es fertig, in einem Zeitraum von einem Jahrzehnt die Wand komplett mit Akkubohrhämmer zu bearbeiten.

„Als ob wir die Natur nicht schon genug manipuliert hätten! Ich kann doch keine Leitern einbohren, damit sich jeder hochrasten kann. Was für untere Schwierigkeiten gilt, muss auch für die oberen gelten. Das alpine Rüstzeug, die maximalen Schwierigkeiten müssen beherrscht werden, und dazu gehört auch eine starke Psyche."

Alex Huber

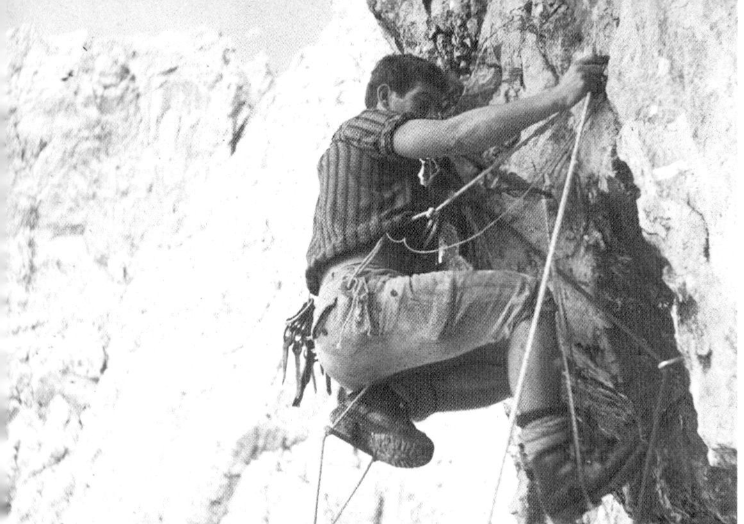

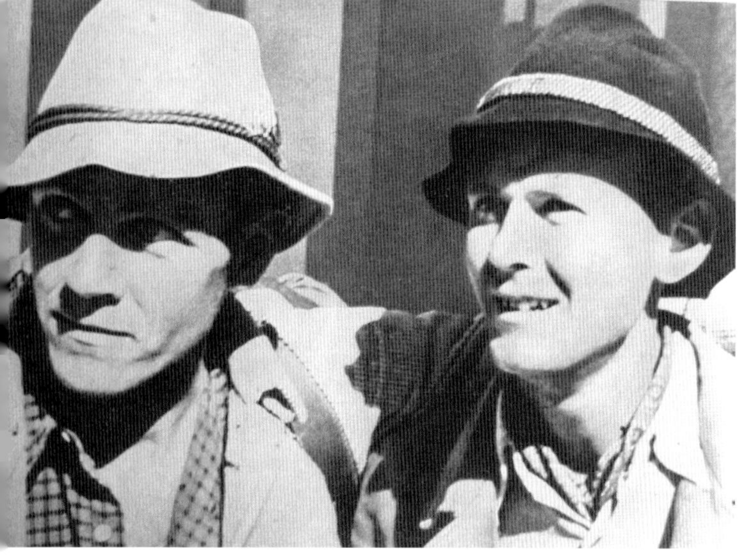

Franz Hawelka

Insgeheim war Franz Hawelka eines meiner damaligen Vorbilder, wenn es darum ging, sich aus einer Sache nichts zu machen – das Heute zu genießen und an das Morgige, so weit es irgendwie ging, nicht zu denken. Franz war ein begeisterter Fan von Willo Welzenbach, kannte alle seine großartigen Wege durch die größten kombinierten Wände. Die damals sozusagen drei großen Alpenwände Eiger-Nordwand, Matterhorn-Nordwand und Walkerpfeiler gelangen Franz zu Beginn der Sechzigerjahre innerhalb von zwei Wochen. Als dann seine besten Bergfreunde Andy Schlick im Schneesturm am Manaslu (Nepal), Kurt Reha am Dhaulagiri (Nepal) und Toni Schramm bei einem Lawinenabgang in der Silvretta ums Leben kamen, setzte er mit einer letzten Erstbegehung in der Südwand der Torsäule seiner alpinen Laufbahn ein jähes Ende.
Ich war aber so etwas ähnliches wie der Lieblingsschüler Hawelkas. Ich spürte, dass er mich gern mochte und mich vor allem wegen meiner kompromisslosen Solotouren schätzte. Ich bewunderte diesen bärenstarken Mann, weil er sich über meine Erfolge in ungewöhnlich herzlichem Verständnis freuen konnte.

Edi Rainer und Karl Dumböck

Edi Rainer starb 1936 mit Andreas Hinterstoißer, Toni Kurz und Willy Angerer bei einem Erstbegehungsversuch in der Eiger-Nordwand. Die Erstbegehung der Südverschneidung an der Torsäule, die er – wenige Tage, bevor er zum Eiger reiste – mit Hans Lindner kletterte, bleibt als würdiges Denkmal für beide erhalten. Eine Linie, als wäre sie mit der Axt aus dem Stein gehauen, sie lässt alle, die sie klettern oder am Wanderweg vorbeigehen, sich an die Erschließer erinnern. Hans Lindner ist mit 31 Jahren 1943 im Krieg gefallen. Viele der damaligen Pioniere waren sehr nationalistisch eingestellt. So war auch Edi Rainer Mitglied der SA, obwohl diese Nazivereinigung zu der Zeit in Österreich noch verboten war. Auf die Namen der Seilschaft Dumböck–Rainer stößt man immer wieder in den Alpinzeitschriften jener Zeit. Karl Dumböck war sogar Obersturmbandführer der Waffen-SS, wurde am 19. April 1906 in Salzburg geboren. Er soll eigenhändig 40 politische Häftlinge getötet haben.

Heiße Liebe
VI+, 200 Meter.
Sehr schöne, im alpinen Zustand gebliebene Kletterei.
Die Haken sind im Fels, für alpine Ansprüche gut abgesichert! Zusätzlich können reversible Sicherungen verwendet werden.
Erstbegangen mit Robert Jölli 1989.

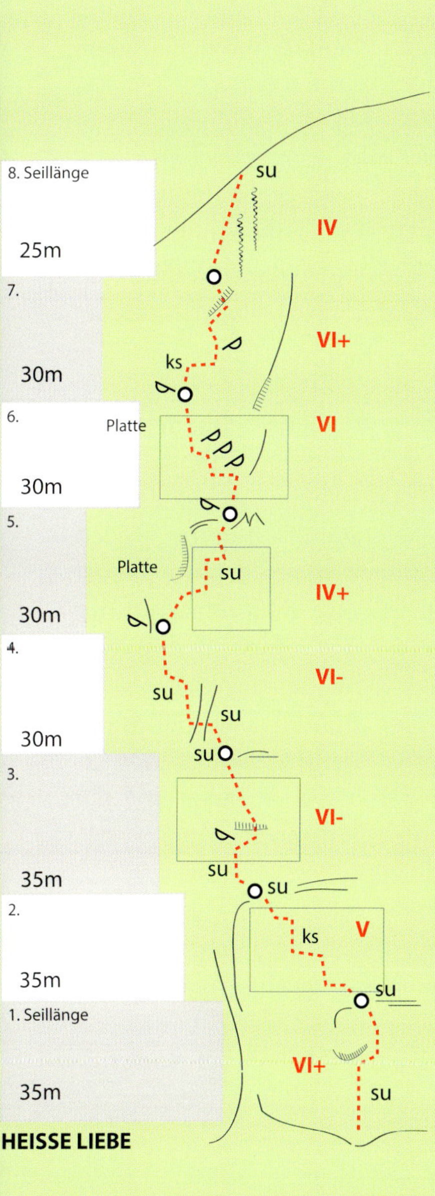

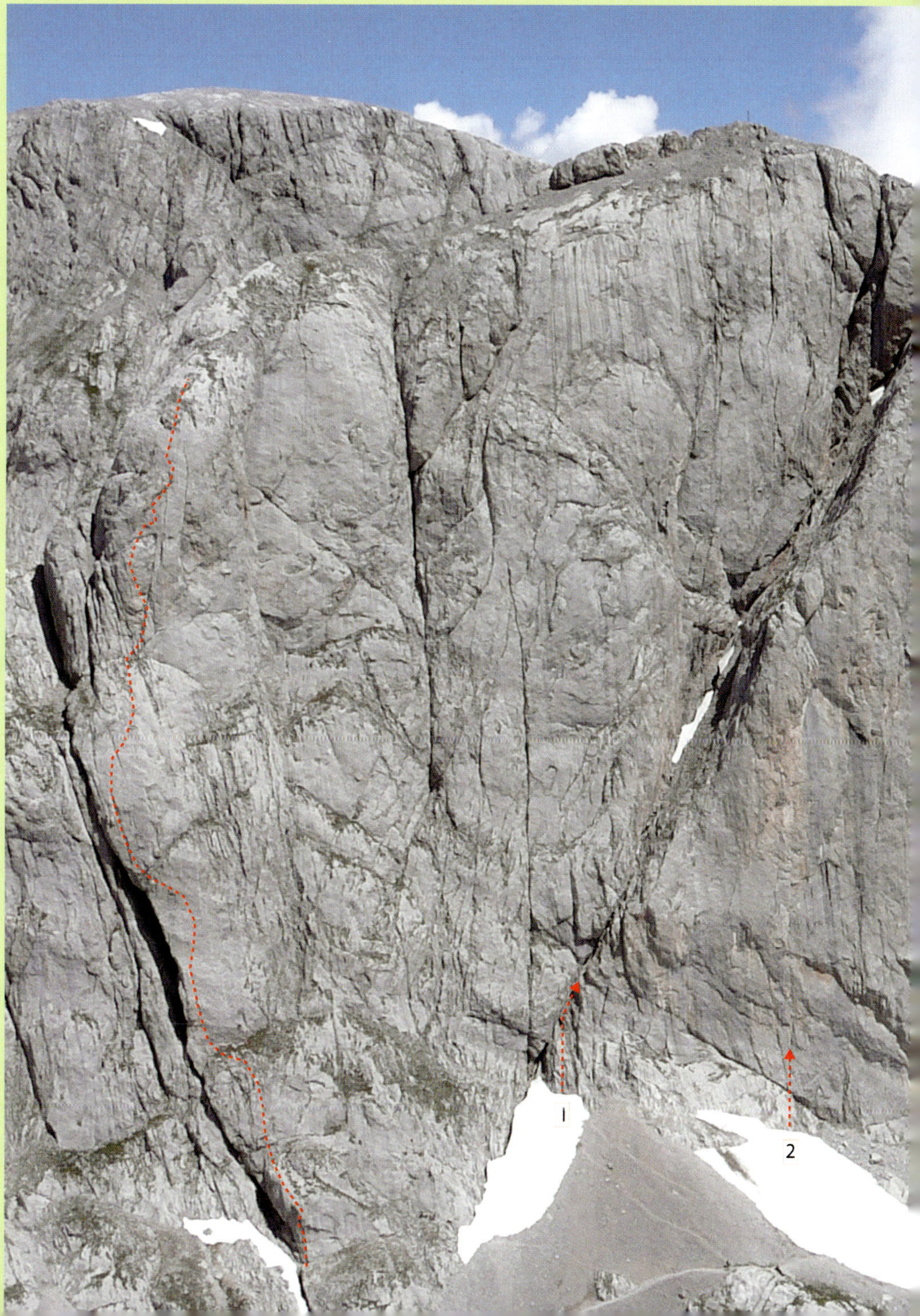

Erstbegehung der Solo

Fernes Donnergrollen war hörbar, doch ließ der dichte Nebel keine genaue Prognose zu. Mir genügte die Wettervorschau, die zuversichtlich geklungen hatte. Das Vertrauen in sie und eine unbremsbare Klettergier ließ mich nach einer Erstbegehung in der Wetterriffel-Ostwand noch in die Südwand der Torsäule einsteigen. Knapp zwei Stunden später war ich hoch droben in den steilen Plattenfluchten, als sich ein Gewitter mit seiner ganzen Gewalt entlud. Armselig hing ich an einem einzigen Haken, voll dem Naturereignis preisgegeben, und zählte, um mich abzulenken, die wenigen Sekunden zwischen Blitz und Donner. Geradezu angenehm empfand ich das von der warmen Wand aufgeheizte Regenwasser, das sich in wahren Bächen über mich ergoss. Doch die Gefahr, vom Blitz getroffen zu werden, stand mir ständig vor Augen. Damals hatte ich keine Routine mit Magnesia, dennoch bereitete mir der dazugehörige Beutel rechte Freude. Genauso wie mir der Verkäufer im Sportladen versichert hatte, erwies er sich als völlig wasserdicht. Ich hatte jedoch vergessen, das Ding zu schließen, so war es bis zum Rand mit Wasser gefüllt, das weiße Pulver löste sich schäumend, der Beutel war wie gesagt wasserundurchlässig.

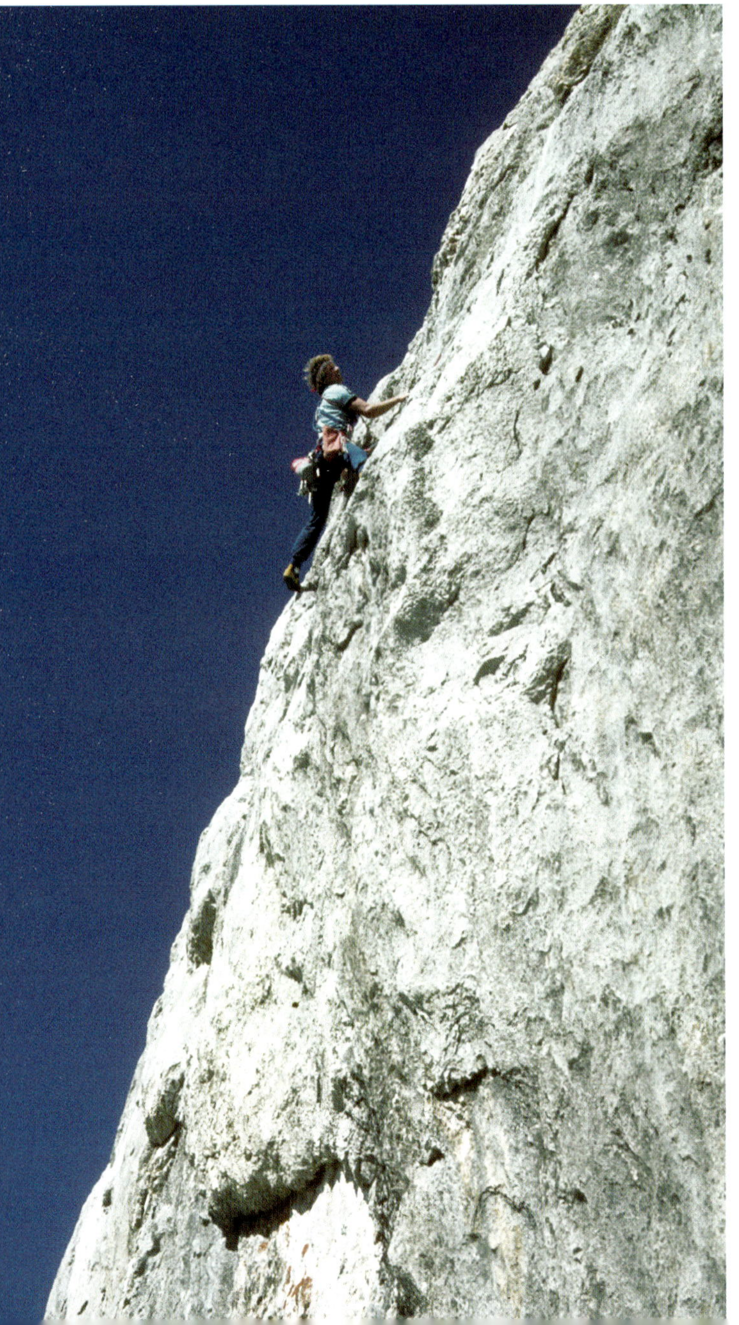

Später empfand ich es als Erfahrung, dass mich solche Nebensächlichkeiten belustigten, während die Welt um mich verrückt spielte. Die Gewissheit, untätig den Naturgewalten ausgeliefert zu sein, bewirkte eine Gleichgültigkeit in mir, die ich bis dahin noch nie so deutlich erlebt hatte. Selbst der Gedanke „Adieu, schöne Welt“ erschien mir nicht erschreckend.

Nichtsdestotrotz war ich froh, als das Inferno endlich nachließ und einen Rückzug aus der Wand erlaubte. Mit einer 30 Meter Reepschnur und etwas Notausrüstung waren das Abseilen und die damit verbundenen Pendelmanöver nicht gerade ein einfaches Unterfangen …

Nachsatz: Bis auf jene „Kleinigkeit“ des Gewitters hatten die Wetterfrösche recht behalten: Tags darauf begann eine lange, gewitterfreie Schönwetterperiode. In der Zeit gelang die endgültige Durchsteigung der Route „Solo“ in der Südwestwand der Torsäule.

Solo
VI+, vorwiegend V bis VI, 140 Meter ab dem Schluchtgrund, insgesamt 200 Meter. Kurze, anspruchsvolle Freikletterei im Torsäule-Superfels! Nur wenig Haken im Fels, reversible Sicherungsmittel für Seilschaften notwendig. Erstbegehung: Free Solo 1983

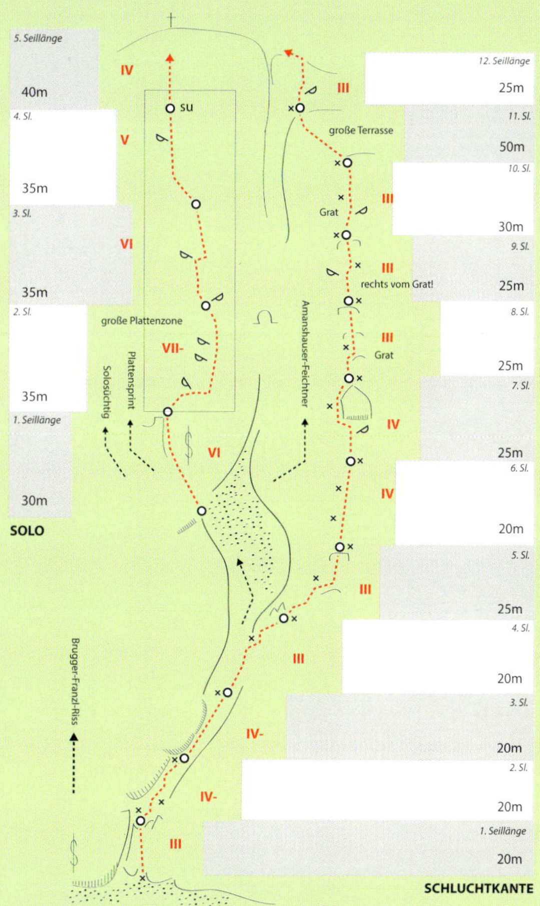

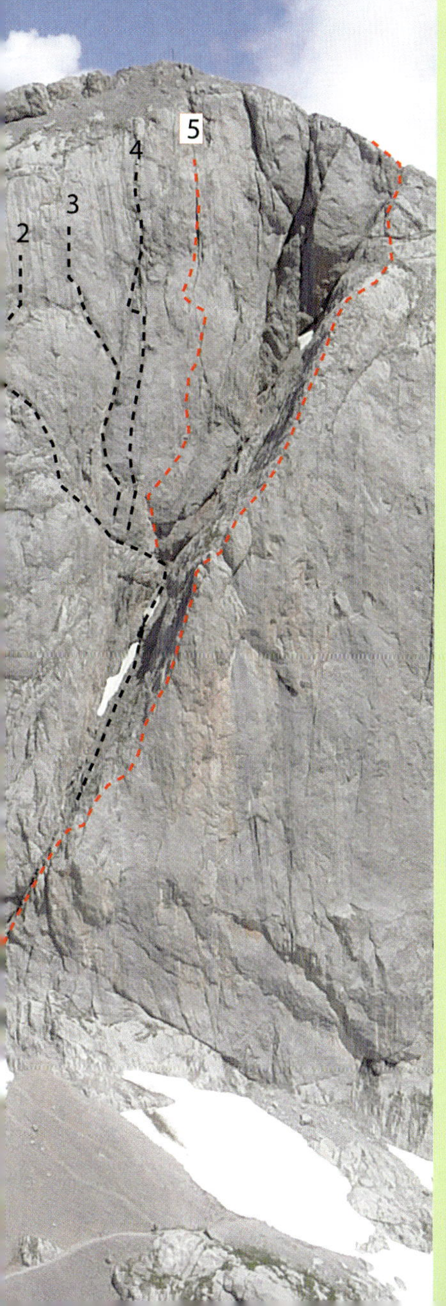

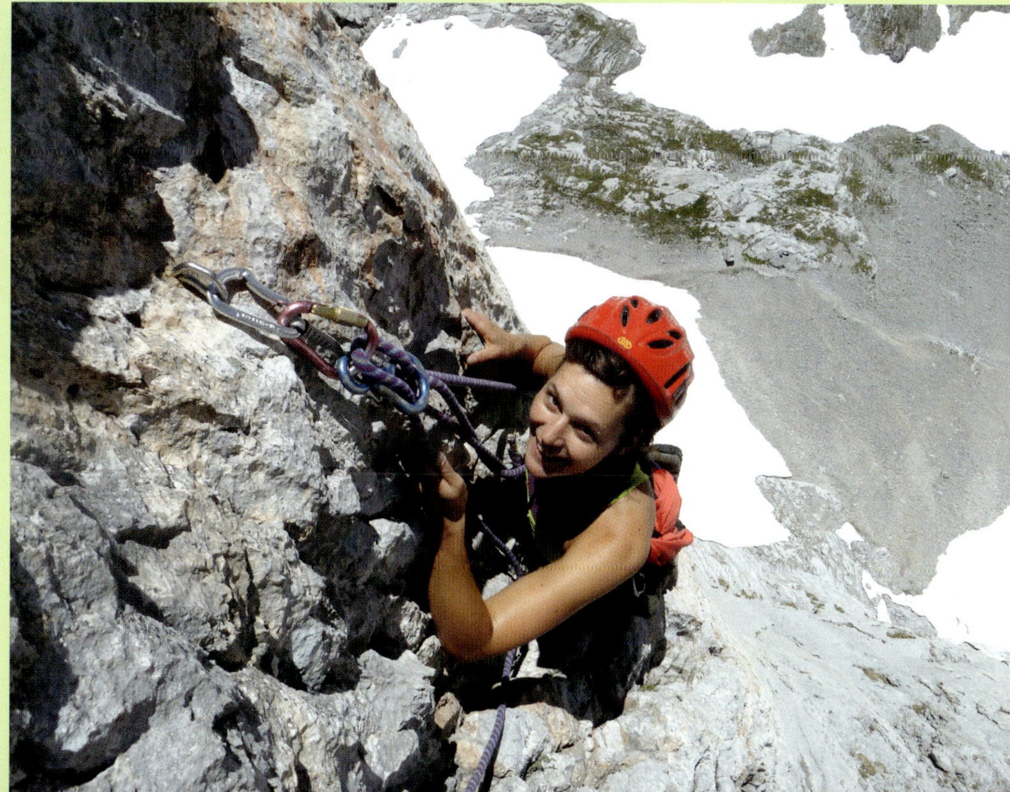

Afrika
VIII+, vorwiegend VI und VII, 200 Meter bis zur Pfeilerabdachung.
Mit OeAV- bzw. Sigi-Klebehaken sanierte Route, zusätzlich Haken aus der Zeit der Erstbegehung.
Sehr lohnende, anspruchsvolle Freikletterei in gutem, immer senkrechtem Fels.
Erstbegangen mit Werner Sucher und Schorsch Wenger 1985 und der gerade Ausstieg 1994. Der alte Ausstieg war meistens nass, außerdem verließ man zu früh die Wand. Mit diesem direkten Ausstieg ist die Route „Afrika" eine der ganz großen Alpinwege in der Südwestwand. Die Route hat seit ihrer Erstbegehung nur wenige Wiederholungen erfahren.
Wunderschönes, stabiles Spätsommerwetter und ein blauer Montag für Schorsch, aber das machte sich bezahlt.

Nichts für Mountainbikes
VIII- eine Stelle (lässt sich nullern!), sonst VI bis VII, 300 Meter.
Mit OeAV- und Sigi-Klebehaken – an den wichtigsten Stellen – sanierte Route.
Gehört zu den schönsten Alpinrouten. Ihre logische Linie im Bereich der Pfeilerkante zwischen Südwestwand und Südverschneidung sticht praktisch ins Auge, wenn man am Hochkönigsteig unmittelbar am Einstieg der Wand entlangwandert. Sehr guter Fels und immer trocken.
Erstbegangen mit Christian Bogensberger 1989.

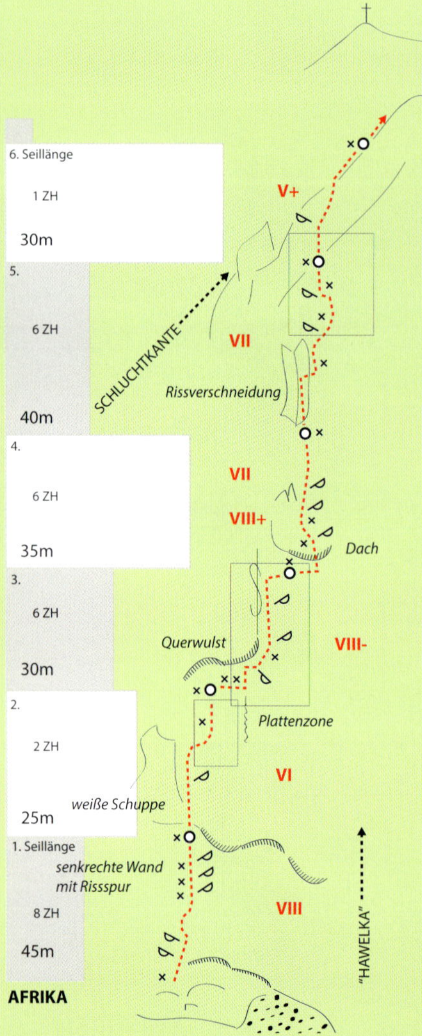

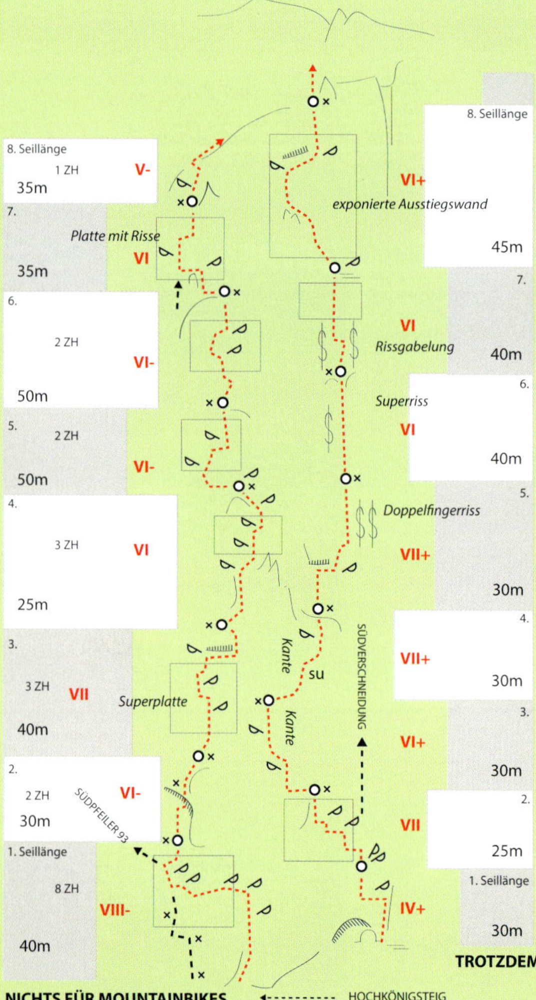

Trotzdem
VII+, 230 Meter.
Die Standplätze und allerwichtigsten Stellen sind mit OeAV- und Sigi-Klebehaken saniert.
Der gelbe Wandstreifen links der Südverschneidung schaut aus der Ferne brüchig aus. Überraschenderweise trifft man auf sehr guten, kletterfreundlichen Fels.
Anhaltend extrem schwierig, mit großem alpinen Anspruch.
Erstbegangen mit Alois Grugger 1993.

Afrika

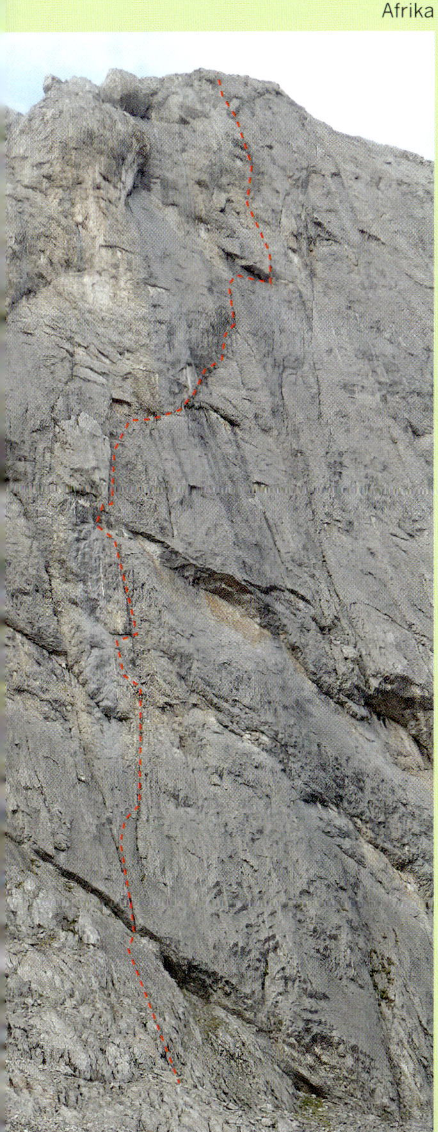

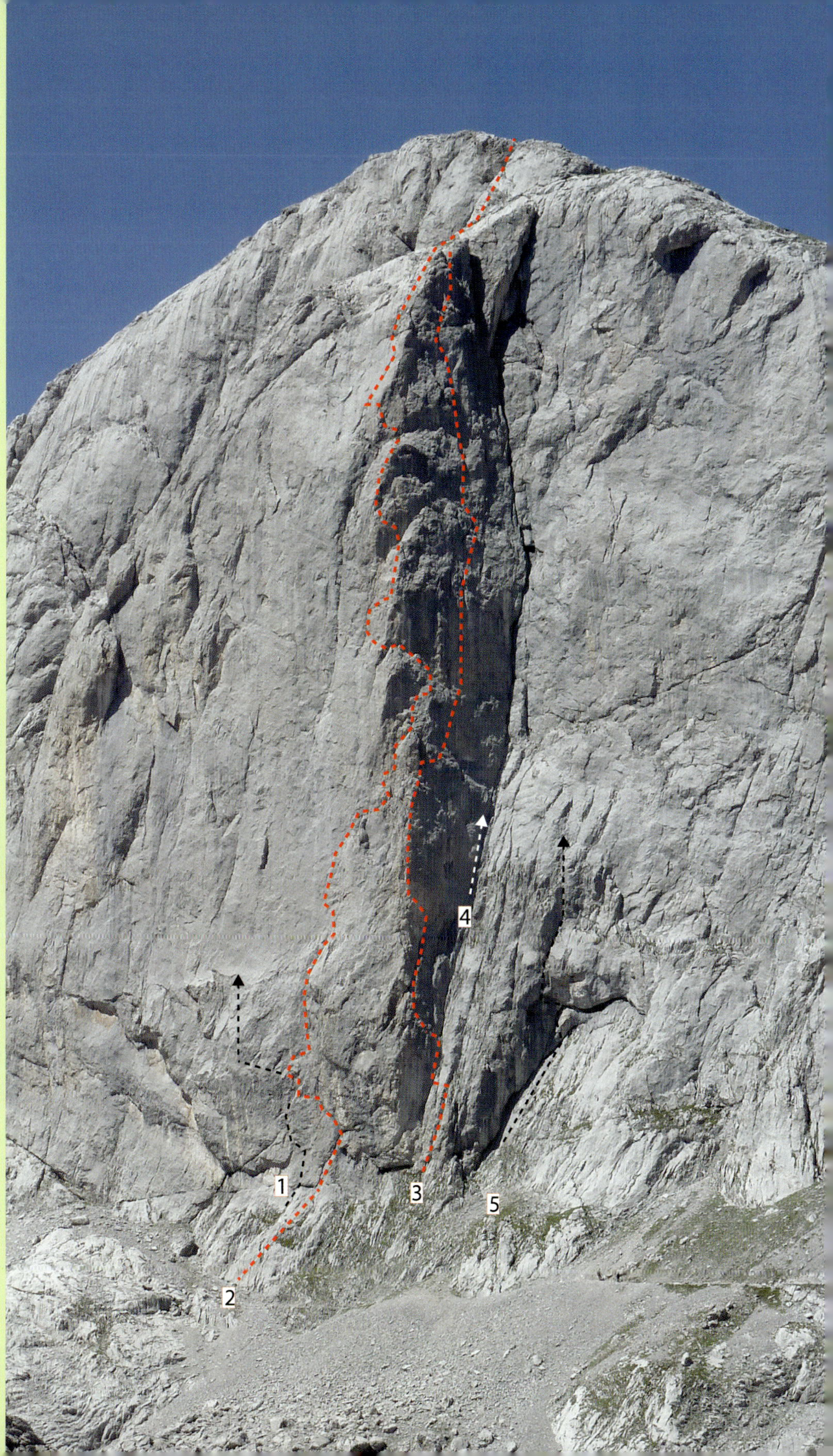

Starkes Land
VIII+, 230 Meter.
Mit OeAV- und Sigi-Klebehaken sanierte Route. Die Erstbegehung gelang ausschließlich mit reversiblen Sicherungsmitteln und war für mich einer der am schwierigsten zu erschließenden Wege.
Durchgehend sehr steil, ganz besonders die obere Wandhälfte ist kraftraubend und akrobatisch.
Erstbegangen mit Sigi Brachmayer 1998.

Aus dem Tourenbuch:
Zweite Begehung der Route und mit neuen Gipfelausstieg, 11. September 1998. Die letzten Meter waren trotz technischer Kletterei und allen Raffinessen mein letztes Mögliches. Außer Winzlingen von Haken kam der Cliff mehrmals zum Einsatz, außerdem war das Hakenschlagen aus der Kletterstellung manchmal nicht mehr möglich. Dann wieder streng kraftraubende Freikletterei, abgesichert von oft sehr dürftigen Haken – der geschlossene Fels ließ keine Sicherung zu, die das Klettern hätte genussvoll werden lassen. Sigis Nachmittagsschicht in seiner Arbeitsstelle wurde zur Nachtschicht umfunktioniert, denn diese letzten Seillängen brauchten viel, viel Zeit. Um jeden Zentimeter musste gerungen werden. Aber irgendwie habe ich das Spiel des Bastelns auch genossen.

Mozart
VII, 230 Meter.
Lohnende, nicht sanierte Alpinroute, sehr schöne, teilweise anspruchsvolle Freiklettertour in gutem Fels.
Erstbegangen mit Schorsch Wenger 1984.

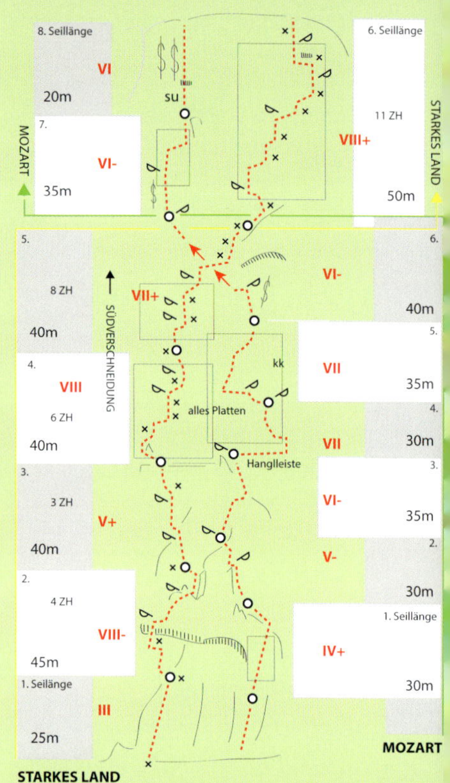

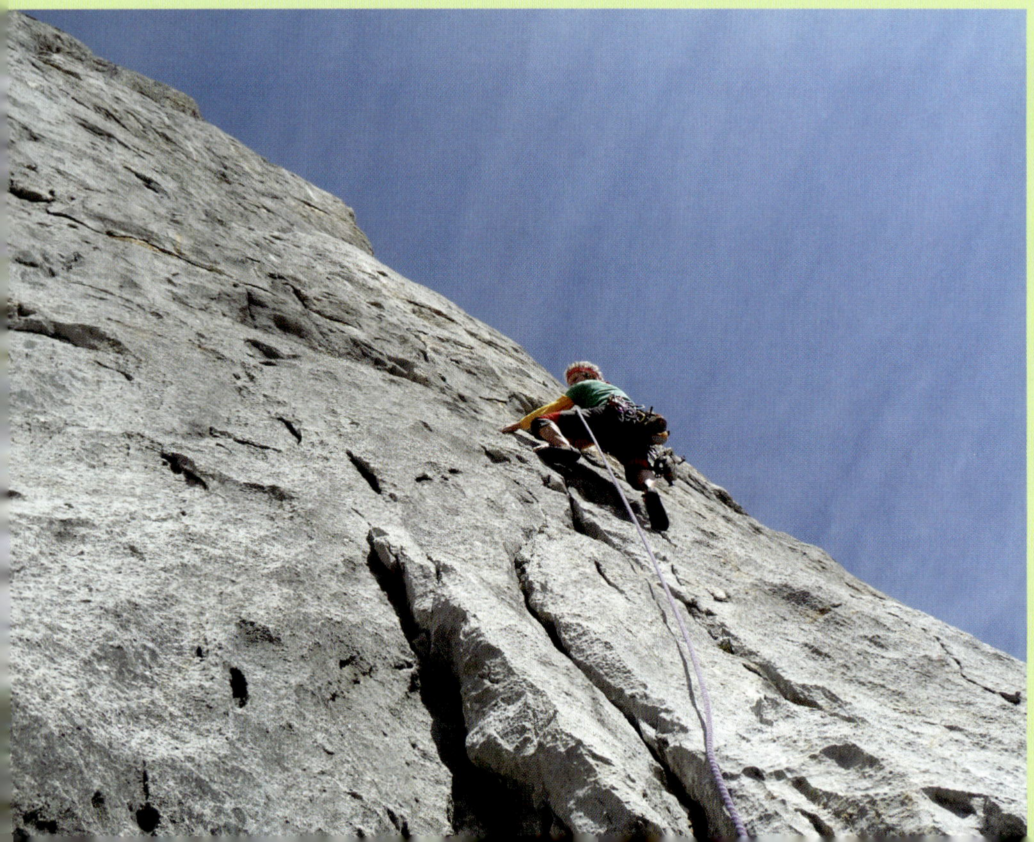

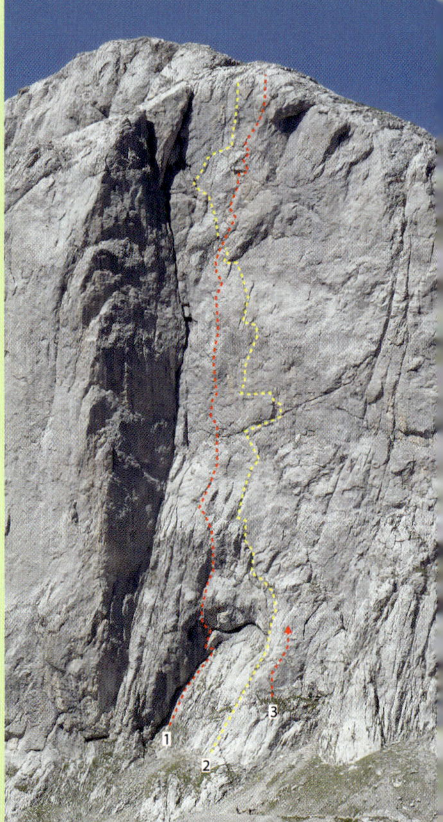

Philadelphia
IX eine Stelle, häufig zwischen VII und VIII, 230 Meter.
Erste freie Begehung von Rudi Hauser.
Ernste, anspruchsvolle, nicht sanierte Alpinroute. Die großartige Kletterei durch den kompakten Plattenschuss lässt in der Absicherung einige Wünsche offen. Die Route ist nur alpin orientierten, erfahrenen Kletterern zu empfehlen.
Erstbegangen mit Sigi Brachmayer im Winter 1993.
2011 wurde die Route von Rudi Hauser „frei" geklettert, dazu wurden einige Bohrhaken gesetzt.

Prechtig
V, 200 Meter.
Mit OeAV-Klebehaken und Normalhaken üppig sanierte Route. Nette, leichte bis mittelschwere Kletterei. Das Ausqueren zur Ostflanke ist öfters möglich. Fast immer machbar und trocken! Gut geeignet für Kurse oder Gruppen, auch für Kletterer mit wenig Alpinerfahrung.
Erstbegangen mit Christian Precht.

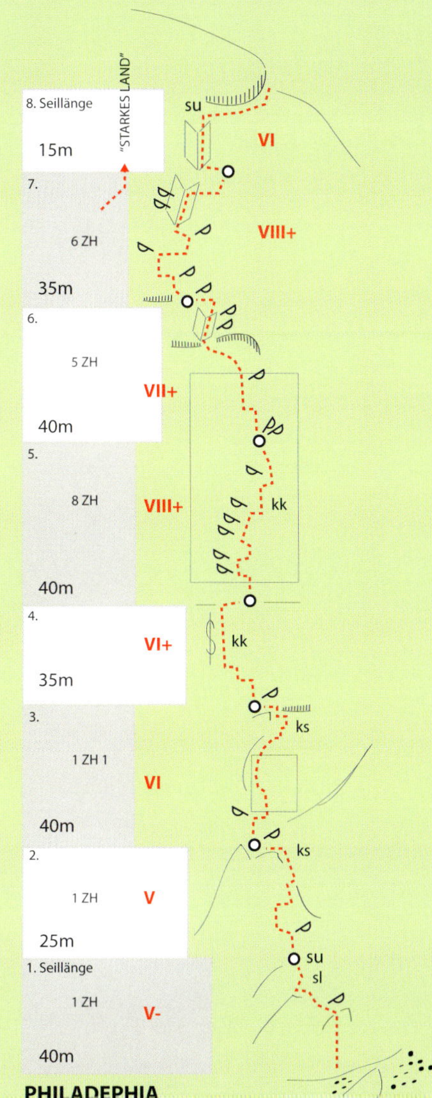

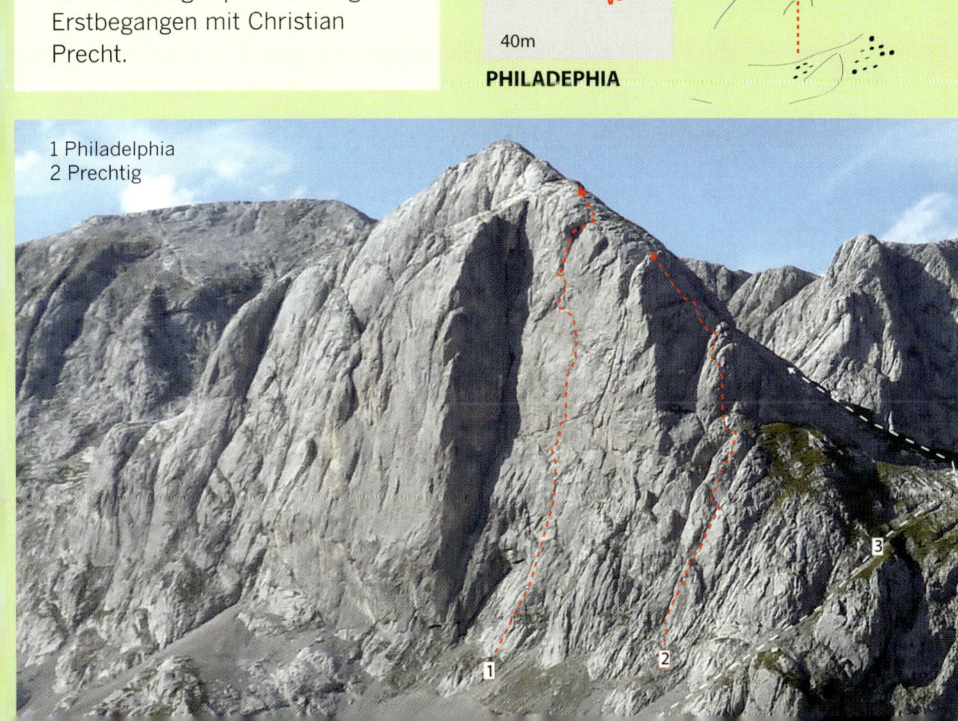

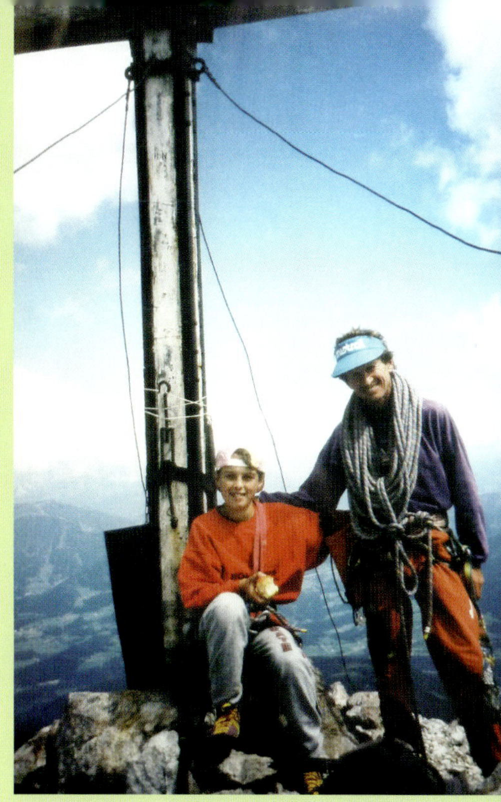

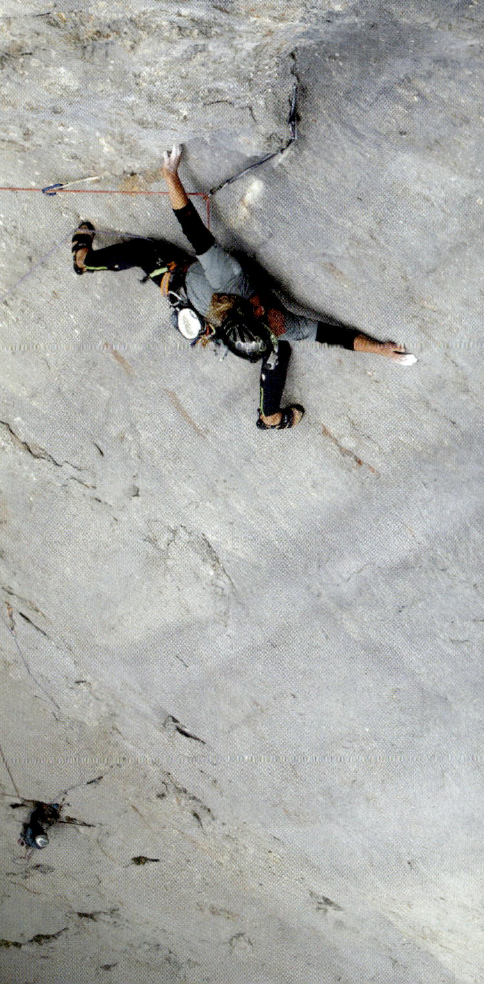

Direkter Nordpfeiler
VIII+, 300 Meter.
Mit OeAV- und Sigi-Klebehaken sanierte Route.
Ausgenommen von kurzen Unterbrechungen, anhaltend akrobatische und abwechslungsreiche Kletterei. Die fast üppige Sanierung erlaubt eine genussvolle Freikletterei. Anders die Erstbegehung, die wegen dem geschlossenen kompakten Fels sehr problematisch war. Die Route bietet eine gute Alternative, falls man vor der sonnseitigen Hitze flüchten möchte. Ein ganz besonderes Klettererlebnis in einem wunderbar ruhigen Wandwinkel, und viel mehr als eine Alternative, wenn die Sommerhitze Südwandrouten zur Qual macht.
Erstbegangen mit Wolfgang Haupolter und Sigi Brachmayer 1992.

Elefantenhaut
VII+, eine Stelle noch A0, 200 Meter.
Mit OeAV- und Sigi-Klebehaken sanierte Route.
Hochinteressante und genussvolle Freikletterei durch einen geschlossenen Plattenpanzer aus perfektem Fels. Empfehlenswert als Kombination mit einer Südwandroute.
Erstbegangen mit Walter Aschauer 1989, Direktausstieg mit Sigi Brachmayer 1992.

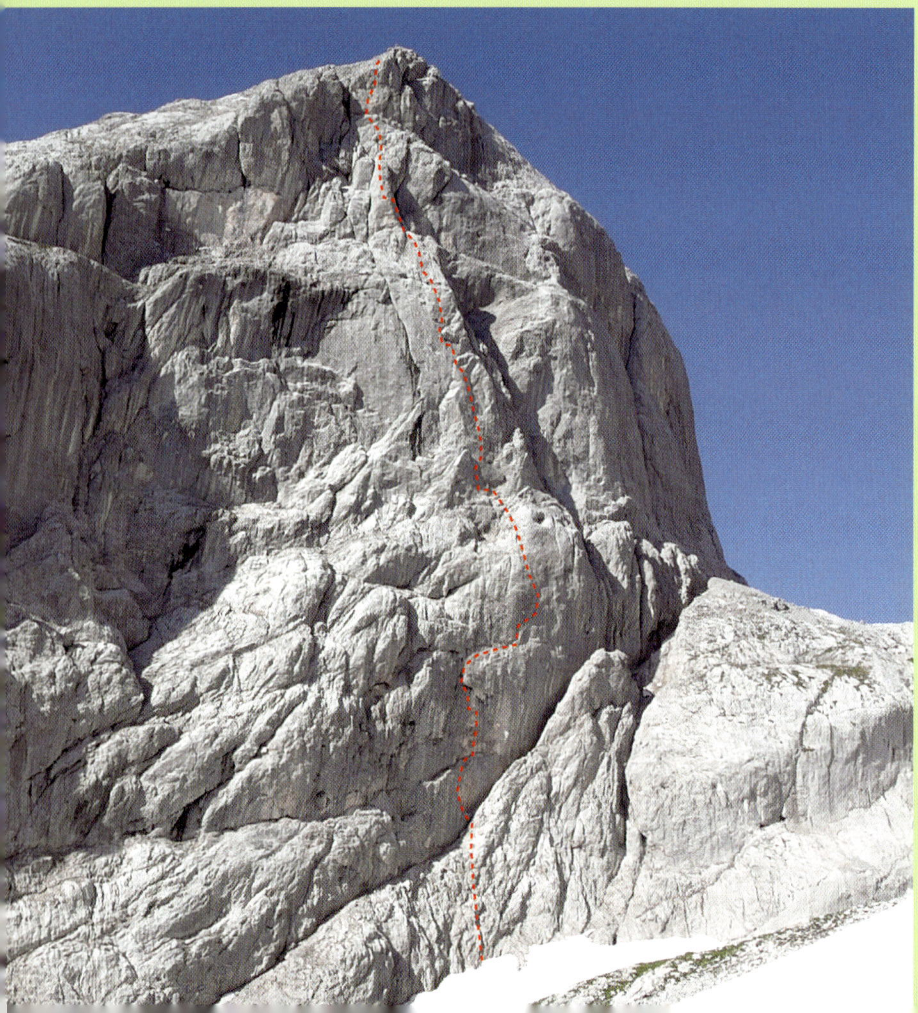

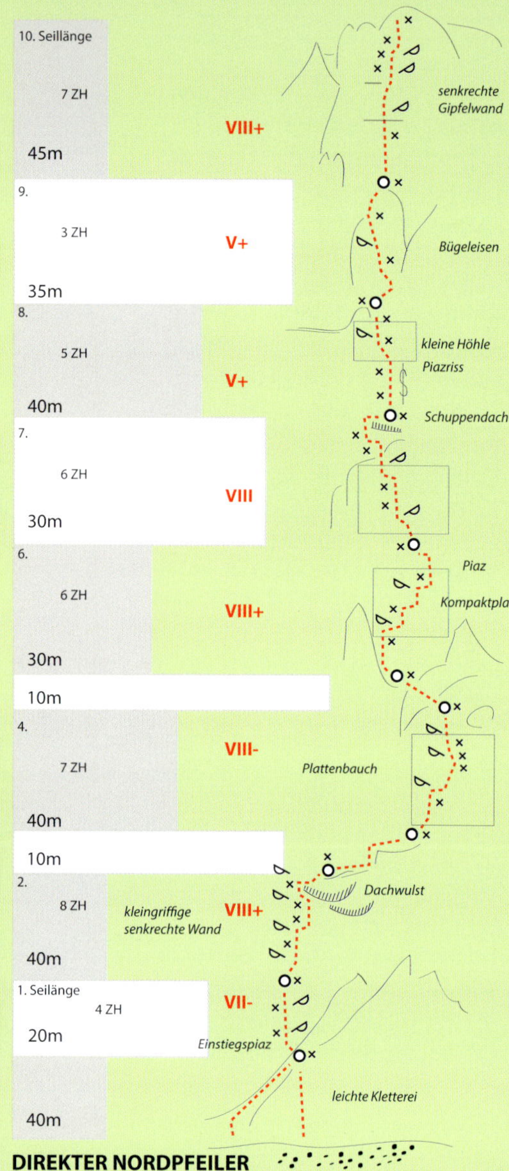

Direkter Nordpfeiler

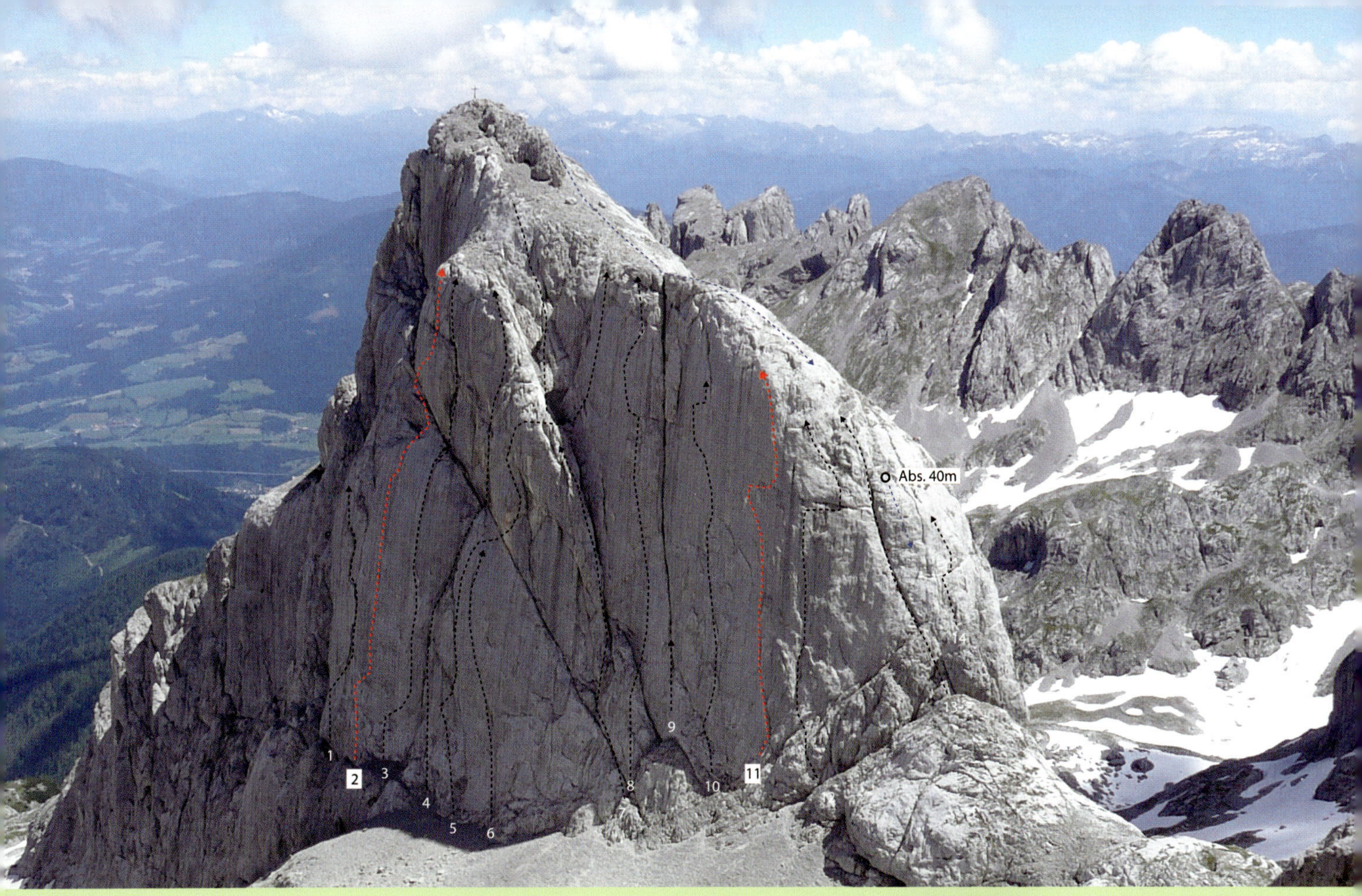

1 Nordwandmandl
2 Elefantenhaut
3 Psycho Top
4 Nordverschneidung
5 Eselsohren
6 Elias Glaube
7 Nordschlucht
8 Paulussäule
9 Nordnordwestpfeiler
10 Wengerschaukel
11 Steinerne Offenbarung
12 Sprint
13 Westpfeilerriss
14 Westpfeiler

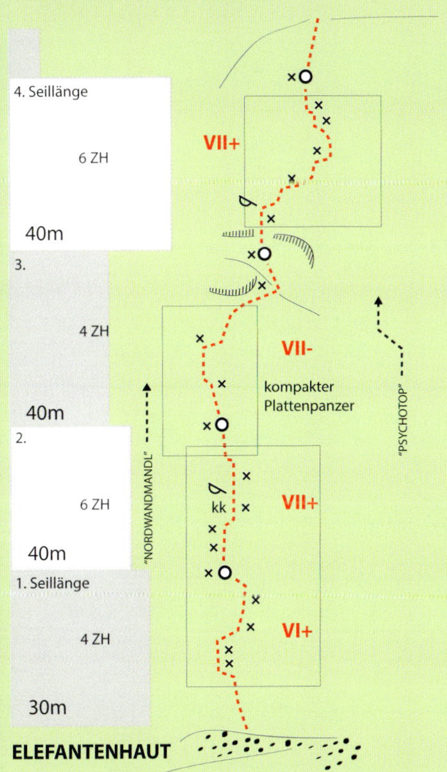

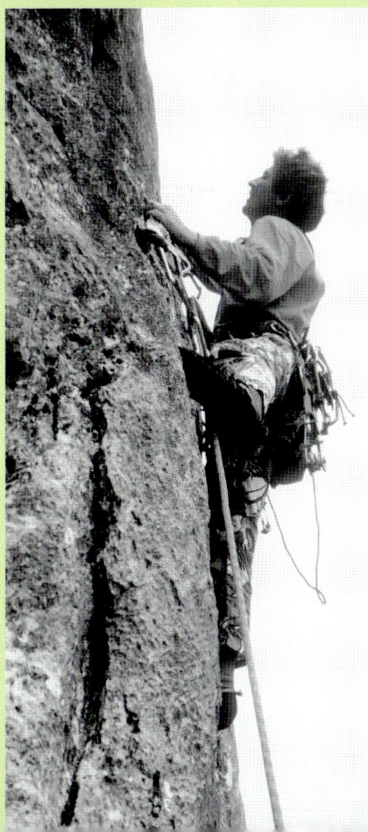

Mittlere Schoberplatte (2638 m)

Nach Süden gerichtete, plattige Wand, sie beginnt im Westen mit der Eiskarplatte und endet östlich in den Ausläufern des Teufelskirchl.
Mit Ausnahme von zwei leichten Schluchttouren von Arnold Awerzger, Roman Szalay, Richard Gerin und Josef Reischmann keine Erschließungen. 1977 und 1978 folgten die „Eiskarplatten“ und „Direkte Südwand“, zwei schöne Routen von Adi Sattelberger, Franz Weber, Chris Thaler und Rudi Klausner.
Heute sind die Plattenfronten durchmessen von zahlreichen Anstiegen aller Schwierigkeitsgrade (bis VIII).

Eiskarplatte – Feinspitz

VI, 250 Meter.
Mit OeAV- und Sigi-Klebehaken sanierte Route, mit ansprechenden Kletterstellen in bestem Fels.
Erstbegangen mit Uli Kaltenböck 1989.

1 Eiskarpfeiler
2 Coupe Amarena
3 Berta-Peter-Paul
4 Highlight
5 Direkte Eiskarplatte
6 Feinspitz
7 Ostpfeiler
8 Südostpfeiler
9 Kombis
10 Westl. Südschlucht
11 Mittl. Südschlucht
12 Notnagel
13 Pinocchio
14 Unverhoffte
15 Direkte Südwand
16 Graue Eminenz
17 Pumuckl
18 Sonnenplatten
19 Salzburger Felsspiele
20 Benjamin
21 Soloballett
22 Katherina

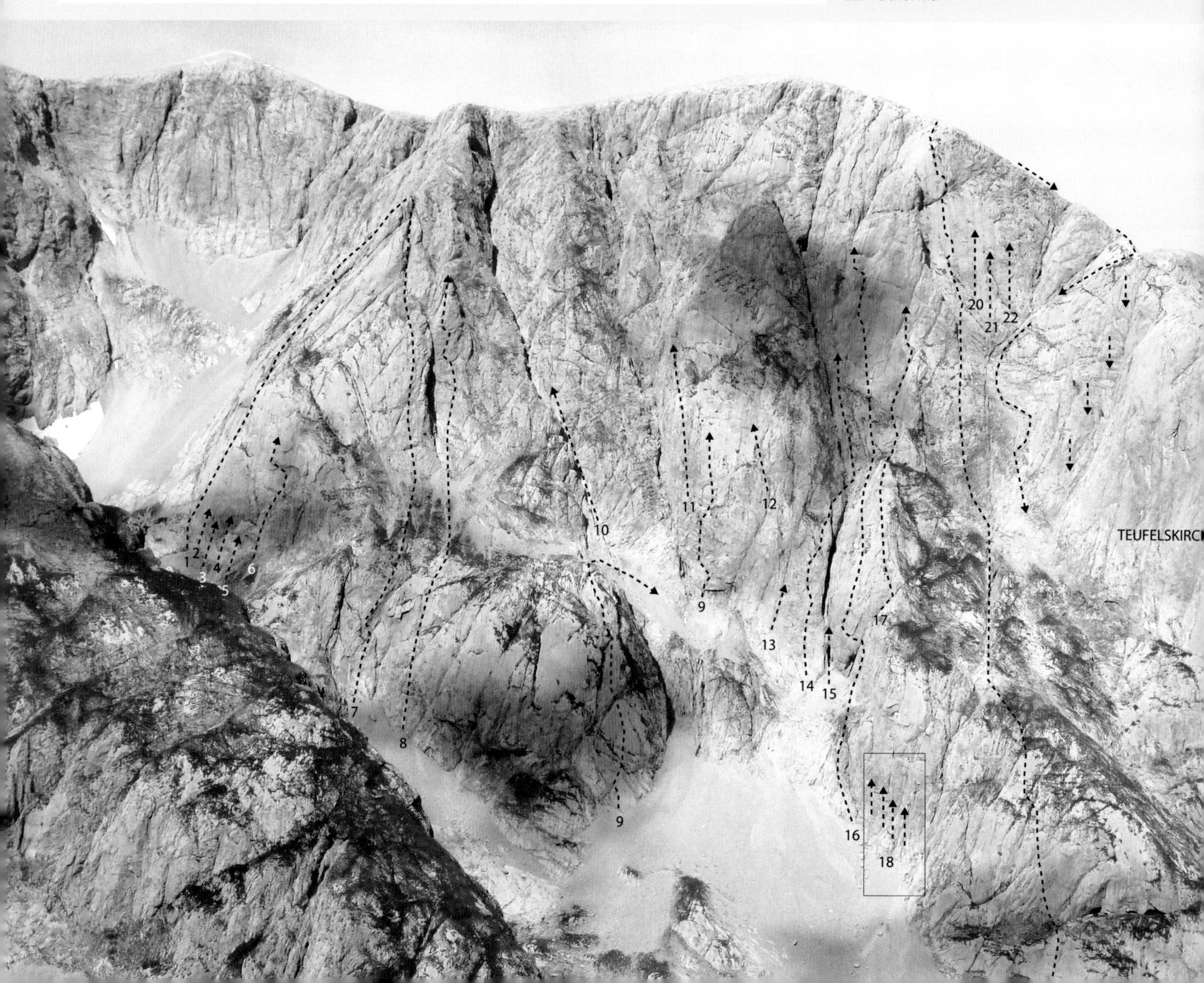

Kombi
VI-, häufig IV+ und V, 400 Meter.
Mit OeAV- und Sigi-Klebehaken üppig sanierte Route.
Mittelschwere, sehr lohnende Kletterei, vielfach über nicht allzu steile Platten.
Erstbegangen mit der Nationalmannschaft der Nordischen Kombinierer 2004.

Graue Eminenz
VII+, häufig zwischen V und VI, 350 Meter.
Mit OeAV- und Sigi-Klebehaken sanierte Route, zusätzlich 16 Normalhaken aus der Erstbegehung.
Fast immer höchst genussvolle Plattenkletterei in bestem Fels. Die Route verlässt die Pfeilerplatten immer nach links, man erzielt so den längstmöglichen Weg und erreicht die tollen zentralen Gipfelplatten. Erhabene, etwas versteckte oder nicht beachtete Möglichkeit, vielleicht war aber das nicht der Grund für die späte Erschließung. Die Eintrittskarte ist nämlich ein komplizierter Einstieg. Die zweite Seillänge: Ein Seilquergang, abgesichert bei einem wenig vertrauensvollen Felszacken (sonst gab es nichts). So gelangten wir über eine griff- und trittlose Platte zu einer Untergriffschuppe und schließlich zu einem möglichen Standplatz.
Erstbegangen mit Sigi Brachmayer 1993.

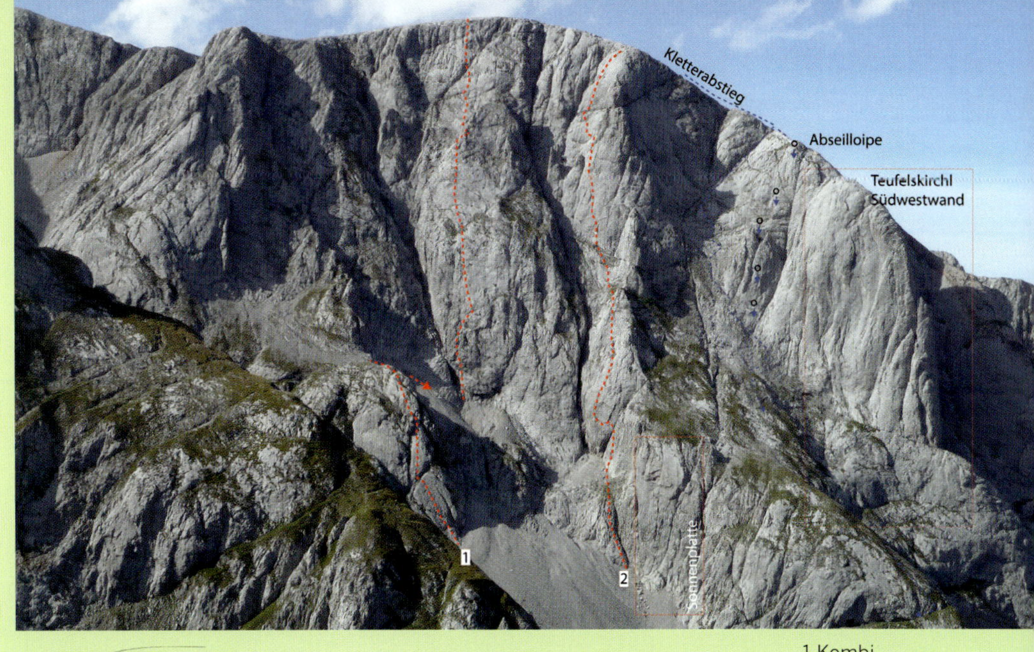

1 Kombi
2 Graue Eminenz

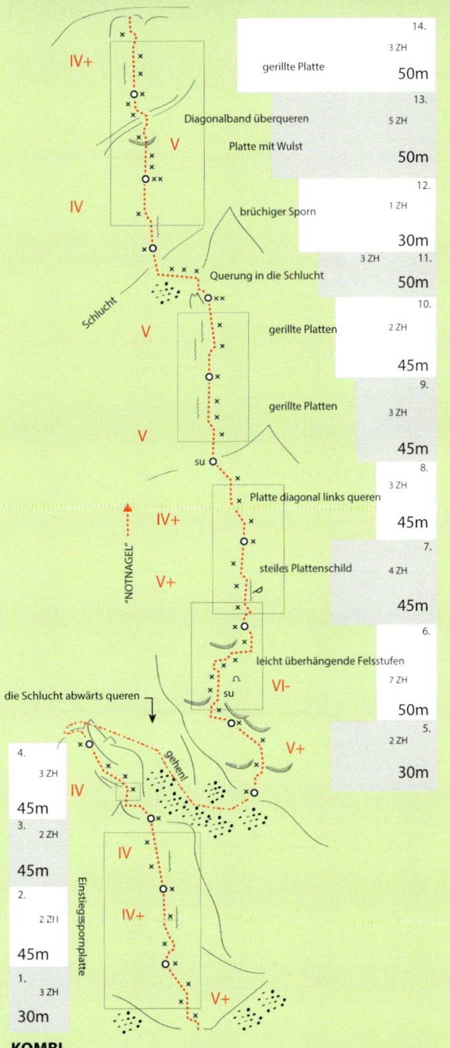

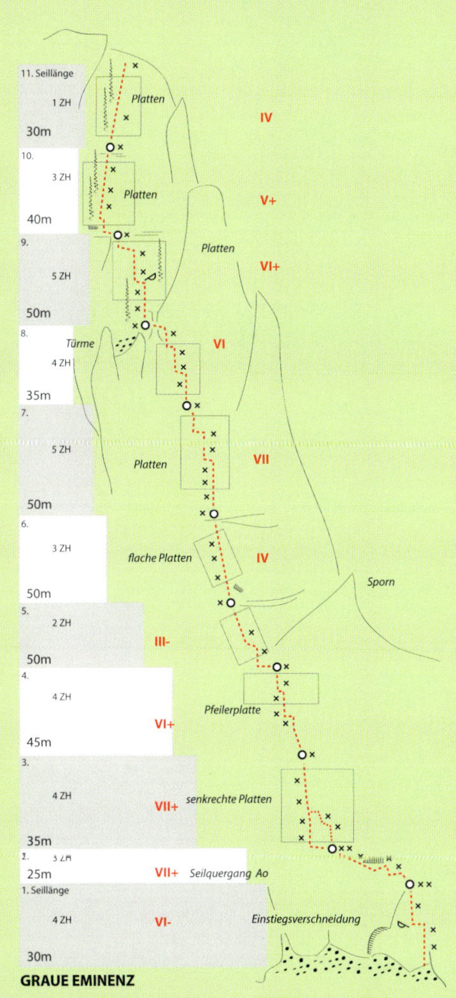

Teufelskirchl (2520 m)

Markanter, dem Östlichen Schoberkopf vorgelagerter Felsturm. Die Spitze ist von allen Seiten schwierig erreichbar und die verschiedenen Anstiege sind allein dem Kletterer vorbehalten. Während die Routen über den Südostpfeiler tief unten im Kar beginnen, fußt die Südwestwand an der Südostflanke des Schobers und die absolut kompakte, senkrechte Nordwandplatte auf einer steilen Rampe, welche nach Norden abfließt. Geboten werden nette bis äußerst anspruchsvolle Wege vom vierten bis achten Grad rund um die Felssäule.
Erstbesteigung: Erwin Schneider und Adalbert Stangl am 15. August 1926 über die Südschlucht. Die (alte) Südostkante wurde 1947 von Bubi Uitz und Rosi Stotter erstbegangen. Über die Südwestwand fanden Adi Maier, Sepp Scheuringer und Adi Salaberger 1950 einen neuen, sehr schönen Weg.

Herrgottsloatal

VIII-, vielfach VI und VII, 160 Meter.
Anspruchsvolle Freikletterei, die Schlüsselstellen sind zwingend frei zu klettern. Die Erstbegehungshaken blieben im Fels, die Absicherung ist nicht sehr üppig. Neben den sportlichen Fähigkeiten braucht es Moral, um diese Route zu klettern. Fast keine sturzfreie Begehung bekannt!
Soweit das Wetter passt, ist die Wand immer trocken.
Erstbegangen mit Alois Grugger 1988.

1 Südostpfeiler
2 Venusfalle
3 Dir. Südostpfeiler
4 Schrei aus Stein
5 Nordwand
6 Kein Platz für Idioten
7 Wasserrillenweg
8 Zugluftplatte
9 Schwarze Spur
10 Das Leben ist schön
11 Schmitt-Hümer
12 Knutschfreie Zone
13 Pantomime
14 Glasperlenspiel
15 Südostpfeiler
16 Raue Welt
17 Sphinx
18 Genusskönig
19 Cinderella
20 Palu

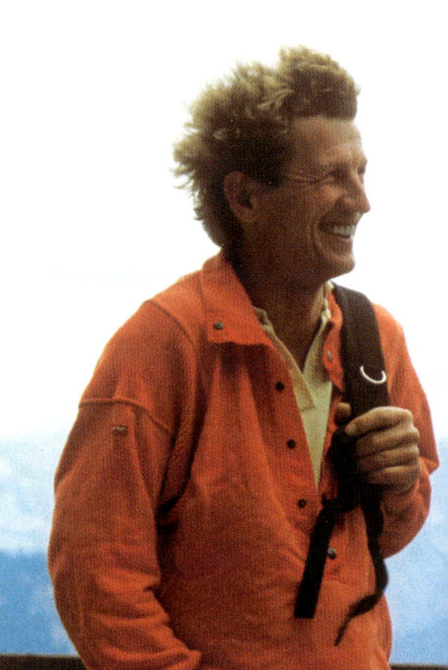

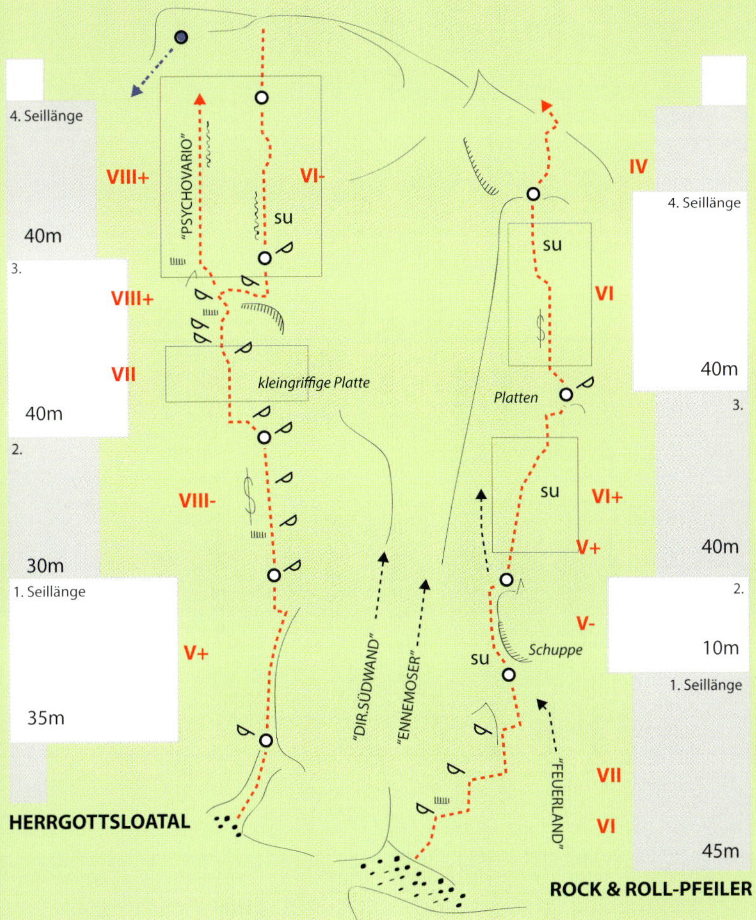

Rock & Roll-Pfeiler
VII, 180 Meter.
Klassische, in früheren Zeiten gern begangene Alpinroute. Abgesichert mit Normalhaken.
Erstbegangen mit Uli Kaltenböck 1988.

1 Hochzeitsplatte
2 Weg der Erstbesteiger
3 Westwand
4 Für immer jung
5 Südwestpfeiler
6 Spiel ohne Grenzen
7 Herrgottsloatal
8 Direkte Südwand
9 Ennemoser-Gedenkweg
10 Rock & Roll-Pfeiler
11 Feuerland
12 Salaberger
13 Venusfalle
14 Mamalucco
15 Südostpfeiler
16 Direkter Südostpfeiler

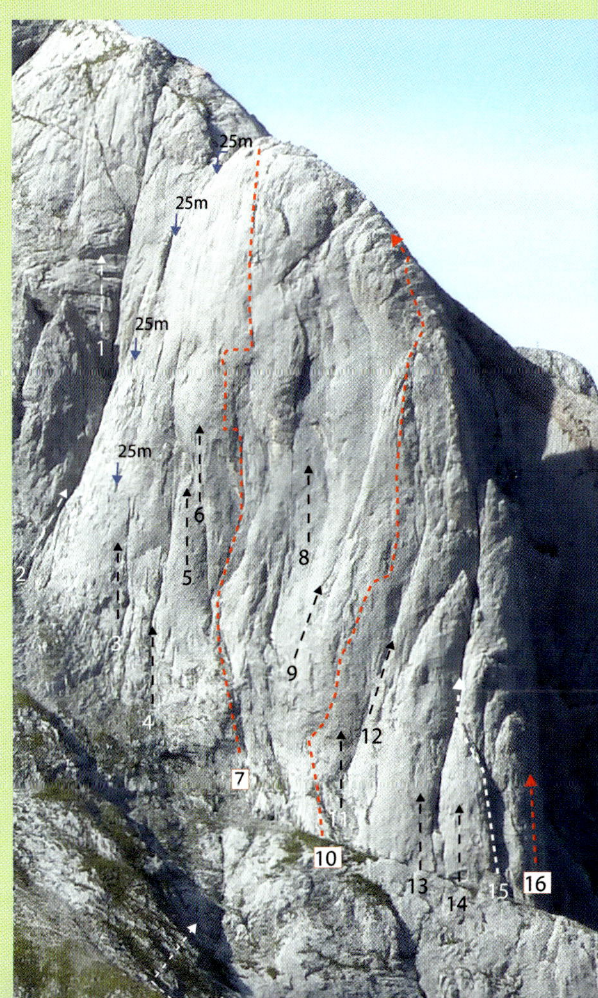

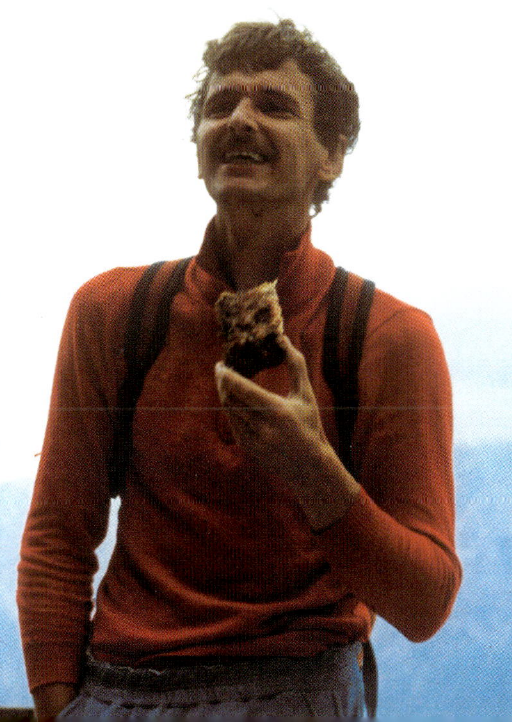

Mit Alois Grugger

Direkter Südostpfeiler

VI+, häufig V+, 400 Meter.

Mit genormten Bolts sanierte Alpinroute. Eine der eindrucksvollsten Direttissimas am Hochkönig. Genussvoll und ausgesetzt, aber keine allzu schwierige Kletterei. Trotz Sanierung blieb der klassische Charakter der Tour erhalten!

Im unteren Wandteil geht der Weg meistens über Platten, darauf folgt eine Querung nach links zu einer Verschneidung, die zum eigentlichen Pfeiler führt. Der Pfeiler bietet genussvolle, abwechslungsreiche Kletterei.

Erstbegangen mit Hans Gufler 1988.

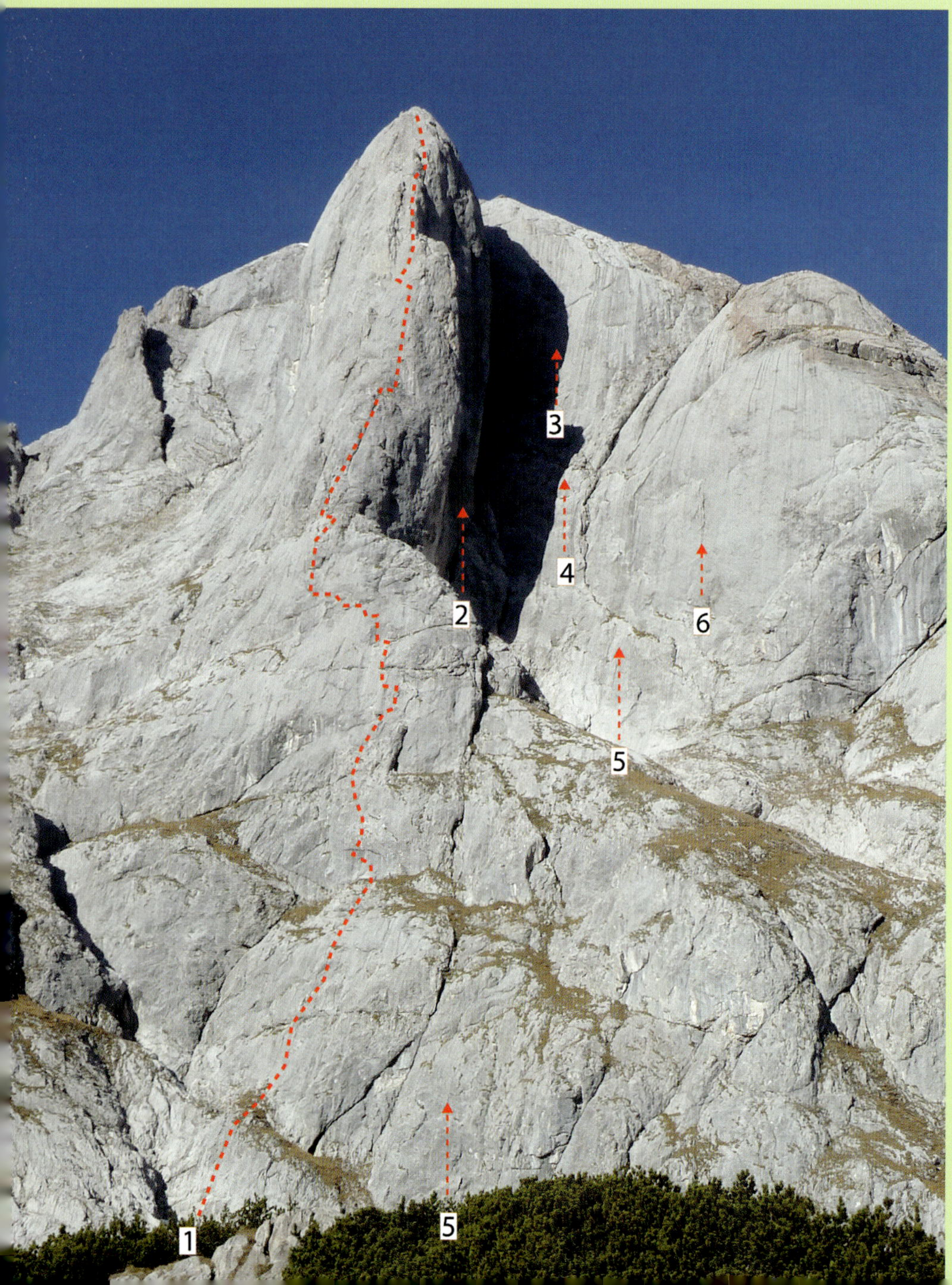

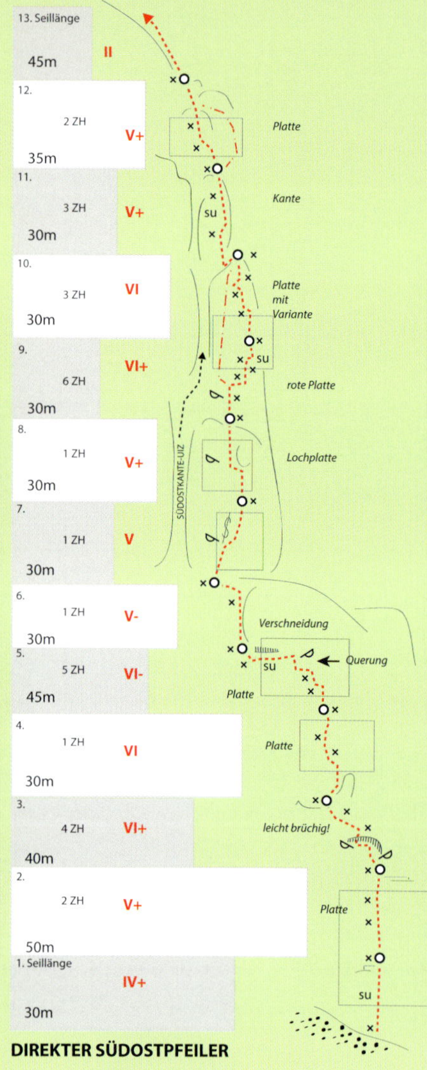

DIREKTER SÜDOSTPFEILER

1 Direkter Südostpfeiler
2 Kein Platz für Idioten
3 Zugluftplatte
4 Schwarze Spur
5 Das Leben ist schön
6 Pantomime

Kein Platz für Idioten

Mir gab der Zorn über die Entwicklung der Bohrhakenroute die Kraft und Motivation, diese Route zu klettern und um meine Verbitterung öffentlich zu machen, entstand der Routen-Name: „Kein Platz für Idioten".

Man möge mir die freche Namensgebung verzeihen: Es war die Zeit des Zorns, die den Routennamen schuf. Heute denke ich nicht mehr so streng, und abschließend sei erwähnt, die Bohrhaken sind nicht die elementarsten Menschheitsthemen dieses Planeten, schon mehr sind sie ein Luxusproblem und das bisschen Eisen verunreinigt weder Wasser noch Luft. Außerdem sind es ja nur meine Gedanken, meine subjektiv eigenen Wirklichkeiten, und die müssen nicht gleich für die ganze Welt gültig sein. Das Leben gönnt Narreteien ihren Stellenwert: Welcher Gockel steht auf dem höchsten Misthaufen, wer ist am Ende nun Hanswurst und wer der intelligente Esel, vergraben zwischen den Polen der Erhabenheit und Lächerlichkeit. Übrig bleibt höchstens eine süffisante Geschichte, wenn man aufhört, sich und sein Tun samt seinem Leben so furchtbar ernst zu nehmen, erst dann kommt die philosophische Nachbetrachtung, und die Distanz entbindet das Drama von seinem einstigen Ernst.

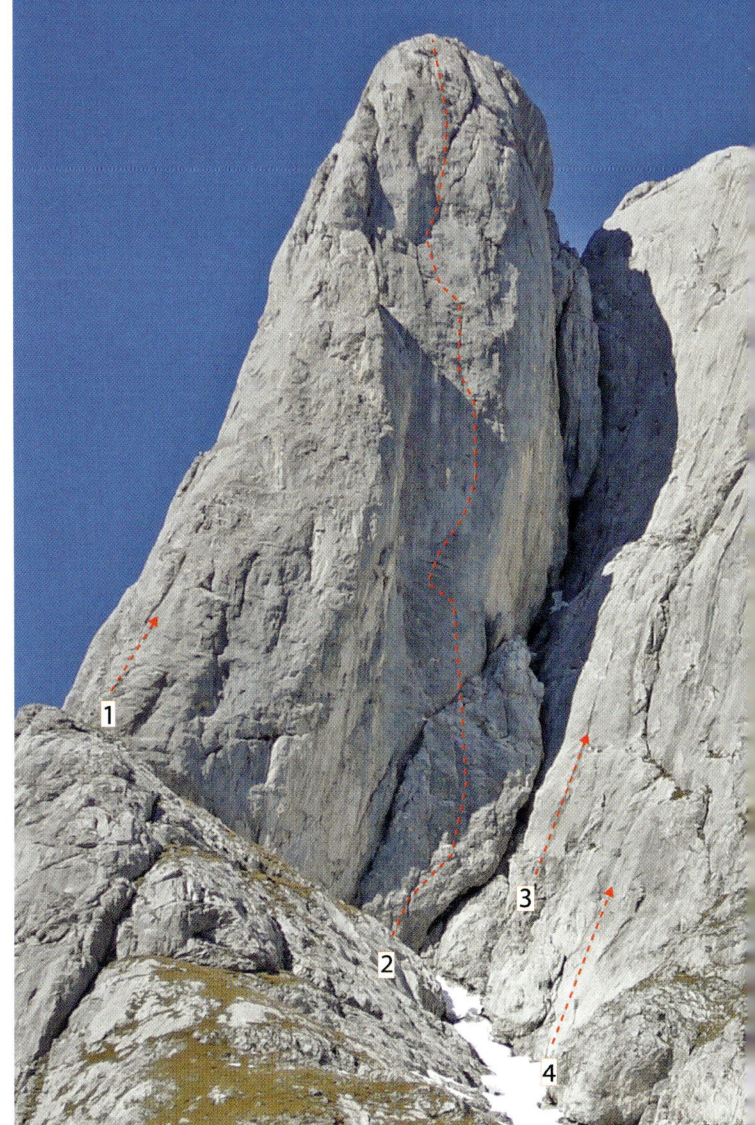

2 Kein Platz für Idioten

Kein Platz für Idioten

Mit OeAV- und Sigi-Klebehaken sanierte Route.
Mit reversiblen Mitteln ausgerüstet war diese Erkundung ein sehr mutiges Abenteuer, beschenkt wurde unser Mut mit einer großartigen Erstbegehung.
Erstbegangen mit Sigi Brachmayer 1993.

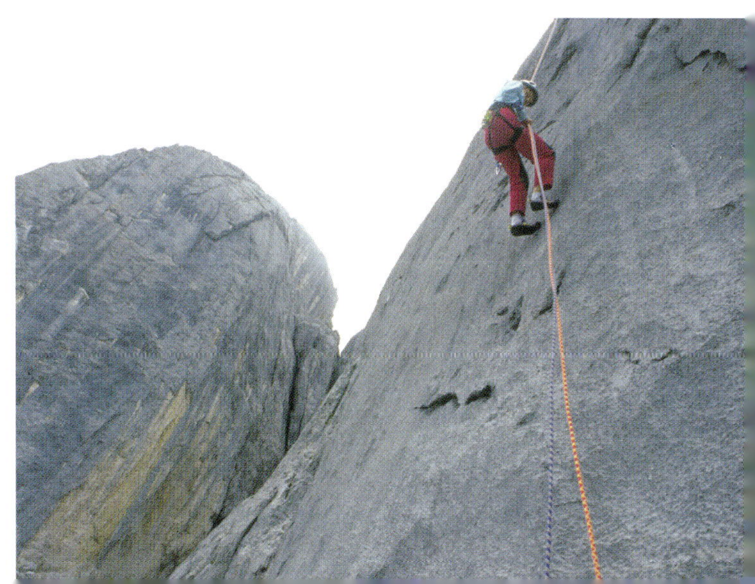

Östliche Schoberplatte
Plattenpanzer östlich vom Teufelskirchl. Vielleicht der schönste Wandabschnitt der Schoberplatten. Die Erstbegehung der „alten“ Südostwand (zwischen „Schwarze Spur“ und „Das Leben ist schön“) gelang 1931 Fritz Schmitt und Martin Hümer aus München.

Zugluftplatte
VII+, 260 Meter.
Mit OeAV- und Sigi-Klebehaken sanierte Route.
Eine vorerst mittelmäßig schöne Kletterei, die in einen großartigen Plattenschuss führt.
Erstbegangen mit Sigi Brachmayer 1993.

Schwarze Spur
VI-, 260 Meter.
Ausgezeichnete alpine Kletterei (nur die Standhaken sind gebohrt!) in super Fels mit toller Linienführung. Idealkombination: unterer Teil die Route „Das Leben ist schön“.
Erstbegangen mit Schorsch Wenger 1985.

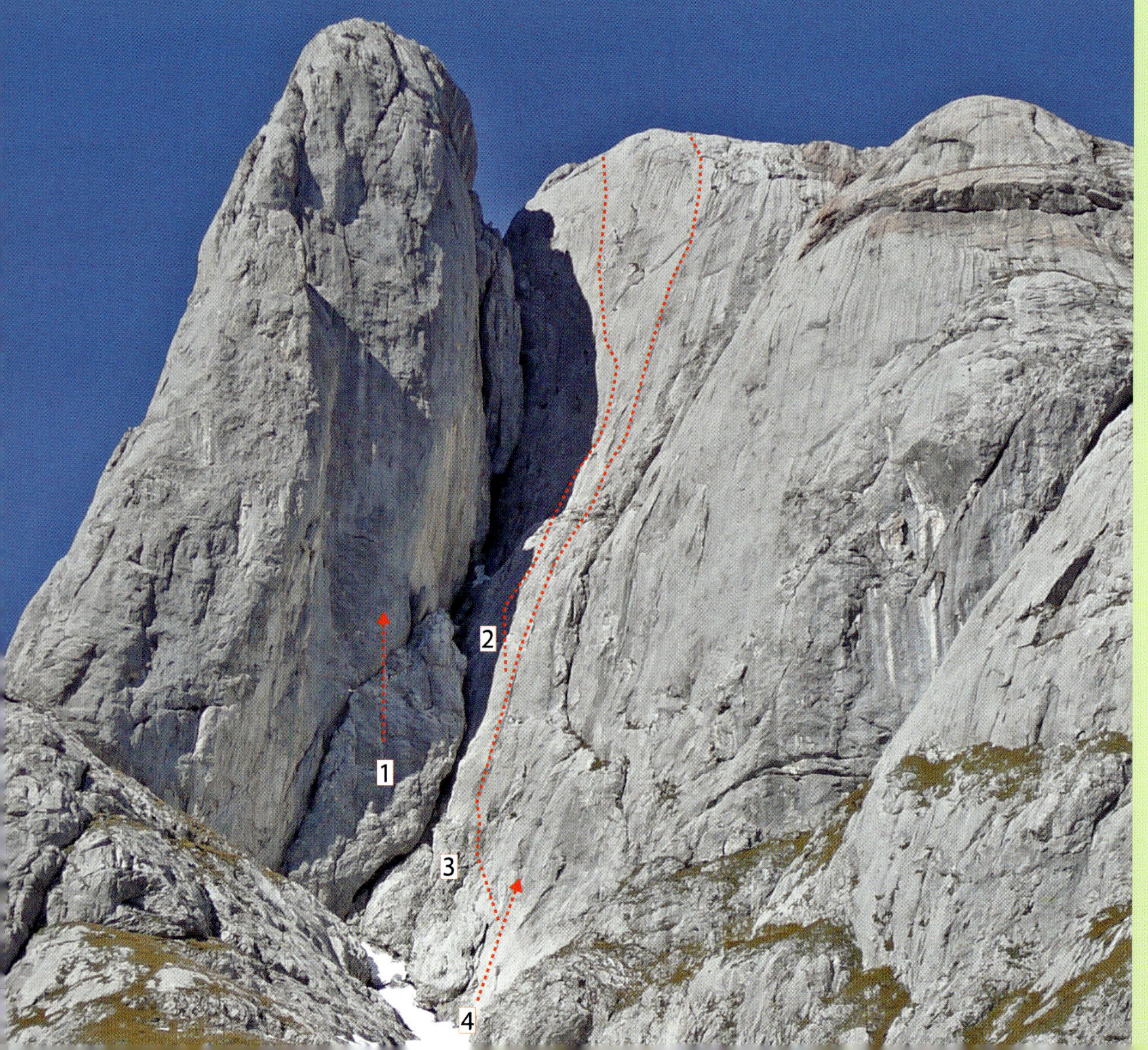

2 Zugluftplatte
3 Schwarze Spur
4 Das Leben ist schön

Das Leben ist schön
VI+, 400 Meter.
Mit genormten Bolts üppig sanierte Route, sehr genussvolle Kletterei in bestem Fels. Der untere Wandteil hat viele Plattenfluchten, sie sind ab und zu von Grasbändern unterbrochen. (Auch ideal kombinierbar mit allen anderen Routen des oberen Wandteils.) Am Grünen Band nach rechts, und weiter über die Rampe, welche die Wand in zwei Abschnitte teilt. Der obere Wandteil besitzt ein Gemisch aus rötlichem Jurakalk von bester Qualität und sehr kletterfreundlichem Fels. Erstbegangen mit Schorsch Wenger 1985, der untere Wandteil mit Sigi Brachmayer 1991.

Pantomime
VII, meistens V und VI, 260 Meter.
Ernste Freikletterei, nur fünf Wiederholungen bekannt!

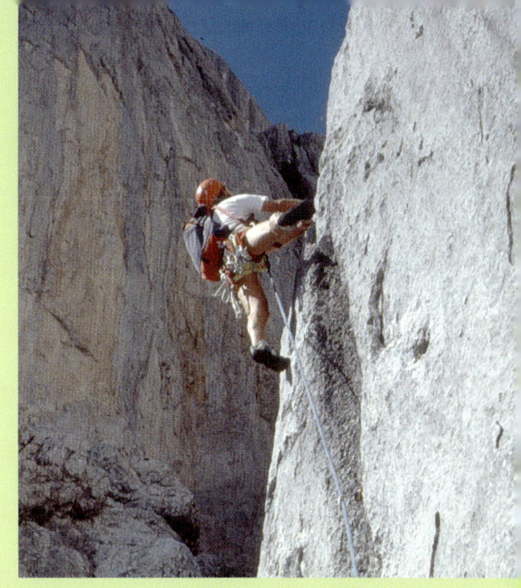

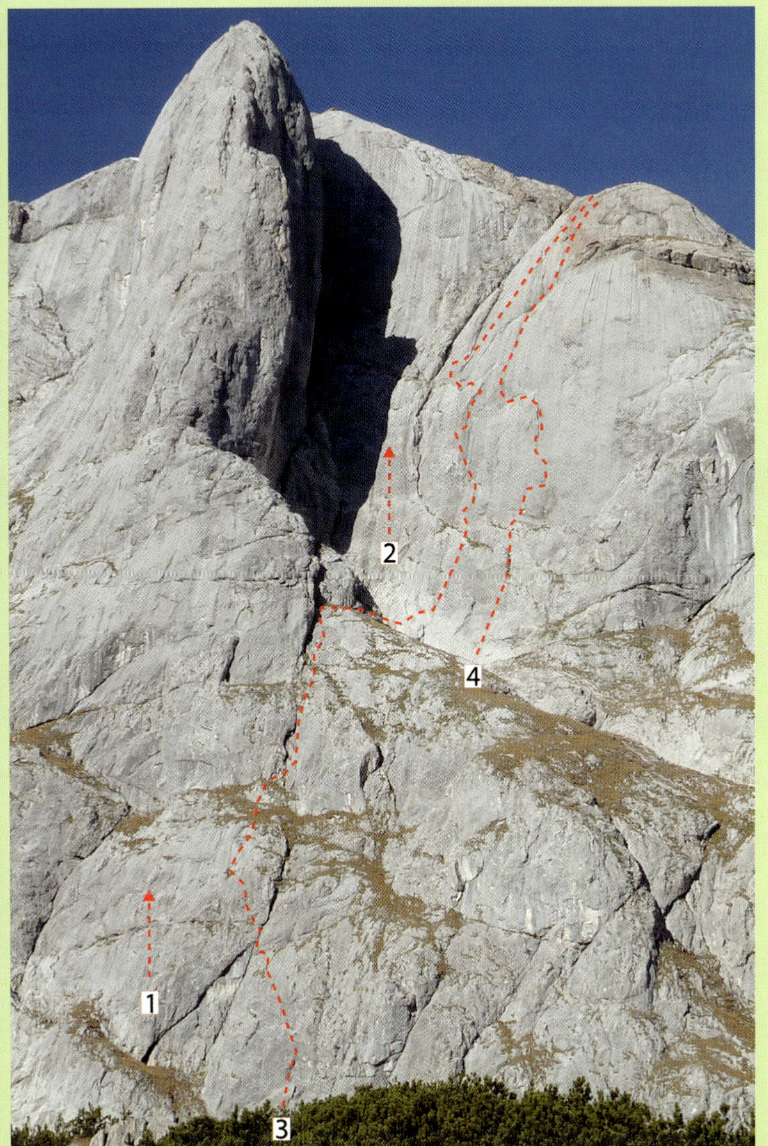

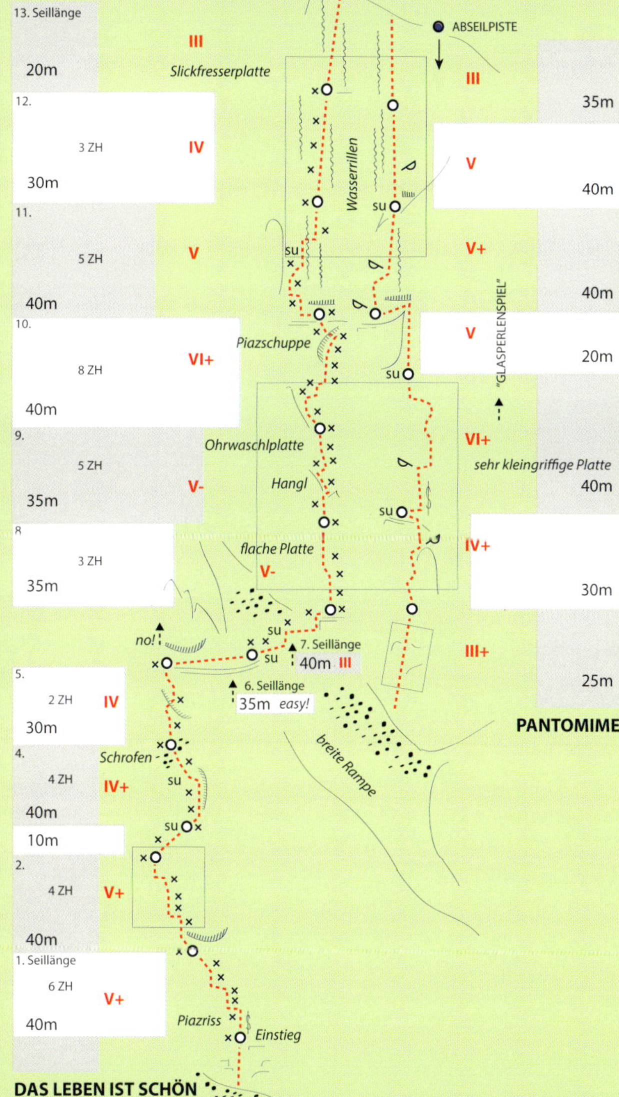

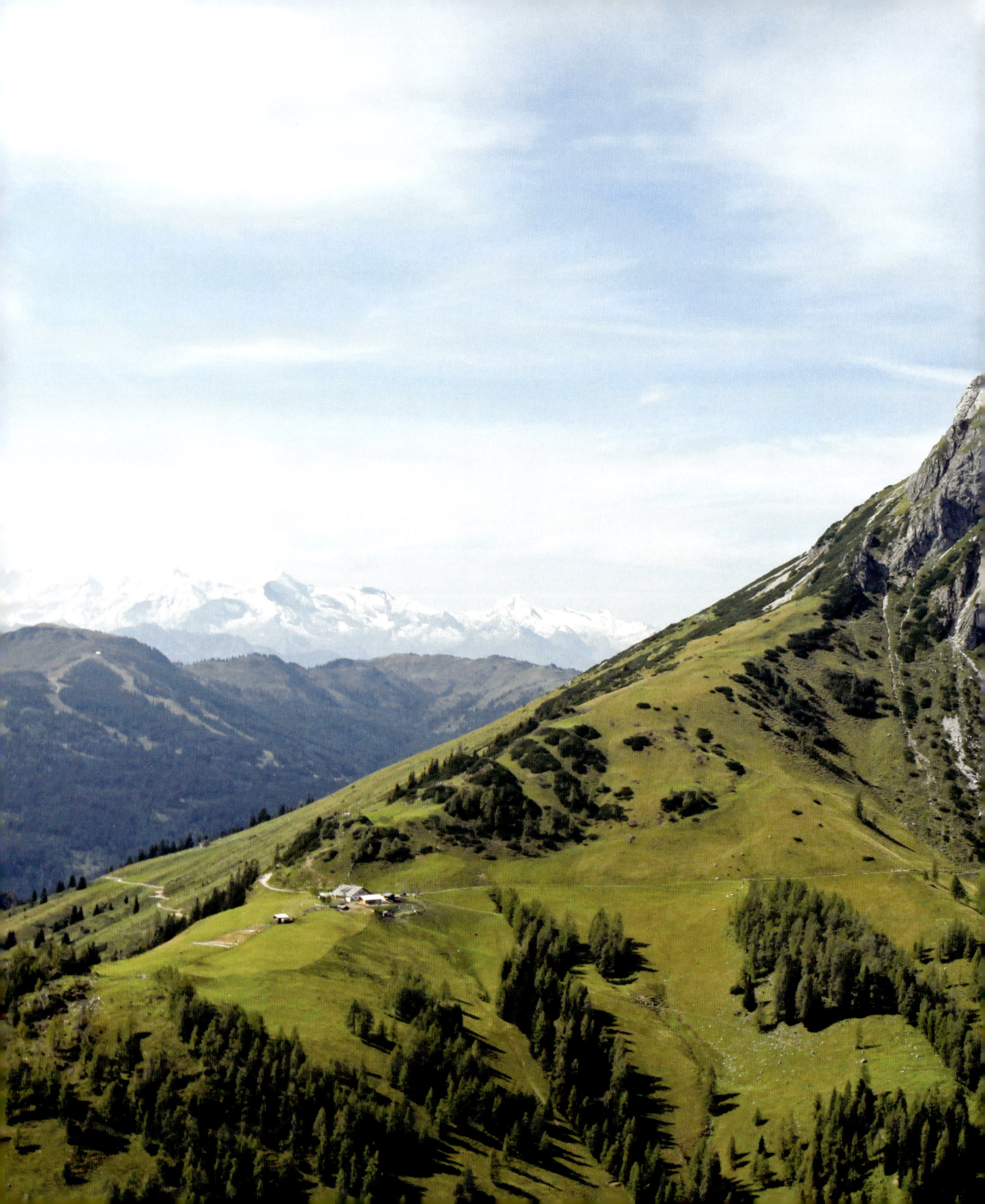

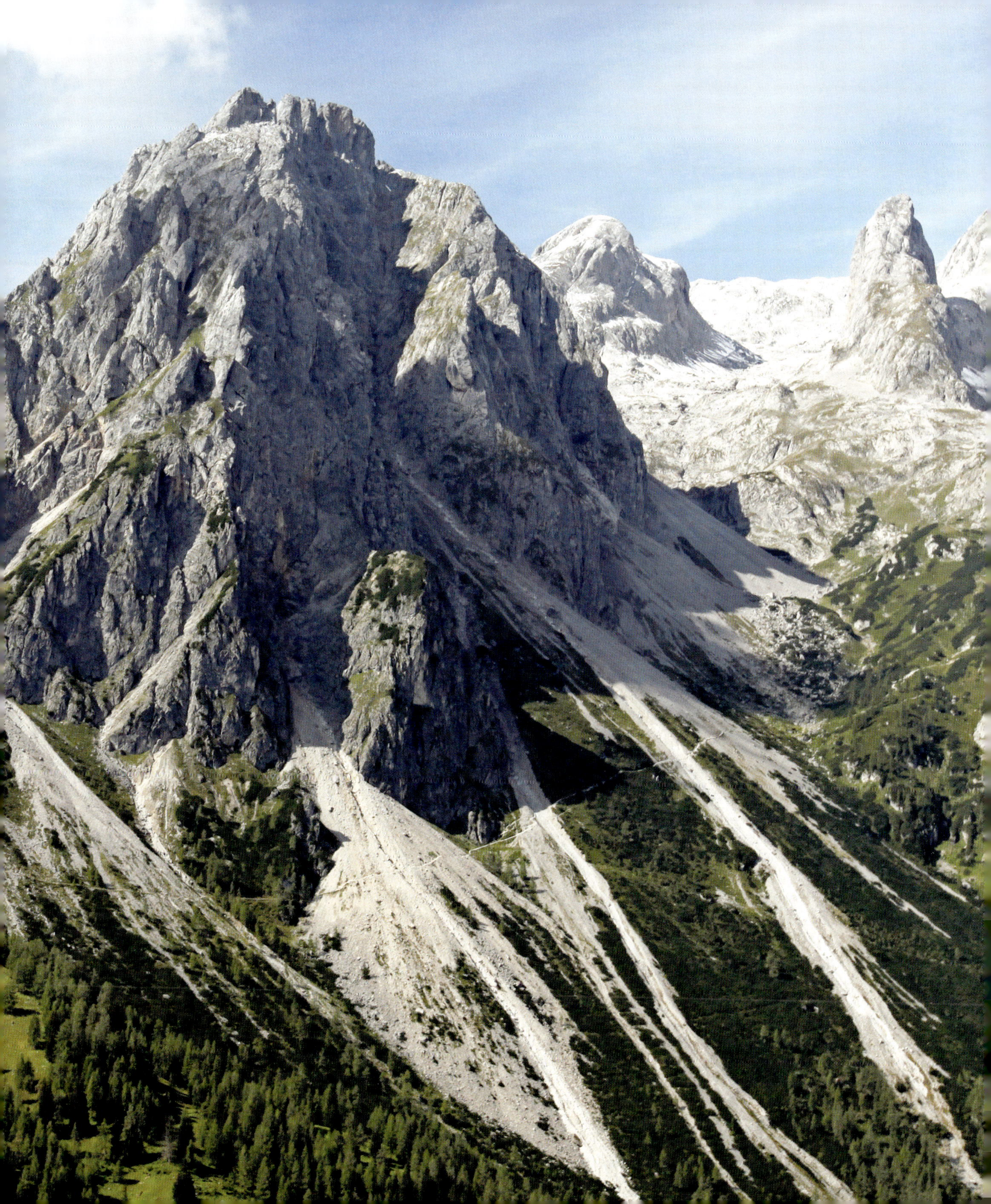

Franz Pritz erzählt

Vor einigen Jahren fiel mir eine Routenskizze mit zwei Neutouren von Albert Precht in die Hände. Es handelte sich dabei um die Routen „Pantomime“ und „Schwarze Spur“, beide in der Südostwand des Schoberkopfes. Erstere war mit V+, die zweite mit V- bewertet. Auch unter Berücksichtigung der bekannt harten Bewertung von Albert erschienen diese Anstiege meinem Freund Richard und mir machbar, sodass wir sie in unsere Wunschliste aufnahmen.

Erster Anlauf: Oktober 1986

Es war schon spät im Jahr, als wir uns vom Arthurhaus aus auf den Weg machten, um die beiden Routen zu klettern. Der Morgen war frisch, und aus dem Hollntal klang das Röhren der Hirsche herauf, als wir über den Hochkönigsteig hinter der Mitterfeldalm Richtung Einstieg marschierten. Unterhalb der Torsäule, wo Steigspuren zum Schoberkopf abzweigen, blieben wir stehen, um den Routenverlauf zu studieren. Flankiert vom markanten Pfeiler des Teufelskirchls wachsen die Platten der Südostwand des Östlichen Schoberkopfes aus dem Kar – glatt und wenig strukturiert im unteren steilen, wasserrillendurchfurcht im oberen, flacheren Teil. Sofort sprang uns eine Linie im linken Wandteil ins Auge. Das muss die „Schwarze Spur“ sein! Weiter rechts, wo laut Anstiegsskizze die „Pantomime“ verlaufen musste, konnten wir keine klare Linie erkennen. Auch als wir dann direkt unter der Wand standen, konnten wir uns nicht vorstellen, wo hier eine Route im V. Schwierigkeitsgrad führen sollte – Mimik: ratlos.

Da der Routenverlauf der „Schwarzen Spur“ klar war, wandten wir uns schließlich mehr oder weniger freiwillig – eigentlich wären wir lieber eine V+ statt einer V- geklettert – dieser Route zu.

Zwei kurze Seillängen führen über leichtere Platten zum Beginn der markanten Wasserrille, die die Wand in gerader Linie – einmal mehr, dann wieder weniger stark ausgeprägt – durchzieht. Schon die ersten Meter in der Wasserrille ließen uns an unserer Kletterform sehr zweifeln. Dabei hatten wir uns in den letzten Touren sehr stark gefühlt und ein Vierer war kein Problem für uns gewesen.

Gut, die Wasserrille war unangenehm zu klettern und schwierig abzusichern. Dazu war die Sonne, die sich kurz zuvor noch angenehm wärmend bemerkbar gemacht hatte, hinter einer Nebelwand verschwunden, sodass ich ordentlich schlotterte, als ich längere Zeit an einer IV+-Stelle herumprobieren musste. Oder war es gar nicht die Kälte, die das Schlottern auslöste? – Mimik: Verlust des Selbstvertrauens, Selbstzweifel.

Nach zwei Seillängen besteht die Wasserrille, die bis dahin stark ausgeprägt ist, nur aus einem schwarzen, rauen Streifen. Kälte, Selbstzweifel und die Tatsache, dass in der nächsten Seillänge die einzige Fünf-minus-Stelle der Tour auf uns wartete, machten uns den Entschluss abzuseilen relativ einfach – Mimik: auf und davon!

Einige Tage später erschien in der Zeitschrift „Bergsteiger“ in der Neutourenchronik ein Topo über ebendiese Tour. Begierig, den Grund für unser Scheitern in einer Unterbewertung oder in Druck- oder Schreibfehlern zu finden, verglich ich die Bewertungen. Nichts – bis auf einen kleinen, bedeutungsschweren Beisatz: „Pickelharte Bewertung – im Gegensatz der Route nicht ernst zu nehmen! Mimik: ???

Zweiter Anlauf

Einige Jahre gingen ins Land, und Albert Precht hatte seinen neuen Kletterführer über den Hochkönig herausgebracht. Darin war die „Pantomime“ auf VI+ und die „Schwarze Spur“ auf VI- aufgewertet worden. Dies ließ unser Abblitzen im Jahr 1986 natürlich in einem etwas anderen

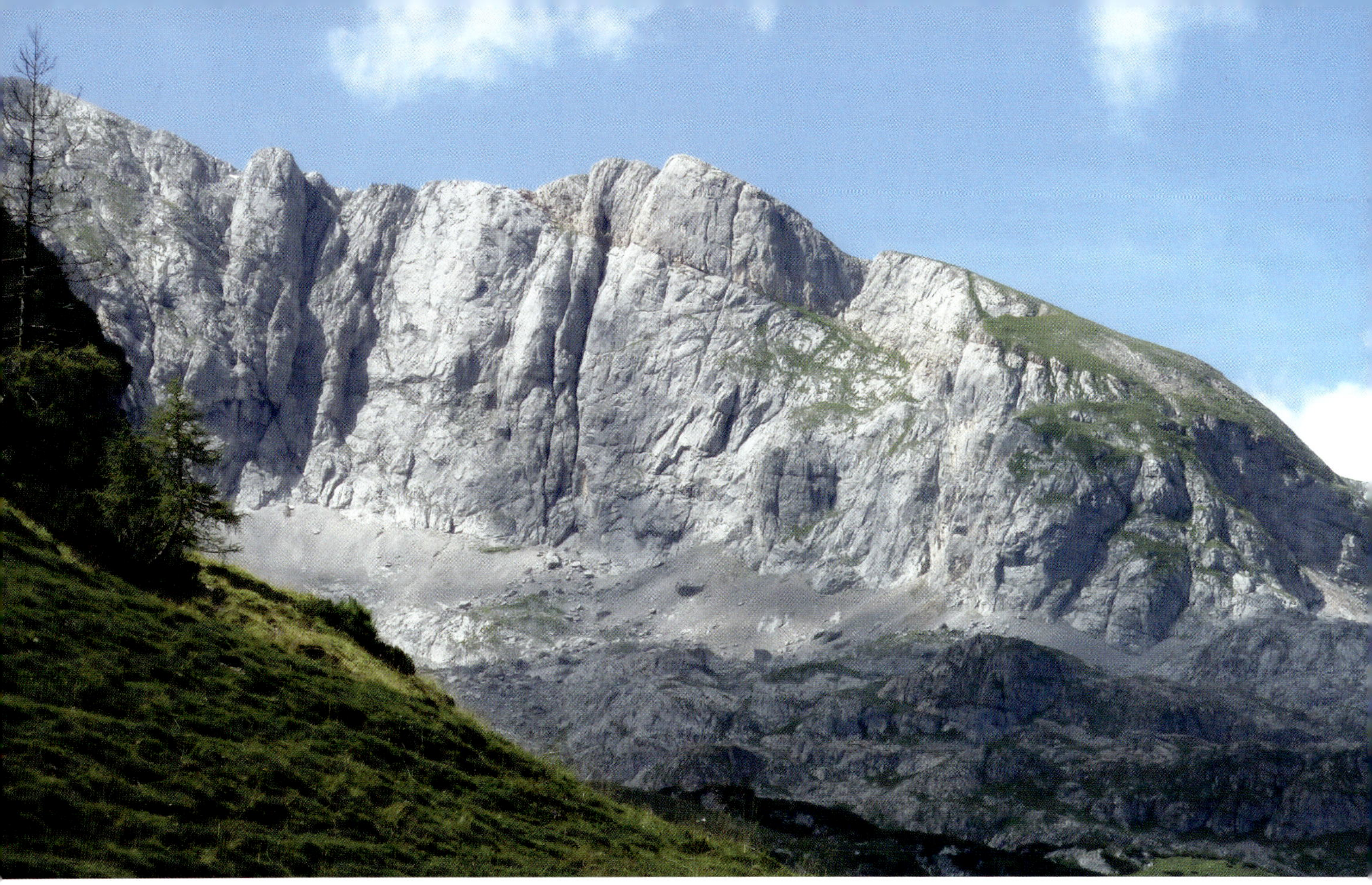

Licht erscheinen. Und offene Rechnungen wollen beglichen werden. Zumal die beiden Routen im AV-Führer mit vielversprechenden Attributen versehen sind: „anspruchsvolle, fantastische Plattenkletterei“ und „außergewöhnliche Kletterei in allerbestem Fels“. Die Wiederholung mehrerer schwieriger Precht-Routen hatten mir Selbstvertrauen gegeben, sodass ich mit meinem Freund Luggi an einem wunderschönen Augusttag erneut unter der Südostwand stand. Nachdem ich seit unserem ersten Versuch einige Erfahrungen mit dem Erstbegehungsstil von Albert Precht gesammelt hatte, war ich recht zuversichtlich, den Anforderungen, die da auf uns warten sollten, nun gerecht zu werden.

Uns war klar, dass wir nicht mit einer perfekten Absicherung rechnen konnten. Bohrhaken sind am Hochkönig derzeit noch verpönt, und Albert wacht mit Argusaugen darüber, dass auch keine gesetzt werden. Als Wiederholer habe ich großen Respekt vor Alberts Leistungen als Erstbegeher. Doch meiner Meinung nach stellt er seine Argumente für „saubere (bohrhakenfreie) Berge“ dadurch in Frage, dass er selbst sagt, manche Haken in seinen Erstbegehungen seien so unsicher, dass sie keinen Sturz aushielten und man deshalb besser „A0“ klettern sollte. Mit wesentlich sparsamerer Anwendung von Bohrhaken könnte man hier weit schönere Routen einrichten, als dies mit unsicheren Normalhaken möglich ist, vom Routenverlauf und von den Kletterschwierigkeiten her gesehen.

Doch zurück zu unserer Geschichte: Schon während des Zustiegs hatten wir gesehen, dass eine andere Seilschaft in die „Schwarze Spur“ eingestiegen war. Die beiden ersten Längen brachten sie gut hinter sich, doch beim Beginn der eigentlichen Wasserrille werkelten sie nun schon eine ganze Weile herum. Nach einer ausgiebigen Rast stiegen wir in die „Pantomime" ein. Zwei leichtere Seillängen führen unter den bauchigen Plattenschuss, durch den die Route verläuft. Eine solide Sanduhr bietet die Möglichkeit, einen zuverlässigen Standplatz einzurichten. Etwas weiter rechts leitet eine kleine Rissverschneidung hinauf in die scheinbar haltlosen Platten. Am anderen Ende, wo der erste der drei Zwischenhaken dieser Seillänge steckt, steige ich an kleinen, aber guten Griffen und Tritten nach rechts in die Platte. Wie geht es weiter? Weder Haken noch Magnesiaspuren geben darüber Aufschluss. Es bleibt mir nichts anderes übrig, als mich auf mein eigenes Gespür zu verlassen. Immer wieder scheint es, als gäbe es kein Weiterkommen mehr, doch stets ermöglicht ein verstecktes Schüppchen oder ein winziger Aufleger das Höhersteigen in der steilen Platte – fantastische Kletterei – Mimik: Begeisterung!

Die Seilschaft drüben in der „Schwarzen Spur" beginnt mit dem Rückzug, als ich die eigentliche Schlüsselstelle unserer Tour erreiche. Von einem geschlagenen Haken gilt es, die noch fehlenden zehn Meter zum Stand zu bewältigen. Besorgt blicke ich über die Platte hinunter zu meiner Sicherungskette: Drei Haken von nicht zu beurteilender Qualität und ein Friend in der kurzen Rissverschneidung sind alles, auf das ich vertrauen kann. Und besonders beunruhigt mich die Tatsache, dass der letzte Haken gute zehn Meter unter mir steckt. Also bloß nicht stürzen! Noch einmal die feuchten Finger mit Magnesia trocknen, tief durchatmen und los.

Die schwierigste Stelle besteht darin, ein abschüssiges Griffchen durchzustützen, den Fuß neben die Hand zu setzen und aufzustehen. Was würde ich jetzt für einen soliden Bohrhaken unter mir geben! Unter der Devise „Bloß nicht stürzen" (Mimik: Augen zu und durch!) werden meine Bewegungen zunehmend verkrampfter, und ich bin heilfroh, als ich den Standplatz erreiche. Als Luggi nachgestiegen ist, schwärmt er von der Schönheit und Eleganz dieser Seillänge – Eindrücke, die ich ob der psychischen Anforderungen nicht gewinnen konnte. Die folgenden Seillängen bieten weiter wunderschöne Kletterei, vorwiegend an Wasserrillen, wovon mir eine besonders in Erinnerung geblieben ist, da ich auf 30 Meter im oberen V. Grad keine Sicherung unterbringen konnte. Vom Ausstieg queren wir wenige Meter nach links und klettern über den „Wasserrillenweg" im III. Grat durch tiefe Wasserrillen hinunter auf das Band in Wandmitte, von welchem wir damals bei unserem ersten Versuch an der „Schwarzen Spur" abgeseilt hatten.

Heute wollten wir den oberen Teil der Route nachholen. Traumhafte Kletterei an bestem, wasserzerfressenem Kalk bieten die vier Längen bis zum Ausstieg, doch die Bewertung mit VI- erscheint uns beiden immer noch als zu tief gegriffen.

Später stehen wir dann noch lange unter der Südostwand des Teufelskirchls, von wo man einen großartigen Blick in die Südostabstürze des Schoberkopfes hat, und ordnen die Eindrücke und Erlebnisse des Tages.

Es war eine wunderbare Kletterei in herrlicher Umgebung.

Um den puren Genuss hatte uns allein die teilweise unzureichende Absicherung gebracht. Solide Standplätze und verlässliche Zwischensicherungen mittels Bohrhaken – dort, und nur dort, wo dies mit Klemmkeilen nicht möglich ist – könnten eine gewisse Sicherheit schaffen und einen im Hochkönig gangbaren Kompromiss zwischen Bohrhakengegnern und -befürwortern darstellen. Nutznießer wären jedenfalls die Wiederholer …

Flachfeld (2472 m)
Der schrofige Bergrücken fußt mit seinen östlichen Ausläufern im Hirschfeld und zieht hufeisenförmig zur breiten Nordabdachung des Östlichen Schoberkopfs. Seine Südwand wird in der Mitte von den Parallelkaminen zweigeteilt. Beide Wandhälften bestehen aus gutem, kletterfreundlichem Fels. Lange unbeachtet blieb die Wand, bis 1970 gab es nur zwei Routen darin: den Westlichen- und Östlichen Parallelkamin. Erschlossen 1946 durch Lois Almberger und Albert Morocutti beziehungsweise Willi Hubka und Alois Koppenwallner.

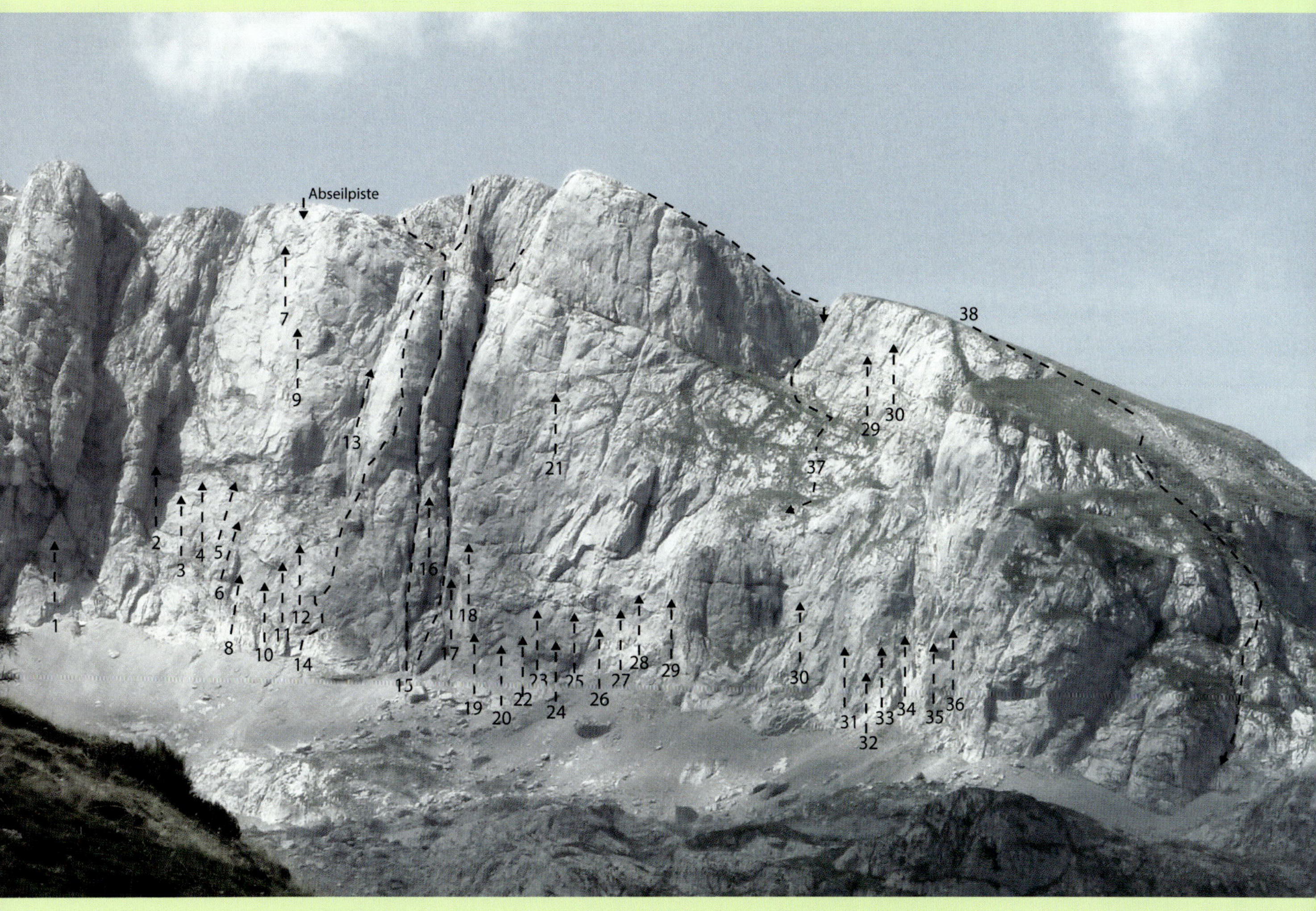

1 Südostpfeiler
2 Alpingendarmerieweg
3 400 und eins Goldhaube
4 Oktoberfest
5 Rhododendron
6 Now or never
7 Plattenweg
8 Super G
9 Kleinkunst
10 300 und eins
11 Christlweg
12 Via Dellago
13 Bügeleisenkamin
14 Bügeleisen Tempo 30
15 Westl. Parallelkamin Östl. Parallelkamin
16 Bajonett
17 Alte Zeiten
18 Maiandacht
19 Maiandacht perfekt
20 Teamwork
21 Direkte Südwand
22 Manche mögens heiß
23 Sonnenkönig
24 Sokrates
25 Herbsttraum
26 Bogiberger
27 500 und eins
28 Gamsmilch
29 Guggenberger
30 Pendoline 1–12
31 Cäsar
32 Silvesterzipferl
33 Miraculic
34 Triokamin
35 Geburtstagspfeiler
36 Zeichen der Zeit
37 Schnellabstieg
38 Normalabstieg

Alpingendarmerieweg
III+, 270 Meter.
Gebohrte Standplätze, sonst meist Normalhaken.
Sehr schöne, abwechslungsreiche alpine Tour.
Erstbegangen mit Hans Neumayer 1974.

400 und eins
VII-, meistens IV und V, 270 Meter.
Schöne Plattenkletterei.
Mit OeAV- und Sigi-Klebehaken sanierte Route.

Rhododendron
VII, oft V und VI, 270 Meter.
Mit OeAV- und Sigi-Klebehaken sanierte Route.
Schöne Plattenfronten mit einer brüchigen Passage im Mittelteil.
Erstbegangen mit Franz Wohlfahrt 2002.

Hans Neumayer

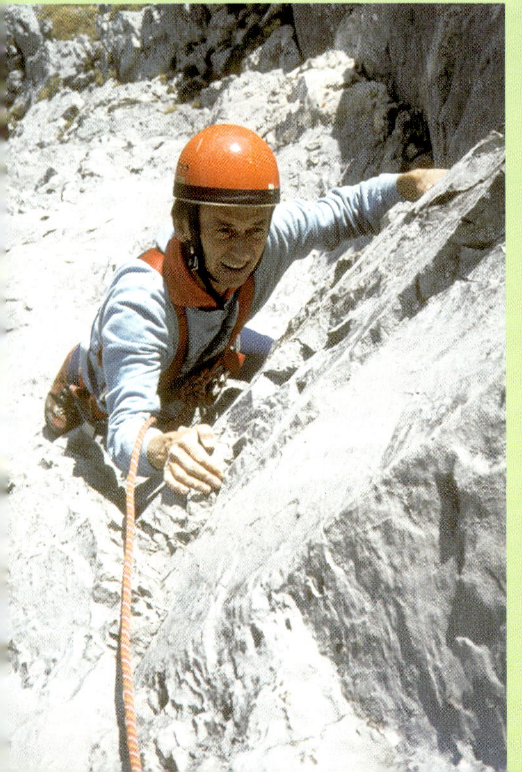

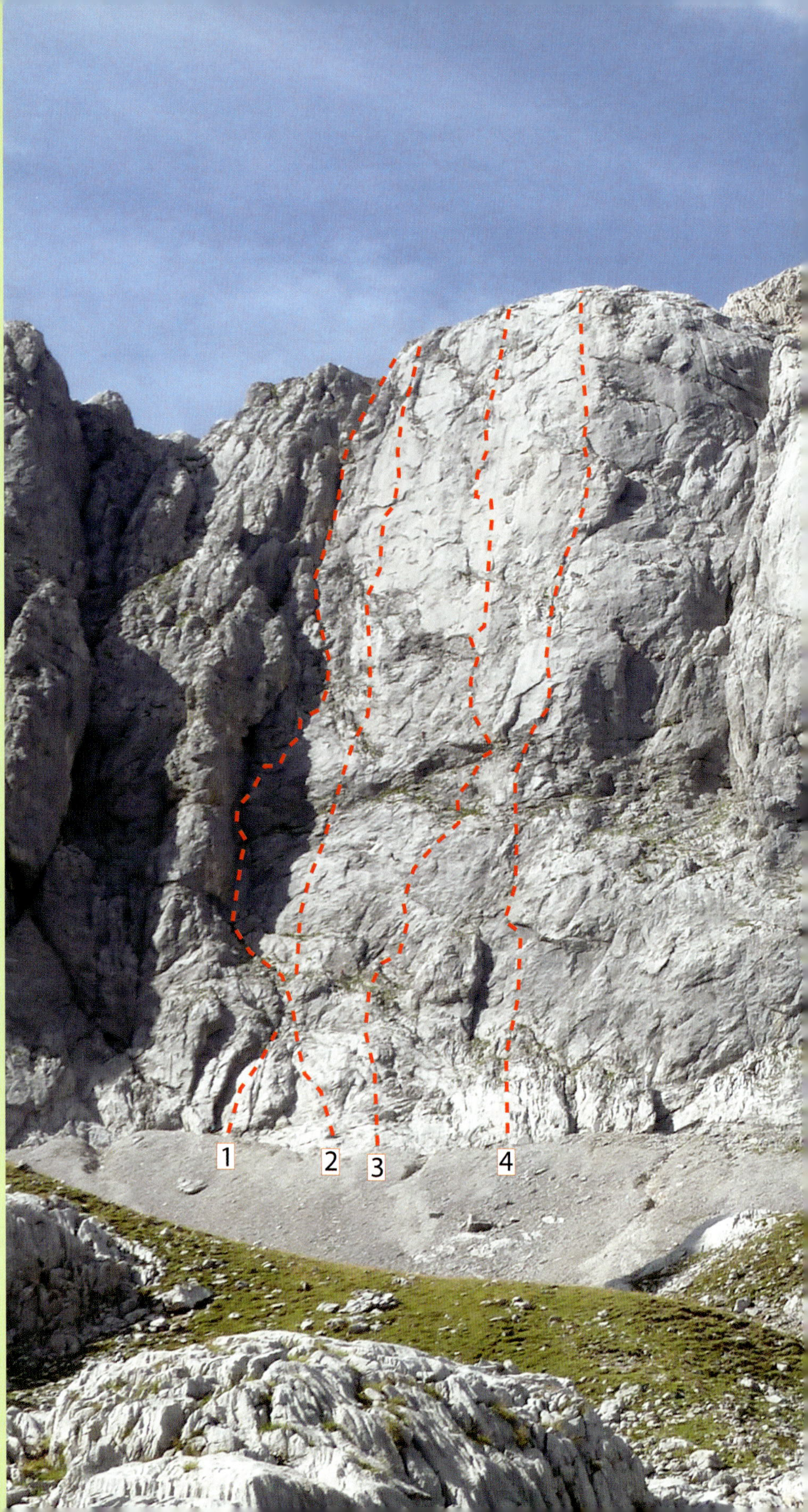

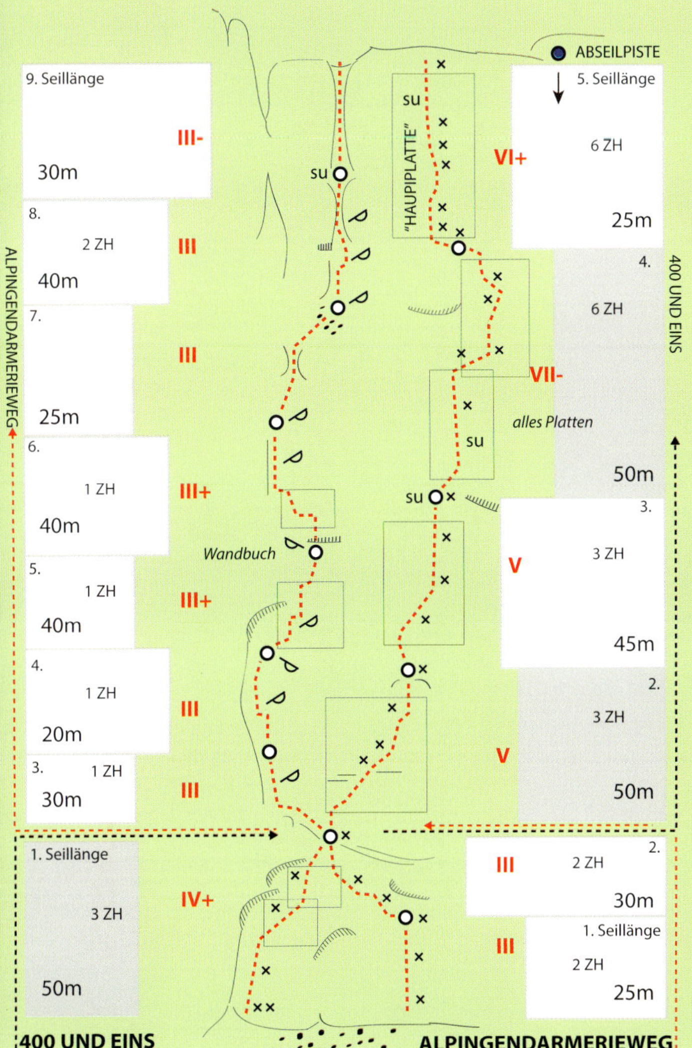

Kleinkunst
VII+, 270 Meter.
Standplätze und einige wichtige Stellen sind mit OeAV-Klebehaken saniert.
Eine tolle Freikletterei, bester Fels, verlangt jedoch ein gutes Nervenkostüm.
Erstbegangen mit Sigi Brachmayer 1993.

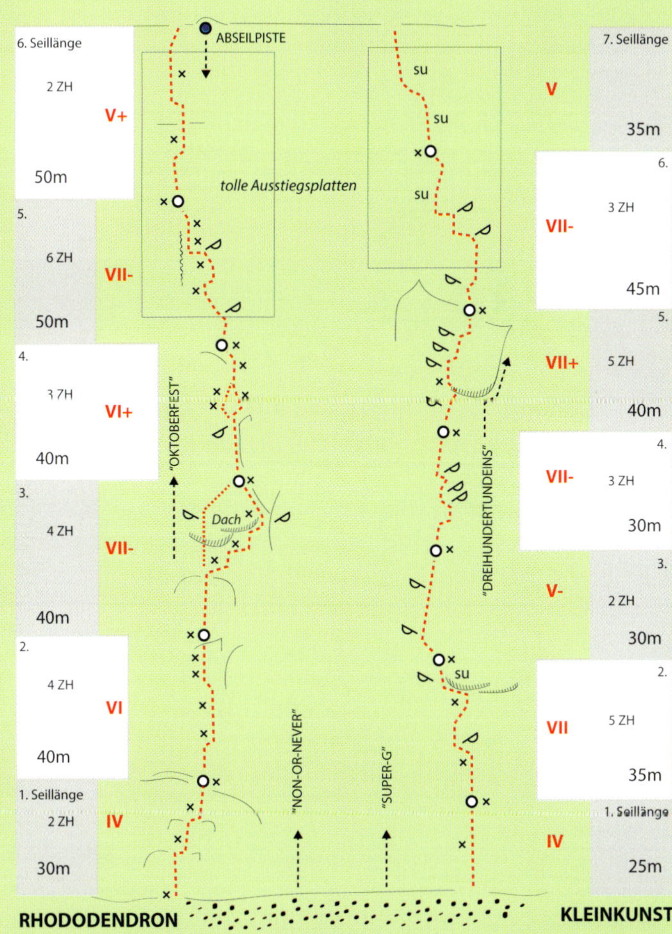

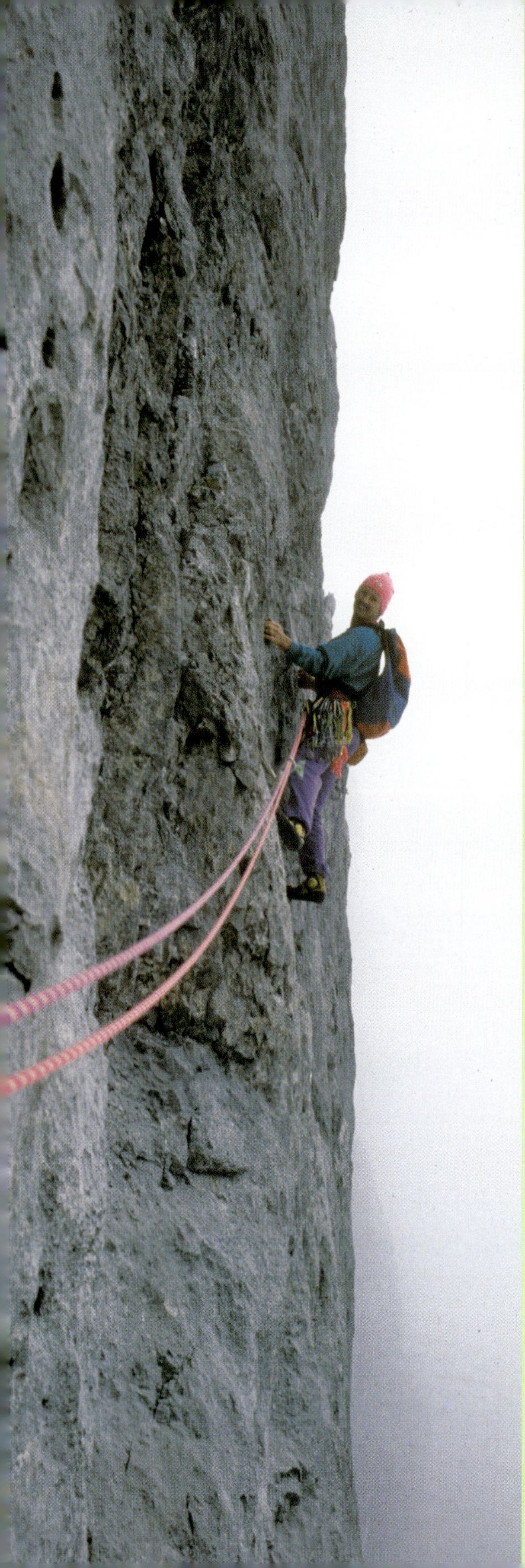

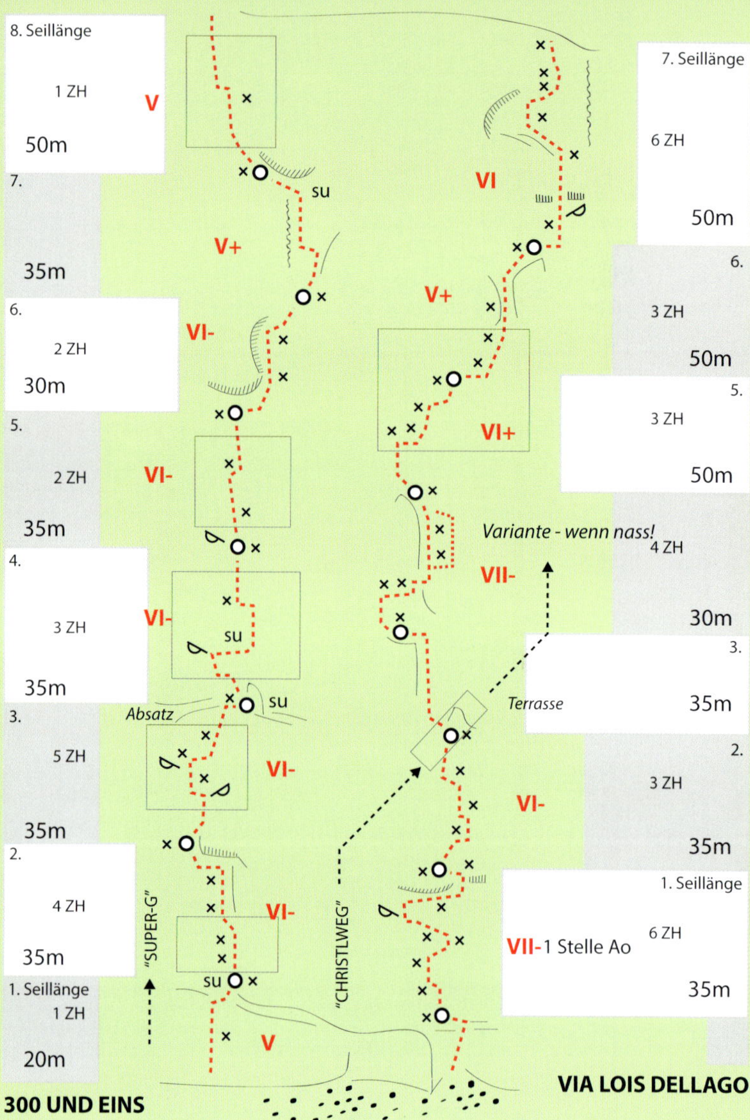

300 und eins
VI-, 270 Meter.
Mit OeAV- und Sigi-Klebehaken sanierte Route. Fantastische, abwechslungsreiche Kletterei in bestem Fels. Überwiegend Platten.
Erstbegangen mit Wolfgang Haupolter und Robert Jölli 1987.

Via Lois Dellago
VII-, 270 Meter.
Mit OeAV- und Sigi-Klebehaken sanierte Route. Sehr schwieriger Einstieg (lässt sich „nullern"), sonst schöne Freikletterei.
Erstbegangen mit Lois Dellago 1989.

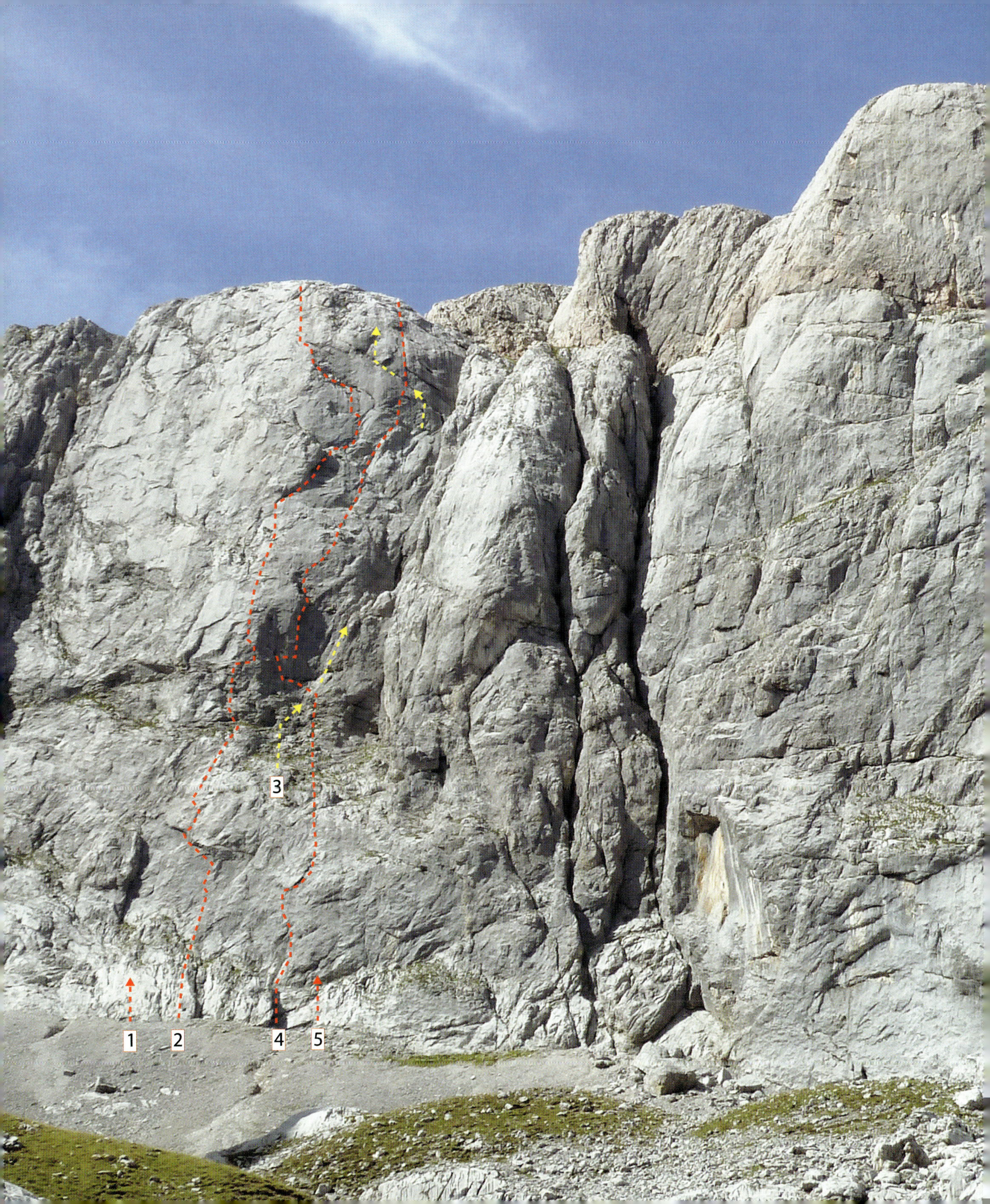

3
1
2
4
5

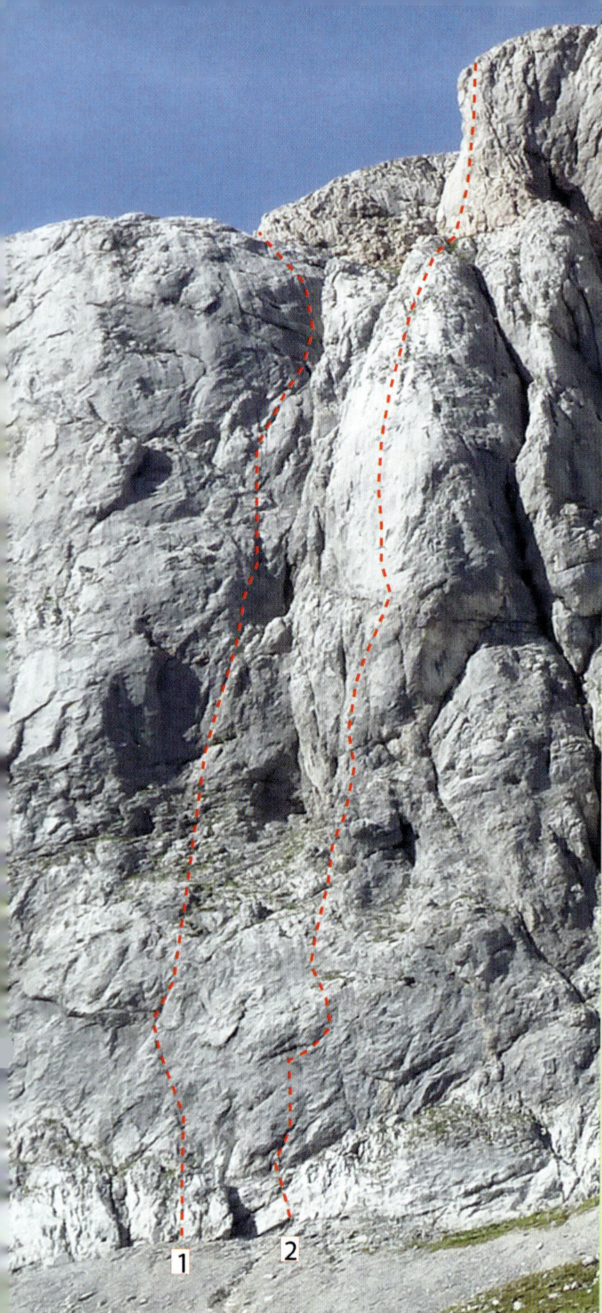

Christlweg
V+, 250 Meter.
Mit OeAV- und Sigi-Klebehaken sanierte Route.
Lohnende, mittelschwere Tour in gutem Fels.
Erstbegangen mi Christl Walko 1974.

Bügeleisen
VII+, häufig V+ und VI+, 270 Meter.
Mit OeAV- und Sigi-Klebehaken saniert. Sie besteht aus zwei Routen: unterer Teil „Tempo 30“ oben das „Bügeleisen“. Nach den ersten zwei pfiffigen Seillängen fällt die Wand etwas zurück (kurz etwas splittrig!), darauf stellt sich der Pfeiler mit wundervollen Platten auf.
Sehr lohnend!
Erstbegangen mit Walter Aschauer und Hans Gufler 1980.

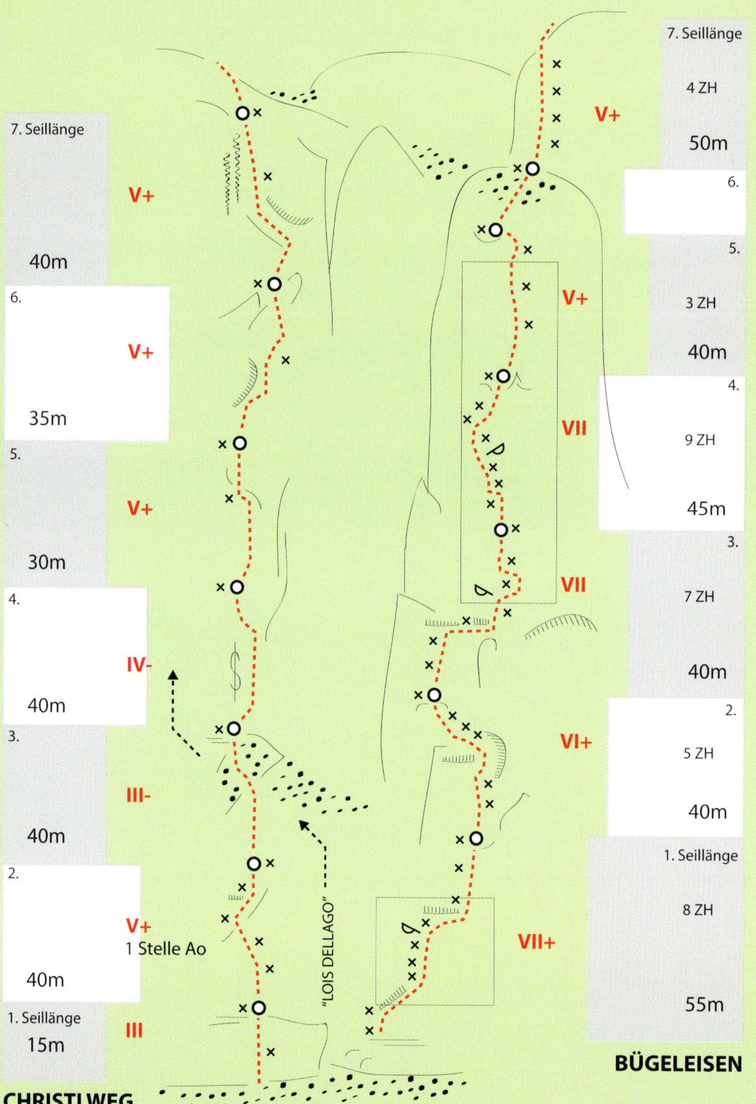

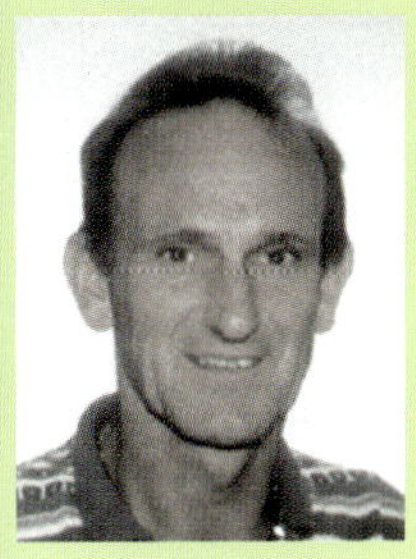

Hans Krimpelstätter
1946 in Bad Hofgastein geboren, 1999 gestorben.
In der Berufsschule lernte ich Hansi Krimpelstätter kennen und wir wurden gute Freunde, teilten in allen drei Jahren das Internatszimmer und die Schulbank. Nach der Berufsschulzeit hatte sich unsere Verbindung bald gelockert. Nach zwei Jahrzehnten trafen wir uns zufällig bei einer Klettertour wieder. Wir ließen unsere Freundschaft mit gemeinsamen Bergtouren und gegenseitigen Familienbesuchen wieder aufleben. Natürlich folgten gemeinsame Erstbegehungen. Unsere erste und auch schönste war die Route „Alte Zeiten" in der Südwand des Flachfelds. Der Routenname spielt auf unsere alte Freundschaft an. Eine Zeit, die unvergesslich bleibt, aber auch traurig macht: Hansi ist bei einer lächerlichen Wanderung tödlich abgestürzt.

Alte Zeiten
VII, 300 Meter.
Mit OeAV- und Sigi-Klebehaken sanierte Route.
Erstbegangen mit Hansi Krimpelstätter 1990.

Maiandacht perfekt
VII+, oft VI+ und VII-, 290 Meter.
Mit OeAV- und Sigi-Klebehaken sanierte Route.
Erstbegangen mit Schorsch Wenger und Sigi Brachmayer 1984 und 1996.

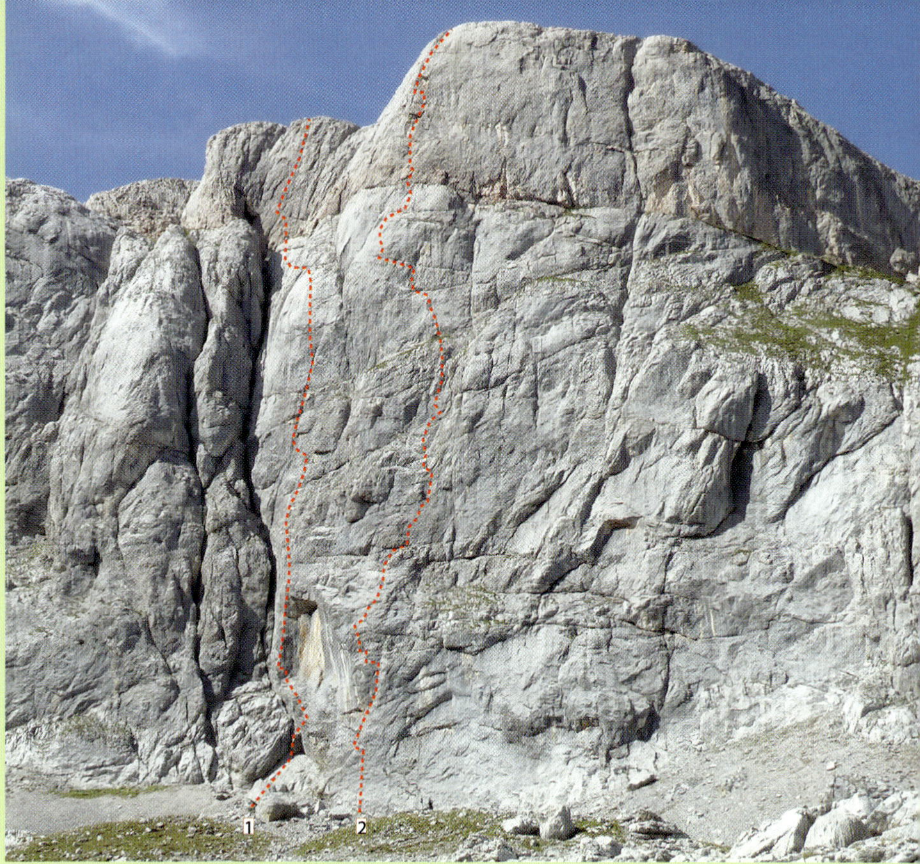

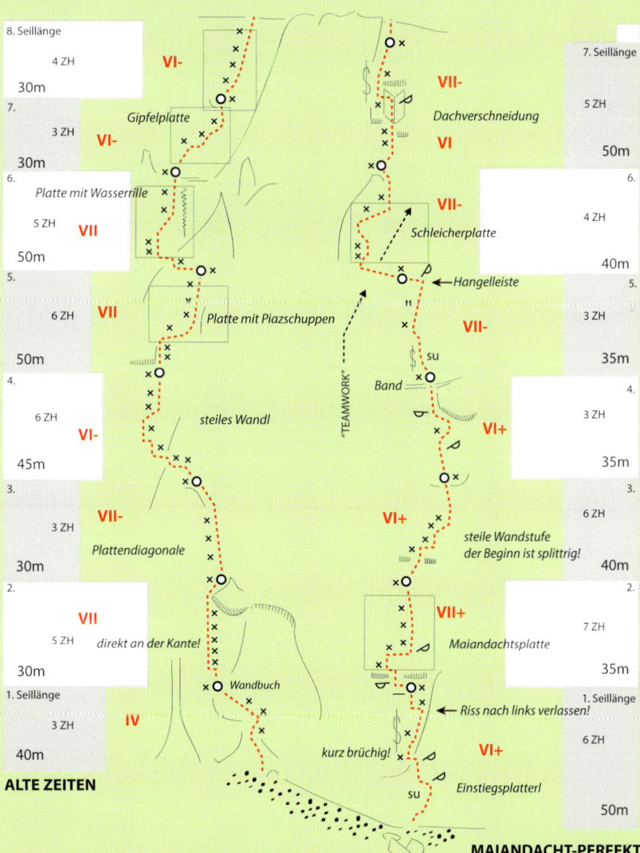

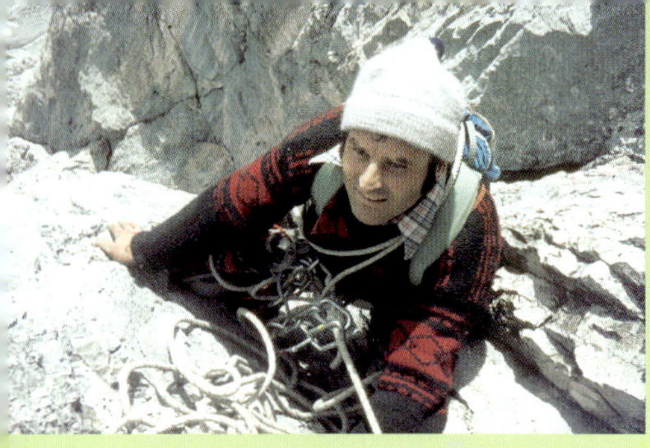

Sokrates
VII+, 280 Meter.
Mit OeAV- und Sigi-Klebehaken sanierte Route.
Erstbegangen mit Walter Aschauer und Alois Grugger 1988.

Bogiberger
Mit OeAV- und Sigi-Klebehaken sanierte Route.
Erstbegangen mit Willi Bogensperger 1970.

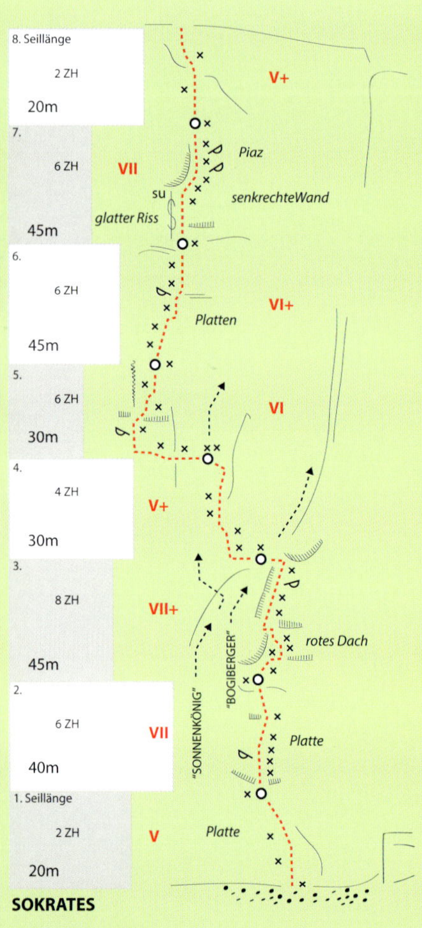

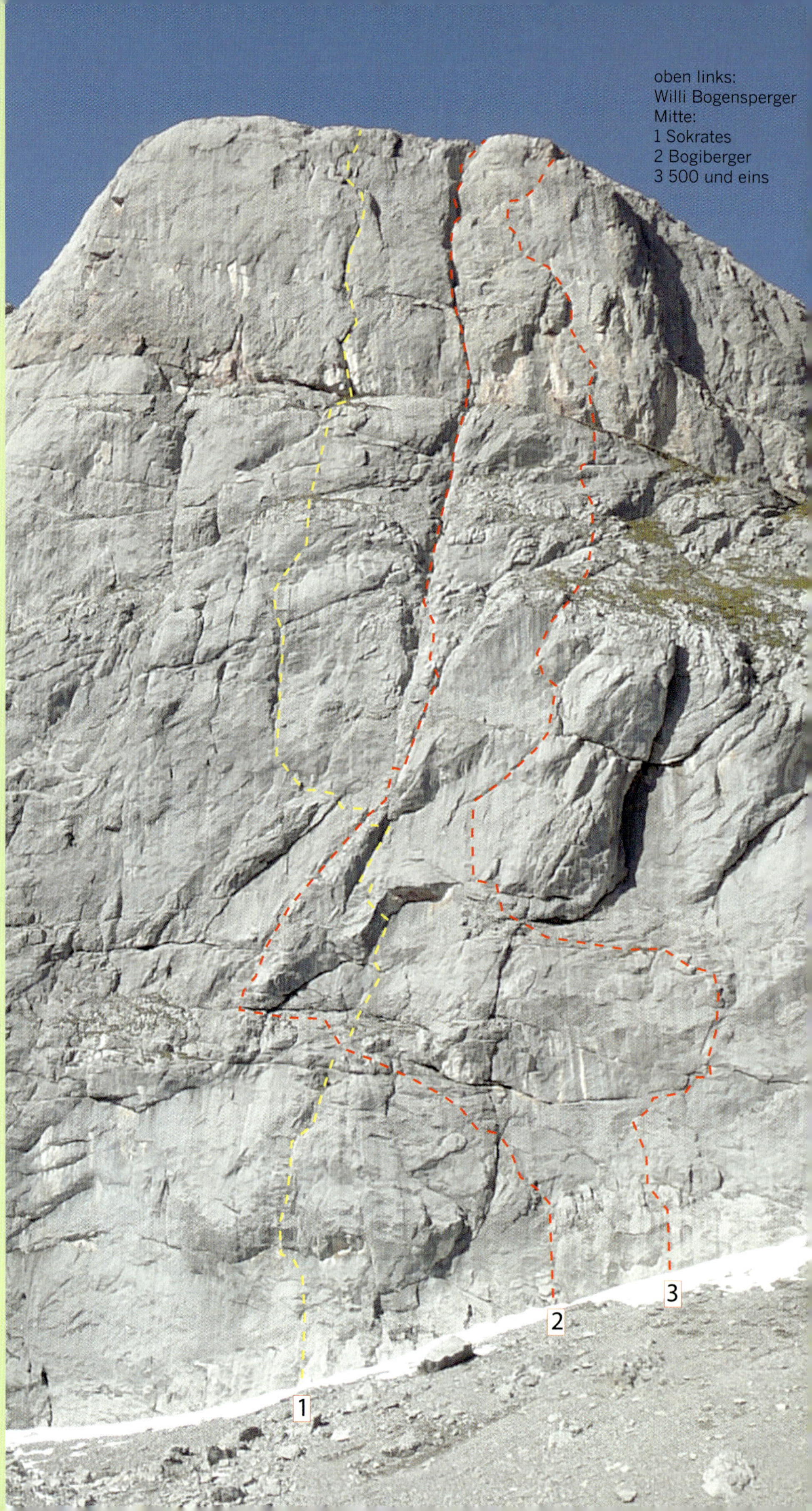

oben links:
Willi Bogensperger
Mitte:
1 Sokrates
2 Bogiberger
3 500 und eins

500 und eins
Mit OeAV- und Sigi-Klebehaken sanierte Route.

Dritte Welt
Die Ausläufer der Schoberköpfe ziehen sich über das Flachfeld und das Hirschland bis zum Hohen Kragen, der einen ins Imlautal abfallenden Eckpfeiler bildet. Seine Nord- und Nordwestwand ergeben für den Individualisten sehr schöne Kletterziele.
Der Wandwinkel liegt recht verborgen über dem Imlautal eingebettet und die Wege zum Wandfuß sind weit. Außerdem ist es „Jägerland".
Der Wandfuß ist am besten über die Mitterfeldalm, das Flachfeld traversierend zum Hohen Kragen und abseilend zum Wandfuß zu erreichen.

Solarplatte
VIII-, 250 Meter.
Freikletterroute mit sehr hohem Anspruch. Die Hakenabstände sind besonders im Mittelteil gefährlich weit und brauchen gute Moral – zwingendes Freiklettern ist angesagt!
Erstbegangen mit Sigi Brachmayer 1994.

Genusswinkel
Erstbegangen mit Walter Aschauer 1983.

Uferlos
Erstbegangen mit Sigi Brachmayer 1993.

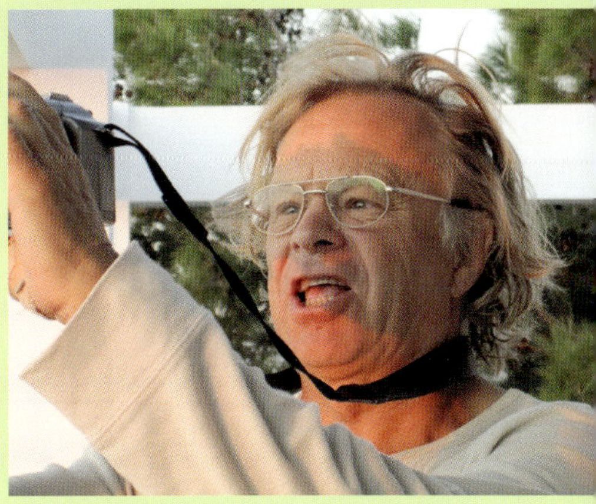

Helmut Ginzel

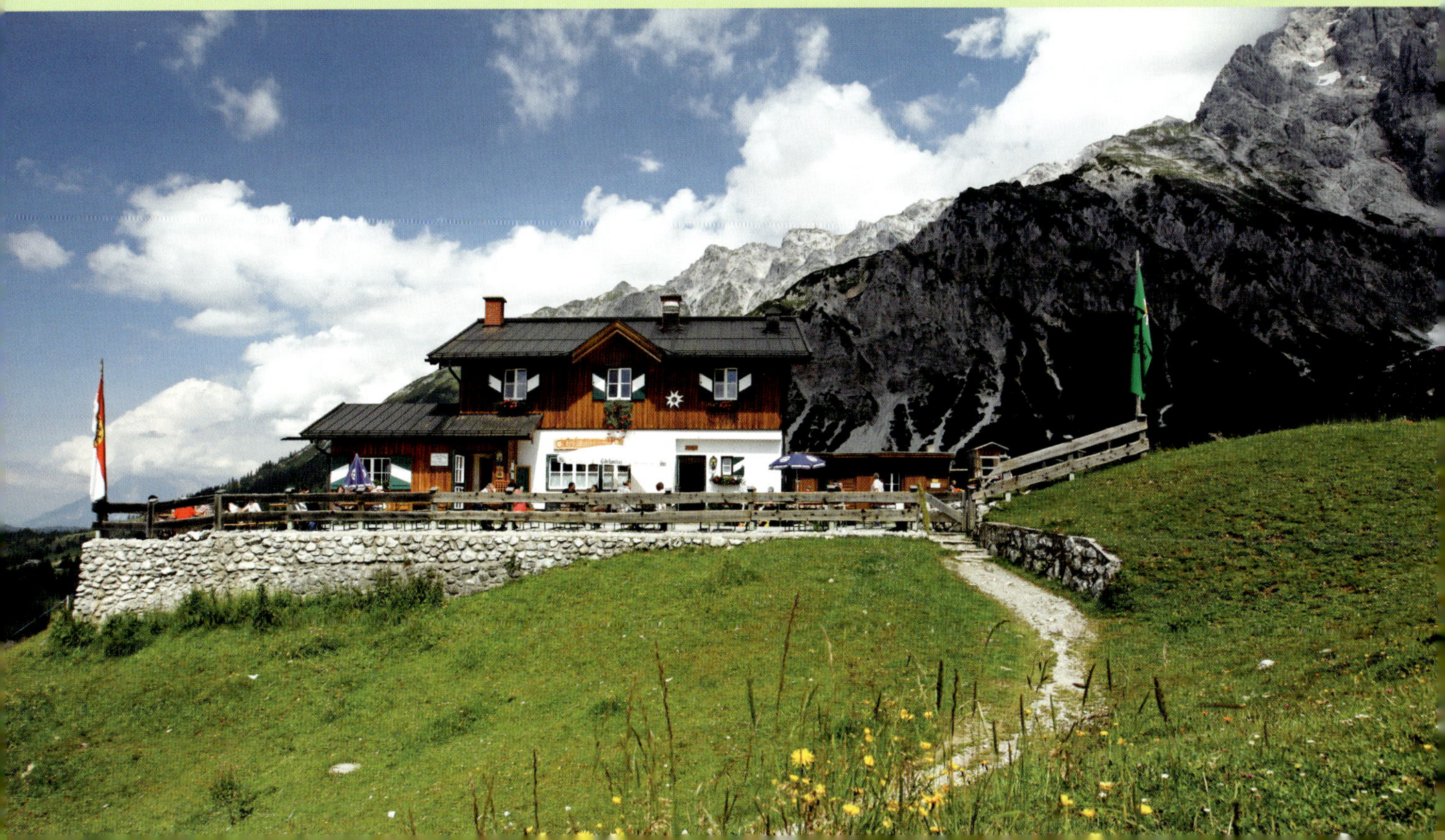

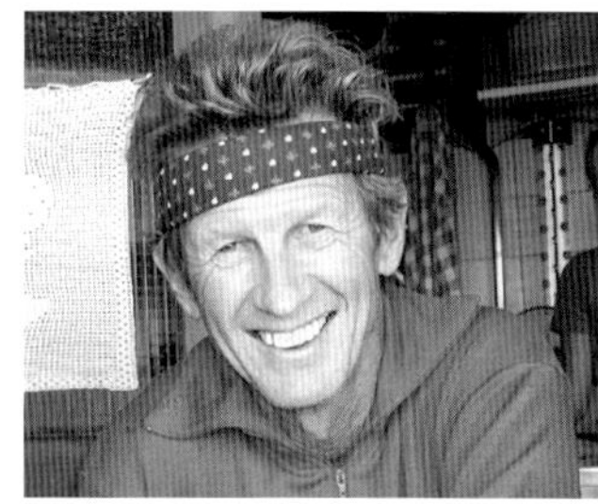

Albert Precht
1947 in Bischofshofen geboren, 2015 auf Kreta gestorben, war Berg- und Skiführer. Im Zeitraum von fünf Jahrzehnten gab es unzählige Kletterfahrten, darunter mehr als 1000 Erstbegehungen in ernsten alpinen Felswänden. Kompromissloser Materialverzicht war für ihn der sinngebende Zugang zum Abenteuer. Er hat mehrere Kletterführer zu den Gebieten Hochkönig und Tennengebirge verfasst sowie Kletterfilme produziert und an ihnen mitgewirkt. Seine Autobiografie „Tausend und ein Weg" erschien 2003. In Anerkennung seiner Erschließungstätigkeit erhielt Albert Precht 2003 das Salzburger Verdienstkreuz in Gold und 2010 den King-Albert-Award. Im Mai 2015 verunglückte Precht bei einer Klettertour in der Pervolakia-Schlucht auf Kreta tödlich.

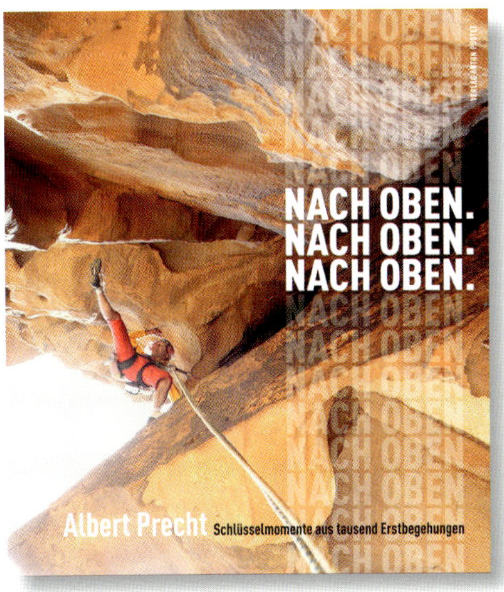

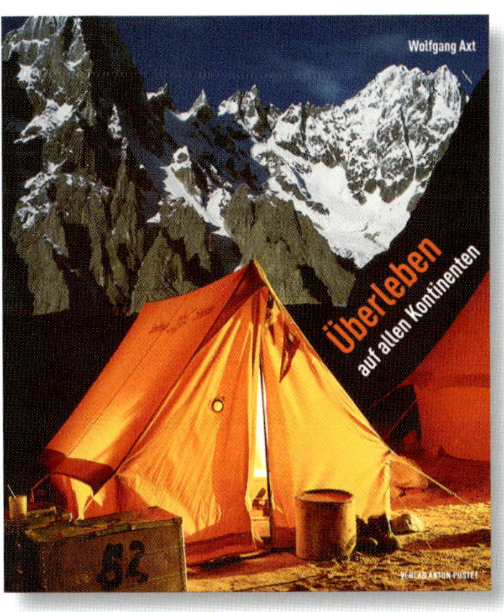

Albert Precht
Nach oben. Nach oben. Nach oben.
Schlüsselmomente aus tausend Erstbegehungen

Wenn dich der Berg nicht mehr loslässt

„Albert Precht hat bewiesen, dass das Abenteuer Fels auch heute noch möglich ist. Es braucht dazu Können, Kreativität und die Gabe es zu wagen. All das hat Albert Precht zu einem der Neuerer des Felskletterns gemacht, zum ‚König' der hohen Vertikalen."

Reinhold Messner

160 Seiten, 21 x 24 cm, Hardcover
durchgehend farbig bebildert
978-3-7025-0706-0, EUR 25,–

Wolfgang Axt
Überleben auf allen Kontinenten

In spannenden Geschichten erzählt der Extrembergsteiger Wolfgang Axt von seinen ersten Bergtouren in der Heimat, extremen Klettereien in den Alpen und von bergsteigerischen Expeditionen und Abenteuerreisen auf allen Kontinenten, wo oftmals nur Glück sein Überleben sicherte. Spektakuläre Fotos und einzigartige Naturaufnahmen.

160 Seiten, 21 x 24 cm, Hardcover
durchgehend farbig bebildert
978-3-7025-0781-7, EUR 25,–

Albert Precht ist im Mai 2015 gemeinsam mit seinem langjährigen Kletterfreund Robert Jölli in Kreta beim Klettern tödlich verunglückt. Kurz vor seinem tragischen Bergunfall hat er beim Verlag dieses Manuskript eingereicht. Es konnte nur mit Hilfe seiner Frau Herta und seinen Kletterfreunden fertiggestellt werden.
Mit Dank an die vielen Helferinnen und Helfer und Menschen, die im Buch zu Wort kommen und zu seiner Entstehung beigetragen haben.

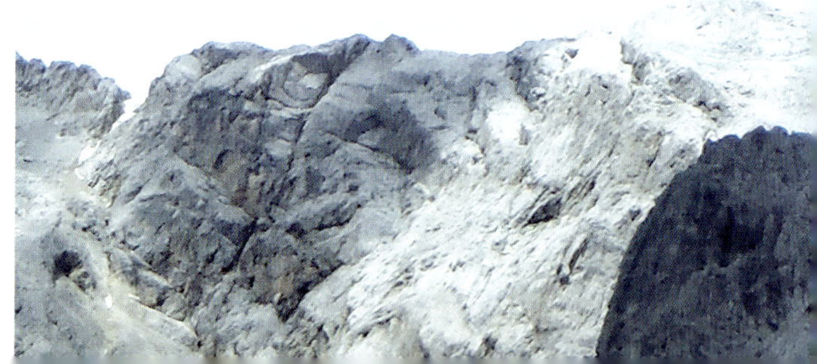

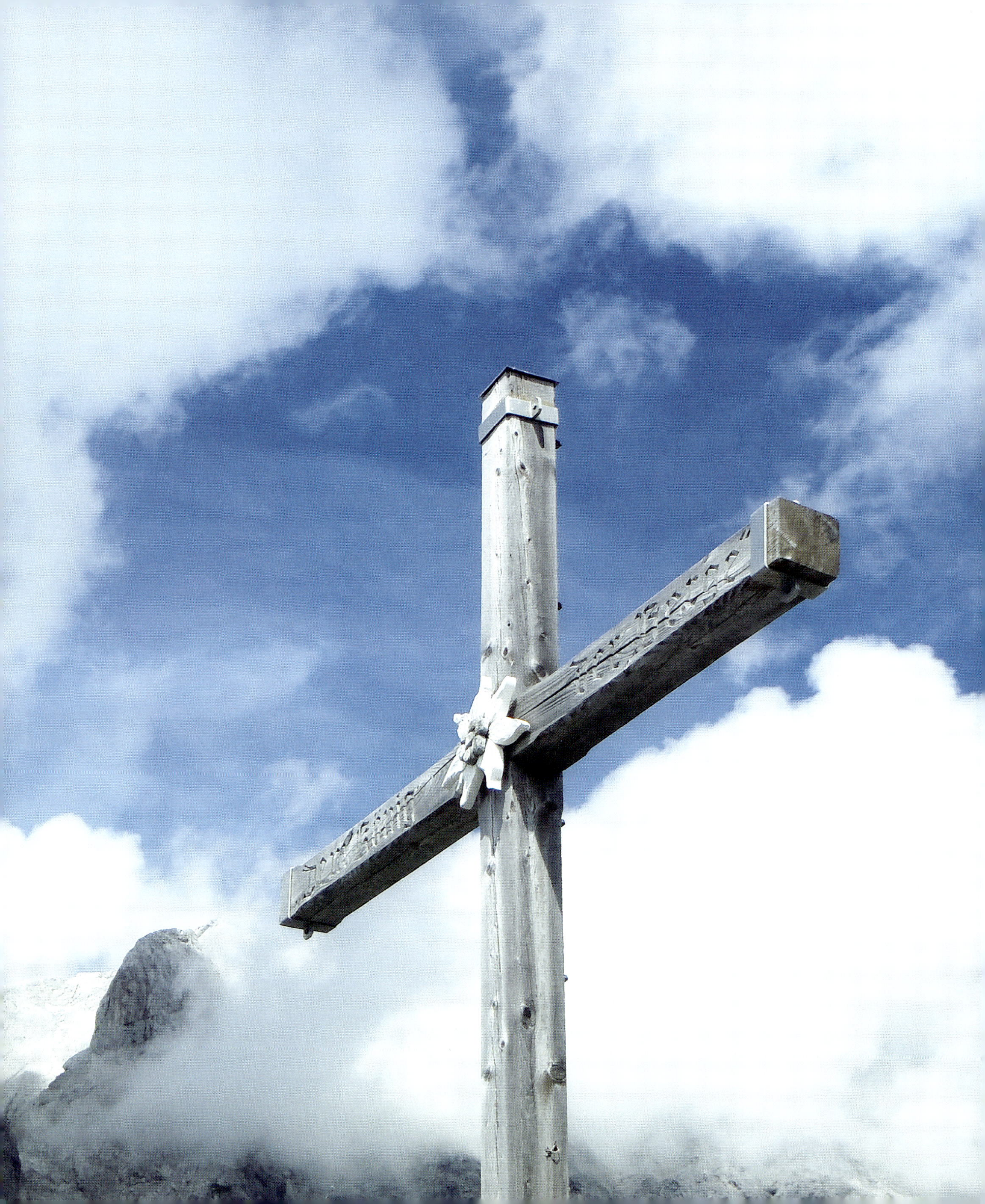